Le Marketing

POUR LES NULS

Le Marketing

POUR LES NULS

Alexander Hiam

First Editions

Le Marketing pour les Nuls
Titre de l'édition américaine : Marketing for Dummies

Publié par
IDG Books Worldwide, Inc.
Une société de International Data Group
919E. Hillsdale Blvd., Suite 400

Traduction : Anne Carole Grillot.

ISBN 2-87691-770-X
Dépôt légal : 3e trimestre 2003
Nous nous efforçons de publier des ouvrages qui correspondent à vos attentes et votre satisfaction est pour nous une priorité. Alors, n'hésitez pas à nous faire part de vos commentaires :

Imprimé en Italie

Éditions Générales First
27, rue Cassette
75006 Paris – France
e-mail : firstinfo@efirst.com

Sommaire

Deuxième partie : Développer vos compétences techniques ...73

Chapitre 5 : La communication en marketing 75

Chapitre 6 : Recherche en marketing : clients, concurrents et secteurs d'activité 91

Troisième partie : Utiliser les éléments d'un plan marketing 109

Chapitre 7 : Le marketing sur le Web 111

Introduction

Le marketing est l'activité la plus importante du monde de l'entreprise. Il concerne tous les membres d'une société, même ceux dont le titre ne comporte pas le terme *marketing*. En effet, il vise à attirer les clients, à les inciter à acheter, et à s'assurer qu'ils soient suffisamment satisfaits pour acheter encore. Que pourrait-il y avoir de plus important ? Vous avez déjà essayé de faire tourner une entreprise sans clients ?

Si j'ai écrit ce livre, c'est pour que vous ayez toutes les ressources et tout le savoir-faire nécessaires pour remplir le mieux possible cette tâche essentielle qu'est le marketing.

D'une certaine façon, le marketing est amusant, car c'est l'un des aspects de l'entreprise dans lequel la créativité est non seulement tolérée mais indispensable au succès. Cela dit, à long terme, c'est avant tout une question de chiffre d'affaires. Par conséquent, j'ai pris beaucoup de plaisir à écrire ce livre et j'espère que vous en aurez à le lire, mais j'ai traité le sujet avec beaucoup de sérieux. Toute tâche qui vous ramène à ce livre est vitale pour votre société, et les conseils que vous trouverez dans ces pages vous aideront à l'accomplir efficacement. Bien sûr, aucun livre ne détient toutes les clés, mais celui-ci apporte beaucoup de réponses en matière de prospection et de satisfaction de la clientèle.

À propos de ce livre

Ce livre peut susciter trois réactions.

De nombreux lecteurs se diront : « Je ne savais pas que le marketing était si compliqué. » Ils constateront très vite que le marketing englobe beaucoup de choses, notamment la publicité, les relations publiques, la vente, la stratégie commerciale, la gestion de bases de données, le conditionnement et la conception du produit. Comment maîtriser ne serait-ce que la moitié de ces tâches ? Et pourtant, quiconque porte une casquette de marketing doit être capable de résoudre les problèmes susceptibles de se poser dans tous ces domaines. Ne vous laissez pas impressionner, ce livre vous aidera à gérer toutes les facettes du marketing.

J'espère que d'autres se diront : « Je ne savais pas que le marketing était si simple. » Lorsque vous lirez ce livre ou consulterez un chapitre précis en vue de résoudre un problème, vous découvrirez qu'il existe des thèmes récurrents. Ces thèmes constituent un fil conducteur. Ils s'appliquent à tous les domaines du marketing. Par exemple, la façon dont le client perçoit votre produit (ce que l'on appelle en marketing *les perceptions du client*) est tout aussi décisive au stade de la publicité qu'à celui de la vente, de la fixation des prix et de la planification. Par conséquent, plus vous avancerez dans votre lecture, plus vous pourrez anticiper les solutions. En fin de compte, le marketing est une simple question de bon sens.

Enfin, je pense que beaucoup de lecteurs se diront : « Ce livre ne ressemble pas aux autres. » Je le sais. J'ai fait l'effort de repenser entièrement le marketing pour le présenter sous un nouveau jour. La plupart des auteurs ont une approche traditionnelle, basée sur l'enseignement dispensé dans les écoles de commerce. J'ai adopté, moi aussi, cette approche dans un livre intitulé *MBA Marketing*. Mais celle-ci ne correspond pas aux besoins concrets d'individus confrontés à une tâche ou à un problème réel, dans une entreprise réelle. La théorie s'adresse à ceux qui étudient le marketing, pas à ceux qui le pratiquent au jour le jour. Chaque page de ce livre vous aidera à effectuer une tâche importante ou à résoudre un problème précis. Cet ouvrage est orienté exclusivement vers l'action.

Aperçu des différentes parties de ce livre

Le marketing comporte deux grands axes, dont les finalités sont différentes. Le premier, l'*axe de le réflexion*, vous invite à rassembler des informations que vous pourrez utiliser plus tard, au stade de l'action. Cet axe est le sujet des première et dernière parties. En matière de marketing, il est toujours bon de commencer et de terminer avec une certaine forme de réflexion.

Le seconde axe est l'*axe de l'action*, dans lequel vous cessez de réfléchir pour agir. Vous réalisez quelque chose, que ce soit un plan marketing, une étude de marché, la conception d'un nouveau produit ou une campagne publicitaire. À ce stade, vous risquez de rencontrer des obstacles, même dans les tâches les plus routinières. Les deux parties centrales de ce livre sont donc consacrées à la réalisation efficace de toutes les tâches liées au marketing, en dépit des problèmes susceptibles de se poser.

Voici une description détaillée de chacune des quatre parties de ce livre. Pour connaître le sujet des chapitres qui composent chaque partie, reportez-vous au sommaire.

Première partie : Élaborer un plan marketing

Nous allons commencer par voir ce qu'un plan marketing n'est pas. Par exemple, un plan marketing ne se limite pas aux activités inscrites au budget du service marketing, car les moyens dont votre société dispose pour augmenter sa clientèle sont innombrables. Un plan marketing n'est pas non plus un ensemble de tâches liées à la publicité, à la vente et à la communication, car ces tâches doivent être intégrées dans une stratégie de distribution. Du reste, tous les éléments de votre plan marketing doivent être orientés vers une stratégie globale, clairement définie. Enfin, un plan marketing n'a aucune raison d'être s'il ne comporte pas des idées créatives qui le distinguent de la concurrence. Lisez cette partie pour vous assurer de la cohésion de votre plan et de l'impact qu'il produira sur le marché.

Deuxième partie : Développer vos compétences techniques

Vous faites beaucoup de recherches et passez beaucoup de temps à communiquer. Cette partie a pour but de vous aider à développer vos compétences en matière d'investigation et de communication. Consultez-la lorsque vous devez gérer une situation dans laquelle votre savoir-faire actuel ne suffit pas : lorsque vous avez besoin d'informations pour finaliser une annonce, par exemple, ou lorsque vous êtes en panne d'inspiration pour rédiger une lettre à un client.

Troisième partie : Utiliser les éléments d'un plan marketing

Le plan marketing classique comporte traditionnellement quatre éléments : produit, prix, promotion et distribution. Bien sûr, vous pouvez établir une stratégie en fonction de ces quatre éléments, mais vous avez beaucoup d'autres outils à votre disposition. Dans cette partie, bien plus longue que les autres, vous trouverez toutes sortes de conseils concernant ces quatre éléments mais aussi beaucoup d'autres, d'Internet aux salons, de l'étiquetage aux panneaux d'affichage, et de la publicité sur le lieu de vente au télémarketing. Utilisez tous les outils que vous avez en main tout en faisant preuve de discernement. Convaincre les clients de choisir vos produits plutôt que ceux de vos concurrents est une tâche difficile, alors munissez-vous de la plus grande boîte à outils que vous puissiez transporter !

Quatrième partie : La Partie des Dix

La Partie des Dix est présente dans tous les livres de la collection *Pour les Nuls*. Dans un premier temps, je n'en voyais pas l'utilité mais, lorsque j'ai commencé à l'écrire, j'ai constaté qu'elle était parfaite pour communiquer toutes sortes d'informations difficiles à intégrer dans les autres parties. À moins que vous ne cherchiez à résoudre rapidement un problème précis, je vous recommande de la lire en premier, car elle englobe la plupart des stratégies et toute la philosophie du marketing.

Icônes utilisées dans ce livre

Les icônes suivantes vous aideront à cibler, dans le texte, les informations dont vous avez besoin.

Conseil pour tirer profit d'Internet. Le marketing est aujourd'hui largement présent sur le Web.

Suggestion concernant votre plan marketing. L'ampoule symbolise l'idée et le signe dollar, le potentiel financier de cette idée, car en affaires une idée n'est bonne que si elle rapporte de l'argent.

Savoir-faire technique de base, que vous ne pouvez ignorer. Par exemple, vous devez savoir prévoir le taux de réponse d'une offre spéciale ou d'un mailing.

Obstacle que vous pouvez rencontrer. Attention, le terrain du marketing est miné ! N'avancez pas à l'aveuglette.

Exemple de projet qui a marché (ou pas !) dans une société bien réelle, loin de la simple théorie.

Réflexion pour voir une tâche sous le bon angle avant de l'entreprendre. Il faut parfois revenir aux principes de base du marketing avant de prendre une décision importante.

Dans le marketing, ceux qui travaillent en solo ne vont jamais bien loin. Les bons marketeurs ont recours à de nombreux services et font souvent appel aux agences de publicité, aux sociétés de recherche en marketing, aux fabricants d'emballages, aux designers et à beaucoup d'autres spécialistes. Vous ne pouvez pas tout faire vous-même. Parfois, le meilleur conseil que je puisse vous donner est de décrocher votre téléphone.

Par où commencer ?

Un souci ? Un problème que vous ne parvenez pas à résoudre ? Une tâche que vous évitez depuis longtemps ou qui n'en finit pas ? Une énigme : pourquoi les ventes chutent-elles dans cette région ? Comment faire face à un concurrent agressif ? La solution est ici. Consultez l'index ou le sommaire et attaquez-vous dès à présent à votre problème en allant directement au sujet qui vous intéresse.

Vous souhaitez analyser certains aspects du marketing pour les améliorer dans votre société. Lisez ce livre de bout en bout, dans l'ordre ou dans le désordre, et vous aurez très vite besoin d'un stylo pour prendre des notes. D'une façon ou d'une autre, ce livre vous apportera ce que vous cherchez. Alors, qu'est-ce que vous attendez ? Tournez la page !

Première partie

Élaborer un plan marketing

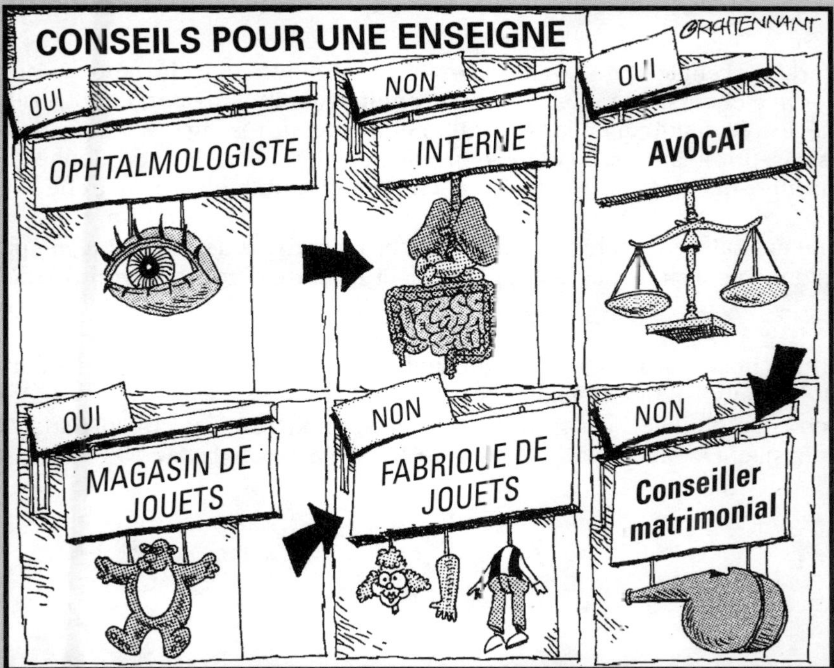

Dans cette partie...

Le marketing englobe de nombreuses activités différentes : la vente, la publicité, le service clients, la conception du produit, la fixation des prix et des rabais, les stratégies, le maintien de la réputation et bien d'autres encore. Laquelle de ces activités garantit le succès ? Laquelle privilégier ? Comment les coordonner de façon à vous assurer une présence cohérente, efficace et rentable sur le marché ?

Si vous ne connaissez pas les bases du succès en matière de marketing, ne paniquez pas. Personne ne les connaît avant d'avoir fait le genre d'analyse proposé dans cette partie.

Ah, et autre chose encore : la réflexion analytique, bien qu'essentielle, ne suffit pas. Elle doit être suivie d'une réflexion créative, qui ajoutera à votre effort de marketing une touche personnelle, susceptible de vous distinguer de vos concurrents dans l'esprit des clients. Sans créativité, le marketing n'a pas de sens.

Chapitre 1

Pourquoi élaborer un plan marketing ?

Dans ce chapitre :

- Avoir une approche coordonnée et programmée
- Identifier vos principaux points d'influence par rapport aux clients
- Déterminer le *véritable* budget du plan marketing de votre société
- Découvrir les principes réalistes du marketing

Vous savez déjà que le marketing comporte quelques tâches difficiles, sinon vous n'auriez probablement pas acheté ce livre. Vous trouverez les réponses à vos questions, car nous allons parler de la *pratique* et non de la philosophie du marketing. Si vous le souhaitez (et si votre emploi du temps l'exige), vous pouvez passer directement au chapitre qui concerne votre problème actuel. Cela dit, une approche logique et organisée est souvent plus rentable à long terme.

Ce chapitre vous invite à aborder le marketing de façon organisée et systématique. Vous devez gérer des détails importants, au sein de nombreux postes budgétaires précis, et prendre une foule de décisions déterminantes. Or, dans la plupart des sociétés, toutes ces décisions échappent au contrôle direct du service marketing. La fragmentation des efforts de marketing conduit à la dispersion des idées. Des centaines de lapins sortent de leur chapeau et courent dans tous les sens. Par conséquent, *le marketing est souvent la moins efficace et la moins rentable de toutes les activités de l'entreprise*.

Pourquoi ? Parce que tous les aspects du marketing ne sont pas pris en compte. En effet, la plupart des autres activités d'une société font partie, d'une certaine façon, du marketing. En réalité, tout ce qui touche le client en fait partie. On pense spontanément à la publicité, mais il existe d'autres points de contact avec le client : les factures, les garanties, le service, et même l'apparence des employés et la facilité avec laquelle un emballage peut être ouvert et jeté. Tous ces éléments font du marketing une tâche complexe et difficile.

Bien sûr, les membres du service marketing font la majeure partie du travail. Ils doivent trouver les clients, et les inciter à acheter puis à acheter de nouveau. Ce n'est pas facile ! Cela dit, avec un peu d'organisation, il y a moyen d'y voir plus clair. Travailler mieux, ce n'est pas forcément travailler plus.

Il suffit d'élaborer un bon *plan marketing*, c'est-à-dire de coordonner les efforts de tous les membres de la société en vue de communiquer avec les clients pour les convaincre d'acheter, d'utiliser et d'acheter de nouveau un produit, par le biais de multiples points d'influence.

Qu'il soit élaboré dans le cadre d'un processus de planification formel, étalé sur un mois, ou griffonné sur une serviette en papier, ce plan marketing vous permettra de canaliser tous les lapins pour les orienter dans la même direction. Il améliorera les résultats de vos efforts de marketing et en révélera toutes les failles. Alors, prenez le temps de lire ce chapitre et d'en appliquer les principes.

Une certaine vision du marketing

Le marketing implique la planification et la coordination de nombreuses activités afin d'entrer en contact avec les clients et de les inciter à acheter, à utiliser et à acheter de nouveau votre produit. Ces activités se comptent par dizaines dans les PME et par centaines voire par milliers dans les grandes entreprises.

Beaucoup d'activités indépendantes les unes des autres ont des répercussions sur les clients et sur leur comportement. Elles ne s'effectuent pas toutes sous le contrôle du service marketing. Certaines sont même accomplies en dehors de la société, la sous-traitance de tâches liées au marketing étant une pratique courante.

IDÉE LUCRATIVE

Vous avez tout intérêt à coordonner et à canaliser toutes les activités relatives au marketing dans le cadre d'un plan marketing. Appelez l'élaboration de ce programme de planification comme vous voulez : management, vision ou tout simplement bon sens, mais faites-le ! À moins que vous ne souhaitiez définir des objectifs de marketing et trouver un moyen de les atteindre rapidement, les activités traditionnelles du service marketing ne feront pas partie de votre plan.

L'approche de ce livre risque de vous surprendre, car les techniques traditionnelles, comme la publicité et les bons de réduction, sont encore courantes.

Cependant, si vous commencez par là, vous prenez le problème à l'envers. Le marketing classique manque cruellement d'un objectif commun. Toutes les activités sont dispersées et le budget est dilapidé sans grand résultat.

L'approche classique de l'élaboration d'un plan

Prenons un exemple typique. Marie Durand vient d'être promue directrice du marketing dans une société de services en informatique. Son supérieur lui demande d'élaborer un plan et un budget marketing. (La société vend des logiciels de comptabilité et Marie doit convaincre les comptables d'acheter le produit et ses mises à jour.)

Marie a travaillé dans le développement en tant que responsable du contrôle qualité pendant deux ans. Auparavant, elle a passé un an au service des ventes. La qualité et la vente sont deux aspects importants du marketing, raison pour laquelle on lui a confié le poste de directrice du marketing. Mais elle n'a jamais élaboré de plan marketing. Comment va-t-elle s'y prendre ?

Malheureusement, elle commence très mal en dressant un budget basé sur celui de l'année précédente, qui ne comporte que quelques modifications. Grave erreur, car le budget de l'année précédente n'était pas basé sur un plan marketing cohérent. Il faut d'abord élaborer un plan et lui adjoindre un budget ensuite ! Mais comment en vouloir à Marie ? Elle n'a que deux mois pour soumettre son budget et elle fait de son mieux. Elle reprend donc le budget de l'année dernière, illustré ci-dessous (tableau 1-1).

Tableau 1-1 — Budget marketing

Poste	*Coût (en euros)*
Brochures pour la force de vente	1 300,00
Frais des cadres (voyages, dîners d'affaires, golf)	5 500,00
Publicité (presse économique, agence publicitaire)	8 000,00
Articles avec logo (mugs, casquettes, tee-shirts)	1 000,00
Trois salons informatiques (stands et échantillons gratuits)	7 300,00

Marie trouve le budget très détaillé (en réalité, il doit l'être beaucoup plus), mais elle ne sait pas comment le modifier pour l'année à venir. Elle décide d'aller demander conseil au directeur des ventes – c'est lui qui l'a recrutée à son premier poste dans la société et il est resté son mentor. Celui-ci affirme sans détours : « Je vais être honnête avec vous, Marie, ce budget ne nous convient pas du tout. Ma force de vente a besoin de deux fois plus d'articles portant notre logo. En général, au milieu de l'année, elle n'a plus rien à offrir à la clientèle. De plus, il faudrait que nous remplacions nos brochures, car nous allons lancer une nouvelle série de mises à jour de tous nos produits au printemps prochain. Si nous optons pour un tirage en quadrichromie, cela coûtera probablement 20 000 euros. »

« Ces dépenses sont-elles vraiment nécessaires ? », demande Marie.

« Je vous assure que nous vendrons plus si vous les inscrivez au budget, lui répond son ancien patron. Et si vous ne le faites pas, eh bien, tout le monde saura pourquoi les ventes ne correspondront pas aux prévisions. »

« Mais où trouver l'argent ? Je doute que le Président approuve un budget marketing deux fois plus important que celui de l'année dernière. »

« C'est facile, rétorque le directeur des ventes, il suffit de réduire les dépenses inutiles. Toutes ces sorties, par exemple... Les cadres utilisent ces fonds comme s'il s'agissait d'une caisse noire. Ils n'attirent pas de clients. Au contraire, ils vont jouer au golf avec eux après que la force de vente a réalisé la vente. Les salons ne servent à rien non plus. Nos programmeurs aiment y participer pour se faire des relations dans le secteur informatique, mais nos clients sont des comptables : ils ne vont pas aux salons informatiques ! »

Si vous avez déjà travaillé dans une entreprise de plus d'un employé, je pense que vous voyez où je veux en venir. Au terme de sa période de recherches, Marie aura entendu toutes les parties prenantes au budget – excepté ses clients. Ainsi, celui qui a le plus d'influence l'incitera à réduire certains postes budgétaires de 5 à 10 %. Mais, d'une façon générale, le budget ressemblera à celui de l'année précédente : il ne prendra pas en compte les besoins des clients. (Vous allez me dire que Marie ne peut pas faire une étude auprès de ses clients en deux semaines. Faux ! Il ne faut que deux minutes pour décrocher le téléphone et contacter un client.)

Par conséquent, le plan marketing, si on peut l'appeler ainsi, sera également semblable à celui de l'année précédente. Dans la plupart des sociétés, le budget et le plan marketing se ressemblent d'une année à l'autre.

Analyser le budget de l'année précédente

Observez le plan de Marie (allez chercher votre dernier budget marketing et soumettez-le à la même analyse si vous en avez le courage !). Quel est l'objectif principal de ce plan d'après le budget ? Si vous vous reportez aux chiffres, vous pouvez en déduire que le plan privilégie la publicité dans la presse économique. Viennent ensuite les salons, puis les sorties des cadres. Les trois principaux axes du plan sont donc, par ordre d'importance, les suivants :

- Publicité dans la presse économique
- Salons informatiques
- Sorties des cadres en compagnie de clients (golf, notamment)

En fonction de ces priorités budgétaires, le service marketing a donc utilisé un *marketing mix* (ensemble des actions de marketing qui composent le plan) mettant l'accent sur la publicité, les salons et les sorties des cadres.

Dès lors, la question qui se pose (ou devrait se poser) est la suivante : cet ensemble d'activités fera-t-il l'affaire ? Le marketing mix va-t-il générer de nouvelles ventes, fidéliser d'anciens clients et assurer la croissance de la société ?

C'est possible, dans les deux cas suivants :

- Les comptables voient les encarts publicitaires dans la presse économique ou se rendent au stand de la société lors d'un salon informatique, et décident d'acheter le logiciel de comptabilité.
- Les clients actuels achètent les mises à jour et ne s'adressent pas aux concurrents, car ils sont fidélisés à l'occasion de sorties avec les cadres.

(J'insiste sur ces deux points car, pour aboutir à une augmentation du chiffre d'affaires, le plan marketing doit être fondé sur deux aspects essentiels : *attirer de nouveaux clients* et *fidéliser les clients en favorisant de nouveaux achats*. Voir figure 1-1.)

Malheureusement, après ce que lui a dit le directeur des ventes, Marie doute que ces deux cas se présentent. En réalité, elle ne sait pas vraiment ce qui motive ses clients actuels et potentiels. Elle ne connaît pas non plus leurs habitudes. Et elle pense qu'elle n'a ni le temps, ni les informations nécessaires pour élaborer son plan en fonction de ses clients.

Nous ne connaissons pas non plus le comportement de ses clients, mais nous pouvons faire quelques conjectures (comme le ferait Marie, si elle avait un peu plus d'expérience en marketing). Le bon sens exige que le plan soit axé autour des motivations clés des clients – or, ce n'est pas le cas.

Cette société fonctionne avec un système de vente en tête-à-tête. La force de vente rend visite aux clients pour prendre leurs commandes et rester en contact avec eux. Marie l'a vu dans le cadre de son premier poste dans la société. Or, cette activité n'est même pas mentionnée dans le budget du service marketing.

Figure 1-1 : Comment évaluer votre plan marketing.

Nous pouvons aussi parier sur une autre activité exclue du budget : le *développement de nouveaux produits*. C'est une réalité dans toute société de services en informatique. Si une société fait l'erreur de ne pas améliorer ses produits, elle perd ses clients, qui sont attirés par les nouveautés lancées par ses concurrents.

Dans n'importe quel marché, les décisions qui mènent au rachat sont étroitement liées à l'*expérience du client avec le produit*. Si vous utilisez tous les jours un logiciel de comptabilité, comme les clients de Marie, vous allez vous faire une opinion précise sur ce logiciel. Vous allez le trouver inefficace pour une raison X ou Y, ou performant parce qu'il automatise une tâche que vous mettiez une semaine à accomplir à la main. Il vous semblera facile ou difficile à utiliser. Le manuel d'utilisateur et l'assistance commerciale et technique vous seront utiles ou d'aucune inutilité. Les heures que l'utilisateur passe avec le produit constituent la troisième clé qui mènera la société de Marie au succès ou à l'échec.

Penser en termes de points d'influence

Le budget marketing de Marie ne comporte aucun poste concernant la vente, le développement et l'assistance commerciale. Ces activités sont gérées par différents services, qui ont probablement un budget beaucoup plus important que le service marketing. Marie a donc les mains liées par la structure même de la société. Son budget, quel qu'il soit, ne s'appliquera qu'aux activités secondaires qui supportent ces trois éléments clés du marketing. En tant que directrice du marketing, elle est au premier rang, mais elle ne peut pas monter sur scène. Autrement dit, son budget n'est pas un bon point de départ pour élaborer le plan marketing (pas plus que le budget de votre service marketing).

Quels sont les acteurs qui évoluent sur la scène du marketing ? Ce sont toutes les personnes qui développent de nouveaux produits, font partie de la force de vente, rédigent les manuels d'utilisateur, ou fournissent une assistance commerciale sur site ou par téléphone – et peut-être même tous les cadres qui emmènent les clients jouer au golf. Les programmeurs qui sortent de leur coquille trois fois par an pour participer aux salons informatiques ont sans doute aussi un rôle à jouer. Tous ces acteurs représentent des points de contact potentiels avec les clients actuels ou potentiels. Par conséquent, chacun d'eux constitue un *point d'influence* potentiel, c'est-à-dire un point de contact potentiel avec les clients pouvant être utilisé pour communiquer et convaincre.

Les encarts publicitaires dans la presse économique sont aussi des points d'influence, tout comme les cadeaux offerts aux clients. Cela dit, certains points d'influence sont plus importants que d'autres. Aussi le plan marketing doit-il privilégier les plus décisifs. Si cela implique une certaine forme de coordination avec les autres services, alors *la coordination doit être l'un des éléments clés du plan.*

Effectuer une analyse des points d'influence

Pour élaborer ou mettre à jour un plan marketing, je vous recommande de faire ce que j'appelle une analyse des points d'influence, c'est-à-dire une liste des moyens d'interaction dont disposent la société et les clients. Vous devez dresser cette liste avant de rédiger votre plan, car l'objectif de celui-ci est d'utiliser tous les points de contact de façon coordonnée et stratégique pour attirer et fidéliser les clients. Cette liste vous aidera à voir la totalité du processus de marketing (toujours beaucoup plus vaste qu'on ne le pense) et à éviter les pièges dans lesquels Marie est tombée. Grâce à l'analyse des points d'influence, vous distinguerez clairement ce qui fait partie du plan marketing de ce qui n'en fait pas partie. Voyons ensemble comment la mener à bien.

Inventaire des points d'influence

Remplissez la fiche suivante pour chaque type de clients que vous avez.

(Remplissez une fiche par type ou groupe de clients. Par exemple, si vous vendez des jouets à des magasins de jouets et, par leur intermédiaire, à des enfants et à leurs parents, faites une liste pour les distributeurs et une autre pour les consommateurs. Il vous faudra aussi deux plans marketing distincts.)

Principaux points d'influence

(Notez deux à cinq points de contact avec vos clients.)

1. ______________________________

2. ______________________________

3. ______________________________

4. ______________________________

5. ______________________________

Points d'influence secondaires

(Notez les points de contact moins importants. Par exemple, une facture mensuelle n'est pas un point de contact crucial, mais c'en est un. Inscrivez-le ici.)

1. ______________________________

2. ______________________________

3. ______________________________

4. ______________________________

5. ______________________________

6. ______________________________

7. ______________________________

8. ______________________________

9. ______________________________

10.

____

(ou plus)

Ensuite, ajoutez deux colonnes sur le côté droit de votre feuille. Intitulez la première « Contrôle » et la seconde « Budget estimé ».

Qui contrôle chaque point d'influence ?

Dans la colonne Contrôle, inscrivez le nom de la personne ou du service qui contrôle chacun des points de contact. Si le contrôle est exercé par deux personnes ou services, inscrivez les deux noms. Ainsi, vous verrez à quel point la coordination sera importante dans votre plan. Si le contrôle des principaux points de contact est exercé en dehors de votre propre service, vous allez devoir solliciter les personnes concernées dès les premières étapes de l'élaboration de votre plan – et il ne s'agira pas simplement de débattre du budget. Si la coordination requise est considérable, prévoyez d'y consacrer du temps et de l'argent. Planifiez des réunions et des activités en équipe, et envisagez la mise en réseaux de vos ordinateurs avec ceux des autres services. S'il existe des barrières géographiques, n'hésitez pas à faire les voyages nécessaires.

TÊTE PENSANTE

Il va sans doute vous falloir des mois, et non des semaines, pour convaincre les différents managers de participer à votre plan. Vous devrez déployer beaucoup d'efforts en termes de voyages, réunions, présentations et persuasion. La coordination est une fonction vitale du marketing mais, dans la plupart des services marketing, elle n'est ni planifiée ni budgétée.

Quelles sont les dépenses effectuées pour chaque point d'influence ?

Dans la colonne Budget estimé, notez les dépenses associées à chaque point d'influence au cours de l'année dernière. Cette tâche n'est pas facile, car vous allez devoir estimer la somme attribuée à chaque point de contact au sein de chaque poste budgétaire. Mais lorsque vous l'aurez accomplie, vous aurez une image précise de la réalité du précédent plan marketing de votre société. Vous verrez combien il a été investi dans les points d'influence susceptibles de favoriser les décisions d'achat.

Reprenons le cas de Marie. Dans la rubrique Principaux points d'influence, elle a noté : « Visites rendues aux prospects par la force de vente. » Dans la rubrique Contrôle, elle a indiqué le nom du directeur des ventes, car le service marketing n'exerce qu'un contrôle restreint sur ce point de contact.

Pour remplir la colonne Budget estimé, Marie a étudié les documents comptables de la force de vente. D'après ses calculs, un cinquième des visites a été effectué auprès de prospects – le reste concerne des clients existants. Elle a donc affecté un cinquième des coûts directs de la force de vente à cette colonne. À cette somme, elle a ajouté une part des dépenses du service marketing correspondant aux brochures et aux articles offerts en cadeau. En outre, elle a appris que les cadres sortent rarement en compagnie de prospects – ils rencontrent généralement les clients une fois que la force de vente a effectué une première vente. Elle n'a donc reporté aucune somme concernant les sorties des cadres dans cette catégorie. Elle n'a pas non plus tenu compte du budget des salons, car elle a également appris que les personnes qui tiennent les stands envoient rarement des clients potentiels à la force de vente. En revanche, elle a inclus une petite portion du budget publicité, car certains encarts publicitaires incitent des clients à se renseigner, et la force de vente profite de cette opportunité pour fixer des rendez-vous.

Pour la catégorie Visites rendues aux prospects par la force de vente, elle a donc inscrit dans la colonne Budget estimé les éléments suivants :

- Dépenses de la force de vente : 115 000 €
- Documents et brochures : 3 000 €
- Articles avec logo (cadeaux) : 1 000 €
- Publicité permettant d'identifier des prospects : 8 000 €
- Total : 127 000 €

Et il s'est avéré que cette somme correspondait à environ 17 % de la totalité du plan.

Cette estimation donne une idée assez précise des sommes qui ont été dépensées inutilement l'année précédente pour essayer de convaincre des comptables de faire un premier achat dans la société. Notez que Marie ne s'en serait pas rendu compte si elle n'avait pas effectué cette analyse des points d'influence. Les budgets et les documents comptables de son service ne lui ont pas permis de révéler l'inadéquation du plan marketing précédent.

Posez-vous les bonnes questions

Forte de ces informations, Marie a une idée plus exacte de ce que fait la société *du point du vue des clients* et se trouve donc en bien meilleure posture pour élaborer le plan marketing de l'année suivante. Elle est en mesure de se poser les bonnes questions :

- La société accorde-t-elle suffisamment d'importance à l'acquisition de nouveaux clients ou ce chiffre de 17 % du budget consacré au plan est-il trop faible ?
- La société accorde-t-elle suffisamment d'importance à la fidélisation des clients actuels ? (Marie peut calculer les dépenses à ce sujet en effectuant le même type d'analyse.)
- La société coordonne-t-elle ses activités à chaque point d'influence ou certaines entrent-elles en conflit avec d'autres ?
- La société perd-elle du temps et de l'argent en se consacrant à des activités peu importantes et à des points d'influence secondaires ?
- Les messages communiqués aux clients aux différents points d'influence s'intègrent-ils dans un message global cohérent ?
- La société est-elle plus efficace dans certains points d'influence que dans d'autres ?

- Les concurrents de la société gèrent-ils leurs points d'influence différemment ? (Utilisent-ils des messages plus clairs ou plus percutants ?)
- Quel message la société communique-t-elle aux clients à travers ses points d'influence – ce message correspond-il à ce que nous voulons et devons communiquer ?
- La société atteint-elle les bons clients et prospects, au bon moment, et suffisamment souvent ?
- La société néglige-t-elle des points d'influence potentiels qu'elle pourrait commencer à utiliser ?
- Existe-t-il des points d'influence incontrôlés (des rumeurs négatives ou une mauvaise image donnée par des vendeurs rivaux) ? Si c'est le cas, comment la société peut-elle accroître son contrôle sur ces points d'influence ?

Ces questions vous permettront de chercher des informations dans la bonne direction pour améliorer votre pratique du marketing. Mais il ne suffit pas de se poser des questions ! Il faut aussi obtenir des réponses – ce qui demande un peu plus de travail. En réalité, tout le reste de ce livre traite des différents moyens de répondre à ces questions. Vous devez savoir quels clients cibler, ce qu'ils veulent et ce dont ils ont besoin, et beaucoup d'autres choses passées en revue dans les chapitres suivants. N'oubliez pas : commencez par vous poser des questions intelligentes, sinon vous ne parviendrez pas à élaborer un plan marketing intelligent. Avant de prendre une décision de marketing, évaluez vos points d'influence : identifiez-les, informez-vous sur les actions entreprises par votre société à chacun de ces points, et essayez de savoir comment les clients réagissent à ces actions et pourquoi. Faites le maximum pour répondre le mieux possible à ces questions.

Les vertus d'un bon marketing

Si vous avez lu les sections précédentes, vous vous être peut-être demandé si vous n'étiez pas tombé dans un livre de comptabilité par accident. C'est vrai, vous devez jongler avec les chiffres. Vous pouvez même utiliser un tableur pour effectuer une analyse précise. Cela dit, le marketing n'est pas synonyme de comptabilité. N'importe quel comptable digne de ce nom pâlirait à la seule vue d'un inventaire des points d'influence. Cet inventaire est rempli d'approximations et ébranle complètement les structures budgétaires et l'organigramme de l'entreprise.

En tant que marketeur, vous devez ébranler les structures. Vos clients voient votre société de l'extérieur. Or, toutes les informations dont vous disposez, y compris le budget marketing de l'année précédente, représentent votre société vue de l'intérieur. Vous ne pouvez envisager aucune action de marketing tant que vous ne voyez pas votre société du point de vue des clients.

La définition du marketing

Pour Peter Drucker, expert en management mondialement reconnu, le marketing consiste à voir *la société du point de vue du client*. Cette définition est extrêmement intéressante. Elle vous rappelle que le point de vue que vous avez de l'intérieur de l'entreprise est probablement très différent de celui des clients. Et qui s'intéresse à votre point de vue ? Ce qui compte, c'est le comportement des clients. Or, ceux-ci ne peuvent agir qu'en onction de ce qu'ils voient. C'est pourquoi certains marketeurs affirment que « tout est affaire de perception ». Ce qui fait votre marque et votre produit, c'est la façon dont les clients les perçoivent. S'ils considèrent votre produit meilleur et moins cher, il marchera. Sinon, il ne marchera pas – quoi qu'en disent les rapports du bureau d'études.

Comment voir avec les yeux de vos clients ? Il existe plusieurs réponses classiques à cette question : faire des études de marché, des analyses par ordinateur, et des comptes rendus soporifiques comportant des dizaines de graphiques quasiment identiques. D'accord, vous devrez réaliser différentes études – mais pas maintenant. Pas tant que vous n'aurez pas retourné votre société sens dessus dessous en faisant l'exercice suggéré dans les sections précédentes. Cet exercice constitue le meilleur point de départ pour comprendre le point de vue de vos clients.

Tout ce qui intéresse le client, ce sont les points d'influence, c'est-à-dire les moments où il entre en interaction, d'une façon ou d'une autre, avec vos employés, votre produit ou les informations qui circulent à propos de vos employés et de votre produit. Ces points d'influence constituent donc le seul moyen dont vous disposiez pour influencer les perceptions et le comportement de vos clients. Le marketing se résume à cet ensemble d'interactions. Et la façon dont le client vit ces interactions constitue son point de vue.

L'objectif du marketing

L'objectif du marketing est d'*entrer en contact avec les clients et de les inciter à acheter, utiliser et acheter de nouveau votre produit*. Cette tâche est difficile car, en général, votre société est le cadet des soucis de vos clients. Ceux-ci ne s'intéressent qu'à leurs besoins et à leurs désirs – les égoïstes ! Vous devez donc leur prouver qu'il est dans leur intérêt d'acheter, d'utiliser et d'acheter de nouveau votre produit. Et vous ne convaincrez pas grand monde si ce n'est pas vrai.

Les limites du marketing

Au mieux, le marketing peut convaincre les autres d'admettre une vérité. Au pire, il peut manquer d'accomplir cet exploit. Mais il n'a en aucun cas le pouvoir de transformer le mensonge en vérité.

Il est difficile d'influencer les décisions d'achat, même lorsqu'on a un plan marketing bien conçu, basé sur une exploitation pertinente des points d'influence. Abordez tout projet de marketing avec humilité. Les consommateurs ont leurs propres priorités et opinions. En général, ils se méfient grandement des opérations de marketing. Ils savent que leur but est de vendre et que la vente n'est pas nécessairement dans leur intérêt. Même si votre société vend un produit ou un service qui présente des avantages majeurs, il y a tellement d'escrocs sur le marché qu'il est difficile de se faire entendre.

N'essayez pas de résoudre les problèmes de votre société grâce à votre plan marketing. Si votre produit est imparfait aux yeux du client, vous ne pouvez qu'en faire part à votre société et l'encourager à améliorer le produit. Le marketing ne peut pas faire gagner un chien à une course de chevaux. Ne laissez personne vous dire le contraire.

Les principes réalistes du marketing

En tant que marketeur, vous devez avoir un point de vue différent de celui des autres membres de l'entreprise. Sinon, vous échouerez misérablement dans vos efforts pour commercialiser votre produit.

Vous devez adopter une approche unique, qui consiste à marcher au rythme du client. Vous n'aurez aucune difficulté à tenir ce rythme, à condition que vous admettiez quelques vérités. J'ai hésité à donner le nom de « principe » à ces vérités, car ce terme s'applique à une réalité complètement différente dans les cours de marketing. Pour me démarquer de la théorie, j'ai donc décidé de parler de principes *réalistes*.

Principe n° 1 : Vos clients ne vous écoutent pas

Souvenez-vous que vous avez bien plus envie de vendre que vos clients d'acheter. En général, les consommateurs ne s'intéressent ni à vous, ni à votre produit. Ils font partie de votre plan marketing malgré eux. Vous devez les convaincre d'écouter votre message alors qu'ils sont déjà très occupés. Le marketing est donc une tâche compliquée. C'est pourquoi ce livre comporte de nombreux chapitres sur des sujets aussi variés que la vente sur site, les relations par Internet et les événements particuliers – autant de paramètres que vous préféreriez omettre, mais que vous devez absolument prendre en compte pour faire passer un message à quelqu'un qui ne prête pas attention.

Cette règle admet quelques exceptions. Imaginez qu'un de vos clients ait un problème urgent à régler et souhaite acheter rapidement. Dans ce cas, c'est votre jour de chance ! Vous n'avez qu'à présenter votre message et le client l'intégrera immédiatement. Par exemple, il est très facile de faire part d'une offre d'emploi, car c'est un message recherché activement par les demandeurs d'emploi (c'est pour cette raison que les petites annonces de la page Emploi sont beaucoup plus efficaces et rentables que les autres encarts publicitaires). Hélas, les exceptions sont rares. D'une façon générale, considérez que vos clients sont des éléments récalcitrants de votre plan marketing.

Principe n° 2 : Tous vos concurrents harcèlent aussi vos clients

Vous êtes nombreux à rivaliser pour l'attention de ces clients indifférents. Le consommateur moyen est exposé chaque jour à des milliers de messages de marketing (y compris 1 500 annonces publicitaires en moyenne *via* la télévision, la radio, les panneaux d'affichage et la presse). Il ne remarque même pas la majorité de ces messages. Parmi ceux qu'il remarque, la plupart sont immédiatement oubliés et seuls quelques-uns parviennent à toucher la surface de sa conscience.

Toutes ces annonces publicitaires font partie du paysage. Pour communiquer votre message, vous devez donc sortir du lot, c'est-à-dire être plus remarquable (en dépensant davantage d'argent), plus attrayant (en communiquant mieux) ou plus intelligent (en trouvant de nouvelles stratégies de communication).

Associée au manque d'attention de la part des consommateurs, la banalisation de la publicité fait du marketing la plus difficile de toutes les formes de communication. Parfois, il me semble plus aisé d'apprendre le langage des signes à un chimpanzé que de convaincre des millions de consommateurs de changer de lessive !

Principe n° 3 : Les autres membres de votre société vous prennent pour un fou

N'oubliez pas que toute votre société est orientée dans une direction opposée à la vôtre. Vous êtes la seule personne à être capable de voir les choses du point de vue de vos clients (même si cela vous coûte). Par conséquent, vous travaillez toujours à contre-courant. Soyez patient et persévérant. Vous devez défendre le point de vue de vos clients et créer des coalitions d'employés tournés vers le consommateur, afin de convaincre votre société de soutenir et de mettre en œuvre un plan marketing efficace.

Principe n° 4 : Vous ne pouvez pas mettre votre plan à exécution sans les autres membres de votre société

En tant que membre du service marketing, vous n'avez aucun contrôle sur la plupart des points d'influence susceptibles de faire basculer le comportement des consommateurs en votre faveur. Vous devez donc créer des liens avec les autres services de votre société et même avec d'autres sociétés. Les autres membres de votre société n'ayant pas la même perspective que vous, dans un premier temps, ils résisteront à vos efforts de coordination (voir principe n° 3). Persévérez – vous avez besoin d'eux ! Si vous ne faites pas cavalier seul, vous allez droit à l'échec. Pour réussir, travaillez en réseau et créez des coalitions.

Principe n° 5 : Si vous échouez, vous êtes mort (et votre société aussi)

Malgré ces complications inextricables, toute votre société dépend de vous pour faire les gros titres ! Une entreprise sans client n'a plus qu'à mettre la clé sous la porte. Et pourtant, je vois d'ici le scénario : vos collègues vous prennent pour un fou. Ils vous bloquent l'accès à des informations essentielles et à des ressources cruciales. Ils insistent pour que vous réduisiez le budget de 20 %. Ils font déplacer votre service dans une vieille aile du bâtiment qui n'est pas climatisée. Mais… ils attendent de vous que vous génériez suffisamment de ventes pour garantir le maintien de leur salaire et de leurs primes de fin d'année. Seul point positif : par moments, ils se demandent quand même s'il n'y aurait pas un vague lien entre le succès de votre plan marketing et la provision de leur chèque de fin de mois. Ce n'est pas grand-chose, mais vous pouvez jouer là-dessus. Bonne chance !

Principe n° 6 : Plus vous donnez, plus vous recevez

Vos clients se fichent éperdument de votre sort, vos collègues vous prennent pour un dingue et il faudrait encore que vous vous montriez affable ! Et pourquoi ça ? Parce que c'est la seule façon de réussir dans le marketing. Bob Carkhuff, président de la société américaine HRD Press, l'explique en ces termes : « Dans le marketing, il faut donner le plus possible sans se couper la gorge. » Cette stratégie fonctionne plutôt bien.

HRD Press publie des ouvrages de formation spécialisés, destinés aux salariés. La société vient de lancer une gamme de produits informatiques, les logiciels offrant aux clients une plus grande flexibilité que les livres. Contrairement à certains de ses concurrents, elle fournit gratuitement des CD de démonstration. Ces CD présentent un maximum de fonctions sans qu'il s'agisse du logiciel lui-même. L'idée est de permettre aux clients de commencer à utiliser le produit facilement et gratuitement.
Sans ce geste généreux, ils ne se seraient peut-être même pas intéressés au logiciel.

De même, certaines PME ont recours aux bons de réduction pour attirer les clients. Myrna O'Reilly, présidente de Coupon Cash Saver, Inc. (société américaine qui aide les PME à gérer leurs programmes de réductions), affirme que « les bons de réduction distribués localement bénéficient du bouche à oreille. Toutes les personnes qui en entendent parler veulent essayer d'en obtenir ». Bien sûr, cette stratégie ne fonctionne que si l'offre est suffisamment généreuse pour attirer l'attention des clients. La diffusion de bons de réduction d'une valeur trop faible est une erreur de marketing courante (pour bien gérer les réductions, reportez-vous au chapitre 13). S'il faut vraiment que vous réduisiez le prix pour encourager les clients à tester votre produit, ne soyez pas avare. Mieux encore, offrez le produit gratuitement !

Principe n° 7 : Il ne suffit pas d'être bon – il faut être meilleur que les autres

Le marketing est un domaine dans lequel la concurrence est rude. Vous rivalisez pour l'emplacement en rayon, l'attention des prospects et la loyauté des clients. Vous vous battez pour devenir et rester un des leaders du marché en lançant de nouveaux produits, en cassant les prix ou en adoptant de nouvelles technologies. Vous innovez en termes de production et de distribution, afin d'améliorer votre produit et d'en faciliter l'accès à vos clients. Vous faites tous ces efforts – aussi pénibles et coûteux soient-ils

– parce que, si vous ne les faites pas, vos concurrents vous écraseront. Les marketeurs n'ont pas un penchant naturel pour l'innovation. Ils n'ont tout simplement pas le choix. C'est la dure loi de la concurrence.

Dites-vous que tout ce que vous avez fait l'année dernière n'est pas assez bien pour cette année. Vos concurrents sont en constante évolution et vous avez tout intérêt à évoluer plus vite qu'eux. Même si vous êtes sur la bonne voie, vous devez courir plus vite que les autres. Votre rôle est d'innover et d'orienter votre société vers de nouvelles approches, plus efficaces. Peut-être n'aimez-vous pas l'idée de porter ce chapeau – du reste, vos collègues des autres services ne veulent pas que vous le portiez –, mais il faut bien que quelqu'un s'assure que les salariés auront leur prime l'année prochaine !

Principe n° 8 : Le marketing doit être (mais n'est probablement pas) l'activité la plus créative de votre société

Qu'est-ce qui fait le succès du marketing ? Avec le recul, on ne peut que constater que les opérations de marketing les plus réussies sont les plus créatives. Personne n'a jamais inventé un nouveau produit, créé un slogan publicitaire percutant ni conçu un programme intelligent en suivant des instructions à la lettre ou en jonglant avec des chiffres. Bien sûr, ce livre est rempli d'instructions et de chiffres qui, je l'espère, vous seront utiles mais ne constituent qu'un tremplin pour votre imagination. Vous devez faire preuve de créativité, et je ne peux pas le faire à votre place.

Si vous n'êtes pas convaincu, réfléchissez un instant : dans le marketing (contrairement aux autres activités de l'entreprise), *tout ce que vous faites doit être unique*. Vous ne pouvez pas utiliser indéfiniment la même annonce publicitaire, vendre chaque année le même produit, ni même avancer les mêmes arguments commerciaux avec tous les clients. Le travail du service marketing est en constante évolution. Le marketing est davantage un art qu'une science.

D'accord, vous admettez que la créativité est un aspect essentiel du marketing. Mais, le reste du monde n'en est malheureusement pas encore là. La plupart des sociétés essaient de gérer le marketing comme n'importe quel autre service. Elles ne proposent aucune formation en créativité avant de confier aux employés un poste dans le service. Ceux-ci doivent faire leurs armes seuls, le plus souvent en nageant à contre-courant. C'est pourquoi j'ai consacré un chapitre entier à la créativité dans le marketing (chapitre 4). Accordez-lui toute l'attention qu'il mérite.

Principe n° 9 : Le marketing doit être (mais n'est probablement pas) l'activité la plus logique de votre société

Je l'avoue, la créativité ne suffit pas. Les marketeurs doivent avoir l'esprit à la fois artistique et scientifique. Imaginez : Marie chante tranquillement sous la douche et, soudain, une idée géniale lui traverse l'esprit. Pour s'en souvenir, elle la griffonne immédiatement sur le miroir de la salle de bains à l'aide d'un bâton de rouge à lèvres. Elle enfile un tailleur sobre, se rend au bureau, et se met au travail pour tester son idée au moyen d'études de marché, de prévisions de ventes, d'évaluations de l'élasticité-prix, etc. C'est exactement ce que vous devez faire. Il vous faut être à la fois un visionnaire à l'esprit ouvert et un comptable concentré sur les chiffres. À l'image du Minotaure, vous devez avoir une tête de scientifique sur un corps d'artiste. Cela vous donne un drôle d'air, mais c'est la clé du succès.

Principe n° 10 : Tout est affaire de marketing

Non, je n'exagère pas. C'est un fait : tout ce que fait votre société relève du marketing, car tout peut influencer les clients et donc provoquer une augmentation ou une diminution des ventes. Pourtant, le service marketing est souvent l'un des plus petits de l'entreprise. Et lorsque les chefs d'entreprise distribuent les rôles, le chapeau du marketing est souvent le moins usé. Autrement dit, la plupart des sociétés sous-exploitent leurs ressources de marketing. Elles ne voient pas toutes les opportunités que celles-ci représentent en termes d'interaction avec les clients. Par conséquent, vous pouvez obtenir de bien meilleurs résultats, simplement en exploitant pleinement les ressources.

IDÉE LUCRATIVE

Prenons un exemple : outre leur aspect financier, les factures font partie du marketing. Vous devez donc appliquer une politique favorable au client. Tenez compte de la particularité de chacun. Si un client fidèle à la société depuis longtemps dépasse pour la première fois la date limite de paiement d'une facture, ne le traitez pas comme n'importe quel client occasionnel. Sinon, vous le perdrez à coup sûr. Pensez également à consolider la fidélité des clients ou à augmenter les ventes en joignant des brochures publicitaires (catalogue, offre spéciale, concours) aux factures. Vous voyez, avec un peu d'imagination, le marketing peut se faufiler partout !

DANS LA PRATIQUE

Quel avenir pour Eskimo Pies ?

La marque américaine Eskimo Pies est l'une des plus connues sur le marché intérieur des aliments surgelés. Ses produits, autrefois dominants, généraient des ventes dont les retombées étaient plus que satisfaisantes, pour les employés comme pour les actionnaires.

Malheureusement, Eskimo Pies a commis ce que beaucoup d'investisseurs considèrent comme une série d'erreurs de marketing. Aujourd'hui, la société lutte pour retrouver son dynamisme d'antan. Elle a d'abord décidé d'élargir sa gamme de produits en rachetant un fabricant de yaourts glacés. Puis elle a lancé une version allégée de ses barres glacées (le produit d'origine est une barre de glace à la vanille enrobée de chocolat). Or, beaucoup de clients fidèles à la marque, ne trouvant plus leur traditionnel Eskimo Pies en supermarché, ont acheté des barres classiques auprès de la concurrence. Apparemment, ils ne voulaient pas d'un produit allégé pour ce qu'ils considéraient comme un extra.

Ajoutez à cela les problèmes d'emballage et d'étiquetage d'Eskimo Pies… Ah, je ne vous en ai pas parlé ! Figurez-vous que quelqu'un a cru bon de faire imprimer une grande quantité d'emballages pour réduire les coûts. Pas de chance : la législation en matière d'étiquetage a changé et la société a dû jeter tout son stock d'emballages.

Le service marketing d'Eskimo Pies travaille probablement d'arrache-pied sur un nouveau plan marketing.

Chapitre 2

Stratégie marketing de base : identifier un besoin et le satisfaire

Dans ce chapitre :

- Évaluer les besoins du client
- Augmenter les ventes
- Élargir votre marché
- Fixer des objectifs de part de marché
- Multiplier vos bénéfices en augmentant votre part de marché

Si l'on simplifie à l'extrême, la stratégie, c'est savoir *pourquoi*.

En marketing, on se pose toujours beaucoup de questions. Faut-il offrir des coupons de réduction ? Mettre des encarts publicitaires dans la presse ? Lancer une campagne de publicité à la radio ? À la télévision ? Recruter davantage de vendeurs ou de représentants ? Baisser les prix ? Augmenter les prix ? Changer d'image ? Élargir la gamme de produits ? Proposer des produits allégés ? Racheter un concurrent ayant une gamme de produits complémentaire ? Relooker le logo ? Etc. Il existe une infinité de possibilités.

Vous avez l'embarras du choix, ce qui n'est pas toujours facile à gérer. Pour savoir où faire porter vos efforts, vous devez élaborer une *stratégie*, c'est-à-dire avoir une idée précise de la façon dont vous allez atteindre vos objectifs.

Dès lors que vous définissez une stratégie, tout devient clair. Votre plan se met en place naturellement. La façon dont vous allez utiliser les nombreux points d'influence dont vous disposez devient de plus en plus évidente.

Par exemple, votre stratégie peut consister à modifier l'image de votre chaîne de restauration rapide dans l'esprit des adolescents et des jeunes adultes. Vous souhaitez gommer l'aspect enfantin pour mieux cibler les adultes. Une fois cet objectif défini, vous en déduisez que vous devez revoir la conception de vos produits pour adapter ceux-ci aux goûts des adultes. Vous décidez ensuite d'élaborer des spots publicitaires destinés à être diffusés lors d'émissions susceptibles d'intéresser le marché ciblé – des spots qui véhiculent une image plus sophistiquée. (Cela vous rappelle quelque chose ? C'est la stratégie adoptée par McDonald's lors du lancement du hamburger Arch Deluxe, en 1996.)

Vous devez définir une stratégie – et ne vous contentez pas d'une réplique de celle de l'année dernière ! Prenez le temps d'y réfléchir et vous y verrez plus clair au moment de régler tous les détails de votre plan marketing.

Évaluer les besoins de vos clients

Vos clients ont-ils besoin de vous ? *Vraiment* besoin ? Vous trouvent-ils indispensable ? Accordent-ils tellement d'importance à votre relation que vous quitter reviendrait à perdre un ami ? Aiment-ils votre produit au point qu'ils sont impatients d'en parler à leurs amis ? Est-ce qu'ils rêvent de vous la nuit ?

J'en doute.

Vos clients vous accordent une fidélité fragile et très relative. La plupart vous tiennent à distance. Ils savent qu'ils peuvent vous remplacer facilement. Ils sont libres de toute obligation. Bref, ils sont volages ! Et dans la plupart des cas, ils vous ignorent, refusent d'acheter ou, pire encore, s'adressent à vos concurrents. Les ingrats…

Tant pis, il y a d'autres clients. Vous n'avez qu'à en chercher d'autres. Non ! Ne vous contentez pas des restes ! Consolidez la fidélité de vos clients en devenant plus important à leurs yeux (cette attitude doit constituer votre toute première stratégie marketing, quelles que soient les suivantes).

Pour de nombreuses sociétés, trouver un nouveau client s'avère plus coûteux que de conserver un client actuel. S. Todd Burns, propriétaire de six magasins Time-It Lube (accessoires automobiles) en Louisiane, s'en est bien rendu compte. C'est pourquoi il a décidé de réduire le budget publicité et de distribuer aux clients actuels des cartes de fidélité donnant droit à une réduction de 5 dollars à la quatrième visite. Il a également mis l'accent sur la qualité du service : traiter avec Time-It Lube doit être une expérience positive.

La fidélisation des clients atteint aujourd'hui un taux de 90 %. De plus, les clients fidèles en apportent d'autres grâce à un bouche à oreille positif.

Si vous voulez que vos clients vous aiment, vous devez faire le premier pas – comme l'a fait Todd Burns. Vous devez créer un produit si intéressant pour les consommateurs que vous ferez des bénéfices en le leur fournissant. Et si vous voulez élargir vos horizons, vous devez trouver de nouveaux consommateurs, qui ont un besoin que vous pouvez satisfaire. Ou bien inventer un nouveau produit que les consommateurs adoreront.

Tout dépend de vous, et non de vos clients, car vous avez davantage d'intérêts qu'eux dans l'affaire. Votre succès dépend de votre capacité à identifier et à satisfaire les besoins de vos clients. En revanche, le succès de vos clients ne dépend généralement pas de leur utilisation du produit.

Votre première tâche en termes de stratégie consiste donc à réfléchir à ce que vos clients veulent et à ce dont ils ont besoin. Si vous satisfaites leurs désirs et leurs besoins, et si vous le faites si bien que vous parvenez à les surprendre agréablement, vos efforts de marketing porteront leurs fruits. Sinon, eh bien, j'espère que vous avez de l'expérience dans un autre métier.

Identifier les besoins et les envies

On dit que nos envies sont nombreuses, mais que nos besoins sont rares. Ce dicton est empreint de sagesse. On peut probablement compter les besoins d'un être humain sur les doigts des deux mains : nourriture, abri, amour, accomplissement, respect, détente, etc. Nos envies sont nombreuses et variées, mais elles visent toutes à satisfaire nos besoins primaires. Vous avez peut-être envie d'une bonne part de pizza aujourd'hui, tandis qu'hier vous avez préféré manger un sandwich. Quoi qu'il en soit, ces deux envies expriment vos besoins sous-jacents de nourriture et de plaisir.

Si vous avez effectivement envie d'une pizza, vous n'en avez pas pour autant besoin. La pizza n'est pas un besoin fondamental. Vous ne mourrez pas si vous n'en trouvez pas. Vous achèterez autre chose. Les clients font preuve de flexibilité lorsqu'ils cherchent à satisfaire leurs envies – à condition qu'ils parviennent à satisfaire leurs besoins sous-jacents.

En tant que marketeur, vous devez penser à votre offre en termes d'envies et de besoins. Quels besoins votre produit peut-il satisfaire – et dans quelle mesure les satisfait-il ? Mais aussi quelles envies est-il susceptible de satisfaire et comment se positionne-t-il par rapport aux autres moyens de les satisfaire ?

Le nombre et la variété des envies est un avantage non négligeable. Les envies de l'être humain sont illimitées. Cela vous permet de donner libre cours à votre créativité. Songez sans cesse à toutes les nouvelles envies qui peuvent surgir. Si j'ai envie de manger quelque chose de nouveau pendant ma pause déjeuner – autre chose que des sandwiches, des pizzas ou des salades – que pouvez-vous me proposer ? J'ai envie de changer un peu de la routine. Qu'est-ce que c'est, ça, là-bas ? Des nems ? Un croissant au jambon ? Un panini ? Un kebab ? Votre imagination est votre seule limite lorsqu'il s'agit de créer ou de modifier les envies des consommateurs.

Pour faire preuve de créativité en matière d'envies, vous pouvez aussi redéfinir les besoins sous-jacents satisfaits par un produit. Prenons un exemple : dans mon quartier, tous les restaurants se concentrent sur deux besoins essentiels : le besoin de nourriture et le besoin de plaisir. Par conséquent, ils se font tous concurrence pour proposer des menus à la fois nourrissants et agréables à manger. Bien sûr, il est possible de satisfaire ces deux besoins en passant par d'autres envies (comme nous l'avons vu au paragraphe précédent). Mais vous pouvez également vendre le produit en ciblant un autre besoin, par exemple, celui du respect et de la stimulation sociale, tout en satisfaisant celui de la nourriture. Avez-vous une idée pour prendre ce créneau ? Moi, j'en ai une : un club-restaurant. Il n'y en a aucun dans mon quartier. C'est une idée parmi tant d'autres…

Lorsque vous réfléchissez aux besoins et aux envies de vos clients, faites preuve de perspicacité et de créativité (pour en savoir plus sur le rôle de la créativité dans le marketing, reportez-vous au chapitre 4). Si vous ne trouvez pas sans cesse de nouveaux moyens de satisfaire les besoins, vous perdrez vos clients actuels et vous n'en obtiendrez pas d'autres.

Élargir votre marché

L'élargissement du marché est la stratégie la plus courante du marketing (ce n'est que mon avis, mais personne n'est là pour me contredire). L'idée est extrêmement simple : choisissez un nouveau territoire et foncez. Ah, et ne revenez pas avant d'avoir trouvé de l'or !

Votre esprit pionnier peut vous emmener dans une nouvelle zone géographique. Ben & Jerry Ice Cream, par exemple, a dépassé les frontières du Vermont pour devenir une marque nationale des États-Unis. Il peut aussi vous orienter vers un nouveau secteur. Motorola a intégré le marché de la microinformatique en créant une gamme d'ordinateurs compatibles Macintosh, qui utilisent le système d'exploitation d'Apple. Et il peut même vous faire découvrir de nouveaux pays. Pour sa nouvelle gamme de compatibles Macintosh, Motorola a visé en particulier la Chine ainsi que d'autres marchés asiatiques. Cette dernière stratégie est sans doute la plus courante aujourd'hui. Si votre société ne se globalise pas, c'est le marché global qui viendra à vous, par le biais de vos concurrents étrangers. Et là, ce sera la panique !

Évaluer les risques

Lorsque vous envisagez d'élargir votre marché, n'oubliez pas que cette opération comporte des risques. Vous n'avez aucune expérience des nouveaux marchés dans lesquels vous entrez. De plus, vous êtes peut-être également amené à fabriquer de nouveaux produits – Motorola a fabriqué et commercialisé une nouvelle gamme de PC tout en s'adaptant au fonctionnement du marché chinois.

Les risques augmentent lorsque vous intégrez un *nouveau marché* (on entend par « nouveau marché » de nouveaux types de clients à n'importe quel stade du canal de distribution). Vous devez donc réduire vos prévisions de ventes, du moins pour la première année. Dans quelle mesure ? Personne ne le sait exactement mais, en général, elles sont abaissées de 20 à 50 %, selon le degré de nouveauté du marché pour la société et ses employés.

Les risques augmentent aussi lorsque vous lancez de *nouveaux produits* (on entend par « nouveau produit » tout ce qu'une société n'a pas l'habitude de fabriquer et de commercialiser). Dans ce cas, vous devez donc également réduire vos prévisions de vente de 20 à 50 %.

Et si vous lancez un nouveau produit sur un nouveau marché ? Vous prenez deux types de risques, qui doivent se refléter dans vos prévisions de vente. Vous pouvez ajouter les estimations que vous avez faites pour chaque risque. Je sais, 50 % plus 50 % égale 100 %, ce qui vous laisse 0 % d'espoirs de vendre. Cela dit, élargir un marché est une stratégie si risquée qu'il est effectivement plus raisonnable de renoncer aux recettes la première année. Mieux vaut être prudent et vivre assez longtemps pour apprendre à gérer correctement un marché, plutôt que d'être inconséquent au point de se mettre en situation d'échec.

Éviter les complications internationales

La société Bata commercialise ses produits dans le monde entier. Son logo, un dessin stylisé représentant trois cloches, permet à tous les consommateurs de l'identifier facilement. Malheureusement, ce logo n'a pas été du goût de tout le monde. Certains musulmans y ont vu des caractères arabes composant le mot Allah.

Des intégristes du Bangladesh sont descendus dans la rue pour manifester leur colère lorsque le logo de Bata, considéré comme un blasphème, a fait son apparition sur des sandales importées. Cinquante personnes ont été blessées pendant cette manifestation. Tout cela à cause d'une simple erreur de marketing.

L'incident dont Bata a été victime peut toucher n'importe quelle société, dès lors que celle-ci traverse les frontières nationales et culturelles. Mais il est toujours possible d'éviter ce genre de désagréments en faisant des recherches approfondies. Il vous suffit de faire évaluer votre produit par un groupe d'experts en recherche marketing. Demandez aux experts de déceler tous les points négatifs que peut évoquer votre produit (et éventuellement les points positifs en vue de la future campagne publicitaire). Vous trouverez des agences publicitaires et autres experts dans presque tous les marchés locaux que vous déciderez d'intégrer. Peut-être votre agence habituelle vous proposera-t-elle de réaliser elle-même une étude, mais mieux vaut faire appel à un groupe local, ne serait-ce que pour tester le produit et ses chances de réussite sur le marché.

Analyser votre part de marché

Dans cette section, vous allez comprendre pourquoi il est important de raisonner en termes de part de marché. Plus vous avez de poids par rapport à vos concurrents, plus vos coûts sont bas, plus vous avez d'impact sur le comportement des consommateurs et plus vos possibilités de distribution sont larges.

Votre *part de marché* est votre pourcentage de ventes par rapport à l'ensemble des ventes réalisées pour votre type de produit. Si vous vendez pour 2 millions d'euros de dents de requin et si le chiffre d'affaires mondial du marché s'élève à 20 millions d'euros par an, vous avez une part de marché de 10 %. C'est aussi simple que cela – enfin presque.

Choisir une unité

Quelle unité choisir pour évaluer vos ventes ? Bonne question, mais peu importe. Vous pouvez compter en euros, en dollars, en conteneurs ou en grammes, à partir du moment où vous *utilisez toujours la même unité*. Autrement dit, utilisez la même unité de mesure pour évaluer vos ventes et les ventes du secteur. Ne mélangez pas les genres. Choisissez une unité de mesure adaptée à votre produit, que les consommateurs se représentent aisément, basée sur des informations faciles à obtenir.

Définir le « marché global »

Quel type de produit vendez-vous ? Voilà une autre question stratégique importante. Si vous vendez des grains de maïs soufflés, sucrés ou salés, vous êtes manifestement dans le pop-corn. Mais il existe beaucoup de sortes de pop-corn : celui qu'on fait cuire à la poêle, celui qu'on passe au four à micro-ondes, celui qui est déjà prêt dans un sac, celui qu'on achète frais à un stand. Sans parler du pop-corn enrobé de chocolat et des gâteaux de riz saveur pop-corn. Dans ce marché, comme dans beaucoup d'autres, il est difficile de fixer des limites. Si vous définissez un marché relativement vaste, les ventes du marché global seront évidemment plus élevées, ce qui rendra votre part de marché plus petite. Autrement dit, votre part de marché ne sera pas la même selon vos calculs. Comment faire ?

TÊTE PENSANTE

Interrogez vos clients. Achètent-ils toutes les sortes de pop-corn que nous avons énumérées précédemment ou simplement certaines d'entre elles ? Ce qui compte, ce sont les *perceptions des clients*, c'est-à-dire la façon dont les clients perçoivent votre produit. Demandez-leur quelles sont leurs options d'achat (si vous souhaitez réaliser une étude formelle, reportez-vous au chapitre 6). Puis intégrez toutes ces options dans votre définition du marché. Dans le cas du pop-corn, les options peuvent être limitées, par exemple, à la version non cuite du produit. Une fois que vous avez cette information, vous pouvez circonscrire le marché global qui vous concerne.

Ouf ! Vous ne pensiez pas que la définition d'un marché était si compliquée, n'est-ce pas ? Et pourtant, vos recherches personnelles et votre raisonnement peuvent complètement changer votre vision initiale, et donc votre plan marketing.

Vous informer sur la taille et la croissance du marché

Pour calculer votre part de marché, vous devez évaluer la totalité des ventes de ce marché. Cela va vous demander un peu de recherches alors, pendant que vous y êtes, pourquoi ne pas en profiter pour recueillir quelques informations concernant l'historique du marché – le montant des ventes au cours des cinq ou dix dernières années, par exemple ? Ces informations vous permettront de connaître le taux de croissance du marché – un indicateur essentiel de son potentiel pour vous et vos concurrents.

QUI CONTACTER ?

Pour obtenir ces informations, adressez-vous aux associations professionnelles ou aux sociétés de recherche en marketing, dont la plupart calculent les ventes de l'année dans différentes catégories de produit. Pensez aussi aux revues professionnelles, qui publient la taille et les tendances du secteur au moins une fois par an. Si vous êtes en concurrence avec des entreprises publiques, rendez-vous dans une bibliothèque pour consulter les rapports annuels, qui décomposent généralement les ventes en plusieurs catégories.

Ces informations sont aussi de plus en plus présentes sur le Web. Pour une recherche par mots clés, saisissez le nom de votre produit ainsi que « chiffre des ventes » ou « taille du marché ».

Votre produit fait partie d'une gamme de produits. Par exemple, pour calculer sa part de marché, une société de prêt-à-porter pour hommes peut diviser les ventes du marché global par le montant de ses propres ventes. Mais si la gamme de produits de l'ensemble du marché est trop vaste par rapport à celle que propose la société, celle-ci doit faire des recherches plus approfondies. Si vous êtes dans ce cas, demandez à vos distributeurs ou à vos détaillants de vous indiquer le montant de leurs ventes concernant votre catégorie de produits, telle que vous l'avez définie. Au besoin, faites appel à une société de recherche en marketing pour la réalisation d'une étude auprès de vos clients. Essayez de distinguer les produits de votre marque des produits de la concurrence dans la consommation de vos clients pour établir un pourcentage. En général, les grandes sociétés réalisent elles-mêmes des études annuelles pour obtenir des informations cohérentes et fiables sur leur part de marché.

Évaluer votre part de marché en un clin d'œil

Les conseils que je vous ai donnés dans la section précédente vous semblent trop compliqués ? Voici une méthode plus simple pour évaluer rapidement la taille du marché et votre part de marché, si vous n'avez pas beaucoup de temps devant vous :

1. **Évaluez le nombre de clients de votre marché (combien de personnes sont susceptibles d'acheter du dentifrice dans votre pays ; combien d'entreprises font appel à un consultant dans votre ville).**

2. **Évaluez la quantité achetée par chaque client, en moyenne, par an (six tubes ; soixante entreprises).**

   Consultez les registres des ventes ou interrogez quelques individus pour rendre cette estimation plus précise.

3. **Multipliez les deux chiffres pour obtenir la taille du marché global annuel, puis divisez le résultat par le montant de vos ventes pour connaître votre part de marché.**

Fixer des objectifs de part de marché

Le calcul de votre part de marché vous permet de comparer vos activités à celles de vos concurrents d'une période à l'autre. Si votre part de marché diminue, vous êtes perdant. Si elle augmente, vous êtes gagnant. C'est aussi simple que cela. Par conséquent, un bon plan marketing est axé, au moins en partie, sur un *objectif stratégique de part de marché* tel que « augmenter la part de marché de 2 % en lançant une version améliorée du produit et en proposant davantage d'offres d'essai ». En outre, l'analyse du plan de l'année précédente doit s'accompagner d'une étude parallèle de l'évolution de la part de marché. (Si vous ne cherchez pas à savoir ce qui s'est passé et pourquoi votre plan n'a pas donné les résultats escomptés, il n'est pas trop tard pour bien faire !) Si le plan vous a permis de doubler votre part de marché, songez sérieusement à le reconduire ! Mais si votre part de marché a diminué ou si elle est restée inchangée, passez à autre chose.

Devez-vous investir dans l'augmentation de votre part de marché ?

Votre part de marché est un point de repère qui vous permet de vous positionner par rapport à vos concurrents mais aussi un indicateur de la rentabilité future de votre produit. Certains experts pensent que les produits qui dominent le marché ont davantage de succès que les autres. Cette hypothèse est prise très au sérieux dans certaines sociétés, qui abandonnent des marques peu prometteuses afin de concentrer les dépenses sur celles qui ont une chance de remporter la plus grosse part de marché.

Si cette théorie se révèle exacte, vous devez vous consacrer activement à l'augmentation de votre part de marché. Mais devez-vous abandonner les produits à faible part de marché ? Acquérir des produits à forte part de marché ? Améliorer la qualité et doubler le budget publicitaire des produits moyens pour les propulser en tête du marché ? Toutes ces stratégies sacrifient les bénéfices à court terme dans l'espoir de dégager des bénéfices plus importants à long terme. Par conséquent, elles sont risquées, d'autant qu'elles reposent sur une simple théorie. Faites une analyse approfondie du marché avant de prendre une décision.

Des études montrent que les sociétés ayant une grosse part de marché obtiennent un retour sur investissement plus élevé que la moyenne. L'Institut de planification stratégique (société de conseil de Cambridge, dans le Massachusetts) a créé une base de données très intéressante sur l'impact financier des parts de marché. Cette base de données est axée autour d'unités commerciales (divisions ou filiales d'un marché) et non autour de sociétés prises dans leur ensemble. Elle est donc orientée sur le marketing. Il en ressort que les unités ayant une grosse part de marché obtiennent un RSI (retour sur investissement : pourcentage de bénéfices par rapport au montant investi) plus élevé. Ce phénomène est illustré au tableau 2-1.

Tableau 2-1 — Bénéfices liés à la part de marché

Part de marché (%)	*RSI (%)*
Moins de 7	10
7 à 15	16
15 à 23	21
23 à 38	23
38 ou plus	33

La base de données suggère également qu'une augmentation de la part de marché conduit à une augmentation proportionnelle du RSI (bien que celle-ci ne représente que la moitié ou le quart de la première en pourcentage).

Au fait, l'inverse est également vrai ! La diminution de la part de marché conduit à une diminution du RSI. Par conséquent, la meilleure stratégie consiste à *défendre la part de marché existante*. Pour y parvenir, soignez votre image de marque (voir chapitre 4), innovez pour que votre produit reste tendance (voir chapitre 14) et élaborez de bons plans marketing (voir chapitre 1 et – pardonnez-moi de vous donner beaucoup de travail – tout le reste de ce livre !).

Comment expliquer ce lien étroit entre les bénéfices et la part de marché ? Les entreprises ayant une grosse part de marché réalisent des économies d'échelle de la production au marketing. En outre, elles ont généralement plus d'expérience et de savoir-faire que leurs concurrents plus faibles. Elles ont un plus grand pouvoir de négociation avec les fournisseurs, les distributeurs et même les bailleurs de fonds. Enfin, ce qui est également très important, elles ont une meilleure vision du marché en raison de leurs efforts de marketing à grande échelle. Elles ont donc davantage de poids pour faire passer leurs messages.

La plupart du temps, les clients reconnaissent une marque parce qu'ils disposent de nombreuses informations à son sujet. La position de leader sur le marché renforce donc le comportement des consommateurs en faveur de cette marque.

Fort de ces informations, je conseille généralement aux sociétés de défendre ou de développer leur part de marché. Par exemple, si vous êtes au troisième rang dans votre secteur, investissez dans un effort de croissance afin de dépasser le deuxième et de vous rapprocher du premier.

Mycomputer.com a réalisé une étude sur l'utilisation de navigateurs Internet pour déterminer la part de marché de chaque société. Microsoft est largement en tête (comme à son habitude) avec 81 % d'utilisateurs d'Internet Explorer. Netscape suit loin derrière avec 16 %, et America Online ne possède que 0,3 % du marché. Si le gouvernement des États-Unis ne s'en mêle pas, Microsoft ne fera que renforcer sa position de leader et dégagera la plus grande marge bénéficiaire.

Cela dit, tous les analystes ne sont pas d'accord sur le rôle de la part de marché. Une étude américaine réalisée par Cathy Anterasian, de la société de conseil McKinsey and Co., et John Graham, de l'Université de Californie, livrent les conclusions suivantes : « Les petites entreprises qui misent sur la stabilité et sacrifient leur part de marché, en période d'expansion économique, s'avèrent plus rentables à long terme que les sociétés qui ont maintenu ou augmenté leur part de marché. »

Autre exemple utilisant une tout autre mesure : la mémorisation. Quelles sont les marques dont les consommateurs se souviennent et qu'ils mentionnent dans les études ? On constate que plus le taux de mémorisation d'une marque est élevé, plus les ventes se multiplient et plus la part de marché augmente. D'après le centre de recherche américain Harris Interactive, en 2000, Amazon.com bénéficiait du taux de mémorisation le plus élevé de tous les sites de commerce électronique, avec un chiffre de 19 %. Venait ensuite eBay, avec 11 %, suivie de Yahoo!, avec 5 %.

Autrement dit, si vous travaillez dans une PME, ne soyez pas obsédé par votre part de marché au point de déstabiliser vos structures opérationnelles. Comme tous les objectifs stratégiques, l'augmentation de votre part de marché doit être gérée avec prudence, sans perdre de vue les éventuelles interactions avec d'autres objectifs. Ne vous lancez pas tête baissée, OK ?

Chapitre 3

Stratégie avancée : définir votre message

Dans ce chapitre :

- Déterminer à quelle phase de son cycle de vie se trouve votre produit
- Élaborer une stratégie adaptée à la phase actuelle
- Cibler votre marché
- Rédiger une stratégie de positionnement
- Répondre aux quatre questions qui permettent de définir une stratégie
- Vérifier le bon sens de votre stratégie

La question stratégique de base est « Pourquoi ? ». Vous avez répondu à cette question au chapitre 2 en basant vos efforts de marketing sur l'identification des besoins satisfaits par votre produit et la gestion de votre part de marché.

Mais vous n'êtes pas encore prêt à passer à la question « Quoi ? », qui concerne tous les détails importants d'un plan marketing bien conçu. Vous devez d'abord vous poser une autre question stratégique : « Comment ? », c'est-à-dire « Comment convaincre vos clients de votre capacité à satisfaire leurs besoins ? »

En vous posant cette question, vous poussez votre raisonnement stratégique plus loin, en tenant compte des réalités pratiques d'un plan marketing. Les réponses que vous obtiendrez vous aideront à donner une orientation précise à votre plan.

Essayez de savoir à qui vous vous adressez, c'est-à-dire de définir votre marché cible et ses motivations. Réfléchissez à la façon dont vous allez pouvoir générer des ventes. Pouvez-vous compter sur le bouche à oreille ? Allez-vous détourner les clients de vos concurrents ? Ou fidéliser les clients actuels qui pourraient être tentés d'aller voir ailleurs ? Nous allons explorer ces trois stratégies dans les sections suivantes.

Enfin, vous devez absolument résumer votre raisonnement stratégique sous la forme d'un état de positionnement. L'état de positionnement est une description claire du profil de vos clients et de la façon dont vous voulez qu'ils voient votre produit. La stratégie ne sert à rien si les clients ne la comprennent pas et ne l'apprécient pas. Par conséquent, pour concrétiser votre stratégie, vous devez faire passer tout votre raisonnement de votre tête à celle de vos clients. Votre état de positionnement vous aidera dans cette démarche.

Stratégies appliquées au cycle de vie de votre catégorie de produits

Toute *catégorie de produits* (groupement de produits en concurrence) a une durée de vie limitée. En théorie – et généralement dans la pratique – certains produits nouveaux viennent supplanter les plus anciens. Autrefois, le transport des marchandises s'effectuait en chariot. Puis on a creusé des canaux et les péniches ont remplacé les chariots. À son tour, le chemin de fer a fait son apparition. Bientôt, les autoroutes ont permis aux camions de supplanter les trains. Et aujourd'hui, une bonne partie du transport de marchandises s'effectue par avion.

Chaque produit passe par un cycle de création, de croissance et de déclin, alimenté par l'inventivité sans borne des entreprises en concurrence. Chaque catégorie de produits pousse l'autre ; à chaque lancement correspond un déclin.

Le *cycle de vie du produit* est l'un des principaux thèmes des cours d'économie dispensés dans les écoles. Tous les étudiants ont des épreuves sur le cycle de vie du produit et sont donc bien préparés à le gérer lorsqu'ils entrent dans la vie active. Et pourtant, les conséquences de ce cycle sont souvent mal comprises. Par conséquent, je vais vous expliquer ce phénomène d'un point de vue purement pratique, sans faire référence à la théorie décrite sur les campus. Si vous vous en tenez à ma version, je vous promets que vous saurez quelle stratégie appliquer.

TÊTE PENSANTE

Le produit est soumis à un cycle de vie, qui va du lancement au déclin et au retrait du marché. L'existence de ce cycle provient d'un effort d'amélioration et d'innovation constant. Votre société, comme ses concurrents, lance régulièrement de nouveaux produits. Mais, un jour ou l'autre, même les meilleurs finissent par être remplacés par d'autres, encore plus performants.

Le cycle de vie d'un produit ne concerne pas uniquement votre marque. Les ventes de votre propre marque à l'intérieur d'une catégorie de produits n'a pas beaucoup de répercussions sur le cycle de vie de cette catégorie de produits.

À l'inverse, le cycle de vie du produit influence grandement les ventes de votre marque. Par conséquent, pour exploiter pleinement la théorie du cycle de vie, vous devez voir grand, c'est-à-dire analyser le *marché global*, qui comprend votre marque mais aussi celle de tous vos concurrents.

Interpréter et prévoir la croissance du marché

Au cours d'une longue période, les ventes (ou la part de marché) vont (a) suivre une courbe de croissance régulière, (b) s'aligner sur l'élargissement de la clientèle et (c) chuter lorsqu'un produit de substitution fera son entrée sur le marché. Ce cycle est illustré dans la moitié inférieure de la figure 3-1. Il comprend quatre phases, décrites ultérieurement.

Comme le montre la figure 3-1, lorsqu'un marché est saturé, les ventes proviennent davantage d'anciens clients que de nouveaux clients. Cette tendance ralentit l'augmentation des ventes et influence les campagnes publicitaires et autres initiatives de marketing.

La phase de lancement

Le graphique des ventes de rollers révèle un cycle de vie classique, avec une augmentation régulière au début des années 1980, une accélération de la croissance à la fin des années 1980 et au début des années 1990, et un ralentissement de la croissance à la fin des années 1990. Un concept aussi nouveau a eu besoin de temps pour entrer dans les mentalités. La phase de lancement a donc été longue. Il a fallu convaincre les consommateurs des avantages de ce nouveau produit. Plus le produit est inhabituel, plus sa phase de lancement est longue.

La phase de croissance

Au bout d'un certain temps – une fois que 10 à 20 % du marché potentiel est atteint – le produit se généralise. Il entre dans sa phase de croissance. Les consommateurs l'acceptent et sont de plus en plus nombreux à l'adopter. La croissance s'accélère. Malheureusement, le succès du nouveau produit attire les concurrents – le nombre de produits concurrents augmente toujours pendant la phase de croissance, si bien que le leader perd une partie de sa part de marché. Néanmoins, cette croissance rapide enrichit tous les concurrents viables et tout le monde est content.

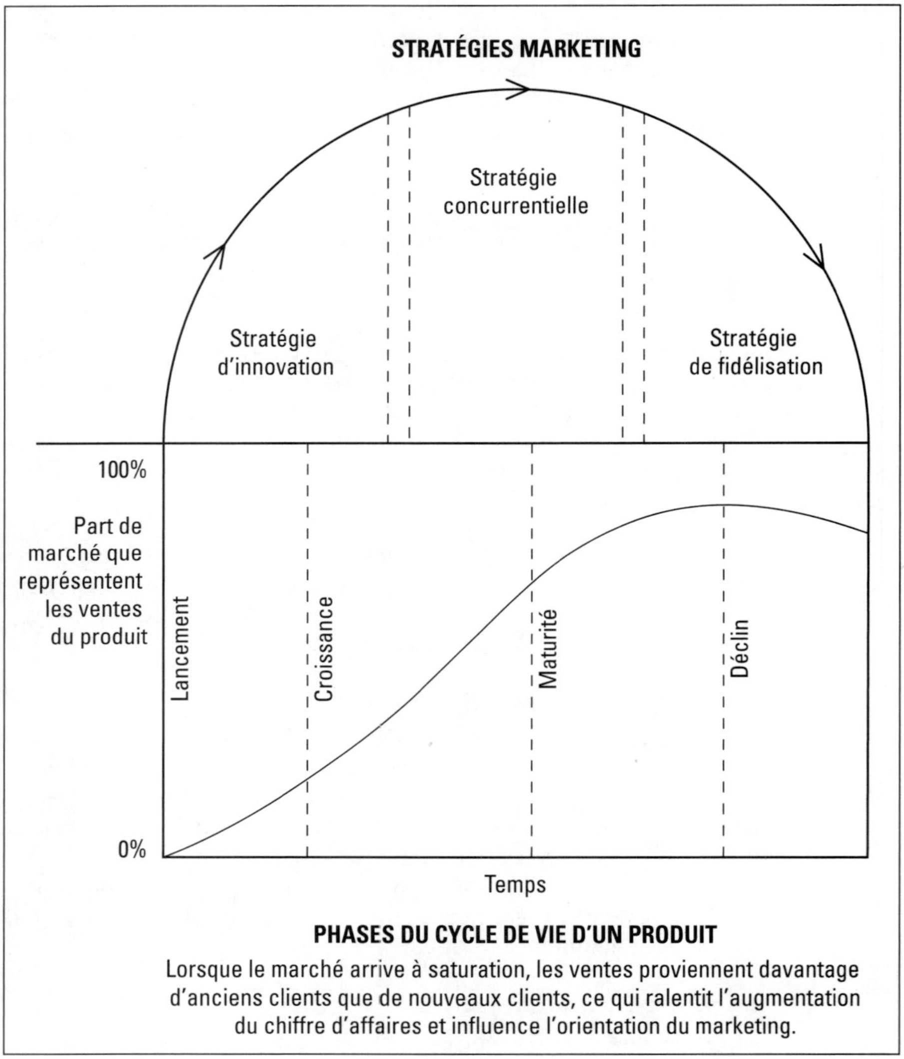

Figure 3-1 : taux de croissance et conditions de marché tout au long du cycle de vie du produit.

La phase de maturation

Au terme de la phase de croissance, le produit n'a plus de débouchés. Une fois que toutes les personnes valides ont acheté une paire de rollers, la nature du marché change inévitablement. Vous ne pouvez plus compter sur l'attrait de la nouveauté. Vous devez attendre que vos clients soient prêts à remplacer leurs premiers rollers. À ce stade, il vous faut lutter avec acharnement contre vos concurrents pour réaliser des ventes. Au mieux, vous gardez la plupart de vos anciens clients et en attirez quelques autres, qui ont eu le bon goût de naître avec un penchant naturel pour le roller. Le temps de la croissance est terminé, car votre marché est saturé, ce qui signifie que la plupart des clients potentiels connaissent le produit et ont déjà commencé à l'utiliser. Lorsqu'un marché est *saturé*, vous ne trouvez plus de nouveaux clients. Vos ambitions sont limitées par la fréquence à laquelle les clients remplacent le produit et par votre aptitude à détourner les clients de la concurrence.

Les marchés sont plus ou moins concernés par ce problème. Par exemple, une fois que tous les ménages d'un pays ont fait l'acquisition d'un réfrigérateur, le marché est complètement saturé. Les consommateurs n'en rachèteront un que lorsqu'ils devront remplacer le premier. En revanche, le marché des tee-shirts ne sera probablement jamais saturé. Pourquoi ? Parce que les personnes qui en portent beaucoup n'en achètent pas dans le but d'en remplacer d'autres. Ils achètent continuellement, au fur et à mesure qu'ils découvrent des modèles qui leur plaisent.

DANS LA PRATIQUE

Il m'est arrivé d'élaborer des plans marketing dans l'industrie du tee-shirt et j'ai été très étonné de constater que l'étudiant américain moyen possède environ 25 tee-shirts – contre une moyenne d'un demi tee-shirt par personne pour l'ensemble de la population américaine ! Et bien que les étudiants en possèdent cinquante fois plus que la moyenne, ils affirment qu'ils envisagent d'en acheter au moins encore un le mois prochain. Voilà une catégorie de produits dont les ventes ne sont pas limitées par la théorie du cycle de vie, mais par l'imagination des fabricants !

... Et c'est la fin

Finalement, les consommateurs cessent de remplacer leurs anciens produits par des modèles plus modernes, car un autre type de produit, encore plus performant, a fait son entrée sur le marché. Qui achète encore des 33 tours depuis l'apparition des CD ? La plupart des produits finissent par entrer dans une phase de déclin, dans laquelle les ventes chutent, les bénéfices s'évaporent et les concurrents disparaissent. Parfois, il est possible de faire encore quelques affaires avec les inconditionnels du produit mais, en général, c'est une perte de temps. Mieux vaux battre le fer pendant qu'il est chaud et abandonner une gamme de produits sur le déclin pour intégrer un nouveau marché en pleine expansion.

... Ou presque

Certains marketeurs – peut-être ceux qui croient en la réincarnation – refusent de renoncer. Ils pensent qu'avec un peu d'imagination et un bon marketing, ils peuvent relancer un produit sur le déclin. Ils ont parfois raison. Prenons le cas du bicarbonate de soude que l'on utilisait pour faire des gâteaux. Aujourd'hui, les consommateurs n'ont plus beaucoup de temps pour faire de la pâtisserie.

Arm & Hammer, le plus grand distributeur de bicarbonate de soude d'Amérique du Nord, a vu ses ventes décliner d'année en année. Mais des esprits créatifs de son service marketing ont fait une découverte étrange : certains clients, bien que peu nombreux, achetaient de grandes quantités de bicarbonate de soude. Pourquoi faire ? Des recherches approfondies ont révélé que certaines personnes utilisaient ce produit dans d'autres domaines que la pâtisserie : pour se brosser les dents, par exemple, ou nettoyer leur tapis, désodoriser leur réfrigérateur ou la litière de leur chat, et même en guise de déodorant. Incroyable ce qu'on peut faire avec du bicarbonate de soude !

La société Arm & Hammer est donc revenue à une stratégie marketing de lancement. Elle a choisi d'informer les consommateurs des multiples usages du bicarbonate de soude. Et le produit s'est levé de son lit de mort pour atteindre un taux de croissance record. C'est ce qu'on appelle la vie après la mort.

Exploiter pleinement le cycle de vie du produit

La moitié supérieure de la figure 3-1 (p. 44) illustre un autre type de cycle de vie, qui concerne la publicité. Je l'ai redessiné pour le superposer au cycle de vie du produit (généralement, il est présenté sous forme de demi-cercle). Ensemble, ces deux graphiques associent la théorie et la pratique ! Le cycle de vie de la publicité comporte trois phases, dont chacune requiert une stratégie marketing propre : une *stratégie d'innovation* (à utiliser lorsque la majorité des prospects ne connaissent pas bien le produit), une *stratégie concurrentielle* (à utiliser lorsque la majorité des prospects a essayé au moins un des produits en concurrence) et une *stratégie de fidélisation* (à utiliser lorsque la recherche de nouveaux clients coûte plus cher que la fidélisation des anciens). Si vous confrontez ces différentes phases avec le cycle de vie du produit, vous pouvez choisir la bonne stratégie en fonction de la tendance du marché. Le tableau 3-1 illustre les objectifs stratégiques de chacune de ces phases :

Tableau 3-1 Que faire à chaque phase du produit ?

Innover	*Concurrencer*	*Fidéliser*
Informer les consommateurs	Mettre la marque en valeur	Fidéliser les clients
Encourager à l'essai	Se positionner en amont de la concurrence	Consolider les relations avec les clients
Renforcer le canal de distribution	Obtenir une part de marché dominante	Améliorer la qualité
Segmenter le marché pour satisfaire des besoins précis	Améliorer le service	Moderniser le produit

Tout votre plan marketing doit être basé sur ces stratégies. Pour savoir laquelle choisir, il vous suffit de déterminer à quelle phase de son cycle de vie se trouve votre produit.

Par exemple, si vous commercialisez un produit nouveau dont les ventes s'accélèrent, vous pouvez en déduire qu'il est en train de passer de la phase de lancement à la phase de croissance de son cycle de vie. D'après la figure 3-1, vous devez donc appliquer une stratégie d'innovation. Le tableau 3-1 vous indique les principales étapes de cette stratégie : informer les clients sur le nouveau produit, les inciter à l'essayer, et vous assurer qu'il sera largement distribué. Une fois votre stratégie définie, vous pouvez donner à votre plan marketing une orientation précise.

Par exemple, quel prix allez-vous fixer pour votre produit ? Le prix doit être suffisamment bas pour ne pas décourager les nouveaux clients. Proposez-leur des offres spéciales pour les inciter à essayer votre produit. Pensez aussi à distribuer des échantillons gratuits. Associée à une politique de prix modéré, cette technique est tout à fait appropriée à ce stade (pour savoir comment fixer le prix exact d'un produit, reportez-vous au chapitre 13).

Et la publicité ? Elle doit sans aucun doute être informative et pédagogique. Autrement dit, elle doit montrer aux consommateurs potentiels les avantages du produit. Encouragez les distributeurs à stocker votre produit et à le mettre en valeur. Cet effort de vente dynamique, par l'intermédiaire de vos propres vendeurs et représentants ou de vos distributeurs, mérite une grosse part de votre budget marketing.

Une fois que vous avez défini une stratégie claire, tout devient évident et logique. C'est là tout l'intérêt du raisonnement stratégique : il simplifie extrêmement la suite des opérations.

Mettre vos stratégies en œuvre

Dans les figures 3-2, 3-3 et 3-4, je vous propose trois différents concepts publicitaires. Le premier concerne un produit imaginaire, que j'ai appelé Hegg. Hegg est un substitut d'œuf, vendu en brique pour un usage culinaire. Ce produit a le même goût et les mêmes substances nutritives que l'œuf, mais sa faible teneur en cholestérol réduit les risques cardiaques. Quelle stratégie appliquer pour ce nouveau produit ? Dans la phase de lancement, vous allez utiliser une stratégie publicitaire d'innovation.

Il existe déjà des produits concurrents – aux États-Unis, Egg Beaters domine le marché. Mais ceux-ci visent généralement des consommateurs âgés, qui suivent un régime strict, prescrit par un médecin. Les consommateurs d'âge moyen qui souhaitent manger sainement privilégient les aliments naturels et boudent les composants chimiques. Par conséquent, ils évitent Egg Beaters. Mais Hegg peut les intéresser, si vous utilisez un slogan bien ciblé, comme « Substitut d'œuf entièrement naturel ». Votre tâche consiste donc à informer une nouvelle catégorie de consommateurs sur les avantages du substitut d'œuf – d'où la présence de la composition sur l'annonce publicitaire et l'incitation à l'essai. Je vous recommande également de déposer des échantillons gratuits, accompagnés d'un petit livre de recettes, dans les épiceries fréquentées par les consommateurs ciblés.

Figure 3-2 : Stratégie publicitaire d'innovation pour la phase de lancement.

Pour la plupart des consommateurs, un œuf est un œuf. Le choix de la marque dépend essentiellement du prix ou de la disponibilité. Mais de plus en plus de clients sont conscients des différences de qualité et recherchent des produits qui leur semblent sains. La figure 3-3 illustre une stratégie publicitaire concurrentielle correspondant à la phase de croissance du produit Free Eggs. L'annonce publicitaire de ce produit vise les consommateurs attachés à la qualité en introduisant une idée répandue, selon laquelle plus les poules sont heureuses, plus les œufs sont sains. Le slogan « Les poules de ferme pondent de meilleurs œufs » incite les consommateurs à comparer le produit avec un produit concurrent, qui n'a pas les mêmes atouts. Cette annonce publicitaire distingue la marque des autres avec l'image humoristique et facile à mémoriser d'un œuf avec une tête et des ailes rappelant que les poules sont élevées en liberté. Signe distinctif et marque facile à reconnaître sont les deux mamelles d'une stratégie concurrentielle réussie. Cette stratégie va permettre à la nouvelle marque de gagner une part de ce marché qui arrive en phase de maturité. Si tout se passe bien, les consommateurs rechercheront cette marque malgré une concurrence rude.

Que faire si vous vendez une marque d'œufs classiques, bien établie mais sans aucune caractéristique distinctive ? Les œufs frais dans une boîte en carton représentent un marché qui a atteint la maturité depuis longtemps. Comme illustré à la figure 3-4, vous devez utiliser une stratégie de fidélisation, avec une publicité de rappel, qui vous permettra de conserver vos clients actuels.

Contrairement à la marque Free Eggs, Daisy's Dairy n'a aucun élément distinctif susceptible de la faire ressortir du lot. En revanche, elle dispose d'une clientèle fidèle, qui la reconnaît entre toutes et l'achète depuis des années. Malheureusement, elle se retrouve en concurrence avec ses distributeurs, qui ont lancé leur propre marque.

Figure 3-3 : Stratégie publicitaire concurrentielle pour la phase de croissance.

Elle a donc besoin d'une campagne de rappel, illustrée à la figure 3-4. Personnellement, je diffuserais également ce type d'annonce dans la presse et sur le lieu de vente. Tout doit être mis en œuvre pour que la marque Daisy's Dairy revienne régulièrement à l'esprit des consommateurs. Le but est de la rendre omniprésente afin que personne ne puisse l'oublier !

Utilisez un marketing de rappel sur le lieu de vente

Comme le suggère l'exemple de Daisy's Dairy, le lieu de vente est idéal pour une campagne de rappel. Faites le maximum pour attirer le consommateur vers votre produit à l'heure et à l'endroit où il effectue ses achats.

Figure 3-4 : Stratégie de fidélisation, avec une publicité de rappel, pour la phase de maturité.

DANS LA PRATIQUE

Precise International, société new-yorkaise, utilise cette stratégie pour commercialiser sa gamme de couteaux suisses dans les bijouteries et les coutelleries. Elle a disposé de nombreuses reproductions grand format du couteau de poche traditionnel, rouge avec une croix blanche, dans les différents lieux de vente. Et bien que le marché soit mature depuis des décennies, si ce n'est des siècles, la marque a une forte identité qui lui permet de conserver une grande part de marché, grâce à un simple marketing de rappel. En passant devant une publicité sur le lieu de vente, les consommateurs se disent soudain qu'un couteau suisse est une idée de cadeau parfaite – pour un proche ou pour eux-mêmes !

Stratégies de positionnement

L'ultime décision stratégique que vous deviez absolument prendre concerne le *positionnement* de votre produit dans l'esprit des consommateurs. Cette décision repose sur un processus en trois étapes.

1. Cibler un groupe de clients

La première étape du positionnement de votre produit consiste à cibler un *segment de marché*. McDonald's, par exemple, a choisi de cibler les jeunes adultes, principaux adeptes de la restauration rapide. Pour cibler un segment de marché, il faut d'abord identifier les différents besoins des consommateurs, selon qu'ils sont enfants ou adultes, adeptes de la restauration rapide ou clients occasionnels. Ces différents besoins divisent la population en plusieurs groupes. Si vous illustrez ces groupes en créant plusieurs colonnes pour les catégories d'âges et plusieurs lignes pour la fréquence du recours à la restauration rapide, vous obtenez une segmentation bidimensionnelle. Chaque cellule du tableau illustre un des segments du marché. McDonald's domine déjà certains de ces segments, mais la société souhaite élargir son marché (stratégie la plus courante). Par conséquent, elle lance des opérations de marketing destinées à de nouveaux segments, de nouvelles cellules du tableau.

Vous pouvez segmenter votre marché par âge, par zone géographique, par habitudes de consommation ou autres. N'hésitez pas à déterminer des catégories originales. L'originalité peut conduire à un plan marketing innovant. Mais, pour fonctionner, votre méthode doit rassembler des personnes qui partagent une vision commune du produit et un besoin susceptible d'être satisfait par ce produit. En découpant votre marché en segments, vous pourrez satisfaire les besoins de chaque segment de façon plus efficace – à condition que ce découpage soit effectué en fonction de critères précis. (Pour apprendre à faire des recherches exhaustives sur les différents segments de marché, reportez-vous au chapitre 6.)

Après avoir divisé le marché global en petits groupes ayant le même type de besoins, vous devez cibler un groupe en particulier. Peut-être pouvez-vous tous les cibler, mais ce n'est généralement pas le cas. Je vous recommande d'en choisir un (ou quelques-uns tout au plus) en tant que cible de votre marketing. De plus, pour que votre marketing soit efficace, vous devez mettre au point une stratégie et un plan marketing pour chaque segment ciblé. Puisque tous les segments sont différents, vous devez adapter votre marketing à chacun.

2. Définir une stratégie de positionnement

Maintenant que vous avez ciblé vos clients (si vous avez lu la section précédente), vous êtes prêt à élaborer une stratégie de positionnement. Vous avez différentes possibilités :

- Vous pouvez vous positionner par rapport aux concurrents : « Nos taux d'intérêts sont plus bas ». (Cette tactique est courante dans un marché mature, qui nécessite l'application d'une stratégie concurrentielle.)
- Vous pouvez mettre en valeur un avantage distinctif : « Le seul beurre sans matière grasse. » (Cette tactique est conseillée dans le cadre d'une stratégie d'innovation, au début du cycle de vie d'un produit.)
- Vous pouvez associer votre image à une autre : « Le dentifrice recommandé le plus souvent par les dentistes. » (Les vertus de la personne ou du concept associé à votre marque rejaillissent sur celle-ci. Il peut s'agir d'une célébrité, ou de l'image d'une famille heureuse jouant sur une plage, d'un manoir entouré de magnifiques jardins ou d'un géant débonnaire. Tous ces symboles ont été utilisés pour positionner favorablement un produit dans l'esprit des consommateurs.)

DANS LA PRATIQUE

Par exemple, la société de courtage Merrill Lynch a décidé de se positionner dans le sillage de Léonard de Vinci. À première vue, on ne voit pas le rapport, mais l'annonce publicitaire était convaincante : « Léonard a utilisé son intelligence et son imagination pour aider les autres à comprendre le sens du monde pendant la Renaissance. Aujourd'hui, notre société est liée par le même engagement. Avec une présence mondiale inégalée, notre compréhension des forces qui façonnent le monde permet à tous de réagir de façon plus créative et plus fructueuse. Comme Léonard, nous marquons notre différence en utilisant notre intelligence pour enrichir votre vie. »

TÊTE PENSANTE

Rédigez votre stratégie de positionnement et affichez-la au-dessus de votre bureau pour être sûr de ne pas vous en éloigner. Distribuez des copies de cette stratégie à votre agence de publicité, à vos distributeurs et à toutes les personnes qui travaillent sur votre plan marketing.

Pour rédiger votre stratégie de positionnement, vous devez d'abord vous poser les questions suivantes :

- Quel type de clients ciblez-vous ?
- Que faites-vous pour ces clients ?
- Comment le faites-vous ?
- En quoi êtes-vous plus efficace que vos concurrents ?

Complétez la fiche suivante :

Notre produit offre les avantages suivants :

____

____

Aux clients suivants (décrivez le segment de marché) :

____

____

Notre produit est meilleur que celui de nos concurrents pour les raisons suivantes :

____

____

Notre supériorité s'explique de la manière suivante (preuves/différences) :

____

____

Et voilà : vous avez votre stratégie de positionnement ! Et maintenant ? Vous pouvez l'utiliser pour vendre vos produits, mais aussi pour élaborer toutes vos communications de marketing. Tout ce que vous allez faire dans le cadre de votre plan marketing, du conditionnement du produit à la publicité, sera guidé par cette stratégie de positionnement. Alors accrochez votre fiche au-dessus de votre bureau et consultez-la pour chaque opération de marketing.

3. Atteindre ce positionnement grâce à votre plan marketing

Votre stratégie de positionnement vous indique clairement ce que vous devez communiquer à propos de votre produit et à qui. Elle est le fondement de votre plan marketing et lui donne une orientation précise, qui se résume en quelques points.

À chaque fois que votre plan touche des clients par l'intermédiaire de certains points d'influence, vous devez être sûr d'entrer en contact avec les bons clients et de communiquer le *bon* message. Votre stratégie de positionnement est là pour vous rappeler quels clients cibler et quel message leur faire passer.

Cela vous paraît évident. Et pourtant, de nombreux plans marketing constituent une perte de temps pour les clients et d'argent pour les sociétés, car leur message ne correspond pas à la *stratégie de positionnement*. Tout message qui n'explique pas en quoi le produit est différent des autres et qui ne donne pas suffisamment de preuves à l'appui de cette affirmation ne positionne pas le produit correctement.

Tout plan marketing doit refléter une (et seulement une) stratégie de positionnement clairement formulée. Cette cohérence est particulièrement importante dans un marché concurrentiel (reportez-vous à la section sur le cycle de vie du produit, plus haut dans ce chapitre). La stratégie de positionnement indique la façon dont vous voulez que vos clients perçoivent votre produit, par rapport à leurs besoins et à leurs envies. Mais il existe plusieurs moyens de satisfaire ces besoins et ces envies.

Par exemple, McDonald's souhaite se présenter comme le lieu de restauration idéal pour les adultes pressés. Pourquoi ? Parce que beaucoup d'adultes considèrent que la marque s'adresse essentiellement aux enfants. Ce qui est normal, puisque McDonald's s'est d'abord présenté comme un endroit attrayant pour les enfants : terrains de jeux à l'intérieur des restaurants, Happy Meals (menus qui comportent un jouet) et utilisation pendant longtemps d'un clown dans les spots publicitaires. C'était une bonne stratégie de positionnement, car les enfants représentent une grande partie du marché des *fast-foods*. Cependant, des études ont montré que les adeptes les plus fidèles de la restauration rapide sont des adultes. Or, McDonald's n'est pas aussi présent sur ce segment qu'il le souhaiterait. D'où sa nouvelle stratégie de positionnement, conçue pour attirer les adolescents et les jeunes adultes en leur montrant que McDonald's correspond à ce qu'ils attendent en termes de nourriture et d'image. Pour mettre cette stratégie de positionnement à exécution, McDonald's a décidé de proposer un nouveau produit (Arch Deluxe) et de faire appel à une nouvelle agence de publicité pour créer des spots plus sophistiqués, susceptibles d'attirer l'attention des adultes, et non des enfants.

Tester votre stratégie dans la pratique

Pour fonctionner, une stratégie doit être fondée sur le bon sens. Pourquoi ? Parce que ce n'est pas vous qui allez mettre en œuvre votre stratégie. Ce sont vos vendeurs, les distributeurs, les agences de publicité, les détaillants, etc. Et si votre stratégie n'est pas simple à appliquer, ces intermédiaires risquent d'élaborer un plan qui ne lui sera pas fidèle.

Vos clients comprennent-ils votre stratégie ?

Autre raison pour laquelle votre stratégie doit être fondée sur le bon sens : vos clients doivent la comprendre, eux aussi ! Pensez aux efforts de Colgate pour lancer un produit appelé Colgate Junior, susceptible de plaire aux enfants en raison de son bon goût. Pour que la stratégie de Colgate Junior fonctionne, les enfants et les parents doivent entendre parler du produit et constater que celui-ci peut régler un de leurs problèmes. Et je peux vous dire que la plupart des gens, enfants ou adultes, ne sont pas à l'affût des dernières trouvailles en matière de dentifrice. Ils font des achats routiniers ou choisissent un dentifrice en fonction du prix, en profitant des bons de réduction et des offres spéciales. Ils ne connaissent probablement même pas la composition de leur dentifrice (pourriez-vous énumérer les composants de votre marque habituelle ?). Par conséquent, toute nouvelle formule doit être présentée de façon simple, claire et attrayante.

Comment être sûr qu'ils la comprennent ?

Mettez votre stratégie à l'épreuve. Est-elle suffisamment claire pour les personnes qui doivent l'appliquer et pour les consommateurs ? Avant de la mettre en pratique, testez son bon sens en voyant si vous pouvez l'expliquer facilement aux autres et si elle est facile à retenir. Parlez-en à des personnes qui ne travaillent pas avec vous (assurez-vous simplement qu'elles ne travaillent pas pour la concurrence !). Si vos enfants, votre petit(e) ami(e), votre coiffeur ou votre partenaire de tennis la comprennent, et s'ils la trouvent suffisamment intéressante pour s'en souvenir lorsque vous leur en reparlez quelques jours plus tard, elle est probablement pleine de bon sens – elle transparaîtra dans votre plan marketing.

Et si vos proches s'endorment, changent de sujet ou posent des questions stupides ? C'est que votre stratégie n'est pas prête à être lancée sur le marché. Reprenez tout depuis le début et affinez votre stratégie en procédant de la manière suivante :

- **Redéfinissez le *besoin sous-jacent* satisfait par votre produit**. Ce besoin est-il clair et réel – et est-il formulé avec des termes et des images qui attirent spontanément les clients ciblés ? L'identification des besoins des clients n'est pas toujours aussi facile qu'on le croit. Par exemple, beaucoup de parents se sont disputés avec leurs enfants à propos du brossage des dents. Ils ont eu des difficultés à leur faire respecter cette hygiène de base. Et pourtant, personne n'avait jamais pensé que le problème pouvait venir du mauvais goût du dentifrice, jusqu'à ce que Colgate et quelques autres sociétés identifient le vrai besoin des enfants. Il suffisait d'y penser et, aujourd'hui, cette idée nous semble évidente, mais elle fait partie de celles qui font le succès du marketing !

- **Redéfinissez votre *marché cible*.** Le groupe que vous avez créé correspond-il à une réalité dans la pratique ? J'imagine facilement la catégorie d'enfants qui déteste se brosser les dents – j'en ai élevé quelques-uns. La stratégie de segmentation de Colgate, qui consiste à diviser le marché du dentifrice en fonction de l'âge des consommateurs et de leur goût pour le dentifrice traditionnel, est donc fondée sur le bon sens. Il ne sera pas difficile de concevoir un emballage ou un spot publicitaire destiné aux enfants qui détestent se brosser les dents. L'orientation marketing est claire et la plupart des enfants comprendront la stratégie – ils s'identifieront immédiatement au message (oui, je sais, les enfants n'achètent pas de dentifrice, mais leurs parents en achètent !). En revanche, lorsque le marché ciblé est mal défini, le plan marketing manque de cohérence. Par conséquent, les clients ont des difficultés à comprendre le message ; ils ne sont pas sûrs que le produit leur est destiné. Ne tombez pas dans ce piège.
- **Redéfinissez votre *stratégie de positionnement*.** Si votre stratégie est mal comprise, c'est peut-être parce que vous n'avez pas fait preuve d'intuition au moment de positionner votre produit. Peut-être avez-vous une vision de votre produit qui correspond à un point de vue de l'intérieur (société) et non de l'extérieur (clients). Ainsi n'êtes-vous pas parvenu à définir ce qui fait l'originalité de votre produit aux yeux des consommateurs. Si votre stratégie de positionnement repose sur des aspects techniques, reformulez-la en termes d'avantages pratiques. Parlez le langage de vos clients. Pensez également à positionner votre produit par rapport aux *besoins primaires* et aux envies de vos clients (voir chapitre 2).

Dans le chapitre 6, je vous expliquerai comment identifier les critères d'évaluation de vos clients, c'est-à-dire les choses auxquelles ils pensent lorsqu'ils font leurs achats. C'est un des buts de la recherche en marketing.

Inutile de faire des recherches, en revanche, pour appliquer la règle du bon sens à votre stratégie marketing. Par exemple, imaginez qu'un client souhaite acheter une voiture. Ce qui l'intéresse, c'est de savoir si les pneus adhèreront bien à la route lorsqu'il conduira dans de mauvaises conditions météorologiques. Le concepteur de l'automobile, lui, ne s'exprime pas en ces termes – il parle de centre de gravité, de couple moteur, de surface en contact avec la chaussée et autres aspects techniques de ce genre. Laissez-le parler – mais pas à vos clients !

TÊTE PENSANTE

Pensez toujours à évoquer les critères qui motivent les décisions d'achat dans des termes familiers ou faciles à comprendre. Si vous vous exprimez dans les mêmes termes que vos clients, votre stratégie marketing a toutes les chances de fonctionner. Sinon, tout votre plan marketing sera un échec. N'oubliez pas que votre carrière en dépend.

Chapitre 4

Soyez créatif

Dans ce chapitre :

- Améliorer le marketing grâce à la créativité
- Développer votre propre créativité
- Rendre les réunions et les équipes plus créatives
- Faire preuve de créativité dans la publicité
- Faire preuve de créativité dans le développement du produit
- Faire preuve de créativité pour donner du poids à votre marque

Les entreprises sont limitées par les idées. Ce qui leur manque le plus, ce n'est pas l'argent, la connaissance, la technologie, le savoir-faire ou les clients, c'est un flux constant d'idées fraîches. Ce constat est d'autant plus vrai en marketing, où le progrès dépend directement de la créativité.

Aucune société ne peut réussir sans une approche créative du marketing car, dans ce domaine, tout doit être renouvelé régulièrement. Vous ne pouvez pas toujours utiliser les mêmes annonces publicitaires ; vous devez en imaginer d'autres. Vous ne pouvez pas toujours proposer les mêmes produits ; vous devez les améliorer car, si vous ne le faites pas, vos concurrents, eux, le feront. Vous ne pouvez pas faire le même argumentaire tous les ans ; vous finiriez par exaspérer vos clients. Vous ne pouvez pas utiliser le même stand à tous les salons. Vous ne pouvez pas fixer le même prix pour votre produit d'une saison à l'autre, car les coûts, les prix de vos concurrents et vos objectifs évoluent régulièrement. En marketing, rien ne peut rester en l'état. Si vous n'évoluez pas, vous échouez. Pour réussir, ne vous contentez pas de suivre les tendances. Déterminez-les !

La créativité est donc essentielle dans le marketing. Et pourtant, dans la plupart des ouvrages sur le marketing, vous ne trouverez aucun chapitre (et parfois aucun paragraphe) sur ce sujet. D'ailleurs, les managers et les marketeurs ne se considèrent pas comme des individus particulièrement créatifs. Ils préfèrent donner d'eux-mêmes une image professionnelle et pondérée. De prime abord, la créativité et les affaires ne semblent pas faire bon ménage.

Mais un bon marketing est le fruit d'un esprit analytique carré et d'une créativité débridée. Tous les grands marketeurs sont des créateurs qui s'ignorent. Ils ont la tête remplie d'idées plus folles les unes que les autres. Dans ce chapitre, vous allez apprendre à développer votre créativité et celle de votre équipe, afin que vos initiatives de marketing disposent d'un puits sans fond d'idées fraîches.

Qu'est-ce que la créativité ?

On peut apporter deux réponses à cette question. La première est une définition formelle. Voici la mienne : *la créativité consiste à faire des associations d'idées qui ne sont pas forcément évidentes.*

La seconde est une définition sous forme d'exemple. Voilà qui est intéressant car, si vous analysez les preuves tangibles de vos efforts de marketing, vous découvrirez sans doute que les exemples de créativité sont peu nombreux. Tout votre travail de création est relativement routinier. Les liens que vous faites entre les choses vous paraissent évidents, mais c'est peut-être parce que vous ne les voyez pas tous !

La rareté d'un travail véritablement créatif dans le domaine du marketing montre que la créativité est une compétence difficile à acquérir. Il faut être très ouvert et faire beaucoup d'efforts pour bénéficier d'une véritable inspiration créatrice.

DANS LA PRATIQUE

Il existe toutefois de bons exemples de créativité – et je vous suggère de les suivre. Prenons la publicité sur le lieu de vente conçue par l'agence californienne Drissi Advertising pour promouvoir la sortie en cassette vidéo du film *L'Indien du placard*. Ce film pour enfant raconte l'histoire d'un petit garçon qui possède un placard magique ayant le pouvoir de faire vivre les jouets. Drissi Advertising aurait pu illustrer l'une des nombreuses scènes palpitantes du film sur son panneau publicitaire. Mais l'agence a décidé de communiquer le côté merveilleux du placard magique. Comment a-t-elle montré le pouvoir de ce placard ? L'évidence aurait voulu qu'on voie celui-ci de l'extérieur.

Et c'est justement là que Drissi Advertising a fait preuve de créativité. Les publicitaires ont mis le client à l'intérieur du placard, lui permettant ainsi de regarder au dehors par un immense trou de serrure et de tomber sur l'œil du petit garçon, lui-même en train de regarder par ce trou de serrure ! Cet immense panneau publicitaire était replié, pour accentuer l'impression d'être à l'intérieur du placard, et si grand que le client se sentait tout petit par rapport au trou de serrure et à l'enfant qui regardait. Cette image était si forte qu'elle ne nécessitait pas beaucoup de texte pour frapper les esprits. Seuls le slogan « Découvrez le secret », en haut du panneau, et le nom du film, en bas, étaient indiqués.

DANS LA PRATIQUE

Pour lancer son *fast-food*, le chef californien Ralph Rubio nous a donné un autre exemple de créativité. Ce *fast-food* devait proposer une cuisine mexicaine, à la fois savoureuse et rapide à consommer. Rien de très original. Mais la première idée de Rubio a été de mettre au menu un taco au poisson, plat que peu d'Américains connaissaient (un filet de poisson frit dans une tortilla avec une sauce spéciale, du chou et un filet de citron vert). Je n'en ai jamais mangé, mais ce plat original a attiré de nombreux clients. Puis Rubio a eu une deuxième idée : un petit poisson habillé d'une veste jaune tortilla, appelé Pesky Peskado, qui a fait son apparition sur les tee-shirts, dans la publicité locale et même sur un immense ballon gonflable. Pesky a donné une identité au taco au poisson et informé les Californiens de l'existence de ce nouveau plat. Nouvelle option au menu d'un *fast-food* et marque à l'identité profondément ancrée dans les esprits : un bon exemple de créativité.

Le reste de l'histoire est classique : autocollants, sponsorisation d'équipes de sport locales, prospectus, et encadrés publicitaires avec coupons de réduction pour encourager les consommateurs à essayer les fameux tacos au poisson. Rubio a doublé son chiffre d'affaires tous les ans pendant cinq ans, jusqu'à ce qu'il crée un grande chaîne régionale de restauration rapide. À la base de ce marketing, il y avait une analyse réfléchie optimisant tous les points d'influence mais aussi, et avant tout, une idée créative.

La créativité distingue une marque des autres, attire l'attention et apporte un petit plus aux consommateurs. C'est un don, un peu de poésie et d'humour, qui illuminent leur journée. Souvenez-vous des principes réalistes du marketing (chapitre 1) : plus vous donnez à vos clients, plus vous recevez. Un travail créatif, voilà ce que vous pouvez leur donner. Et tout le monde sera gagnant. Personne n'aura le couteau sous la gorge. Le marketing créatif fera ressortir votre produit et votre société du lot. Alors, c'est le moment d'avoir des idées !

Générer des idées

Bon, vous êtes prêt à faire preuve d'une créativité débridée ?

Vous avez déjà quelques bonnes idées ?

Non ?

Et maintenant ? Toujours pas ?

Si vous ne parvenez pas à être créatif sur commande, ne paniquez pas. De nombreuses personnes sont confrontées à ce problème, qu'elles travaillent dans le marketing ou non. Les artistes pratiquent la créativité tous les jours mais, en entreprise, ce n'est pas une activité courante. Par conséquent, les idées créatives sont remarquablement rares (combien en avez-vous eu dans le cadre de votre travail au cours de l'année dernière ?).

Quand il s'agit d'être créatif, de nombreuses personnes ont besoin d'aide. Comment faire preuve de créativité ? Que faut-il faire pour générer des idées originales ?

Un étudiant a précisément posé cette question à l'agence de publicité américaine Young & Republican. Mary O'Meara, directrice créative de l'agence, a répondu avec un courrier qui est devenu un classique dans le secteur de la publicité. Voici sa réponse :

> *Il y a l'étape éponge : vous absorbez toute l'information que vous obtenez (dont une grande part de désinformation).*
>
> *Il y a le côte shaker : vous mélangez tous les faits, vous posez le problème et vous commencez à imaginer toutes sortes de choses.*
>
> *Il y a l'étape essorage : vous essorez l'éponge et récupérez les éclaboussures et les gouttelettes les plus prometteuses.*
>
> *Il y a l'étape rebond : vous et les personnes concernées par le problème lancent des idées embryonnaires contre les murs jusqu'à ce que seules les meilleures survivent.*
>
> *Il y a l'étape frottement :* idem, *à la différence près que vous vous frottez cerveau contre cerveau jusqu'à ce qu'une nouvelle notion fasse des étincelles.*
>
> *Il y a l'étape encore une fois SVP : vous examinez les survivantes à la lumière froide de la raison, en abandonnez la plupart et en incubez quelques-unes dans l'ombre tiède de l'imagination.*
>
> *Il y a l'étape sevrage : vous arrêtez de penser au [!#*!] de problème et autorisez votre esprit à s'adonner au plaisir ou à la routine (vous pensez que vous avez arrêté de penser).*
>
> *Il y a l'étape yahou : les choses se connectent entre elles, une idée surgit dans votre tête et il se trouve que c'est la solution du problème. Cela arrive généralement au moment où vous vous y attendez le moins, alors que vous ne pensez même plus au problème.*
>
> *Il y a l'étape concrétisation : vous utilisez vos talents et vos compétences ainsi que ceux des autres personnes concernées pour transformer l'idée en solution concrète.*

Et enfin, il y a l'étape démangeaison : cette étape devrait peut-être être la première et non la dernière. L'envie de résoudre des problèmes avec créativité – en apportant une solution nouvelle et originale – vous démange. Aucune des solutions proposées ne vous satisfait, même si celle qui a été retenue est la vôtre.

Cette réponse est la description la plus riche et la plus honnête du comportement créatif que je connaisse. Je déteste les listes d'étapes numérotées que l'on intitule « Résolution de problèmes créative », car elles essaient de faire de la créativité une science. Or, la créativité n'est pas une science. C'est une habitude, un ensemble confus de comportements imprécis, comme absorber l'information, poser le problème, lancer des idées, et laisser le tout incuber dans un coin de votre tête pendant que vous faites autre chose.

Ça vous démange ?

Le processus créatif est déclenché par cette envie de trouver de nouvelles idées qui vous démange. Les personnes créatives sont poussées à créer de l'intérieur. Si vous voulez devenir créatif, vous devez ressentir cette envie profonde. Regardez ce qui se fait autour de vous d'un œil critique. Si vous commencez à vous dire : « C'est nul, je peux faire mieux », « Comment peut-on supporter un système aussi inefficace ? » ou « Il doit y avoir un meilleur moyen », vous êtes sur la bonne voie.

Il y a *toujours* une meilleure solution. Vous pouvez inventer un meilleur produit, trouver une nouvelle façon de distribuer votre produit, améliorer la publicité, concevoir une opération de marketing plus efficace que les coupons de réduction, ou imaginer un stand plus original pour votre participation aux salons professionnels. Vous pouvez faire mieux dans tous les domaines. Il vous suffit d'avoir confiance en vous et de faire l'effort de générer des idées créatives – beaucoup d'idées, car la plupart devront être rejetées pour des raisons pratiques.

La créativité en groupe

Il est assez difficile d'être créatif quand on est seul. Généralement, dans le domaine du marketing, il faut en plus travailler en équipe. Or, la dynamique de groupe n'est pas facile à gérer lorsqu'il s'agit de générer des concepts créatifs.

TÊTE PENSANTE

La plupart des groupes, une fois confinés dans une salle de conférence pour la matinée, ne font guère plus que de se disputer à propos de vieilles idées. Pire encore, quelqu'un propose une nouvelle idée absolument grotesque et le reste du groupe saute sur l'occasion pour se désinvestir en prétendant que l'idée est géniale. Pour qu'un groupe soit vraiment créatif, il faut avoir recours à des processus structurés. Vous devez lancer et encadrer des activités efficaces, comme le brainstorming, souvent mentionné mais rarement bien utilisé. Si le groupe résiste, persévérez. Dites aux participants qu'ils n'ont rien à perdre. Une fois qu'ils auront essayé votre technique, ils constateront que le groupe est plus productif et seront prêts à en essayer d'autres.

Je vais vous proposer un ensemble de techniques de créativité en groupe. Toutes ces techniques fonctionnent – je les ai souvent utilisées avec de nombreux groupes, en marketing et dans d'autres domaines. Vous ne trouvez aucune de ces techniques stupides, qui mènent à l'échec et vous exposent aux rires moqueurs de votre entourage – je les connais également pour en avoir essayé beaucoup trop !

Ces techniques permettent généralement d'obtenir une liste d'idées. Avec un peu de chance, cette liste est longue et variée, mais ce n'est qu'une liste. Par conséquent, vous devrez prendre le temps de l'analyser, afin d'identifier les idées les plus prometteuses et de concrétiser ces idées sous forme de propositions.

Technique de groupe nominale

La *technique de groupe nominale* vise à inciter tous les participants à trouver des idées originales en luttant contre la tendance naturelle de certains à rester en retrait.

1. **Vous formulez clairement le problème – à quoi faut-il réfléchir ?**

   Vous pouvez le formuler de la manière suivante :
   « Notre but est de trouver des idées pour notre nouveau stand. »
   Si nécessaire, avisez le groupe pour que tout le monde dispose des dernières informations.

2. **Chaque participant écrit le plus d'idées possibles sur différentes feuilles en travaillant en silence.**

   Je préfère utiliser de grandes fiches bristol, une par idée.

3. **Toutes les idées sont communiquées au groupe (demandez à chaque participant de lire ses idées ou ramassez les feuilles et lisez-les toutes).**

   Écrivez les idées sur un tableau ou étalez les fiches sur la table.

4. **Demandez s'il y a des questions sur chaque idée.**

5. **Procédez à un vote pour « la meilleure idée ».**

   Votez à main levée ou au scrutin secret, selon les circonstances.

Brainstorming

Le *brainstorming* est un bon moyen d'augmenter le nombre et la variété des idées. Le but est de produire une très longue liste d'idées, aussi saugrenues soient-elles, dans l'espoir de trouver la bonne. Le brainstorming, lorsqu'il est bien utilisé, permet à chaque participant de générer des idées en dehors de son système de pensée habituel. Pour qu'il fonctionne, chacun doit faire des associations libres, c'est-à-dire laisser son esprit vagabonder sans se demander quelle association d'idée lui a fait penser à telle ou telle chose.

Pour encourager votre groupe, montrez l'exemple. Si votre objectif est de « trouver des idées pour un nouveau stand », lancez une demi-douzaine d'idées pour montrer au groupe ce que vous attendez de lui : un stand en forme de chapiteau de cirque ; un stand en forme de grotte ; un stand de la forme de l'un de vos produits ; un stand dont la décoration intérieure rappellerait l'extérieur, avec un ciel bleu et nuages blancs ; un stand en forme de rampe de lancement de la navette spatiale, avec un « lancement » d'une maquette de la navette toutes les heures ; un stand qui tourne lentement sur lui-même ; un stand dans lequel on offrirait du pop-corn et des gâteaux frais aux visiteurs.

Ces idées ne seront sans doute pas retenues, mais elles illustrent l'esprit du brainstorming, qui consiste à mettre de côté votre esprit critique et à dire tout ce qui vous passe par la tête. Les règles, qui doivent être communiquées dès le départ au groupe, sont les suivantes :

- La quantité prime sur la qualité – il faut trouver le plus d'idées possibles.
- Aucun membre du groupe n'est autorisé à critiquer les suggestions des autres – aucune idée n'est trop saugrenue pour être écrite.
- Chaque participant doit tenir compte des idées des autres, sans rester attaché aux siennes.

Brainstorming sous forme de questions

Le *brainstorming sous forme de questions* est un moyen de générer des questions visant à faire réfléchir le groupe de façon plus créative. Les règles sont les mêmes que celles du brainstorming classique, à la différence près que le groupe ne doit pas lancer des idées mais des questions.

Par exemple, si l'objectif est de concevoir un nouveau stand qui attire davantage de prospects, le groupe peut lancer les questions suivantes :

- Les grands stands attirent-ils davantage l'attention que les petits ?
- Quels sont les stands qui ont attiré le plus de personnes au salon de l'année dernière ?

- Souhaitons-nous attirer tous les visiteurs ou seulement un certain type de visiteurs ?
- Pouvons-nous attirer des visiteurs en offrant des cafés dans un espace de détente ?

Technique du « wishful thinking » (formulation de vœux)

Le *wishful thinking* est une technique suggérée par Hanley Norins, de l'agence de publicité Young & Rubicam, qui consiste à formuler des vœux. Les règles de base de cette technique s'apparentent à celles du brainstorming, mais toutes les phrases lancées par le groupe doivent commencer par « J'aimerais que ». Norins explique que, lorsque nous commençons une phrase par ces mots, « notre esprit exprime des pensées comme " J'aimerais que, dès le début de l'hiver, ma famille et moi nous précipitions à l'aéroport pour nous échapper… J'aimerais que nous fassions de la plongée sous-marine dans une grotte à l'eau claire comme du cristal, où il existerait des milliers poissons de couleurs différentes… que nous nous asseyions au soleil, sous un parasol, un verre de piña colada à la main", etc. »

La formulation de vœux de ce genre peut aider les publicitaires à créer une campagne pour un hôtel des Caraïbes. Si vous voulez donner une autre orientation à cet exercice, il vous suffit de définir un autre thème, à propos duquel votre équipe formulera des vœux. Voici un exemple d'entrée en matière : « Imaginez que les organisateurs du salon vous annoncent que tous vos vœux seront réalisés – à condition qu'ils aient un rapport avec le stand de la société. » Je sais, ce sera moins amusant que de s'imaginer sur une plage, mais de bonnes idées surgiront sans doute !

Analogies

Les *analogies* constituent également un outil de créativité efficace. Pas très original, me direz-vous. Et pourtant, comme je vous l'ai dit, la créativité consiste à faire des associations d'idées qui ne sont pas évidentes. Il est donc bien question d'analogies.

DANS LA PRATIQUE

C'est grâce à une analogie que le chimiste Auguste von Kekule a compris que le benzène se composait de six atomes de carbone ayant une structure circulaire. Il est arrivé à cette conclusion à la suite d'une rêverie, au cours de laquelle il imaginait les chaînes d'atomes comme des serpents – jusqu'à ce que l'un d'eux se morde la queue et lui donne la solution !

Pour utiliser les analogies, demandez à votre groupe de penser à des choses qui s'apparentent au sujet en question. Au début, les participants auront des idées classiques mais, quand il en auront fait le tour, ils devront créer de nouvelles analogies. Par exemple, vous pouvez demander à un groupe de trouver des analogies concernant votre produit, en vue de les utiliser comme sources d'inspiration pour une nouvelle campagne publicitaire.

Le fabricant américain de matériel de remise en forme Nordic Track a comparé les bourrelets de graisse à des pneus à plat devant être remplacés. De cette analogie est née un slogan percutant : « Mode d'emploi pour changer un pneu à plat. »

Cadavre exquis

Le *cadavre exquis* est un jeu très simple, qui peut aider un groupe à s'adonner sans réticence à l'association libre d'idées et à la collaboration de pensée. À une certaine époque, on y jouait pour se divertir, mais qui songe encore à faire des jeux depuis la généralisation de la télévision ? Au cas où vous n'en auriez jamais entendu parler, en voici la règle :

1. **Une personne écrit quelque chose sur le sujet en question en haut d'une feuille et passe la feuille à son voisin, qui écrit une deuxième ligne au-dessous de la première.**
2. **La feuille est pliée de sorte que seule la dernière ligne reste visible et passe de mains en mains autant de fois qu'il y a d'idées.**

   Ce jeu peut être effectué avec n'importe quel groupe de trois à vingt personnes. Plus le groupe est important, moins la feuille repasse entre les mêmes mains. Essayez de remplir une page entière. Si les participants se prennent au jeu, la ligne visible suggère une idée nouvelle, qui n'a aucun lien avec la précédente. La sujet est donc vu à chaque fois sous un nouvel angle.

Par exemple, imaginez qu'une équipe de marketeurs et de vendeurs se réunissent pour créer un nouveau service bancaire. La tâche semble difficile – qu'est-ce qu'il peut bien y avoir de nouveau sous le soleil en matière de banque ? Mais vous définissez clairement le sujet que vous soumettez à la réflexion du groupe et vous faites passer une feuille :

Sujet : Comment aider nos clients à mieux gérer leurs comptes personnels ?

Idées :

- Les aider à gagner à la loterie.
- Les aider à faire des économies en mettant de côté X % chaque mois.
- Les aider à économiser pour les frais de scolarité de leurs enfants.
- Les aider à faire leurs comptes.
- Leur procurer un carnet de chèques qui calcule lui-même le solde du compte.
- Les informer à l'avance des problèmes imminents, tels que le défaut de provision, afin de prévenir ceux-ci.

Comme le montre cet exemple, une idée en amène une autre et ce processus d'association d'idées aboutit à la suggestion de solutions intéressantes. Une banque ne va certainement pas se lancer dans une affaire de loterie (il doit y avoir une loi contre cela !). Mais de fil en aiguille, des moyens réalistes d'augmenter la richesse des clients apparaissent, comme le transfert automatique d'un pourcentage mensuel sur un compte d'épargne.

Un carnet de chèques ne peut pas non plus calculer lui-même le solde du compte, mais un ordinateur le peut. Les clients peuvent consulter leurs comptes sur Internet, sur le site de la banque, ou utiliser un programme de comptabilité sur leur PC. Ces deux technologies existent – pourquoi ne pas utiliser l'une d'elles pour créer un service de consultation associé uniquement à un compte et reprenant l'idée du chéquier qui calcule son solde ? Vous voyez, il n'est pas difficile de trouver de nouvelles idées, même pour un marché mature comme celui de la banque, quand on utilise des techniques de créativité !

WEB

Savez-vous que vous pouvez adapter le jeu du cadavre exquis (ou autres processus créatifs basés sur l'écriture) au courrier électronique et aux groupes de discussion ? Il vous suffit de faire circuler une liste virtuelle et les participants ne seront pas obligés d'être physiquement présents à la réunion pour faire avancer le processus créatif.

Questions classiques

Les *questions classiques* sont des questions rhétoriques qui incitent les participants à analyser des idées reçues et à revoir leur point de vue. Posez environ dix questions en vous aidant du modèle proposé ci-après. Choisissez un thème (le produit pour lequel vous devez concevoir une annonce publicitaire, par exemple) et remplissez les blancs.

1. Pourquoi nous intéresser à __________ ?
2. Comment diviser _________ en plusieurs étapes ?
3. Qu'est-ce qui a conduit à __________ ?
4. Quel genre de personnes peut s'intéresser à ___________ ?
5. Si ________ n'existait pas, qu'est-ce qui serait différent ?
6. Quel est l'aspect de ________ qui me plaît le plus ou le moins ?
7. Quelle tendance ou circonstance fournit un contexte favorable à ______ ?
8. Quels sont les principaux avantages de _________ ?
9. Si ________ ne marche pas, quelles sont les raisons de cet échec ?
10. Comment expliquer __________ à un enfant de dix ans ?

Bien sûr, certaines de ces questions ne seront pas très adaptées au thème de votre discussion. N'hésitez pas à en supprimer et à en ajouter d'autres, dans le même esprit. Par exemple, après la question « Quels sont les principaux avantages de notre stand ? », vous pouvez demander « Quels sont les principaux défauts de notre stand ? » Cette technique met en relief des aspects du problème que le groupe n'avait pas nécessairement pris en compte, ce qui est un bon prélude à la génération d'idées créatives. Vous pouvez l'utiliser comme point de départ avant un brainstorming.

Équipes adverses

Les *équipes adverses* sont utilisées fréquemment dans les agences de publicité pour stimuler la créativité. Imaginez qu'une agence prépare une proposition pour essayer d'obtenir un client important. Elle crée plusieurs équipes de deux personnes ou plus et lance une sorte de compétition interne. Les équipes travaillent les unes contre les autres dans un délai court – chacune devra apporter sa proposition. Ensuite, un juge ou un jury, qui fait également partie de la société, tranche en faveur de ce qui lui semble être la meilleure proposition. Enfin, toutes les équipes se réunissent pour travailler ensemble sur l'amélioration et la finalisation du concept retenu. Vous pouvez utiliser cette technique pour générer des idées créatives. Divisez votre groupe en plusieurs équipes de deux ou trois personnes. Donnez à chaque équipe une heure pour travailler sur une proposition, puis réunissez tout le monde pour prendre connaissance de toutes les idées et choisir la meilleure.

ATTENTION !

Le passage de la compétition à la collaboration est parfois difficile. Pour faciliter la transition, vous pouvez mettre de côté le travail de toutes les équipes et demander aux participants de travailler désormais en groupe sur une proposition commune. Il n'y a qu'une règle à respecter : personne ne doit imposer le travail de son équipe au reste du groupe. Cette étape finale oblige tous les participants à dépasser le stade de la première réflexion et à découvrir une meilleure approche en utilisant les idées de toutes les équipes.

La créativité en publicité

La publicité, quelle que soit sa forme (encarts dans la presse, spots télévisés, panneaux d'affichage, publicité sur le lieu de vente), est un domaine dans lequel la créativité est absolument essentielle. Si vous travaillez dans la publicité, ou si vous avez recours à la publicité et aux agences publicitaires dans le cadre du marketing, votre succès dépend de la créativité. Pourquoi ? Parce que si vos annonces publicitaires disent seulement ce que vous voulez que l'on retienne de votre produit, personne n'y fera attention. Seules les plus créatives sortiront du lot et influenceront le comportement des consommateurs.

La créativité est un moyen pour vous de créer des liens entre votre marque et vos prospects. Et c'est précisément le rôle du marketing. Le but de la créativité est d'apporter quelque chose d'unique à votre marque pour la différencier des autres et la faire ressortir aux yeux des consommateurs.

DANS LA PRATIQUE

Les ordinateurs portables d'IBM ont certainement des caractéristiques techniques qui les rendent uniques, plus ou moins. Mais beaucoup d'autres sociétés fabriquent aussi de bons portables. Alors comment faire ressortir la marque IBM ? Grâce à une publicité qui met l'accent sur la portabilité du produit – rien d'original – en utilisant la notoriété d'un personnage célèbre :

> ***C'est ce que Shakespeare aurait utilisé lors d'un vol à destination du continent.***

Cette publicité aurait pu mettre en scène un homme d'affaires travaillant sur son portable et utiliser le slogan « C'est ce que les cadres dynamiques emportent en voyage d'affaires », mais la créativité de l'auteur a conduit à un résultat plus percutant. Cette publicité exprime le besoin sous-jacent du client – quelque chose qui remonte au cœur du produit. Le but de l'ordinateur personnel est d'aider l'utilisateur à travailler mieux, alors pourquoi ne pas faire de lui le meilleur ? Si Shakespeare était encore en vie, n'exigerait-il pas les meilleurs outils pour travailler ? C'est ce que doit faire le consommateur d'aujourd'hui : avoir ce qu'il y a de mieux pour être le meilleur. Du moins, c'est l'idée qui se trouve dernière cette publicité.

Rédiger un cahier des charges créatif

Comme les publicitaires, vous pouvez utiliser un *cahier des charges créatif*, plate-forme d'informations sur laquelle vous baserez tout votre raisonnement créatif. Ce cahier des charges présentera l'objectif et l'orientation de l'annonce publicitaire ainsi que les arguments qui apporteront de l'eau à votre moulin. Pour le réaliser, certaines personnes se posent les questions classiques : Qui ? Quoi ? Où ? Quand ? Pourquoi ? Comment ?

Mais voici la structure d'un cahier des charges réalisé par Leo Burnett, grande agence de publicité américaine :

- ***Définition de l'objectif*** : ce que la publicité est censée accomplir. Les objectifs doivent être clairs et précis – il est plus facile d'en atteindre un seul que plusieurs. La définition de l'objectif comporte une brève description du public ciblé pour qu'il soit possible de déterminer si l'objectif a été atteint.
- ***Définition de l'argumentaire*** : les atouts du produit avec preuves à l'appui. Vous réunissez les arguments qui vont constituer la partie persuasive de l'annonce publicitaire. L'argumentaire peut se baser sur la logique ou sur l'intuition et l'émotion, mais il doit être solide.

- ***Définition du ton ou du style*** : un style particulier, des signes distinctifs. Le style doit illustrer l'identité de la marque ; le ton doit correspondre à l'image de marque. Le choix que vous ferez dépendra de l'objectif de l'annonce publicitaire. Par exemple, un détaillant connu qui souhaite attirer de nombreux clients au moment des soldes ne donnera pas la même orientation à son annonce publicitaire qu'une société inconnue sur le point de lancer une nouvelle gamme de sodas basses calories.

Voici un exemple de cahier des charges créatif pour une annonce publicitaire concernant une nouvelle cafétéria.

Objectif : inciter les personnes qui travaillent dans les entreprises voisines à venir goûter notre café et nos pâtisseries.

Argumentaire : nous proposons de bons cafés, issus d'une brûlerie connue mais qui ne distribuait pas ses produits dans la région jusqu'à aujourd'hui. Nous avons également d'excellents croissants et viennoiseries, faits sur place par un chef pâtissier renommé.

Ton : un ton chaleureux et accueillant est de rigueur. Cette cafétéria raffinée est l'endroit idéal pour les personnes qui aiment les bonnes choses – c'est là qu'elles rencontrent d'autres personnes comme elles, qui savent apprécier ce que le monde a à offrir de mieux.

Appliquer le cahier des charges créatif

Après avoir rempli les trois sections de votre cahier des charges, vous pouvez lancer un brainstorming ou utiliser une autre technique de créativité. Votre cahier des charges vous donne une orientation claire et suffisamment de matière pour développer une bonne annonce publicitaire ou tout autre élément de promotion.

Le cahier des charges créatif est un outil précieux pour n'importe quelle communication de marketing, pour toute situation dans laquelle vous devez concevoir quelque chose de créatif dans un but de communication et de persuasion.

Par exemple, revenons à la conception de votre nouveau stand. Si vous commencez par écrire un cahier des charges créatif, vous devez définir l'objectif de ce stand et la catégorie de clients à laquelle il est destiné. Ensuite, vous devez apporter des preuves de l'intérêt que représente votre société. Qu'est-ce qui vous distingue des autres exposants à un salon ? Si vous avez des doutes, lancez une séance de pensée créative à ce stade. Vous devez bien connaître vos arguments afin de trouver des idées susceptibles de les communiquer. Enfin, vous devez définir un style. Réfléchissez à l'image de marque de votre société et demandez-vous comment le stand peut refléter cette image dans son style.

Le cahier des charges créatif vous incite à jeter les bases de votre raisonnement avant de commencer à concevoir le stand. Vos idées de conception seront donc conformes à l'orientation et l'objectif que vous vous serez fixés.

La créativité en développement

Le développement de nouveaux produits et l'amélioration d'anciens produits sont des sujets traités au chapitre 14. Ici, nous allons simplement voir comment rendre une équipe de développement créative et efficace. Pour commencer, vous devez constituer une équipe diversifiée, où toutes les compétences nécessaires sont représentées. Les différentes fonctions, de l'ingénierie à la vente en passant par la fabrication et le marketing, doivent être incluses dans le processus créatif. Pourquoi ? Parce qu'elles reposent toutes sur des connaissances diverses qui auront un rôle à jouer dans la génération d'idées. Et puis, elles devront toutes intervenir à un moment ou à un autre de toute façon, alors pourquoi pas maintenant ?

DANS LA PRATIQUE

Dans les grandes sociétés, l'interaction entre la recherche, la planification, le marketing et les techniciens est essentielle. General Foods, qui lance plusieurs produits nouveaux tous les ans), utilise différentes techniques (conférences, formations et équipes interfonctionnelles) pour mélanger ses personnels et les aider à faire des associations d'idées inédites entre leurs différentes connaissances.

Créativité et image de marque

L'un des principaux objectifs du marketing consiste à créer une image de marque forte et attrayante. C'est encore grâce à la créativité que vous l'atteindrez. Comme nous l'avons vu dans la section sur le cahier des charges créatif, plus haut dans ce chapitre, l'image de marque est l'un des principaux éléments communiqués par une annonce publicitaire – si ce n'est le plus important. En outre, elle fournit une orientation commune à toutes les décisions en matière de conception, de la conception du produit au conditionnement ou autres types de communications de marketing. L'identité ou image de marque peut devenir une sorte d'entité vivante, ayant une personnalité propre. La créativité est donc poussée à l'extrême pour créer de nouvelles formes de vie !

Études sur les équipes de développement

Que disent les études sur les équipes de développement ? Pour que ces équipes soient efficaces, il semble que trois conditions doivent être réunies :

- Le groupe a besoin d'un *management axé autour de la tâche* : leadership, objectifs clairs, autonomie et sentiment d'urgence sont nécessaires pour que les membres fassent véritablement équipe et travaillent efficacement. Bien sûr, cela ne garantit pas la génération d'un bon produit.
- L'équipe a aussi besoin de *bonnes relations interpersonnelles* : les membres de l'équipe doivent se faire mutuellement confiance, le travail doit être intéressant et motivant, et il doit y avoir une bonne communication au sein de l'équipe.
- Enfin, l'équipe a besoin du *soutien de la société* : un environnement de travail stable, des ressources suffisantes, l'implication des cadres supérieurs et la perspective de leur reconnaissance à l'issue du projet sont indispensables.

Ces trois conditions sont essentielles au bon fonctionnement d'une équipe de développement. Si vous voulez que votre équipe effectue un travail créatif, vous devez lui apporter ce dont elle a besoin.

Des études montrent que les consommateurs achètent de plus en plus de produits génériques sans se soucier des marques. En effet, le chiffre augmente chaque année et, bien qu'il ne s'élève pas encore à la moitié des consommateurs, il en atteint déjà un tiers. Par conséquent, une grande partie des consommateurs apprend à ignorer les marques pour acheter des produits génériques similaires ou des marques de supermarché.

Cette tendance est probablement due au fait que les marques n'ont plus une longueur d'avance sur les autres produits en termes de qualité. Les produits génériques, les marques de supermarché et les importations bon marché s'améliorent et réduisent l'écart de qualité qui les séparait autrefois des produits de marque.

Cette concurrence oblige les marques les plus faibles à baisser leurs prix par le biais de réductions et autres offres spéciales. Or, ces pratiques promotionnelles nuisent à l'image de marque. Et plus les sociétés y ont recours, moins elles ont d'argent à consacrer au renforcement de leur identité *via* la publicité.

Il y a fort à parier que la plupart des marques n'auront bientôt plus autant de valeur qu'aujourd'hui. Mais vous pouvez lutter contre ce phénomène en soignant votre image de marque, grâce à un bon marketing, et en innovant sans cesse pour que vos produits soient toujours meilleurs que ceux de la concurrence. Ce n'est pas une tâche facile, bien sûr, mais vous pouvez le faire – si vous êtes plus créatif que vos concurrents !

Deuxième partie

Développer vos compétences techniques

Dans cette partie...

Pour faire un bon marketing, vous devez être capable de porter beaucoup de chapeaux, comme celui de la communication ou de la recherche. Si vous ne savez pas comment vous y prendre pour rédiger une brochure ou une annonce publicitaire, faire une présentation, ou répondre à des questions difficiles concernant vos clients, vos concurrents ou votre marché, ne paniquez pas !

Dans cette partie, vous allez apprendre à maîtriser toutes ces techniques de marketing et bien d'autres encore. La communication et la recherche sont essentielles dans de nombreux aspects du marketing. Je dirais même que le marketing exige des compétences bien plus élevées dans ces deux domaines que dans n'importe quel autre. Cette partie vous aidera à vous mettre à niveau facilement, là où vous en ressentez le besoin.

Chapitre 5

La communication en marketing

Dans ce chapitre :

- Communiquer de façon convaincante en trouvant une bonne accroche
- Donner une personnalité positive à votre marque
- Rédiger de bons textes
- Bien communiquer par l'image

Tellement de choses interviennent dans un bon marketing que je dois me retenir de dire à chaque chapitre qu'il s'agit du plus important. Cette lutte est plus difficile que jamais lorsqu'il est question de communication. En effet, une grande partie de votre budget marketing est consacré à la communication avec vos prospects. Vous devez leur expliquer ce que vous avez à leur offrir et pourquoi votre produit ou votre service est si indispensable.

Si vous parvenez à faire passer le message de façon plus convaincante que vos concurrents, votre marketing est un succès. Sinon, vous gaspillez votre argent et vous ne convaincrez probablement pas grand monde d'acheter votre produit.

La communication intervient sous de nombreuses formes, à de nombreux points d'influence, comme nous l'avons montré au premier chapitre. Le message qui passe par le biais de ces points d'influence doit donc être attrayant. Mais qu'est-ce qu'un message attrayant ? Et comment l'élaborer ?

- Un message attrayant commence par le *positionnement* de votre produit dans l'esprit des consommateurs. Vous devez avoir une bonne stratégie de positionnement et des produits à la hauteur de votre promesse (pour en savoir plus sur le positionnement, reportez-vous au chapitre 3).

- Ensuite, vous devez trouver une *accroche*, un message motivant qui illustre ce positionnement.
- Enfin, vous devez avoir une *idée créative* pour véhiculer ce message de façon attrayante. Votre but est d'attirer l'attention des consommateurs et de les convaincre.

Ces trois étapes permettent de créer un message attrayant et de le communiquer de façon convaincante. Cette tâche est difficile mais essentielle, et ce chapitre va vous aider à créer des messages pour tous les types de communication dont vous aurez besoin dans le cadre du marketing.

Attirer l'attention des clients

Vous devez montrer aux consommateurs ce qui fait l'attrait de votre produit. Mais vous ne pouvez pas vous contenter de leur dire qu'il est super. Ils ne vous écouteraient pas. Et puis, vous n'êtes pas le seul à chanter cette chanson… Non, ce qu'il vous faut, c'est une bonne *accroche*. Vous devez trouver un moyen de vendre votre message !

Posez-vous la question suivante : « Qu'avez-vous à dire qui corresponde aux désirs des consommateurs et soit suffisamment puissant pour inciter ceux-ci à agir en votre faveur ? »

Voilà encore une tâche difficile. En tant que parent, j'ai eu maintes fois l'occasion de m'y atteler. À chaque fois que je dis à mes enfants de faire quelque chose, je constate à quel point il est difficile de motiver quelqu'un par la communication. Comme tous les parents, je passe beaucoup de temps à me répéter. Et mes enfants, comme la plupart des enfants, ont développé une surdité sélective remarquable, qui immunise leurs oreilles et leur cerveau contre le virus des instructions parentales. En tant qu'adultes, nous devons souvent faire appel aux désirs des enfants pour que ceux-ci fassent ce que nous voulons. Pourquoi faire ses devoirs avant d'aller jouer ? Pourquoi faire son lit le matin ? Les enfants ne voient pas les bénéfices de ces comportements. (Cela dit, mes enfants se plaignent souvent de la surdité parentale. Apparemment, cela fonctionne dans les deux sens et je me demande s'il arrive aux marketeurs d'être sourds à ce que leurs clients leur disent. Hmmm !)

Bref, les parents doivent soit avoir recours à la contrainte (ce pour quoi je n'ai pas suffisamment d'énergie), soit présenter leur message d'une façon qui corresponde à la fois à leur objectif et à celui de leurs enfants. Ceux qui optent pour la deuxième solution observent les motivations de leurs enfants et utilisent l'idée d'une récompense intangible (louanges et plaisir) ou tangible (argent de poche, promenade) pour rendre leur message plus motivant. Ils ont recours à ce que l'on appelle en marketing une *accroche*, c'est-à-dire à quelque chose qui évoque les désirs de la personne et l'incite à passer à l'action.

Les mauvaises accroches foisonnent

Malheureusement, la plupart des accroches sont mauvaises. Il est plus difficile de motiver un consommateur qu'un enfant – les marketeurs ont beaucoup moins d'influence sur les consommateurs. Par conséquent, beaucoup d'accroches sont trop faibles.

Bon, je prends un magazine sur mon étagère, je l'ouvre, et je vous garantis que je vais trouver une accroche inefficace. Gagné ! C'est une pub d'IBM, qui s'étale sur deux pages et doit avoir coûté des milliers de dollars. L'accroche est un mot écrit en grosses lettres bleues de 5 cm : Tombouctou. Si on regarde les petits caractères (mais pourquoi le ferait-on, à moins de s'intéresser précisément à cette ville d'Afrique occidentale ?), on peut lire :

> *Si ma fille de six ans peut se faire des amis sur Internet jusqu'à Tombouctou, il y a sûrement un moyen pour que les responsables de mes bureaux régionaux travaillent en équipe.*

Le but de cette annonce publicitaire était en fait d'inciter les cadres à utiliser Lotus Notes au bureau. Lotus Notes est un bon produit, je l'admets, mais je ne vois pas le rapport avec cette petite fille qui fait des rencontres sur Internet. L'accroche est confuse et a peu de chance de fonctionner.

Le logiciel Lotus Notes permet-il aux équipes de travailler mieux, plus vite ? Si c'est le cas, cet argument ferait une bonne accroche – surtout si le lecteur travaille avec une équipe de mous. Une meilleure accroche communiquerait mieux la capacité de ce produit à *lui sauver la mise lorsque son travail en équipe tourne au cauchemar*. Toute personne se trouvant dans cette situation – et il doit y en avoir beaucoup – sera beaucoup plus attirée par cette accroche que par des bavardages sur une petite fille surfant sur Internet. Comme le montre cet exemple, une accroche doit avoir son propre intérêt – qui attire l'attention – mais aussi un lien étroit avec le produit.

Les bonnes accroches s'adressent à nos motivations

L'exemple de Lotus Notes illustre le problème des accroches superficielles. L'art de la bonne accroche consiste à piquer au vif. Bill Bernbach, leader créatif du secteur de la publicité dans les années 1960, avait très bien compris cet art :

> *Il y aura sans doute des changements dans notre société, mais ce n'est pas à ces changements que nous devons faire référence. Car nous ne cherchons pas à attirer l'attention de la société. Nous cherchons à attirer l'attention d'individus, dont chacun a un ego, une dignité par rapport à ce qu'il est,*

une particularité qui lui est propre, chacun est un miracle individuel. Les accroches destinées à la société sont des modes, des courants, des tendances culturelles qui habillent les véritables motivations, issues des instincts et des émotions immuables des individus. Celui qui a un message à communiquer doit s'adresser à l'individu immuable.

Reprenons l'exemple de Lotus Notes. L'annonce est liée à une mode mais ne s'adresse pas directement aux motivations personnelles, fondamentales et immuables de l'individu. On peut l'ignorer facilement et il est difficile de la relier au produit. Dans l'analyse que j'en ai fait plus haut, j'ai suivi le conseil de Bernbach. D'abord, la cible n'est plus « les responsables » de bureaux régionaux quelconques, mais un individu – celui qui travaille avec une équipe de mous. Et l'accroche destinée à cet individu est simple : Lotus Notes peut résoudre un problème important qu'il rencontre au bureau.

Maintenant, il faut encore que vous sachiez comment communiquer cette accroche. Votre annonce publicitaire devra-t-elle montrer un pauvre diable entouré de singes habillés en costume-cravate, qui mettent une salle de réunion à feu et à sang ? Ce serait une image percutante et amusante, qui illustrerait bien le fond de votre message.

Quel slogan utiliser pour accompagner cette image ? Que pensez-vous de « Les singeries de votre équipe mettent-elles votre carrière en péril ? »

Ce slogan correspond également au message et ajoute une touche de provocation grâce à un jeu de mot avec l'image. Je pense que cette annonce publicitaire peut vraiment attirer l'attention. Et une fois que l'attention du lecteur a été attirée, elle communique bien tout l'intérêt du produit Lotus Notes.

Mon concept peut marcher, mais il existe des centaines d'autres façons de faire passer ce message. Une fois que vous avez une bonne accroche, vous devez encore trouver des idées créatives pour la communiquer (voir chapitre 4) mais, ce qui compte avant tout, c'est d'attirer l'attention. Sinon, faire preuve de créativité ne vous servira à rien. Votre annonce publicitaire n'atteindra pas son but.

Faut-il faire appel à la logique ou aux émotions ?

En communication, vous êtes toujours confronté à un choix : votre message doit-il être axé autour d'une affirmation claire, étayée par des preuves irréfutables ou, au contraire, véhiculer un bon « feeling » sans apporter de preuves solides ?

Toutes nos décisions sont basées soit sur la logique, soit sur les émotions (ou sur un mélange des deux). En général, nous nous fions à nos émotions au moment de choisir la personne avec laquelle nous allons nous marier. En revanche, nous prenons des décisions rationnelles lorsque nous cherchons un emploi. De même, ce sont nos émotions ou la partie logique de notre esprit qui prédominent dans nos décisions d'achat.

Et, comme si ce n'était pas déjà assez compliqué, nous ne sommes pas toujours cohérents dans notre mode de fonctionnement. Certaines personnes suivent leurs émotions pour faire des achats importants, comme celui d'une voiture ou d'une maison. D'autres font des calculs et des comparaisons, et adoptent un comportement purement rationnel. Dans quel camp êtes-vous ? Si vous avez déjà acheté une voiture, souvenez-vous des raisons qui ont motivé votre choix. Si vous l'avez achetée parce qu'elle vous a plu ou parce qu'elle vous a fait bonne impression, ce sont probablement vos émotions qui ont dominé votre décision d'achat. En revanche, si vous l'avez achetée parce qu'elle ne consomme pas beaucoup d'essence et parce qu'une association de consommateurs l'a classée parmi les meilleures en termes de sécurité et d'entretien, vous avez pris une décision logique ou rationnelle.

Chaque individu a un comportement qui lui est propre. Par conséquent, vous pouvez adresser votre communication à l'acheteur rationnel ou à l'acheteur émotionnel. Vous pouvez même segmenter votre marché en fonction de cette différence et élaborer un plan marketing pour chaque segment. Les caractéristiques de ces deux modes de pensée sont énumérées dans le tableau 5-1. Cependant, au moment de concevoir votre accroche, vous devrez choisir entre l'une et l'autre des colonnes de ce tableau.

Tableau 5-1 Deux modes de pensée

Rationnelle	***Émotionnelle***
Logique	Intuitive
Rigide	Souple
Basée sur des mots	Basée sur des images
Basée sur des faits	Basée sur des valeurs
Respectant des règles	Respectant une éthique

DANS LA PRATIQUE

En 1996, Volkswagen a décidé de repositionner son produit dans le marché américain, en lui donnant l'image d'une voiture agréable à conduire par des jeunes sur le point d'entrer dans la vie active et dans le rôle de parents responsables, mais dont le besoin de s'exprimer en tant qu'individus est encore très fort. L'approche de Volkswagen a été de mettre l'accent sur le plaisir de conduire ses voitures, et de montrer aux consommateurs que ses clients avaient l'amour de la conduite et de la vie en général. C'est un exemple classique d'accroche émotionnelle, destinée aux individus ayant le profil décrit dans la colonne de droite du tableau 5-1. L'annonce publicitaire privilégie les images par rapport aux mots et fait appel aux valeurs communes à la jeune génération. On n'apprend rien de factuel à propos de Volkswagen, mais on ressent une émotion très forte.

Lors de la conception de vos communications, je vous recommande de suivre l'exemple de Volkswagen et de trancher franchement pour l'un ou l'autre des deux modes de pensée. Si vous courez deux lièvres à la fois, votre message ne sera pas aussi percutant.

Cela dit, songez que la même personne peut prendre ses décisions d'achat de façon différente selon les circonstances – la nature du produit joue un rôle déterminant, ainsi que l'usage que l'acheteur va en faire. Le cadre qui achète une Volvo pour emmener ses enfants en vacances prend probablement une décision d'achat basée sur des considérations rationnelles – cette voiture est sûre et dure longtemps, même si elle n'est pas très esthétique. Dans ce cas, une accroche rationnelle fonctionne bien. Imaginez le même cadre qui veut acheter une voiture de sport rouge pour sortir le week-end. Il est plus à même d'être attiré par une accroche émotionnelle, car ce qu'il attend de cette voiture, ce sont précisément des émotions : un sentiment de jeunesse, de plaisir, etc. N'importe quel consommateur peut donc réagir différemment selon les circonstances et le produit. Votre rôle, en tant que spécialiste de la communication, est d'entrer dans la tête de vos prospects pour *savoir sur quel bouton appuyer* (rationnel ou émotionnel) pour déclencher l'achat de votre produit.

Donner une personnalité à votre produit

Au chapitre 4, nous avons vu l'importance de donner une identité à votre marque, comme s'il s'agissait d'une entité vivante. Cette nécessité s'impose d'autant plus lorsque vous choisissez une accroche émotionnelle, car une personnalité attrayante attire toujours les acheteurs émotionnels. Cela dit, même si vous optez pour une accroche rationnelle, je vous recommande de donner une personnalité à votre marque. Cet effort vous permettra de communiquer plus facilement et de marquer davantage les esprits.

Mais quel genre d'entité allez-vous créer si vous donnez une personnalité à votre marque ? Une sorte de Frankenstein qui a sa propre volonté et échappe à votre contrôle ? Pas si vous réfléchissez sérieusement à sa personnalité. Soyez particulièrement vigilant à ce stade – vous devez concevoir la personnalité idéale pour chacun de vos produits dès le départ.

Vous devez non seulement définir la personnalité de votre marque, mais la cultiver à chaque fois que vous communiquez avec vos clients et avec le monde extérieur en général. Une personnalité bien marquée transparaîtra à tous les points d'influence de votre plan marketing et constituera de toutes vos communications. Si vous connaissez suffisamment bien votre marque, vous pourrez transférer ce degré d'intimité à vos clients.

Inspirez-vous de la fiction

Comment définir une personnalité ? Cette tâche est semblable à celle qu'effectuent les écrivains pour définir le profil de leurs personnages. Ce n'est pas facile, mais vous pouvez vous inspirer de la démarche des auteurs de fictions.

Pour commencer, les auteurs définissent souvent le profil de leurs personnages en fonction de ce qu'ils aiment et de ce qu'ils n'aiment pas. Par exemple, nous savons que Sherlock Holmes, l'un des personnages les plus célèbres de tous les temps, aime fumer la pipe lorsqu'il réfléchit à un problème et jouer du violon. Il s'intéresse à tous les aspects de la science liés au crime, et il conserve dans un carnet des coupures de presse consacrées à de célèbres criminels. En revanche, il ne s'intéresse pas à l'amour et n'a aucun ami proche en dehors du Dr. Watson, qui l'aide à résoudre ses affaires. Il raisonne de façon rationnelle, mais il a une certaine sensibilité artistique héritée de Vermier, peintre impressionniste avec qui il a une lointaine parenté. Tout ce que l'on sait de ce personnage constitue sa personnalité, une image que les éditeurs, les fabricants de jouets et les producteurs de films ont utilisée tout au long du XXe siècle.

Faites une liste de ce que vous pouvez associer à votre marque ou au nom de votre société. Par exemple, les annonces publicitaires de Jaguar associent souvent de vieilles maisons de campagne aux voitures. Ainsi, nous savons que, si la Jaguar était un être humain, elle aimerait passer ses week-ends à la campagne pour y conduire en toute tranquillité.

Certains auteurs de fictions écrivent aussi un passage ou un court chapitre à propos d'un personnage pour mieux situer celui-ci. Ils décrivent les événements qui expliquent la personnalité de ce personnage. Vous pouvez faire la même chose avec votre marque. Par exemple, si vous vendez des Jaguar, écrivez une petite histoire sur la façon dont une Jaguar passe son week-end. Faites comme si vous écriviez un roman et laissez-vous aller. Imaginez la voiture essuyant un orage le long d'un canal et empruntant une vieille allée pavée, qui mène au manoir de style Édouard VII de son grand-père. Quel bruit cette Jaguar fait-elle en traversant l'orage ? Se plaint-elle ? Non. Gronde-t-elle ? Non. Elle émet un son plus subtil, régulier mais puissant. Le bruit de son moteur est si discret qu'il se perd dans celui de la pluie, qui frappe le capot et le pare-brise.

Comment la Jaguar se sent-elle après avoir quitté l'autoroute, alors qu'elle est frappée par des rafales de vent le long du canal ? S'ennuie-t-elle ? Certainement pas. S'inquiète-t-elle en raison des conditions météorologiques ? Non… notre personnage n'est jamais affecté par les conditions météorologiques. Elle se sent probablement plus légère, en paix, et en même temps plus vivante et plus alerte. Et lorsqu'elle emprunte l'allée pavée qui mène à la maison de ses ancêtres, est-elle excitée ? Non, ce mot est trop fort pour un véhicule si mûr, si maître de ses moyens. Mais elle ressent certainement un sentiment d'appartenance. Chaque cahot, le long de cette allée pavée, lui est familier et lui donne une assurance qu'aucune autre voiture ne ressentirait ici.

Avec ce genre d'idées, vous pouvez aboutir rapidement à une bonne description du week-end que passe la Jaguar. À partir de là, la personnalité de cette voiture prendra forme et de nouvelles nuances apparaîtront à chaque virage de la route et à chaque trait de votre plume.

IDÉE LUCRATIVE

Cet exercice présente un autre avantage pour vous et votre marque : il vous aide, ainsi que les autres membres du service marketing, à présenter votre marque aux clients de façon cohérente. Une fois que vous avez défini une personnalité, vous avez des repères précis. Autrement dit, toutes les personnes qui interviennent au niveau de la vente ou du marketing peuvent faire en sorte que leurs activités correspondent bien à cette personnalité.

Mettez-vous dans la peau d'un psy

Les psychologues étudient le puzzle de la personnalité humaine depuis des décennies et continuent à faire des progrès. Pour donner une personnalité à votre marque et la communiquer, vous pouvez aussi emprunter certaines des techniques des psychologues.

Les psychologues définissent le profil d'une personne en fonction de ses *traits de caractère*. Vous pouvez donc donner une personnalité à votre marque en décrivant ses principaux traits de caractère. Cette technique a l'avantage de mettre l'accent sur la description, et non sur l'explication du comportement humain. Les marketeurs sont des individus pragmatiques – ils n'ont pas besoin de savoir pourquoi telle ou telle personnalité se développe, mais simplement de cerner cette personnalité. Il s'agit donc pour eux d'effectuer une simple étude descriptive et non une thérapie. Un crayon bien taillé fera l'affaire !

Concrètement, vous pouvez utiliser un test d'auto-évaluation de la personnalité – un questionnaire dans lequel vous sélectionnez les réponses qui vous correspondent pour connaître votre profil. Peut-être avez-vous déjà effectué des tests de ce genre, car de nombreuses sociétés les utilisent dans le recrutement et la formation de nouveaux employés. Seulement, au lieu de remplir ce questionnaire pour vous-même, vous allez le faire pour votre produit !

Il existe un test basé sur les types de personnalité définis par le psychologue Carl Jung. Il s'agit du test Myers-Briggs, composé de 126 questions, qui tire son nom des deux psychologues qui l'ont élaboré : Isabel Myers et Katheryn Briggs. Si vous ne l'avez pas sous la main, reportez-vous au tableau 5-2. Ce tableau énumère les principaux traits de caractère de la personnalité humaine. Associés à un produit, ils vous permettront de communiquer l'identité de votre marque aux consommateurs. Ceux que j'ai choisis pour ce tableau sont généralement considérés comme des qualités, car le but est évidemment de rendre votre produit sympathique. Ainsi, si les consommateurs aiment votre produit, c'est parce qu'ils auront associé sa personnalité à la leur.

Tableau 5-2 Traits de caractère de la personnalité humaine

Trait de caractère	*Description*
Précis	Attentif aux détails, minutieux, méticuleux, très attaché à l'ordre et à l'organisation
Dynamique	Vivant, enjoué, énergique, exprime ses émotions, utilise beaucoup de gestes et d'expressions faciales
Charmant	Très amical, volubile, attire l'attention en groupe, persuasif
Convaincant	Ouvert, bon orateur, capable d'influencer les autres facilement
Facile à vivre	Détendu, patient, tolère facilement les contretemps, constant
Puissant	Direct, parle avec franchise et assurance, vigoureux, autoritaire
Chaleureux	Vivant, expressif, apprécie la compagnie des autres, recherche l'attention, accueillant
Serein	Calme, facile à vivre, patient, capable d'attendre sans se crisper, ne s'énerve pas facilement
Volontaire	Résolu, peu influençable, énergique, exigeant, inébranlable
Tolérant	Indulgent, pardonne facilement, clément, patient, ne se met pas souvent en colère

Le pouvoir de percuter

« Stop ! »

Une annonce publicitaire ou une communication percutante a le pouvoir d'interrompre les consommateurs dans ce qu'ils sont en train de faire, si bien qu'ils arrêtent tout pour y accorder 100 % de leur attention. Une communication percutante provoque des réactions telles que « Qu'est-ce que vous avez dit ? » ou « Vous avez vu ça ? »

Des milliers de messages sont diffusés en même temps que le vôtre. Comme l'énonce le second principe réaliste du marketing (chapitre 1), tous vos concurrents harcèlent aussi vos clients. Par conséquent, la plupart des messages n'arrivent pas à destination. La plupart des consommateurs ne remarquent pas les annonces publicitaires ciblées qui leur sont destinées.

TÊTE PENSANTE

Demandez à un individu de vous énumérer cinq spots publicitaires qu'il a vus à la télévision hier soir (s'il a regardé la télévision, il en a probablement vu plusieurs dizaines). Observez sa réaction. D'après son air perplexe, vous pouvez en déduire qu'il fait des efforts désespérés pour se souvenir de ce qu'il a vu. Il finira sans doute par vous dire : « Ah, oui ! J'ai vu cette pub marrante avec un gars qui… » Peut-être même retrouvera-t-il plusieurs spots, mais combien de marques lui seront restées en mémoire ? Une ou deux, mais certainement pas toutes.

Si vous faites le même exercice appliqué, cette fois, aux annonces publicitaires publiées dans la presse, les résultats seront décourageants. De nombreuses personnes ne se souviennent même pas d'une seule annonce publicitaire publiée dans un magazine qu'elles ont lu la veille. Le problème est le même en ce qui concerne la publicité à la radio.

ATTENTION !

Pour contourner ce problème, chaque communication doit donc être particulièrement percutante. Si vous voulez que les consommateurs se souviennent de votre produit, créez une annonce publicitaire plus percutante que les autres. Vous devez absolument sortir du lot !

Comment rendre une annonce publicitaire percutante ? Qu'est-ce qui peut faire la différence par rapport aux autres ? Vous trouverez la réponse dans la section suivante.

Les sept caractéristiques d'une communication percutante

D'après Hanley Norins, qui a consacré beaucoup de temps à la formation du personnel de l'agence de publicité américaine Young & Rubicam, une annonce publicitaire ou une communication est percutante lorsqu'elle a les sept caractéristiques suivantes :

1. **L'annonce publicitaire doit présenter un *intérêt intrinsèque*, qui plaît à tous**. Autrement dit, l'annonce attire de nombreuses personnes en dehors du marché ciblé. Si les enfants aiment une pub destinée aux adultes ou vice versa, celle-ci a un intérêt intrinsèque.
2. **L'annonce publicitaire doit exiger la *participation* du public**. L'annonce pousse les consommateurs à l'action, qu'il s'agisse de composer un numéro de téléphone, de se rendre dans un magasin, d'éclater de rire ou simplement de réfléchir à quelque chose. En tout cas, elle ne doit jamais permettre au public de rester passif.
3. **L'annonce publicitaire provoque une *réaction émotionnelle***. Cette caractéristique est présente même si l'accroche correspond à une approche rationnelle. L'annonce fait référence, d'une façon ou d'une autre, à un besoin profond de l'être humain, auquel sont associées toutes sortes d'émotions.
4. **L'annonce publicitaire doit stimuler la *curiosité***. En voyant l'annonce, le public veut en savoir plus. Ce désir l'incite à s'interrompre et à analyser cette annonce – puis à se renseigner par la suite.
5. **L'annonce publicitaire doit *surprendre* le public**. Un slogan frappant, une image inattendue, une présentation originale, une disposition atypique dans une vitrine – voilà autant d'éléments qui peuvent surprendre et avoir un effet percutant.
6. **L'annonce publicitaire doit communiquer une information banale de façon *inattendue***. Une idée créative, une nouvelle façon de voir ou de dire les choses donnent à quelque chose de banal un aspect inattendu. Vous devez communiquer les informations essentielles : ce qu'est le produit, ce qu'il peut apporter aux consommateurs et comment, mais essayez de le faire de façon originale pour attirer l'attention.
7. **L'annonce publicitaire doit *enfreindre* les règles en usage dans la catégorie de produits**. Cette étape est indispensable pour faire ressortir le produit. Les consommateurs remarquent ce qui enfreint les règles auxquelles ils sont habitués – et les règles ne manquent pas dans le domaine du marketing. Si votre annonce suit le sillage de toutes celles qui sont diffusées dans la même catégorie de produits, personne ne la remarquera.

Cette liste illustre encore une fois l'importance de la *créativité*. Pour qu'une annonce publicitaire surprenne, enfreigne les règles, et montre la banalité de façon inattendue, elle doit être créative. Par conséquent, le secret d'une communication de marketing percutante, c'est sans doute la créativité. Si vous n'êtes pas convaincu, reportez-vous au chapitre 4.

Le sexe en publicité

Des études ont révélé un autre secret pour rendre une annonce percutante : le sexe. Le titre de cette rubrique illustre déjà le pouvoir percutant du sexe – même le mot attire le regard. Alors, donnez du *sex-appeal* à votre produit !

Cela dit, il y a tout de même un hic. Les mêmes études montrent que les annonces publicitaires axées autour du sexe ne sont pas très efficaces sous d'autres aspects : la mémorisation de la marque, par exemple. Les consommateurs retiennent beaucoup moins bien le nom de la marque que dans d'autres types d'annonces publicitaires. Par conséquent, si les annonces à connotation sexuelle sont percutantes, elles ne sont pas nécessairement efficaces. Elles n'éveillent pas l'intérêt pour le produit, et les consommateurs ne changent pas de comportement en faveur de ce produit. En bref, elles sacrifient la vraie communication à l'aspect percutant.

Il existe toutefois une exception à la règle : les annonces publicitaires concernant des produits sexy par nature. Si vous vendez un parfum dont vous prétendez qu'il rend les femmes irrésistibles aux stars du basket-ball, vous pouvez sans doute montrer quelques beaux mecs de 1,90 m, légèrement vêtus, se pressant autour d'une femme comme des papillons de nuit autour d'une ampoule (je sais, c'est un exemple idiot, mais vous voyez ce que je veux dire). David Ogilvy, célèbre fondateur de Ogilvy & Mather, a compris la règle à la suite d'une erreur stratégique : « Le premier spot que j'ai produit montrait une femme nue. C'était une erreur, pas parce qu'il était sexy, mais parce que le sexe n'avait aucun rapport avec le produit : une cuisinière. Le recours au sexe doit toujours être pertinent. »

Le pouvoir d'attirer

« Eh, vous ! Venez voir ! »

Le pouvoir d'attirer les consommateurs est également très important. Les publicitaires qui travaillent sur un produit connu sur le plan national ne se soucient pas vraiment de ce pouvoir. Leur but est de renforcer leur image de marque ou de modifier le comportement des consommateurs vis-à-vis de leur marque grâce au repositionnement (voir chapitre 3). Ceux qui travaillent sur le plan local, en revanche, s'intéressent davantage au pouvoir d'attraction de leur produit qu'à l'image de marque ou au positionnement. Il faut bien commencer à vendre, au départ, ne serait-ce que dans un marché local, client après client. Et à ce stade, il faut avant tout attirer les consommateurs.

Le pouvoir d'attraction est l'objectif principal de la publicité locale (par locale, j'entends limitée à une ville ou à une région). Il concerne aussi la vente, le publipostage direct, les promotions sur les prix et les dépenses sur le lieu de vente – probablement plus de la moitié des dépenses consacrées aux communications de marketing à travers tous les points d'influence existants.

En raison de cette orientation particulière, la communication de marketing en local a des caractéristiques qui lui sont propres.

- Les communications locales sont généralement basées sur un effort de marketing à court terme et non sur une campagne à long terme. Un encart publicitaire publié pendant deux semaines dans un journal local doit donner des résultats immédiats, sinon il est voué à l'échec. De même, les panneaux publicitaires disposés sur le lieu de vente (chapitre 16) doivent être retirés rapidement s'ils n'attirent pas suffisamment de personnes en magasin.
- Les communications locales disposent d'un budget beaucoup plus modeste que les millions dépensés pour les produits nationaux ou internationaux. Chaque impact publicitaire est quantifié : un effort de marketing d'un mois pour faire connaître la présence d'un établissement de courtage dans la ville doit générer suffisamment de ventes pour rembourser largement le coût de l'opération. Si ce n'est pas le cas, il faut trouver rapidement une autre solution. Les calculs sont simples en raison de la courte durée du délai et du montant peu élevé du chiffre d'affaires.
- Les communications locales doivent attirer les clients dans votre magasin, faire sonner le téléphone ou augmenter le nombre de visiteurs sur votre site Web. Cet objectif d'attraction n'a rien à voir avec ceux de la publicité à grande échelle, qui visent généralement à renforcer l'image de marque ou à repositionner la marque. Cependant, les communications locales et nationales ont des objectifs de marketing en commun : faire prendre conscience de la présence sur le marché, élargir la part de marché et inciter les clients actuels à renouveler leurs achats. Les bases d'un bon marketing sont les mêmes, que celui-ci soit pratiqué à l'échelle locale ou internationale. Seules les priorités changent.
- Les communications locales doivent utiliser les médias de façon plus créative que les communications nationales en raison, précisément, de leur orientation locale et de leur budget limité. En réalité, les meilleures communications locales utilisant un pouvoir d'attraction sont généralement gratuites – ou presque.

Pour être efficaces, les communications locales doivent attirer les foules, remplir les boîtes aux lettres ou faire sauter le standard ! Elles doivent pousser à l'action. Dites aux consommateurs que vous êtes sur le marché et que vous avez ce dont ils ont besoin. Et continuez à leur dire avec des messages différents, toujours plus créatifs, pour qu'ils ne vous oublient jamais.

Un bon texte

Qu'est-ce qui caractérise un bon texte dans une communication de marketing ? Comment le rédiger ? Ou plus exactement, par où commencer ? Y a-t-il des techniques qui augmentent les chances de succès ? Pour être efficace, le texte doit communiquer son message de façon suffisamment simple et succincte pour retenir l'attention du public, c'est-à-dire attirer son attention, d'abord, puis éveiller son intérêt afin que…

Au cas où vous ne l'auriez pas remarqué, voilà un texte mal écrit !

Et pourtant, de nombreuses communications de marketing sont encore plus mal écrites.

- Elles ne vont pas à l'essentiel.
- Elles utilisent des phrases au passif, dans lesquelles on ne sait pas qui fait quoi.
- Elles emploient un vocabulaire sophistiqué sans raison valable.
- Elles utilisent des temps compliqués au lieu du présent (« Le texte devrait communiquer » au lieu « Le texte communique », par exemple).
- Résultat, elles ennuient et embrouillent le lecteur.

Bon, maintenant que je sais ce qu'il ne faut pas faire, je vais réécrire cet affreux paragraphe d'introduction. Et le réécrire. Et le réécrire encore – jusqu'à ce qu'il soit vraiment dynamique. Que pensez-vous de :

> ***Vous voulez écrire un bon texte ? Soyez direct. Soyez simple. Efforcez-vous d'attirer et de retenir l'attention du lecteur.***

Notez que mon premier paragraphe comporte 65 mots et qu'il n'est même pas achevé. La version améliorée n'en comporte que 19, soit une réduction de 70 %. Et le nombre de virgules a chuté de 5 à 0, ce qui illustre un aspect essentiel de l'écriture : la concision.

Un bon texte doit aussi être *clair* – et la seconde version de mon paragraphe d'introduction est certainement beaucoup plus claire que la première.

Essayez toujours de trouver un meilleur moyen de faire passer votre message. Souvenez-vous de la nécessité de faire preuve d'originalité et de surprendre pour écrire un texte percutant. Et surtout, exprimez-vous avec clarté et simplicité.

N'hésitez pas à réécrire. Retravaillez votre texte, repensez-le, remaniez-le jusqu'à ce que votre message soit à la fois limpide et dynamique.

Et une fois votre message clairement exprimé, n'ajoutez rien.

De bonnes images

Imaginez : un enfant joue au tennis contre un mur lorsqu'un chien bondit et lui vole la balle. La caméra zoome pour faire un gros plan sur la balle, jaune vif, qui dépasse de la gueule du chien.

Cette image est très simple, mais elle a un grand pouvoir de communication. Elle montre le plaisir qu'ont les enfants et les chiens à jouer avec une balle de tennis. Elle met en scène des émotions : que ressent l'enfant lorsque le chien vole sa balle ? Que ressent le chien lorsqu'il attrape la balle ? Cette image nous rappelle que le tennis est une activité amusante pour tout le monde, quels que soient notre niveau, notre âge et même notre espèce !

Cette image est au centre d'un spot publicitaire diffusé aux États-Unis pour promouvoir le tennis. Ce spot illustre bien la capacité d'une image ou d'une série d'images à attirer l'attention, raconter une histoire intéressante et communiquer un message.

Pour être efficace, une image doit être forte et pertinente. Dans notre exemple, l'image phare est celle de la balle de tennis, encadrée par les mâchoires du chien. Pour votre produit, choisissez une image visuellement attrayante, facile à reconnaître et pertinente par rapport à votre accroche.

L'importance du design

Je ne peux pas faire de vous un bon designer ni un artiste en quelques paragraphes. Il faut beaucoup de temps pour acquérir le savoir-faire et la sensibilité nécessaires à la création d'un ouvrage aussi simple qu'une brochure illustrée. Et ne parlons pas des annonces publicitaires en quadrichromie, du conditionnement ou des spots télévisés. Cela dit, vous serez peut-être amené à réaliser des tâches liées au design dans le cadre du service marketing. Il vous faudra peut-être élaborer un catalogue, une brochure, une vitrine ou autre type de conception visuelle, sans disposer pour autant du même budget qu'une agence de publicité. Dans ce cas, en tant qu'amateur, n'oubliez pas que l'informatique peut vous apporter une aide précieuse.

Par exemple, si vous avez un Macintosh avec des fichiers clip-art, des logiciels comme Quark XPress et Photoshop, et un scanner de qualité pour numériser des photographies de votre produit, vous pouvez faire du bon travail. Inutile de faire appel à des professionnels pour de petits projets si vous êtes bien équipé.

Je dois toutefois avouer que la plupart des conceptions réalisées par des amateurs sur ordinateur avec imprimante laser sont nulles. C'est un pur gaspillage de papier, une insulte au consommateur, et le comble de l'embarras pour la profession du marketing. Techniquement, nous avons tous les moyens de faire quelque chose de bien, mais les nouvelles technologies accentuent aussi nos fautes de goût. Renseignez-vous sur les bases du design avant de vous lancer.

Un bon design associe texte et images

Soyez conscient de l'importance du design dans la communication. Les consommateurs *regardent* les annonces publicitaires, le conditionnement, les vitrines et autres types de communications visuelles. Et si le design leur plait, ils peuvent éventuellement s'impliquer davantage, c'est-à-dire *lire* ou *écouter*.

Le texte ne sert à rien si le design n'attire pas l'attention

Par conséquent, vous devez utiliser les mots comme un designer et non comme un écrivain. Soyez attentif à l'apparence des mots. Sont-ils suffisamment contrastés et voyants pour attirer le consommateur ? Se marient-ils bien avec les images de façon à créer un ensemble harmonieux qui attire l'attention à l'endroit voulu ? Le designer considère le texte comme un élément à part entière du design. Une annonce publicitaire qui ne se place pas dans une perspective visuelle (ou musicale, à la radio) est inefficace du point de vue du texte.

Chapitre 6

Recherche en marketing : clients, concurrents et secteurs d'activité

Dans ce chapitre :

- Découvrir les quatre secrets d'une recherche efficace
- Étudier un marché grâce aux sources d'information existantes
- Élaborer des questionnaires plus utiles
- Évaluer la satisfaction des clients

Généralement, l'objectif de la recherche en marketing consiste à déterminer le comportement du consommateur, et à explorer la structure du secteur et la position des concurrents. En réalité, les marketeurs ont besoin de savoir tellement de choses et disposent de si peu d'informations que le marketing repose largement sur leurs efforts de recherche. Plus ils font de recherches, plus leur travail est efficace.

Les sociétés et les agences de publicité qui sortent du lot sont celles qui font le plus de recherches. Elles n'hésitent pas à interroger plusieurs milliers de consommateurs pour savoir si leur comportement vis-à-vis des pellicules a changé et ce qu'ils ont retenu d'une annonce publicitaire. Ensuite, elles font appel à des statisticiens, qui dressent un nombre incalculable de tableaux et de graphiques pour interpréter les chiffres qu'elles ont recueillis.

L'investissement que les grandes sociétés comme Procter & Gamble font dans la recherche leur donne un avantage certain sur leurs concurrents plus modestes. Les leaders du marché repèrent très tôt les tendances et identifient rapidement les nouveaux segments. Et pourtant, la difficulté de réaliser et d'interpréter une recherche en marketing est telle que personne n'est à l'abri d'une erreur. Et ce n'est pas parce que les conglomérats dépensent davantage que les PME que celles-ci ne peuvent pas mener des recherches productives. Vous pouvez obtenir de bons résultats à votre échelle, sans vous engager dans des dépenses importantes. Mais ne vous lancez pas avant d'avoir découvert les quatre secrets de la recherche en marketing que je vous livre ci-après.

Avancez-vous à l'aveuglette ?

La plupart des marketeurs sous-estiment la recherche. Ils sont semblables à des conducteurs roulant à vive allure sur l'autoroute par une nuit pluvieuse, avec des lunettes de soleil et sans essuie-glace. Tant que la route est droite et qu'aucun concurrent ne se met sur leur voie, leur vision limitée de la route leur permet de rester dans la course (gagner, c'est encore une autre histoire). Mais dès qu'un changement survient, le manque de visibilité leur est fatal.

Pour avoir une bonne vision du marché, il existe plusieurs méthodes et stratégies, que je vais vous décrire dans ce chapitre. Mais, même si vous n'en lisez pas une ligne, je vous demande simplement de faire une chose : dessinez un gros point d'interrogation sur un morceau de papier et scotchez-le au mur, au-dessus de votre bureau. Et à chaque fois que vous levez les yeux, souvenez-vous que vous devez toujours vous poser des questions.

La curiosité est au cœur de la recherche en marketing. Et elle est gratuite ! Vous n'avez pas besoin du budget de Procter & Gamble pour en bénéficier. Demandez-vous pourquoi vos clients font ce qu'ils font, ce qui a provoqué un changement dans votre marché, et où vont les clients que vous perdez. N'importe quelle question constitue un bon point de départ. La première étape – et la plus importante – de tout effort de recherche consiste à se poser une question pertinente. C'est aussi simple que cela. Alors, vous n'avez pas d'excuses. Commencez dès maintenant !

Secret n° 1 : Sachez à l'avance ce que vous cherchez

Spontanément, vous avez probablement tendance à rassembler de nombreuses informations et à réfléchir après à ce que vous allez en faire. Vous faites d'abord des recherches et vous analysez ensuite. Or, c'est une véritable perte de temps. Ce n'est pas parce que vous vous immergez dans les chiffres que vous allez avoir une idée géniale. Vous ne ferez que retarder les résultats de vos recherches.

Pour que votre recherche en marketing soit efficace, commencez par *analyser les décisions que vous allez devoir prendre*. Par exemple, imaginez que vous soyez responsable d'un logiciel créé il y a deux ans et utilisé par les PME pour l'élaboration de leurs plans marketing. En tant que chef de produit, quelles décisions allez-vous devoir prendre ? Quelles questions devez-vous vous poser ? Voici quelques exemples :

- Devons-nous lancer une mise à jour ou continuer à vendre la version actuelle ?
- Notre plan marketing actuel est-il suffisamment efficace ou devons-nous le revoir ?
- Notre produit est-il bien positionné ou devons-nous en modifier l'image ?

Avant d'entamer vos recherches, réfléchissez à ces questions. Vos objectifs sont les suivants :

- Identifiez les possibilités qui s'offrent à vous de façon réaliste pour chaque décision.
- Évaluez le degré d'incertitude et de risque pour chaque décision.
- Ensuite, pour chaque décision comportant une incertitude ou un risque, vous devez :

- Vous poser des questions dont les réponses vous aideront à réduire ce risque ou cette incertitude.
- Et, *à ce stade seulement*, commencer vos recherches !

Au cours de ce processus de réflexion, vous découvrirez peut-être que les recherches ne sont plus nécessaires. Par exemple, si votre patron a déjà décidé d'investir dans la mise à jour de votre logiciel, vous n'avez plus à faire de recherches pour prendre une décision à ce sujet. Que ce soit bien ou mal, vous ne pouvez plus rien y changer. En revanche, certaines questions donnent lieu à des recherches. Dans ce cas, posez-vous d'autres questions pour réduire le degré d'incertitude concernant la décision à prendre ou pour découvrir de nouvelles possibilités.

Par exemple, prenons la question « Notre produit est-il bien positionné ou devons-nous en modifier l'image ? » Pour y répondre, vous pouvez faire des recherches pour savoir comment votre produit est perçu en termes de qualité et de performances, quel est son potentiel par rapport à la concurrence et quelle personnalité lui est attribuée (pour en savoir plus sur la personnalité du produit, reportez-vous au chapitre 5). Lorsque vous aurez les réponses à toutes ces questions, vous serez plus à même de prendre une bonne décision.

Vous devez donc circonscrire vos recherches dès le départ. Tant que vous ne savez pas à quelles décisions vous êtes confronté, il est inutile d'entamer le processus de recherche, illustré à la figure 6-1.

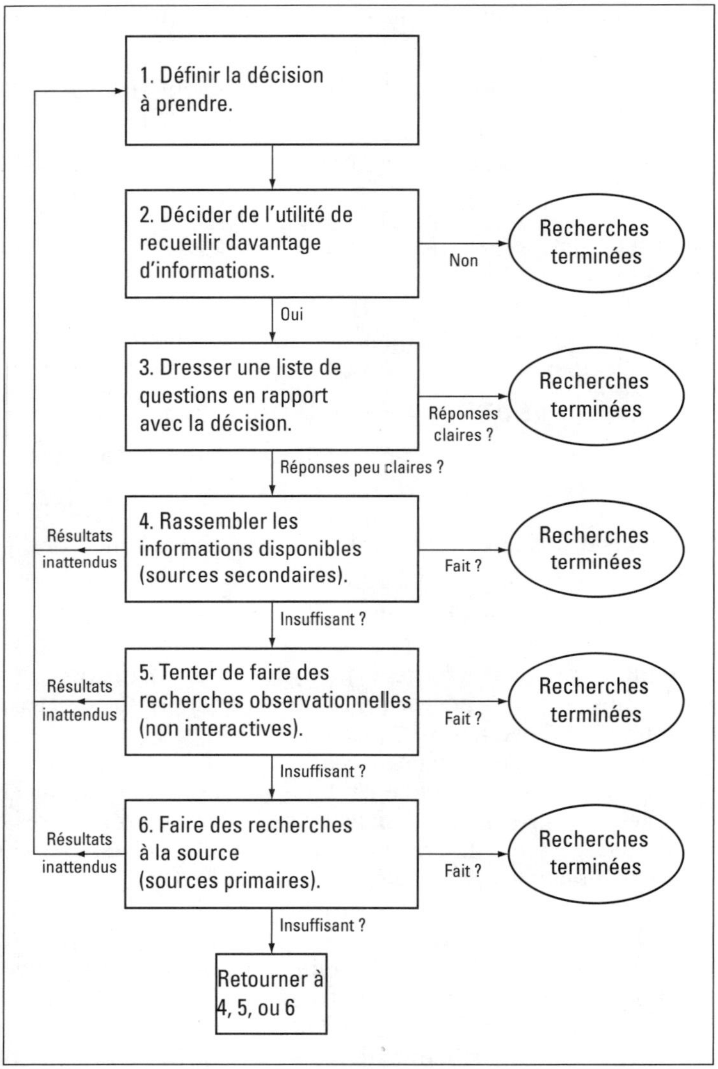

Figure 6-1 : Processus de recherche en marketing à suivre pour éviter les erreurs courantes.

Secret n° 2 : Vous pouvez toujours trouver des informations gratuites

Des informations circulent dans le monde entier. Aussi, avant d'acheter un rapport ou de faire appel à des professionnels de la recherche en marketing, essayez d'obtenir des informations gratuites (ou, au moins, peu coûteuses).

Les informations gratuites sont souvent anciennes et incomplètes. Vous devrez donc effectuer des dépenses pour pouvoir répondre correctement aux questions que vous vous posez. Mais les informations gratuites vous permettront de débroussailler le terrain et d'émettre des hypothèses que vous n'aurez plus qu'à vérifier. Et parfois, avec un peu de chance, elles vous suffiront.

Les informations gratuites font généralement partie de ce qu'on appelle les *informations secondaires*, c'est-à-dire déjà rassemblées ou publiées par quelqu'un d'autre (de seconde main). Certaines informations secondaires sont gratuites, d'autres sont vendues par des professionnels de la recherche en marketing. Mais, dans les deux cas, elles sont (presque) toujours moins coûteuses que les *informations primaires*, que vous recueillez vous-même en fonction de vos propres besoins.

Vous pouvez recueillir des informations primaires en consultant des études de toutes sortes ou en observant le marché, par exemple. Nous étudierons les méthodes de recherche d'informations primaires et secondaires plus loin dans ce chapitre.

Ne sous-estimez pas l'importance des sources secondaires. Vous pouvez apprendre beaucoup à partir du travail des autres. Et vous ferez beaucoup d'économies en associant les informations secondaires gratuites et celles qui sont en vente. Le budget d'un projet de recherche basé uniquement sur des sources secondaires s'élève en moyenne à quelques centaines ou milliers d'euros. En revanche, un projet de recherche basé sur des sources primaires comportant une ou plusieurs études coûte au minimum 10 000 euros, voire beaucoup plus.

Secret n° 3 : Les domaines de recherche sont innombrables

La recherche en marketing fait intervenir toutes sortes de disciplines. Elle ne se limite pas à un seul domaine. Les informations dont vous avez besoin dépendent de beaucoup de choses, notamment de votre capacité à cibler la spécialité qui va vous permettre de prendre votre décision ou de résoudre votre problème.

Vous pouvez effectuer des visites dans vos magasins pour voir si votre matériel de promotion sur le lien de vente (voir chapitre 16) est disposé correctement. Vous pouvez faire une enquête auprès des consommateurs pour savoir ce qu'ils pensent de ce matériel de promotion. Ou bien vous pouvez faire une étude sur la façon dont le nouveau conditionnement de votre produit est perçu par les consommateurs. Si vous travaillez dans un cabinet d'experts-comptables qui souhaite augmenter sa part de marché, vous pouvez faire des recherches pour découvrir comment les sociétés perçoivent les services comptables qui leur sont proposés. Si vous venez de créer une annonce publicitaire, vous pouvez la tester pour en vérifier l'efficacité avant de la diffuser. Peut-être souhaitez-vous connaître les nouveaux produits ou plans marketing de vos concurrents pour pouvoir préparer une contre-attaque à l'avance. Ou peut-être aimeriez-vous savoir si vos produits ou services marcheraient sur les marchés asiatiques et comment trouver des distributeurs dans cette région.

Laissez-vous guider par vos questions

Souvenez-vous que, lorsque vous effectuez une recherche en marketing, vous devez vous poser des questions précises avant de rassembler des informations.

Si vous vous lancez avec un objectif mal défini tel que « Nous devons tout savoir sur le marché des viennoiseries », vous vous retrouverez rapidement avec une pile d'articles et de tableaux de 1 mètre de haut. Mais vous ne saurez toujours pas comment vous faire une place sur ce marché. Pour que vos recherches soient efficaces, posez-vous des questions précises, comme « Qui mange des viennoiseries ? », « Quelle est la catégorie de consommateurs qui mange le plus de viennoiseries ? », « Quels types de viennoiseries ces consommateurs préfèrent-ils ? », « Quels sont les supports les plus efficaces pour entrer en contact avec ces consommateurs ? » et « Quelles sont les marques préférées de ces consommateurs ? » (adaptez ces questions à votre produit).

Si vous avez des difficultés à vous poser les bonnes questions, revenez à votre point de départ : quelle est la décision que vous devrez prendre à l'issue de vos recherches ? (reportez-vous à la figure 6-1). Demandez-vous à quelles questions vous allez devoir répondre pour pouvoir prendre votre décision en connaissance de cause, puis faites le minimum de recherches nécessaires pour répondre à ces questions.

Bref, je pourrais continuer ainsi pendant des heures. Et si vous ne pouvez pas effectuer vos recherches vous-même, vous pouvez faire appel à des spécialistes de la recherche en marketing. Ils vous seront d'une aide précieuse, notamment pour recueillir des informations primaires.

Rechercher des informations secondaires

Les *informations secondaires*, comme nous les avons définies plus haut, sont des informations rassemblées préalablement par quelqu'un d'autre que vous. Généralement moins coûteuses, elles doivent constituer le point de départ de votre recherche. Les informations primaires suivront, uniquement si elles s'avèrent utiles.

Où trouver des informations secondaires ? La meilleure source d'informations secondaires, gratuites ou presque, est le gouvernement. Quasiment tous les gouvernements rassemblent de nombreuses données sur l'activité économique, la taille de la population et les tendances du pays. Les chambres de commerce mettent aussi à votre disposition un grand nombre d'informations sur les activités des entreprises de tous les secteurs.

Données démographiques

Les données démographiques – les statistiques relatives à une population – sont très peu consultées. Pourtant la composition ethnique d'un marché, son âge moyen ou sa principale catégorie socioprofessionnelle donnent des indices non négligeables sur sa possible évolution. Par exemple, les populations des États-Unis, du Canada, de la plupart des pays d'Europe et du Japon vieillissent. Qu'est-ce que cette tendance implique pour les marketeurs ?

Rien à première vue. Qu'est-ce que cela peut bien faire si le Français moyen a un ou deux ans de plus qu'il y a dix ans ? Vous pouvez toujours cibler vos produits en fonction des différentes catégories d'âge sans vous soucier de la tendance démographique à long terme.

Mais, si vous y regardez de plus près, vous découvrirez toutes sortes d'opportunités. Charles Schewe, consultant du Massachusetts, étudie la tranche la plus âgée de la population pour redesigner les produits et les services en fonction de ce segment de plus en plus important.
Les personnes les plus âgées ont un ensemble de valeurs et de comportements qui les rend faciles à cibler. Elles ont des besoins communs. Par exemple, elles ont besoin d'un conditionnement facile à lire et de commandes faciles à utiliser. Elles ont aussi un revenu relativement élevé, la majeure partie des richesses étant détenue par la tranche la plus âgée de la population. Avec le vieillissement de la population, ce segment de marché est de plus en plus attractif.

Ce genre d'opportunité est facile à repérer lorsque l'on est attentif aux données démographiques et autres types d'informations secondaires. Et pourtant, de nombreux marketeurs négligent ces informations peu coûteuses et ignorent les changements importants qui surviennent dans leur marché.

Chiffres des ventes

Les chiffres des ventes constituent également une mine d'informations secondaires, souvent négligée. Quels sont les consommateurs qui boudent le produit ? Quand et pourquoi ? Quels sont les clients les plus importants et les plus rentables ? Dans quelles régions gagnez-vous ou perdez-vous des clients ? Pour répondre à ces questions, consultez les chiffres des ventes de votre société. Et si cela ne suffit pas, lisez les états financiers ou bien interrogez vos vendeurs ou vos distributeurs. Les personnes qui travaillent pour votre société sont les mieux placées pour évaluer vos clients et vos concurrents. Allez les trouver !

Dans les grandes sociétés, où le recrutement augmente sans cesse, il peut y avoir de nouveaux employés issus de la concurrence ou d'autres sociétés de votre secteur. Demandez au responsable du service des ressources humaines d'envoyer ces personnes à votre bureau au cours de leurs deux premières semaines de travail chez vous. Interrogez-les sans leur faire subir aucune pression et sans enfreindre les règles du secret commercial – renseignez-vous sur les limites à ne pas dépasser auprès de votre service des ressources humaines. Les marketeurs profitent rarement des informations dont ces employés disposent sur la concurrence.

Rechercher des informations primaires

Les *informations primaires* se constituent essentiellement de réponses apportées à vos propres questions. En général, vous les obtiendrez en observant les consommateurs pour déterminer leur comportement ou en leur posant des questions oralement ou par écrit.

Voici un panorama des diverses approches que vous pouvez adopter.

Observer vos clients

Il y a quelques années, les cadres de l'aquarium de Boston, aux États-Unis, ont voulu savoir lesquelles de leurs attractions étaient les plus populaires. Ils ont eu recours à un professionnel pour faire une étude, mais celui-ci leur a dit que c'était inutile. Il leur a simplement conseillé d'observer les traces sur le sol les jours de pluie. Et c'est ainsi qu'ils ont su quelles étaient les attractions les plus populaires. Les traces humides indiquaient clairement les préférences des visiteurs.

Les consommateurs sont partout autour de vous – ils font les magasins, achètent, utilisent vos produits. Vous n'aurez aucun mal à les observer et à tirer des conclusions de leur comportement. Même les sociétés qui vendent à d'autres sociétés et non au consommateur final peuvent recueillir beaucoup d'informations sur leurs clients simplement en les observant. Par exemple, lorsque vous croisez des camions d'une certaine société sur la route, vous pouvez en déduire, d'après leur nombre et leur direction, la zone géographique dans laquelle la société est la mieux implantée. Il est très facile d'observer, mais la plupart des marketeurs sont aussi coupables que le Dr. Watson : ils voient, mais ils n'observent pas (voir encadré : « Sherlock Holmes et l'observation »). L'observation est la plus sous-estimée des méthodes de recherche.

Sherlock Holmes et l'observation

Les marketeurs n'ont pas besoin d'être Sherlock Holmes, mais ils peuvent tirer parti des méthodes du détective, qui observe attentivement tous les détails avant d'avancer la moindre théorie. Sherlock Holmes a un pouvoir d'observation qui a souvent surpris son associé, le Dr. Watson. Son approche est particulièrement précise et inquisitrice, comme il l'explique dans *Un scandale en Bohème* :

« Vous voyez, mais vous n'observez pas, dit Holmes à Watson, c'est très différent. Par exemple, vous avez souvent vu les marches qui mènent du hall à cette pièce. »

« Souvent. »

« Combien de fois ? »

« Disons, des centaines de fois. »

« Alors, combien y en a-t-il ? »

« Combien ? Je ne sais pas. »

« Qu'est-ce que je vous disais ! Vous n'avez pas observé. Et pourtant vous avez vu. Moi, je sais qu'il y a dix-sept marches, parce que j'ai à la fois vu et observé. »

Bien sûr, il serait stupide de compter les marches à chaque fois que l'on monte un escalier mais, *parfois*, cela peut être utile. Et parfois, lorsque vous rassemblez des informations pour pouvoir répondre à une question, vous devez observer et pas seulement *voir*.

Commencez par observer un de vos clients lorsqu'il utilise votre produit. Je dis bien *observer* et pas simplement regarder. Prenez un bloc et un crayon, et notez scrupuleusement chaque détail. Que fait le client ? Dans quel ordre ? Combien de temps le fait-il ? Que dit-il ? Semble-t-il satisfait ? Déçu ? Peu intéressé ? Est-il agréablement surpris ? Est-ce que quelque chose se passe mal ? Prenez le plus de notes possibles, puis tirez-en des conclusions. Je vous garantis que vous trouverez au moins un indice sur la façon dont vous pouvez améliorer votre produit.

Une observation sur le comportement d'un client vis-à-vis d'un produit ne constitue pas un projet de recherche à elle seule. Mais, si vous demandez à une demi-douzaine de personnes d'observer cinquante clients chacune, vous aurez de quoi effectuer une étude fiable.

Lorsque vous envisagez de recueillir des informations primaires, prenez le temps de réfléchir aux techniques d'observation que vous pouvez utiliser. Il vous faudra plusieurs jours pour être au point, précisément parce que vous avez l'habitude de voir sans véritablement observer. Les recherches observationnelles doivent être créatives. Ne négligez aucune possibilité.

Effectuer des enquêtes

Les enquêtes auprès des consommateurs constituent l'essentiel de la recherche en marketing. Pour savoir ce que vos clients pensent de votre produit, il suffit souvent de le leur demander. Le seul problème, c'est que les clients ne savent pas toujours ce qu'ils en pensent ni pourquoi ils adoptent tel ou tel comportement. De plus, cette méthode est relativement coûteuse. Cela dit, comme nous allons le voir, l'enquête est un instrument de recherche précieux.

Améliorer un questionnaire

Dans le cadre d'une enquête, on me demande très souvent de faire des suggestions pour améliorer le questionnaire. C'est bon signe : les marketeurs ont conscience de l'importance de la qualité. Pour obtenir de bons résultats, il vous faut un bon questionnaire.

Si vous avez fait un gros investissement, je vous recommande de tester votre enquête sur un petit échantillon de consommateurs, pour vérifier que les questions sont bien comprises et que les réponses sont utiles.

En général, une enquête formelle n'exige pas un gros investissement. Dans ce cas, demandez simplement à vos amis, à vos collègues du service de marketing et quelques clients de vous donner leur avis sur votre questionnaire. Enfin, jetez vous-même un dernier coup d'œil critique sur ce questionnaire avant de le diffuser.

Posez-vous les sept questions suivantes :

1. **L'enquête est-elle attrayante pour les personnes interrogées ?**

   Votre enquête doit être intéressante. Rendez cette expérience agréable pour les consommateurs avec un bon sujet, des consignes claires, des questions faciles auxquelles on peut répondre aisément, et éventuellement la distribution d'un coupon de réduction ou d'un billet gratuit pour un événement auquel vous êtes associé.
   Pour obtenir un maximum de réponses, proposez un questionnaire court. Tenez-vous-en aux questions essentielles.
   Enfin, sélectionnez à l'avance les personnes que vous allez interroger. Aucune enquête n'est attrayante pour les personnes qu'elle ne concerne pas.

2. **Certaines questions *associent*-elles plusieurs concepts ?**

   Si c'est le cas, décomposez-les. Par exemple, une enquête réalisée par une jardinerie comportait la question suivante :
   « Comment évalueriez-vous la diversité de nos plantes et de nos animaux? 1 2 3 4 (1 = réduite, 4 = grande). » Il serait plus simple de poser deux questions, une pour les plantes et une pour les animaux. Et, comme il existe plusieurs catégories de plantes, il est encore possible de décomposer la première question de la manière suivante :

Comment évalueriez-vous la diversité de nos plantes ?

Herbes potagères	1	2	3	4
Plantes annuelles	1	2	3	4
Paniers de fleurs	1	2	3	4
Plantes vivaces	1	2	3	4
Bulbes	1	2	3	4
Arbres de Noël	1	2	3	4
	Réduite			Grande

Annie's Garden, une jardinerie du Massachusetts, a précisément posé cette question dans une enquête menée auprès de la clientèle. Les résultats ont permis aux gérants du magasin de déterminer les gammes de produits devant être élargies. Avec une question plus générale, ils n'auraient pas obtenu les informations nécessaires pour prendre de bonnes décisions d'achats.

3. **Les échelles permettent-elles de donner *toutes* les réponses ?**

   Parfois, les réponses proposées limitent les options des personnes interrogées. Élargissez les possibilités au maximum et utilisez l'option « Autres : __________ » à chaque fois que vous le pouvez.

   Si vous utilisez une échelle numérique, comme l'échelle de 1 à 4 illustrée plus haut, réfléchissez aux avantages et aux inconvénients d'une échelle plus courte ou plus longue. Par exemple, est-il préférable d'utiliser une échelle à 5 points ? Ce type d'échelle permet aux personnes interrogées de donner une réponse neutre. Cette nuance est importante, notamment lorsque l'objectif de la question est d'obtenir un avis pour ou contre quelque chose. Les réponses neutres des personnes qui ne souhaitent pas prendre position ne sont pas celles qui vous aideront dans votre prise de décision, mais vous souhaiterez peut-être avoir un moyen de les prendre en compte.

   Je vous recommande d'utiliser des échelles à 5 ou 7 points à moins que vous ayez une bonne raison de ne pas le faire. Un plus large éventail d'options ne ralentit pas réellement les réponses. Une fois que les personnes interrogées ont compris l'échelle, elles peuvent l'utiliser rapidement – à condition qu'elle ne change pas d'une question à l'autre ! L'échelle de 7 points permet d'évaluer les opinions des personnes interrogées avec plus de précision.

4. **Y a-t-il des questions *orientées* ou *mal formulées* ?**

   Vérifiez que les questions sont aussi claires et neutres que possible dans leur formulation.

Par exemple, la question « Confirmez-vous que notre service clients est excellent ? Oui ___ Non ___ » est inappropriée. D'abord, elle oriente les personnes interrogées vers une réponse positive avec les termes « confirmez » et « excellent » (les consommateurs ont tendance à répondre ce que vous attendez d'eux, alors ne leur donnez pas trop d'indices !). De plus, elle n'est pas claire. Pour répondre non, faut-il mettre une croix avant ou après le « Non » ? Voici une reformulation de la question qui résout ces deux problèmes :

Comment évalueriez-vous le service clients ?

Exécrable						Excellent
1	2	3	4	5	6	7

(Voir aussi la section sur l'évaluation du service clients à la fin de ce chapitre.)

5. **Y a-t-il des questions *sans rapport* avec votre objectif ?**

Supprimez toutes les questions dont les réponses ne vous aideraient pas à prendre votre décision.

La plupart des questionnaires comportent au moins 75 % de questions inutiles. Nooon ! Qu'est-ce que j'en sais ? C'est simple : la plupart des questions n'interviennent en aucune façon dans les décisions prises par les cadres après analyse des résultats. Or, si une réponse ne suscite aucune action, la question est inutile. Par exemple, Annie's Garden n'avait aucune bonne raison de poser les questions suivantes dans son questionnaire :

1. **Êtes-vous** : ___ un homme ___ une femme ?
2. **Venez-vous à Annie's Garden**

___ seul ?

___ avec votre partenaire ?

___ avec vos enfants ?

___ avec des amis ?

3. **Pensez-vous que vous reviendrez à Annie's Garden ?** ___ oui ___ non

- La première question est traditionnelle. Toutes les enquêtes ne recueillent-elles pas des informations démographiques concernant les personnes interrogées ? Si, mais il s'agit d'enquêtes dans lesquelles le sexe ou la tranche d'âge donnent lieu à des réponses différentes. Ces questions sont utiles lors d'une segmentation du marché, destinée à analyser les besoins de chaque groupe. Un plan marketing pourra ensuite être élaboré pour chaque segment.

Mais Annie's Garden n'a aucunement besoin de segmenter son marché en fonction du sexe de ses clients. D'ailleurs, une jardinerie réalise des études à petite échelle, et l'échantillon de personnes interrogées ne serait probablement pas représentatif.

- La troisième question semble beaucoup plus utile. Les clients ont-ils l'intention de revenir au magasin ? Il serait intéressant de le savoir, en effet, mais cette enquête précise en bas de page : « Pour obtenir une remise de 5 euros sur votre prochain achat, retournez-nous ce questionnaire avant la fin du mois ! » Autrement dit, les clients vont emporter ce questionnaire chez eux et ne le retourneront que s'ils reviennent au magasin. Par conséquent, la question est inutile. Les réponses « non » ne feront jamais l'objet d'une analyse.

6. Certaines informations seraient-elles plus facilement obtenues par l'*observation* ?

Il existe une autre catégorie de questions inutiles : celles dont les réponses sont utiles mais pourraient être obtenues plus facilement par l'observation.

Même si Annie's Garden avait besoin d'informations concernant le sexe, l'entourage et les intentions de retour de ses clients, il lui serait beaucoup plus facile de les obtenir en observant ceux-ci dans le magasin et en exploitant des sources secondaires, comme les relevés de cartes de crédit. Un employé peut remplir un formulaire d'observation pour recueillir des informations concernant les personnes qui entrent dans le magasin. Et, en consultant les relevés de cartes de crédit, vous saurez rapidement qui est venu plusieurs fois et à quelle fréquence durant une période donnée. Bien sûr, cette solution ne tient pas compte des clients qui payent par chèque ou en espèces, mais vous pouvez entreprendre de noter le nom de chaque personne à la caisse. De nombreux magasins ont adopté cette pratique en distribuant des cartes de fidélité ou en utilisant un système de paiement informatisé.

L'observation est également plus appropriée que les études pour apporter une réponse à la question suivante : combien de clients entrent dans le magasin, regardent, mais ne trouvent pas ce qu'ils veulent ? Les clients qui ressortent sans avoir fait d'achat sont les plus nombreux dans tous les magasins. Or, ils ne remplissent pas les questionnaires distribués à la caisse. Et si ces questionnaires leur étaient donnés à la sortie du magasin, ils ne prendraient sans doute pas la peine de les remplir puisqu'ils n'ont pas été satisfaits. Seule l'observation peut vous donner des informations à leur sujet. Un employé peut les compter pendant plusieurs périodes de quinze minutes, par exemple, ce qui vous permettra d'obtenir une estimation du nombre de clients insatisfaits par jour ou par semaine. (Pour en savoir plus, vous pourriez également demander à un employé d'interroger directement les clients pour savoir ce qu'ils cherchaient et pourquoi ils sont repartis les mains vides.)

Je vous recommande vivement le recours à l'observation pour recueillir des informations à la fois sur le *taux d'achats renouvelés* et le *nombre de clients perdus*. Une fois vos statistiques établies, vous pouvez les utiliser pour observer les changements et voir si votre courbe évolue dans la bonne direction. Les résultats seront plus fiables qu'avec l'utilisation d'un questionnaire.

7. **Votre questionnaire permet-il aux personnes interrogées de *vous dire quelque chose que vous ne savez pas* ?**

   Cette question, la dernière de la liste, est sans doute la plus subtile. De nombreux questionnaires sont bien construits et permettent d'obtenir des informations utiles, mais omettent un aspect important, parce que l'auteur n'a pas su quelle question poser à ce sujet.

   Par exemple, lorsqu'il fait beau, les clients qui se rendent à Annie's Garden à l'heure du déjeuner souhaitent peut-être pouvoir apporter ou acheter un sandwich et le manger dans la jardinerie. C'est pourquoi le questionnaire du magasin comporte une série de questions ouvertes et une page blanche pour donner aux personnes interrogées la possibilité de s'exprimer librement. Parmi ces questions ouvertes, celle que je préfère est la suivante : « Si vous possédiez une jardinerie, qu'est-ce que vous feriez différemment ? » Cette question est conçue de façon à ce que les personnes interrogées laissent libre cours à leur imagination et fassent des suggestions créatives, que des questions plus structurées ne permettraient pas.

Secret n° 4 : Les meilleures idées ne sont pas planifiées

Au début de ce chapitre, je vous ai recommandé de définir vos décisions de marketing avant d'entreprendre vos recherches. Et je ne reviens pas sur ce que j'ai dit : vous devez avoir une approche méthodique et un plan.

Cela dit, le processus de recherche peut être pervers. Parfois, il révèle des informations si étonnantes et si inattendues que la meilleure solution consiste à oublier complètement votre définition de départ et à repartir sur de nouvelles bases à mi-parcours.

Reprenons mon premier exemple, dans lequel un chef de produit se demande s'il doit repositionner son produit ou non. Si vous vous trouvez dans cette situation, vous pouvez, comme nous l'avons vu, faire des recherches pour savoir comment votre produit est perçu en termes de qualité et de performances, quel est son potentiel par rapport à la concurrence, et quelle personnalité lui est attribuée.

Imaginez que vous réalisiez une étude par téléphone auprès de vos clients potentiels. Vous leur demandez ce qu'ils pensent de votre produit, et là, *78 % des personnes interrogées répondent qu'elles n'ont jamais entendu parler de ce produit.*

Surprise ! Vous avez entrepris des recherches en partant d'une idée erronée, à savoir que le marché connaissait suffisamment bien votre produit pour que celui-ci ait un positionnement précis. Or, il apparaît clairement que le marché ne connaît pas le produit. Vos recherches ont révélé des informations qui ne sont pas celles que vous attendiez mais qui s'avèrent cruciales.

Il ne vous reste qu'une chose à faire : jeter votre étude à la poubelle et redéfinir votre objectif (voir figure 6-1). L'heure n'est pas à se poser des questions sur le positionnement de votre produit. Ce qu'il vous faut, c'est une campagne massive de développement de la notoriété de votre marque pour informer le marché de l'existence de votre produit. Concentrez-vous sur ce problème et mettez tout le reste de côté.

ATTENTION !

Lorsque votre approche est bonne mais inadaptée

Au cours de mon expérience de responsable du marketing et de consultant, j'ai vu de nombreux projets de recherche échouer en raison d'une approche inappropriée. Et la plupart du temps, les cadres ont réagi en se mettant la tête dans le sable. Ils ont eu beaucoup de mal à admettre qu'ils avaient eu tort et à réorienter leurs recherches.

Lorsque les résultats d'une étude montrent que l'idée de départ était fausse, les cadres préfèrent jeter les réponses des personnes qui ne connaissent pas le produit et faire porter l'analyse uniquement sur la minorité qui a pu répondre aux questions « correctement ». En conservant leur orientation initiale, ils préservent leur *ego* mais aboutissent à un mauvais plan marketing, car des informations importantes ont été négligées.

Par conséquent, ne vous bornez pas à croire que l'étude est erronée et que c'est vous qui avez raison. Lorsque vous obtenez des résultats inattendus, réfléchissez jusqu'à ce que vous compreniez *pourquoi* ils sont si différents de l'idée de départ. Peut-être l'échantillon n'était-il pas représentatif ou la question était-elle mal formulée. Quoi qu'il en soit, en général, l'étude a raison et vous avez tort. Mais elle vous donne l'opportunité de découvrir des informations étonnantes sur votre produit et votre marché. Et c'est dans ces conditions que la recherche en marketing donne les meilleurs résultats.

Vos clients sont-ils satisfaits ?

D'une certaine façon, le marketing est très simple. Si les clients sont satisfaits, ils reviendront. Sinon, *adios*. Et comme trouver de nouveaux clients coûte quatre à vingt fois plus cher que de fidéliser les clients actuels (selon votre secteur), vous ne pouvez pas vous permettre d'en perdre. Ce qui veut dire que vous ne pouvez pas vous permettre de ne pas les satisfaire. Tous les marketeurs doivent évaluer la satisfaction du client et se fixer des objectifs dans ce domaine.

Malheureusement, bien que les consultants essaient de faire admettre cette idée depuis plus de vingt ans, la satisfaction du client est un aspect du marketing souvent négligé. La plupart du temps, aucune mesure concrète n'est prise.

Je ne voudrais pas avoir l'air de rouspéter, mais... si je rouspète ! Et je ne suis pas le seul. Depuis plusieurs années, l'université du Michigan et la Société américaine du contrôle qualité collaborent sur une étude réalisée auprès de 28 000 consommateurs, destinée à évaluer la satisfaction du client dans de nombreux secteurs des États-Unis. Les résultats montrent qu'aucun progrès n'a été effectué. Le consommateur moyen est très insatisfait du service dans les restaurants, les compagnies aériennes et les médias.
Et globalement, la bienveillance des entreprises envers le client a baissé de 2 %, selon les affirmations des personnes interrogées.
Sur les 206 sociétés prises en compte, seul un tiers a amélioré son service, et seulement 7 % ont procédé à des améliorations importantes (4 % ou plus).

IDÉE LUCRATIVE

Si votre société n'augmente pas chaque année la satisfaction de ses clients, vous allez devoir vous mettre au boulot. Commencez par trouver un moyen de l'évaluer et communiquez les critères d'évaluation choisis à tous les membres de l'entreprise afin que chacun ait un point de repère.

TÊTE PENSANTE

De nombreux critères d'évaluation ne servent qu'à dissimuler les problèmes. Dans ce cas, c'est comme si on étalait un édredon sur un matelas avant d'en évaluer le confort. Les meilleurs critères d'évaluation sont, au contraire, ceux qui mettent des poids sur le matelas. Plus vous ajoutez d'obstacles, plus les réponses sont utiles !

Par exemple, si vous demandez à vos clients d'évaluer leur satisfaction sur une échelle de 1 à 10, cela n'a pas grand intérêt. Que signifierait un résultat moyen de 8,76 ? Bien sûr, c'est un chiffre relativement élevé, mais les clients sont-ils satisfaits ? Vous ne le leur avez pas vraiment demandé.
Pire encore, vous ne leur avez pas demandé s'ils étaient *plus* satisfaits qu'ils ne l'étaient auparavant. Ni si vos concurrents les satisfaisaient *moins* que vous.

La satisfaction du client est une valeur dynamique. Elle change à chaque nouvelle interaction entre le client et le produit. C'est une course sans fin, dans laquelle vous devez être capable d'évaluer votre position par rapport aux attentes changeantes des clients et aux performances de vos concurrents.

Le taux de satisfaction de vos clients doit être élevé par rapport aux attentes des clients en général et au taux de satisfaction dont jouissent vos concurrents. Sinon, le taux de fidélisation de votre clientèle actuelle diminuera. Posez des questions directes pour savoir si vous vous situez au-dessous ou au-dessus du niveau fixé par les consommateurs. Par exemple, les questions suivantes donneront des réponses très révélatrices :

1. **Quelle est la meilleure société (ou le meilleur produit) en ce moment ?**

   (Proposez une longue liste en demandant aux personnes interrogées d'entourer leur choix, et ajoutez une ligne « Autre » avec un espace à remplir).

2. **Évaluez [votre produit] par rapport à ses concurrents :**

   Bien pire — Identique — Bien meilleur

   1 2 3 4 5 6 7

3 **Évaluez [votre produit] par rapport à vos attentes :**

   Bien pire — Identique — Bien meilleur

   1 2 3 4 5 6 7

Vous pouvez aussi décomposer la satisfaction du client en éléments susceptibles de contribuer à cette satisfaction (discutez avec vos clients pour découvrir ces différents éléments). Par exemple, vous pouvez poser les questions suivantes concernant une société de messagerie express :

1. **Évaluez notre société par rapport à ses concurrents en termes de rapidité de livraison.**
2. **Évaluez notre société par rapport à ses concurrents en termes de fiabilité.**
3. **Évaluez notre société par rapport à ses concurrents en termes de facilité d'utilisation.**
4. **Évaluez notre société par rapport à ses concurrents en termes de convivialité.**

Nous terminons ce chapitre sur l'évaluation de la satisfaction du client, ultime objectif de vos activités de marketing. Ne perdez pas de vue cet objectif, qui clôt tout le processus de recherches. Bien sûr, vous avez peut-être besoin de beaucoup d'autres informations pour pouvoir élaborer votre plan marketing ou identifier un problème. Mais rien de ce que vous trouvez n'a d'importance si cela n'est pas lié, directement ou indirectement, à l'augmentation de la satisfaction du client à long terme. Quel que soit l'objet de vos recherches, gardez toujours un œil sur la satisfaction du client – c'est le seul véritable intérêt d'un plan marketing !

Troisième partie

Utiliser les éléments d'un plan marketing

« Au fait, quel est le génie qui a décidé d'utiliser un sigle ? »

Dans cette partie...

L'analyse et la stratégie ne servent à rien tant que vous ne délivrez pas de message à vos clients pour les inciter à acheter vos produits ou vos services. Dans cette partie, vous allez apprendre à utiliser tous les éléments d'un plan marketing pour trouver de nouveaux clients et conserver vos clients actuels. Et bien plus encore.

Beaucoup de possibilités s'offrent à vous – tant mieux, car votre tâche est difficile ! Vous découvrirez notamment comment affiner votre offre, fixer un prix, vous implanter là où les clients ont besoin de votre produit, et soigner votre image.

N'oubliez pas qu'il existe de nombreuses façons de communiquer avec les clients : Internet, campagnes de publipostage, vente directe au consommateur, encarts publicitaires, journaux, catalogues, panneaux d'affichage, télévision, radio, et même les parois des bus, des trains et des camions. L'information est partout.

C'est la même chose en ce qui concerne les événements particuliers, les salons, les concours, les cadeaux, les offres spéciales et les prix. Faites tout ce que vous pouvez pour vendre et satisfaire le client. Vous avez l'embarras du choix, alors lisez vite !

Chapitre 7

Le marketing sur le Web

Dans ce chapitre :

- Le Web au service de votre plan marketing
- Élaborer des pages Web et des bannières publicitaires
- Entrer dans l'ère de la publicité interactive
- Faire du marketing direct sur le Net
- Publier sur le Net

Comment faire du marketing sur Internet ? On m'a très souvent posé cette question. Je vais donc rompre avec la tradition en commençant par traiter le sujet du marketing électronique avant de décrire les éléments plus traditionnels du plan marketing. Vous vouliez en savoir plus ? Alors voilà.

Internet et le Web constituent à eux deux un nouveau support merveilleusement flexible – et souvent mal exploité – pour le marketing direct. La plupart des marketeurs utilisent déjà les outils électroniques – les pages Web poussent aussi vite que les champignons. Mais je n'en connais aucun qui sache optimiser les ressources du Web. Internet, comme tous les médias, représente un potentiel énorme en matière de marketing (un jour, il constituera une force de vente importante, par exemple). J'ai donc fait de nombreuses recherches pour rassembler un maximum d'informations sur ce support et vous éviter de vous faire prendre comme une mouche sur la Toile.

Voyez grand !

En 1996, si l'on ajoutait toutes les dépenses effectuées dans le monde dans le domaine de la publicité en ligne (sur des sites Web, par e-mail et par le biais de services en ligne), on obtenait un chiffre de 275 millions d'euros. C'était une somme impressionnante, qui était pourtant infime par rapport aux milliards dépensés dans les autres médias. En 2000, les dépenses relatives à la publicité sur le Web se sont élevées à 5,25 milliards d'euros.

Si les dépenses augmentent, c'est parce que le Web bénéficie d'une audience très importante. Aujourd'hui, une annonce publicitaire peut atteindre facilement plus d'un million de consommateurs en une semaine, et jusqu'à cinq millions pour les meilleures.

Sachez tirer profit du Web

Imaginez que vous ayez un bon produit mais aucun accès aux voies de distribution classiques. Le marketing direct est un bon moyen de contourner ce problème et d'entrer en contact vous-même avec vos prospects. Mais que faire si vous n'avez pas suffisamment d'argent ou de savoir-faire pour lancer une grande opération de publipostage ou de publicité directe (annonces publicitaires conçues pour générer directement des demandes de renseignements ou des ventes) gérée par un centre d'appels (bureau mis en place pour prendre les appels téléphoniques) ? Il existe une solution peu coûteuse : Internet. Vous pouvez créer une page Web pour commencer à attirer des clients. Eh oui, ça marche !

La première personne à avoir réussi sur le Net est la romancière américaine Nan McCarthy, qui a publié elle-même un livre intitulé *Chat* et l'a vendu directement à ses clients par l'intermédiaire du Web. Le livre traite des internautes qui passent presque toute leur vie sur le Net et raconte une histoire d'amour, née par courrier électronique. Il avait donc un attrait particulier pour les utilisateurs du Web.

Il a commencé à attirer l'attention de la communauté des internautes lorsque Nan McCarthy a écrit une lettre amusante à l'humoriste Dave Barry. Celui-ci a répondu et les internautes ont eu vent de leur correspondance. Plusieurs d'entre eux ont alors demandé la permission d'afficher cette correspondance dans un groupe de discussion.

Et à partir de là, tout s'est enchaîné : la célébrité, la fortune et un contrat pour une seconde édition avec un « vrai » éditeur. Et lorsque Nan McCarthy a lancé son deuxième roman, elle a envoyé un mail à tous ceux qui avait visité son site Web et 70 % d'entre eux ont passé une commande. Pas mal !

Cela dit, cette fable électronique populaire, racontée dans de nombreux journaux et magazines américains, doit être remise dans son contexte. Nan McCarthy affirme avoir vendu plus de 2 000 exemplaires de son premier roman sur le Net. Bien sûr, c'est mieux que rien, mais ce chiffre se situe bien en-deçà de ce que les grands éditeurs atteignent en utilisant les voies classiques (librairies et publipostage).

Alors, oui, Internet est un moyen peu coûteux d'entrer en contact avec les clients. Mais, non, il ne remplace pas encore le plan marketing complet utilisant les voies de distribution et les médias classiques.

Si la publicité en ligne se développe, c'est parce que des normes ont été mises en place pour faciliter l'achat et la vente d'espaces publicitaires sur Internet. Par exemple, il existe aujourd'hui huit tailles standard pour les encarts publicitaires en ligne, ce qui simplifie considérablement la conception et la production des annonces (si les normes ne changent pas – tenez-vous au courant !). Si vous souhaitez créer des pages Web ou autres types de publicité en ligne, ces normes vous seront très utiles et même indispensables. Elles vous aideront à rester synchro avec le reste du monde virtuel. Avant de créer une annonce, renseignez-vous sur les conditions requises auprès des spécialistes de la vente d'espaces virtuels. Si vous vous en tenez aux normes, un type de design pourra être réutilisé pour une autre annonce sans modification – ce qui est assez pratique.

WEB

Pour être au courant de ce qui se passe dans le monde du marketing en ligne, restez en contact avec les experts et les utilisateurs du Web. Le Web est en constante évolution – c'est ce qui fait son succès. Pour rester dans la tendance, naviguez régulièrement en tapant simplement le mot *publicité* ou *marketing* dans un moteur de recherche.

La prospection en ligne

Le moyen le plus simple de tirer profit du Web est sans doute de l'utiliser pour trouver des prospects grâce à la publicité directe.

La *publicité directe* englobe tout ce que vous faites pour générer et gérer des transactions avec vos clients, à distance, par l'intermédiaire des médias. Autrement dit, il s'agit de prospecter en utilisant les médias. Nous étudierons la publicité-presse et les médias comme le courrier et le téléphone plus loin dans cette section, mais vous devez d'abord savoir ce qu'est le marketing direct, notamment depuis le développement d'Internet.

L'objectif de la publicité directe consiste à encourager vos clients potentiels à vous contacter, afin que vous puissiez les intégrer dans votre base de données de marketing direct et commencer à établir des relations professionnelles avec eux. Le Web est un support de plus en plus adapté à cette tâche. Je pense même que les annonces publicitaires électroniques vont bientôt être les moins onéreuses, si on confronte leur coût au taux de réponse obtenu.

Pourquoi ? Deux facteurs (mis à part l'augmentation du nombre d'internautes) expliquent ce phénomène :

- **La structure des coûts relatifs à l'espace Internet est différente de celle des autres supports.**

  Sur le Web, vous pouvez créer une *page d'accueil* (l'équivalent Internet d'un panneau publicitaire) ou distribuer une *publication virtuelle* (la version électronique d'un bulletin d'information ou d'un magazine). Si votre produit présente un intérêt quelconque pour les clients que vous ciblez, vous attirerez leur attention. Et les coûts de cette opération seront fondamentalement différents de ceux d'une campagne classique, car ils se composent essentiellement de coûts fixes, qui ne varient jamais. Vous supportez le coût du recrutement des concepteurs qui vous aident à créer votre page Web. Vous payez votre accès mensuel à Internet. Mais il s'agit de *coûts fixes*, qui n'augmenteront pas au fur et à mesure de l'opération publicitaire. Par conséquent, plus vous attirez de visiteurs, plus le coût par visiteur diminue !

- Comparez cette structure des coûts à celle des autres médias, où les *coûts variables* sont traditionnellement beaucoup plus importants que les coûts fixes. Vous devez payer la distribution du magazine de chaque lecteur, le publipostage de chaque client, etc. La création du mailing ou de l'annonce publicitaire est un investissement fixe, bien sûr, mais vous devez y ajouter un investissement variable important. Par conséquent, les coûts ne diminuent pas aussi vite que le volume augmente. En revanche, sur le Web, l'augmentation des prospects n'entraîne pas une augmentation des coûts. C'est pourquoi le Web est en passe de devenir le support le plus rentable en matière de prospection par publicité directe. Et cela n'a rien à voir avec l'attrait des nouvelles technologies. L'avantage du Web est essentiellement économique – pour ceux qui sont capables de l'exploiter.

- **L'espace publicitaire disponible sur le Web est très important.**

  L'avantage du Web en termes de structure des coûts concerne les sociétés qui veulent créer leur propre page Web. Mais il faut également tenir compte de l'achat d'espaces publicitaires sur les sites d'autres sociétés. Cette stratégie permet d'entrer directement en contact avec les personnes qui visitent ces sites – tout comme dans les autres médias, dans lesquels vous achetez l'accès aux téléspectateurs, aux auditeurs ou aux lecteurs. De même, le prix des annonces Internet est défini en fonction de la couverture ou exposition potentielle. Par exemple, vous paierez le prix fort pour une bannière publicitaire sur AOL en raison de la forte audience du site.

  De plus en plus, les prix sont fixés pour mille expositions, comme dans les autres médias. Le coût pour mille indique le prix à payer pour qu'une annonce publicitaire soit vue/entendue/lue par un millier de personnes. La catégorie de prospects et la façon dont ceux-ci entrent en contact avec l'annonce varient d'un support à l'autre, mais le coût pour mille donne aux publicitaires une idée de la rentabilité d'un éventuel achat d'espace publicitaire.

  Je suis convaincu qu'avec l'augmentation des sites Web, l'espace publicitaire en vente sur Internet sera plus important que le nombre d'acheteurs, du moins au cours des prochaines années. Par conséquent, il y aura de bonnes affaires à faire !

Si vous n'êtes pas un habitué de l'achat d'espace publicitaire sur le Web, adressez-vous à un spécialiste, qui vous aidera à trouver de bons plans. N'importe quelle agence de publicité ayant une expérience sur le Web peut vous conseiller dans votre démarche. De plus, une nouvelle génération de sociétés spécialisées dans l'achat d'espace Web arrive sur le marché.

Créer des bannières publicitaires et des pages Web

Comment créer une page Web ? Une interview d'Arthur Torres

Il existe une différence énorme entre les bons sites et les mauvais sites. Et, bien sûr, vous voulez que le vôtre fasse partie des premiers. Mais qu'est-ce qui fait la différence ? Pour le savoir, j'ai interviewé Arthur Torres, concepteur multimédia du Massachusetts. Voici ses conseils :

- **Ne créez pas votre page Web vous-même – à moins que vous vous y connaissiez vraiment bien**. Votre annonce ou votre page Web peut être vue par le monde entier. Elle doit donc donner une bonne image de votre société. Vous ne songeriez sans doute pas à créer ni à tourner vous-même un spot publicitaire, alors ne faites pas non plus votre site Web sans l'aide d'un professionnel.

- **Fournissez des informations précises et intéressantes**. La visite de votre site Web doit être utile. Les aspects techniques sont moins intéressants que le contenu : les images et l'information. Si le site doit être techniquement au point pour fonctionner, cela ne suffit pas à assurer son succès. Le contenu doit être à la fois intéressant et bien présenté.

- **N'imitez pas les bons sites**. Ce qui fonctionne bien pour un site ne fonctionnera pas nécessairement pour le vôtre. Les images et le contenu dépendent de nombreux facteurs. Le site d'un groupe de rock doit contenir des chansons. Les chansons constituent un type d'information bien précis, qui est tout à fait approprié mais ne convient pas à tout le monde. Le site d'un acteur comportera des extraits de film, par exemple. Une scierie indiquera ses prix, ses clients et les réductions consenties aux différents types de clients. Un détaillant en pleine liquidation avant fermeture présentera ses fins de série.

- **Intégrez un lien vers votre messagerie électronique pour que vos clients puissent vous joindre**. Le Web n'est pas un véritable marché. Il s'agit plutôt d'un endroit où l'on rassemble des informations. De nombreux internautes préfèrent encore faire des recherches en ligne mais téléphoner ou se rendre sur place pour faire leurs achats. Facilitez-leur le passage de votre site à un interlocuteur direct, sinon vous perdrez beaucoup de clients.

- **N'intégrez pas de *métatags***. Les métatags sont des suites de mots clés intégrées dans les codes du logiciel. Vous pouvez en utiliser des centaines de sortes que, lorsque votre site est téléchargé sur un serveur, il peut être retrouvé facilement grâce à une recherche par mots clés.

- **Limitez les liens vers les autres sites**. Certains sites contiennent de nombreux liens. Pourtant, du point de vue du marketing, vous avez tout intérêt à limiter le nombre de sorties qui éloignent l'internaute des options les plus pertinentes. Proposez ces sorties à la fin de votre page Web, afin de ne pas perdre de visiteurs avant qu'ils n'aient eu le temps de voir vos informations. Personne ne construirait un magasin avec une douzaine de sorties. C'est pourtant ainsi que sont conçus de nombreux sites Web. Ne faites pas cette erreur. Vous devez gérer le flux des visiteurs à l'intérieur de votre site.

La bannière publicitaire (fenêtre aux couleurs vives s'ouvrant en haut d'une page Web) est l'équivalent électronique de l'encart publicitaire ou du panneau d'affichage. Les internautes ne liront sans doute pas autant de texte que dans un encart publicitaire diffusé dans la presse. Par conséquent, mieux vaut utiliser la bannière comme un panneau d'affichage, avec un message simple, clair et attrayant. Un titre accompagné d'un logo et d'une ou deux lignes de texte suffisent. Parfois, vous pouvez même vous en tenir au nom de votre marque et à une illustration. Dans les deux cas, l'annonce publicitaire doit être simple et capable de détourner l'attention de l'internaute de l'information qu'il recherche suffisamment longtemps pour qu'il capte le message. N'en attendez pas plus d'une bannière publicitaire !

Si vous utilisez le Web pour faire de la publicité directe, pensez à inclure une accroche qui incite à l'action. La plupart des bannières publicitaires ne fournissent pas suffisamment d'informations sur le produit pour provoquer une action immédiate. D'ailleurs, elles ne facilitent pas non plus cette action. Leur objectif se limite à faire connaître le produit.

Les bannières publicitaires doivent respecter les mêmes règles que les autres types d'annonces (pour connaître ces règles, reportez-vous au chapitre 5). Si vous faites de la publicité directe (voir chapitre 18), proposez aux prospects de nombreux moyens de vous contacter (vous trouverez quelques idées au chapitre 18). Indiquez l'adresse de votre site Web et intégrez un lien à votre bannière pour un accès direct à votre page Web. Même si votre site n'est pas régulièrement mis à jour, mettez à la disposition des internautes un formulaire électronique dans lequel ils pourront vous laisser leurs coordonnées, faire une demande de renseignements ou passer une commande. Enfin, indiquez toutes vos coordonnées pour les personnes qui préféreront vous contacter par courrier postal, fax ou téléphone.

N'oubliez pas de proposer une option de vente directe. Même si votre produit est complexe et onéreux, certaines personnes préfèrent passer une commande immédiatement plutôt que d'attendre une réponse de votre part. Donnez-leur la possibilité de le faire. De nombreuses bannières constituent un obstacle pour le consommateur impatient. Voilà une erreur facile à éviter !

La publicité interactive sur votre page Web

La *publicité interactive* entraîne son audience dans une expérience créative, enrichissante ou amusante. Ce type de publicité est assez rare – la plupart des annonces publicitaires sont conçues pour être regardées ou entendues, mais pas utilisées. Cependant, la création d'annonces interactives est une réalité sur le Web, car les personnes visées sont déjà assises devant un ordinateur, une souris et un clavier à portée de main. Internet a donné à la publicité la possibilité de se transformer en une forme de communication active et non plus passive avec le client.

DANS LA PRATIQUE

Un concept haut en couleur

Pour mieux vous convaincre de l'attrait de la publicité interactive, je vais vous donner un exemple, celui de l'annonce interactive d'une marque américaine de crayon de couleurs, Crayola, qui a été un véritable succès. L'annonce publicitaire s'adressait à des parents ayant de jeunes enfants. Les parents avaient la possibilité de participer à un concours de coloriage et les enfants constituaient le jury – en fait, le jury participait aussi à un concours. Les participants étaient invités à remplir un formulaire électronique. Le gagnant de ce concours a reçu 25 000 dollars en or et en argent. Pas mal pour un dessin au crayon de couleurs !

Le concours a attiré tellement de monde que le site Web de Crayola a été visité par de nombreux internautes. De plus, ce site comporte des informations sur la fabrication des crayons et des conseils pratiques pour enlever les taches.

Aujourd'hui, ce site a probablement déjà mis au point une autre forme de publicité interactive, car les opérations promotionnelles menées sur le Web peuvent être renouvelées aussi souvent qu'on le souhaite. De plus, celles-ci sont moins exigeantes que les autres types de promotions en termes de coût et de durée de mise en place (voir chapitre 12).

Le site de Crayola est toujours un excellent exemple en ce qui concerne la création d'une relation interactive avec le client.

Tester votre page Web

Bon, vous avez une superbe page Web (que vous avez créée vous-même ou avec l'aide d'un professionnel). Mais est-ce qu'elle fonctionne ? Et est-ce que les internautes visitent votre site ? Le téléchargement des images est si long que les visiteurs renoncent rapidement. Vous devez obtenir ce genre d'informations pour pouvoir évaluer et améliorer votre site.

Pour savoir si votre page Web fonctionne bien ou si elle a besoin d'être améliorée, vous pouvez la tester à l'aide d'un logiciel, qui vérifiera la pertinence des liens (fonctions permettant aux internautes de trouver votre site par le biais d'un moteur de recherche) ainsi que l'orthographe et la syntaxe du texte. Une analyse de l'image vous indiquera également la durée de téléchargement pour l'utilisateur moyen.

ATTENTION !

Cela dit, aucun logiciel de test ne vous dira si votre page est trop agressive ou sournoise dans sa façon d'obtenir des informations de la part des utilisateurs. Aucune directive claire n'a été donnée à ce sujet et le débat est encore ouvert. Vous devez donc vous en remettre à votre propre bon sens. Tenez-vous informé des éventuelles réglementations à venir et, en attendant, essayez de faire des choses qui ne vous choqueraient pas si vous étiez dans la peau du client. Il existe une méthode infaillible pour se situer : demandez-vous si vous seriez embarrassé si une anecdote concernant vos activités était publiée dans le journal local de votre ville.

Soyez particulièrement vigilant si votre site s'adresse aux enfants. Ne faites pas l'amalgame entre le contenu éditorial et le contenu publicitaire – ne donnez pas l'impression de duper les enfants. Et ne vous servez pas d'eux pour recueillir des informations que les parents ne souhaitent pas vous communiquer.

Connaître les visiteurs de votre site

À chaque fois qu'une personne visite votre site Web, elle témoigne de l'intérêt à votre société et à votre produit (ou elle s'est perdue – malheureusement, c'est toujours une possibilité !). Dès lors, vous devez vous aussi vous intéresser à cette personne. Quoi que vous fassiez, quelle que soit la façon dont vous construisiez votre site, faites en sorte d'obtenir des informations sur les visiteurs.

Pour savoir comment obtenir des informations concernant les visiteurs de votre site, renseignez-vous auprès de votre fournisseur de services Internet.

L'édition en ligne : une nouvelle opportunité

Lorsque je surfe sur le Web, je suis généralement très déçu de ce que je trouve. L'édition en ligne en est encore à l'état embryonnaire. Or, la diffusion d'informations utiles sur le Web dans le but de permettre aux autres de la lire est essentielle – c'est ce qui fait toute la valeur du Web pour les publicitaires. Pour que vous puissiez transmettre un message de marketing, il faut d'abord que les utilisateurs du Web soient attirés par un contenu attrayant. C'est la même chose dans la presse : pour que vos annonces publicitaires soient vues, il faut que le magazine soit lu en raison de l'intérêt de son contenu. Pour le moment, le Web est essentiellement exploité par des marketeurs. Je me réjouis que nous soyons les pionniers mais, malheureusement, nous n'attachons pas autant d'importance au contenu qu'à la possibilité d'exploiter un espace publicitaire.

En marketing, la plupart des sites Web ne sont en réalité que d'immenses annonces interactives. Et au bout d'un certain temps, même les annonces les mieux conçues finissent par ennuyer. Pour augmenter la durée des visites de votre site et vous assurer que celles-ci seront renouvelées, vous devez penser comme un éditeur et pas uniquement comme un publicitaire. Rassemblez et diffusez des informations intéressantes, et mettez-les à jour régulièrement. Vous pouvez même envisager de distribuer vos informations (sous la forme d'un magazine virtuel, par exemple) pour ne pas être obligé d'attendre que les internautes vous trouvent. Créez une liste d'adresses électroniques et envoyez des informations (et des annonces publicitaires) dans la boîte aux lettres de vos prospects. L'édition n'est pas une activité familière aux marketeurs, mais ceux-ci doivent apprendre à la maîtriser s'ils veulent bénéficier des atouts d'Internet.

Jouer un rôle d'éditeur sur le Web

Imaginez que la publication d'un livre et sa distribution en librairie soient si faciles que tout le monde y ait accès. Que se passerait-il en termes de qualité du contenu ? Eh bien, c'est exactement ce qui se passe sur le Web ! Et c'est pourquoi la plupart des utilisateurs ignorent une bonne partie des informations mises à leur disposition – y compris des messages de marketing que nous ne souhaitons pas qu'ils ignorent !

Voilà tout le problème du Web – presque tout le monde y a accès et peut y publier ce qu'il veut. Par conséquent, la plupart des informations qu'on y trouve sont de très mauvaise qualité.

Lorsque vous rencontrez un problème, vous devez toujours essayer de le transformer en une opportunité. C'est ce qu'a fait l'Américain Michael Dortch : il a d'abord publié une chronique électronique de très bonne qualité, puis il a créé une base de données sur son lectorat, en trouvant des lecteurs susceptibles d'être intéressés et en les fidélisant. Les lecteurs de cette chronique ont fini par s'intéresser aux services qu'il offrait. Pour établir des relations avec vos prospects, vous pouvez publier un bulletin électronique. C'est un moyen efficace pour que les internautes renouvèlent leur visite et commencent à nouer des liens avec votre société – un rêve qui ne se réalise que rarement sur le Web !

Dortch est un vieux routier de l'industrie informatique, qui a travaillé dans les plus grandes sociétés américaines. Aujourd'hui, il fournit un service de conseil pour le développement des stratégies de communication et de marketing sur le Web. C'est aussi un écrivain et un journaliste expérimenté. Par conséquent, lorsqu'il écrit une chronique, celle-ci est à la fois attrayante et intéressante. Et quand on met quelque chose d'intéressant sur le Web, les internautes le remarquent tout de suite. *Les informations de qualité attirent les internautes et les incitent à renouveler leur visite du site.*

Un jour, le reste du monde dépassera ses premières amours avec Internet et comprendra que les mêmes règles s'appliquent autant avec ce support qu'avec tous les autres.

Pour éveiller l'intérêt et attirer les internautes vers votre site, vous devez diffuser des informations de qualité !

Les technologies de pointe et le graphisme peuvent attirer les internautes, mais c'est le contenu de votre site qui leur donnera envie de revenir. Personne n'espère faire de l'audience à la télévision avec une vidéo amateur. Et pourtant, de nombreuses sociétés qui essaient de se promouvoir sur le Web ne semblent pas se rendre compte de la nécessité de proposer des informations intéressantes et fraîches (qui changent constamment). Alors profitez-en ! Faites comme Dortch : faites des recherches, écrivez et diffusez des informations intéressantes sous une forme simple et conviviale. Vous verrez, les internautes afflueront comme par magie !

Mais comment adapter la stratégie de Dortch à votre cas ? Tout d'abord, n'oubliez pas que le contenu de votre site doit changer constamment. Quasiment tout ce que vous mettez sur le Web perd de sa valeur de la même façon que les articles de journaux de la veille. Considérez que vous êtes en charge d'un périodique. Qu'importe que votre publication paraisse sur le Web – ne confondez pas support et message ! Le message doit être de bonne qualité, quel que soit le support. Vous n'enverriez pas le même catalogue à vos prospects tous les trimestres, alors ne laissez pas les mêmes informations éternellement sur votre site Web.

Voici quelques conseils que Dortch donne sur son site Web (téléchargés avec son autorisation) à propos de la création d'une chronique ou d'un bulletin pour attirer et fidéliser les internautes :

1. **Sujet et contenu** : naviguez sur le Web pour voir ce qui existe déjà sur le sujet qui vous intéresse. Ou demandez simplement à vos proches ce qu'ils trouvent intéressant, aussi bien dans la presse qu'en ligne. (S'il y a déjà suffisamment d'informations sur le sujet, faites un résumé commenté de ce qui a été dit par les autres !)

2. **Présentation et format** : si vous envisagez de distribuer votre publication exclusivement par e-mail, celle-ci pourra ne contenir que du texte. Cela dit, veillez à ce que ce texte soit concis, grammaticalement correct, bien orthographié, lisible et, bien sûr, attrayant.

3. **Distribution** : si vous êtes abonné à un service en ligne, essayez de trouver l'annuaire des abonnés et contactez toute personne susceptible d'être intéressée par votre publication. À chaque fois que vous lisez un article sur votre sujet, cherchez le nom et l'adresse électronique de l'auteur, et envoyez à celui-ci un exemplaire de votre publication (vous pouvez également ajouter une lettre d'accompagnement). Lorsque vous vous inspirez d'une publication, en ligne ou dans la presse, proposez un échange d'abonnés à l'auteur.

4. **Suivi** : écrivez à vos premiers contacts et demandez-leur un *feed-back* honnête et détaillé. Rassurez-les sur la confidentialité de leurs propos (vous ne pourrez pas avoir recours très souvent à cette pratique). Vérifiez les adresses e-mail à chaque distribution pour être sûr que votre publication arrive à bon port. (**Astuce** : les internautes préfèrent visiblement recevoir un e-mail en provenance d'une adresse personnelle plutôt qu'un message généré par un automate.)

5. **Gestion** : soyez prêt à répondre aux lettres d'internautes mécontents et aux différentes demandes concernant votre liste de distribution (intégration ou retrait) et l'autorisation de rediffuser vos informations en ligne. Par exemple, préparez des lettres types, une biographie, et des références et autres documents dits « collatéraux » dans le jargon du marketing et de la communication. Et quoi qu'il arrive, ne disparaissez pas du paysage virtuel sans vous être expliqué et/ou excusé platement.

— Michael Dortch

Un interlocuteur réel via une annonce virtuelle

Grâce à la technologie Lucent, les visiteurs de votre site Web peuvent désormais cliquer sur un bouton qui les connecte directement avec un interlocuteur de votre centre d'appels. Ils peuvent alors poser des questions ou demander de l'aide, tandis que leur interlocuteur voit sur un écran ce qu'ils voient eux-mêmes sur leur ordinateur. Pratique ! (Cette technologie, disponible en France, est commercialisée par Lucent sous le nom de CentreVu Internet Solutions.)

La question importante de la création et de la gestion de centres d'appels est traitée au chapitre 18, mais le Web risque bien de rendre obsolètes tous les centres d'appels téléphoniques qui fonctionnent encore aujourd'hui (pour découvrir les opportunités offertes par le Web, reportez-vous au chapitre 18).

Chapitre 8

Les annonces imprimées

Dans ce chapitre :

- Les composants d'une annonce imprimée
- Design et présentation : les différentes options
- Choisir des polices de caractères
- Placer votre annonce imprimée
- Évaluer le coût et l'impact de votre annonce
- Tester et améliorer vos annonces imprimées

Les annonces imprimées (annonces publicitaires diffusées sur support papier) représentent une très grande part de la publicité. En général, les marketeurs leur consacrent la majorité du budget – à l'exception des grandes marques nationales ou internationales, promues en grande partie à la télévision. Sur les plans local et régional, elles sont globalement appréciées pour leur flexibilité et leur efficacité.

Si vous vendez un produit ou un service à d'autres entreprises (*commerce interentreprises*), ciblez en priorité les milliers de revues spécialisées et bulletins destinés aux professionnels. De nombreuses campagnes de publipostage sont basées sur la liste d'abonnés de certains magazines. Vous pouvez à la fois intégrer une annonce dans ces magazines et cibler les mêmes lecteurs avec une campagne de publipostage (l'achat et la gestion de listes de publipostage sont traités au chapitre 18).

En outre, les annonces imprimées s'intègrent bien dans les autres supports de marketing. Les brochures, par exemple, sont tout à fait adaptées dans le cadre de la vente directe au consommateur (voir chapitre 17) et du télémarketing (voir chapitre 18). Les annonces imprimées dans un magazine sont également efficaces dans le cadre du marketing direct (voir chapitre 18). Enfin, elles fonctionnent bien pour annoncer une promotion ou distribuer des coupons de réduction (voir chapitre 13). Je vous recommande de créer d'abord vos annonces imprimées et d'adapter leur accroche (voir chapitre 5) pour les annonces diffusées à la radio, à la télévision ou par publipostage direct. Si vous faites du marketing local ou interentreprises, choisissez la presse comme premier support (dans un premier temps, laissez la télévision aux grandes marques nationales). Élaborez d'abord votre annonce imprimée et vous intégrerez ensuite d'autres formes de publicité dans votre campagne.

De nombreux marketeurs créent une série d'annonces imprimées pour différents magazines et journaux, et intègrent ensuite l'accroche et le design dans d'autres formes de publicité.

Les brochures, les feuillets détachables (page de description du produit de style catalogue), les affiches, les lettres ou les catalogues se construisent également comme les annonces imprimées que l'on trouve dans la presse – texte, image et titre accrocheur. Par conséquent, la maîtrise de la publicité-presse est fondamentale.

Anatomie d'une annonce imprimée

Avant de voir comment on crée une annonce imprimée, nous allons en disséquer une pour en identifier les différents organes. Rassurez-vous, vous ne trouverez rien de nauséabond à l'intérieur ! Voici le nom de chacun de ces organes :

- **Titre** : mots en gros caractères qui attirent le regard, généralement en haut de la page.
- **Sous-titre** : supplément facultatif du titre pour fournir davantage de détails, également en gros (mais pas aussi gros) caractères.
- **Texte ou corps du texte** : texte principal de taille lisible, identique à celle qui est utilisée dans le texte principal du magazine.
- **Image** : illustration qui transmet un message visuel. Il peut s'agir de l'élément principal de l'annonce (notamment si votre objectif est de montrer votre produit aux lecteurs) ou d'un élément secondaire par rapport au texte. L'image est même facultative. Après tout, la plupart des petites annonces ne comportent aucune image et sont généralement plus efficaces que les annonces imprimées, pour la simple raison que les gens *lisent* les petites annonces !
- **Légende** : texte associé à l'image pour l'expliquer ou la commenter. La légende est généralement placée sous l'image mais peut se trouver sur un côté ou même sur l'image.
- **Marque** : un design unique, qui représente la marque ou la société (comme le trait illustrant le sifflement de l'air chez Nike) doit être déposé et ajouté (voir chapitre 14) !
- **Signature** : le nom de la société tel qu'il a été designé. En général, les publicitaires réalisent un logo qui représente le nom de la marque dans une police et un style particuliers. La signature est l'équivalent écrit de l'identité visuelle de la marque.

- **Slogan** : élément facultatif composé d'une phrase courte (dans le meilleur des cas) évoquant l'esprit ou la personnalité de la marque. Par exemple, Timberland a créé une série d'annonces imprimées dans lesquelles le slogan ***Bottes, chaussures, vêtements, vent, eau, terre et ciel*** apparaissait en bas à gauche, juste au-dessous de la signature et du logo de la société (indiqués dans un rectangle de cuir identique à celui que l'on trouve sur ses produits).

La figure 8-1 illustre le design type d'une annonce imprimée. Vous pouvez y apporter de nombreuses variantes en laissant libre cours à votre créativité. En réalité, vous pouvez tout dire et tout montrer, et il existe d'innombrables façons de le faire. Dans les sections suivantes, nous allons voir ensemble quelques-unes des possibilités qui s'offrent à vous.

Composer une annonce imprimée : design et présentation

Le design fait référence à l'aspect extérieur et au style de l'annonce. C'est un concept esthétique qui, en tant que tel, est difficile à définir en termes clairs. Cela dit, il est absolument essentiel : il doit rendre l'accroche attrayante d'un point de vue visuel (pour en savoir plus sur la création d'une accroche, reportez-vous au chapitre 5). Pour être plus précis, il doit surmonter l'obstacle auquel les marketeurs sont toujours confrontés, à savoir que tout le monde se fiche éperdument de la pub ! Il doit, d'une façon ou d'une autre, attirer l'attention et la retenir suffisamment longtemps pour communiquer l'accroche et l'associer à la marque dans la mémoire du lecteur.

Jay Schulberg, Pdg de l'agence de publicité américaine Bozell Worldwide, considère la création d'un design comme une tâche créative, dont l'objectif est de trouver « *un moyen original d'attraper les gens par les globes oculaires* ». De nombreux publicitaires partent avec l'idée de créer une annonce attrayante, efficace en termes de communication du message, ou compatible avec d'autres notions tout aussi rébarbatives. Alors qu'en fait, une bonne pub doit sauter hors de la page et attraper le lecteur par les globes oculaires ! Dans ce monde envahi par les annonces publicitaires, il n'y a que le design qui compte vraiment.

Figure 8-1 : Les composants d'une annonce imprimée.

Nike a réussi ce pari avec une annonce imprimée pour une chaussure appelée Air Max, en utilisant un design qui ressemble davantage à un collage fait grossièrement à la main qu'à une publicité classique. Bien que créée en quadrichromie, l'annonce est essentiellement en noir et blanc – ou, pour être plus exact, semble avoir été photocopiée, ce qui lui donne un aspect « fait maison ». Le Scotch transparent utilisé pour fixer les mots et les images sur la page est clairement visible – un symbole supplémentaire du style décontracté et rudimentaire du produit.

DANS LA PRATIQUE

Des chaussures pour les requins

Le design de l'annonce pour le produit Air Max de Nike est basé sur un nouveau type de présentation. La *présentation* est la disposition des différents composants de l'annonce, du titre à l'illustration en passant par le corps du texte et le slogan. Dans l'annonce pour Air Max, l'attention du lecteur est attirée en bas à droite – à l'opposé de l'endroit où nous commençons naturellement la lecture d'une page. Le design renverse toutes les règles de la publicité-presse. L'attention est attirée par le mot *REGARDEZ*, écrit en majuscules, en rouge et en gras (ce sont les seuls caractères écrits en rouge). Le lecteur doit ensuite tourner la tête à 90 degrés pour lire *C'EST* : et trouver finalement le nom du produit dans l'angle supérieur droit : « *AIR MAX* ». La chaussure est montrée à l'envers, sur le côté droit de la page. La légende : « *CECI N'EST PAS UN SOUVENIR* ». Un collage fait grossièrement à la main, un texte à lire de bas en haut, un produit montré à l'envers, voilà une annonce publicitaire qui met l'accent sur le design ! Tout comme le produit – c'est précisément ce que le designer veut communiquer. L'accroche du produit est un message de rébellion et de refus de l'autorité. Quand on arrive au corps du texte (et la plupart des lecteurs y arrivent parce que cette annonce les tient par les globes oculaires), on peut lire : « Si nous fabriquions des harpons, vous nous verriez dans les tournois de pêche au requin. Mais nous fabriquons des chaussures de sport, alors nous nous associons à des athlètes de classe mondiale. Et à tous ceux qui aiment se battre. » Ce produit a un style, que le design illustre parfaitement.

Créer une brochure

Je vais vous montrer comment créer une bonne brochure car, d'après mon expérience, c'est la forme de publicité la plus populaire parmi ceux qui ne font pas appel aux professionnels. Avec un logiciel récent, une bonne imprimante laser et l'aide d'une imprimerie ou d'une boîte à copies (qui disposent généralement d'une machine à plier), vous pouvez créer et éditer vos brochures assez facilement.

Je dois tout de même vous prévenir que j'ai un mauvais *a priori* sur le sujet. Je pense que la plupart des brochures constituent un véritable gaspillage. Elles n'atteignent aucun objectif de marketing précis. Elles sont simplement agréables à regarder, au mieux – certaines sont franchement laides. Avant de vous lancer, identifiez les destinataires de votre brochure et demandez-vous comment vous allez la leur faire parvenir et ce qu'ils doivent en retenir.

De nombreux marketeurs élaborent une brochure avant d'avoir une idée précise de son objectif. Ils se disent simplement que c'est une bonne idée : « Oh, il nous faut une brochure pour, vous savez, mettre dans une enveloppe avec une lettre, ou, euh, pour en faire distribuer par nos vendeurs. Ou peut-être que nous pourrions en envoyer à certaines personnes inscrites dans notre fichier d'adresses. Ou bien en distribuer au prochain salon. »

Résultat : ils n'en font rien du tout. Tous ces usages possibles font que la brochure n'est réellement adaptée à aucun d'entre eux. C'est un document descriptif et ennuyeux qui ne fait que présenter la société ou le produit, sans attirer l'attention des lecteurs avec une accroche particulière.

Pour échapper à ce fléau de plus en plus répandu, commencez par définir les trois objectifs principaux de votre brochure – pas plus, car votre design ne pourra en atteindre plus de trois efficacement. Les objectifs les plus courants d'une bonne brochure sont les suivants :

- Servir de référence aux prospects en ce qui concerne le produit ou certaines informations techniques.
- Accompagner l'effort de vente directe au consommateur en apportant une certaine crédibilité et en réfutant les objections (voir chapitre 17).
- Obtenir des clients dans le cadre d'une campagne de publipostage (voir chapitre 18).

Imaginons que vous vouliez créer une brochure adaptée à ces trois objectifs. Vous allez commencer par définir le contenu. Quel produit allez-vous décrire et quelques informations techniques allez-vous fournir ? Prenez des notes et rassemblez les illustrations nécessaires pour avoir la *base informationnelle* de votre brochure devant vous.

Ensuite, dressez la liste des *objections les plus courantes* – les raisons pour lesquelles certains de vos prospects ne veulent pas acheter votre produit. Organisez le base informationnelle de votre brochure en fonction de ces objectifs, comme si vous écoutiez vos prospects et apportiez une réponse à chacun des problèmes soulevés. Pensez à intégrer des sous-titres afin que vos vendeurs et vos prospects puissent trouver rapidement (dans le texte ou dans les illustrations) la solution à chaque objection.

Enfin, ajoutez une accroche (voir chapitre 5), communiquée par un titre dynamique, un texte d'une dizaine de mots et, si possible, une illustration qui attire l'attention. Cette accroche doit aider la brochure à se suffire à elle-même en tant qu'instrument de marketing lorsqu'elle est envoyée par courrier ou transmise de main en main.

Notez que vous devez prévoir du texte (et éventuellement des illustrations) pour chacun des trois objectifs définis. L'accroche, avec son titre attrayant, ses quelques lignes et son image, doit être placée sur le devant de la brochure, c'est-à-dire à l'extérieur une fois que celle-ci est pliée. Les objections sont réfutées dans les sous-titres qui structurent le texte principal, dans les pages intérieures. Et la base informationnelle, qui sert de référence, est organisée dans le texte et les illustrations des rubriques sous-titrées. Si chaque partie de votre brochure n'a pas un rôle bien précis, vous n'avez plus qu'à recommencer. Vous avez perdu votre temps sur quelque chose qui ne vous sera d'aucune utilité dans vos opérations de marketing.

La figure 8-2 illustre la présentation possible d'une brochure, ainsi que les dimensions recommandées pour les cadres de texte et les images. Bien qu'il existe toutes sortes de présentations, je vous recommande celle-ci, car elle est simple et peu coûteuse. Il suffit d'imprimer la brochure sur une feuille de format ministre et de plier celle-ci en quatre parties égales. Vous pourrez ensuite la mettre dans une enveloppe classique ou la sceller et la poster directement. Cette présentation permet de donner quelques détails, mais pas trop. Les formats plus grands et les documents de plusieurs pages ne sont, en général, pas suffisamment concis, et personne ne les lit.

La brochure de la figure 8-2 a un design particulièrement adapté au publipostage, mais peut aussi être distribuée ou utilisée comme document de référence en situation de vente directe. Vous pouvez la créer sur votre ordinateur avec n'importe quel logiciel de mise en pages de type Publisher, et la faire imprimer et plier dans une boutique de photocopie. Pour un design encore plus simple, utilisez une feuille A4 et supprimez le coupon-réponse (la première page quand on regarde l'extérieur ou la dernière quand on regarde l'intérieur). Dans ce cas, pensez à indiquer vos coordonnées et les informations concernant la prise de contact sur l'une des pages intérieures.

Les étapes de la conception

Je vous recommande d'essayer plusieurs présentations avant d'imprimer la brochure définitive. Plus vous faites d'essais, plus vous serez capable d'avoir une « vision de l'extérieur ». Pour décrire les différentes présentations possibles, les designers utilisent des premières ébauches que l'on appelle des *croquis*. Ceux-ci sont généralement tracés rapidement au crayon ou au stylo bille – ou, plus récemment, à l'aide d'un logiciel de PAO, comme Quark ou PageMaker.

Les meilleurs croquis sont ensuite développés en *modèles* de brochures, de taille réelle, avec titres et sous-titres dans la police et le style choisis, et croquis des illustrations. Le corps du texte est symbolisé par des lignes ou une suite de caractères, si le modèle est réalisé par ordinateur.

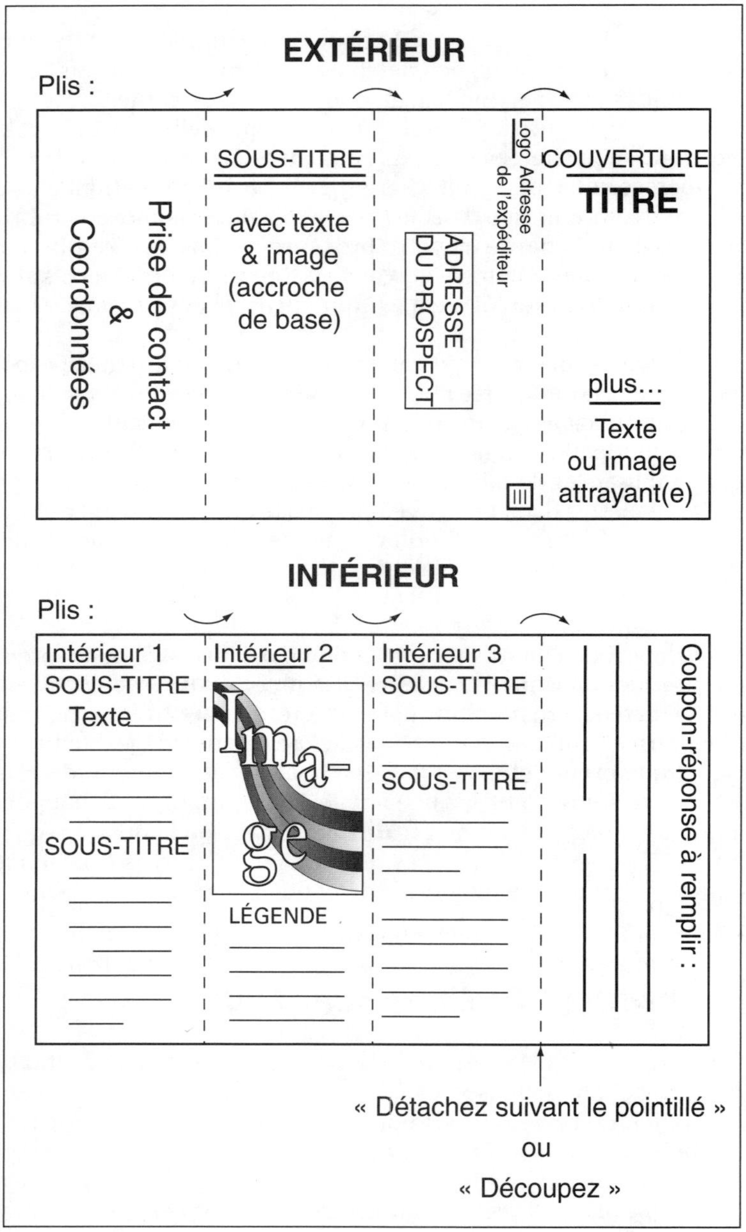

Figure 8-2 : Un modèle de brochure simple et polyvalent.

IDÉE LUCRATIVE

Faites-vous appel à une agence de publicité ou à un designer professionnel pour élaborer vos annonces imprimées ? Certaines personnes demandent à leur agence de leur montrer plusieurs modèles de brochures à un stade intermédiaire pour éviter d'engager des dépenses avant la sélection finale.

Je vous recommande d'en faire autant, même si votre agence hésite à vous montrer un travail inachevé. Une fois qu'elle aura constaté que vous évaluez le design et ne critiquez pas l'aspect inachevé, vous pourrez l'orienter davantage et l'aider pendant tout le processus de design.

Le modèle retenu est ensuite développé sous la forme d'un *modèle détaillé*. Celui-ci ressemble déjà à la version finale, mais il peut encore comporter des collages de photos ou de photocopies couleur d'illustrations. Autrefois réalisé à la main, il est aujourd'hui créé sur ordinateur, car un bon PC et une imprimante couleur peuvent donner des résultats proches de la version finale en quadrichromie. C'est ce qu'on appelle une *épreuve couleur*.

La *maquette* est une forme de modèle détaillé qui illustre la personnalité de la brochure et pas uniquement sa présentation (à l'instar du produit, une annonce publicitaire doit avoir une personnalité – cohérente avec celle du produit ou identique à celle-ci). Dans la maquette, le designer utilise le papier de la version finale et indique les plis.

Vous pouvez envoyer votre design à l'imprimeur sous deux différentes formes :

- Le support le plus utilisé et le plus moderne est un CD pouvant être lu par l'imprimeur à l'aide d'un logiciel de PAO. Même la séparation des couleurs pour un document en quadrichromie peut être faite sur ordinateur et gravée sur CD (renseignez-vous auprès de l'imprimeur sur le format qui lui convient le mieux). À partir du CD, l'imprimeur peut ensuite créer des *planches* (feuille de métal ou de plastique appliquant l'encre sur le papier sous l'action de la presse).
- Le moyen traditionnel consiste à transmettre à l'imprimeur ce que l'on appelle une *copie prête à la reproduction*, une version de la brochure que l'imprimeur va pouvoir photographier pour générer un film par couches de couleurs à imprimer. En général, le designer produit cette copie prête à la reproduction en créant un collage, dans lequel le texte, les images et tous les autres éléments de l'annonce sont collés à l'aide d'une machine à cire chaude.

  Cette machine chauffe la cire et l'étale sur un rouleau afin que le designer puisse enrouler une fine couche de cire chaude derrière chaque élément. La cire colle les éléments sur la planche et facilite un éventuel repositionnement.

Des feuilles d'acétate transparentes sont généralement fixées sur le collage, chacune représentant une couche de couleur ou précisant à l'imprimeur quels éléments intégrer dans chaque couche de couleur. Ce procédé est très laborieux. C'est pourquoi les designers se sont précipités sur l'option informatique !

Définir les caractères

Les *caractères* de votre annonce imprimée se composent de lettres, de chiffres et de symboles. On les appelle plus précisément les caractères d'imprimerie ou caractères typographiques.

Les caractères sont définis par une police, un style et une taille. La police fait référence au dessin des caractères (Times New Roman, par exemple). Ainsi, vous pouvez définir ceux-ci de la manière suivante : Times New Roman, gras, 10 points.

Les caractères doivent être lisibles et en harmonie avec le design de l'annonce. Pour un titre, ils doivent aussi **attirer l'attention du lecteur**. Le corps du texte, lui, n'est pas censé attirer l'attention. S'il le fait, c'est souvent aux dépens de la lisibilité. Par exemple, les caractères blancs sur fond noir conviennent à un titre mais, dans le corps du texte, ils gênent considérablement la lecture.

Sélectionner une police

Comment choisir la bonne police ? Vous avez l'embarras du choix, car il n'a cessé d'en apparaître de nouvelles depuis l'invention de l'imprimerie.

Une annonce bien aérée, avec beaucoup d'espace et de contrastes, mérite les lignes nettes d'une *police sans empattement*, c'est-à-dire sans ornement aux extrémités des lignes principales du caractère. Les polices sans empattement les plus utilisées dans le corps du texte sont Helvetica, Lucida, Franklin et Arial. La figure 8-3 montre la différence entre une police avec empattement et une police sans empattement.

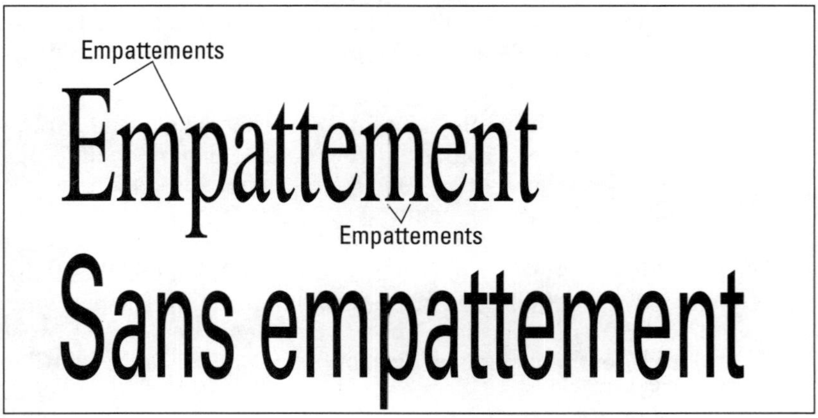

Figure 8-3 : Polices avec et sans empattement.

En revanche, une annonce traditionnelle et très décorative nécessite une *police avec empattement*, comme Century ou Times New Roman. Les polices avec empattement les plus utilisées dans le corps du texte sont Garamond, Melior, Century, Times New Roman et Caledonia.

Le tableau 8-1 illustre un assortiment de polices, dans lequel vous pouvez comparer les lignes nettes de Helvetica, Univers, Franklin et Arial avec les designs plus décoratifs de Century, Garamond et Times New Roman.

Tableau 8-1 Polices couramment utilisées dans les annonces

Sans empattement	***Avec empattement***
Helvetica	Century
Univers	Garamond
Franklin	Cheltehham
Arial	Times New Roman

D'après diverses études, Helvetica et Century sont considérées comme les polices les plus lisibles. Je vous recommande donc de choisir l'une ou l'autre de ces deux polices pour le corps du texte. Il a également été constaté que nous lisons les caractères en bas de casse (minuscules) 13 % plus vite que les lettres en capitales (majuscules). Par conséquent, évitez d'écrire de longues lignes de texte en majuscules. De même, nous lisons plus facilement les lettres qui contrastent fortement avec le fond. Dans le corps du texte, il est donc conseillé d'utiliser la police Helvetica, 14 points, en noir sur fond blanc, même si cela ne vous semble pas très sophistiqué.

En ce qui concerne la police du titre, on ne peut pas généraliser car l'éventail de possibilités est plus vaste. Toutefois, en règle générale, vous pouvez utiliser la police Helvetica pour le titre lorsque vous utilisez Century pour le corps du texte et vice versa. Ou vous pouvez utiliser la même police pour le titre que pour le corps du texte en ajoutant simplement le style gras et une taille plus importante. Enfin, vous pouvez agrandir vos caractères et les mettre en blanc sur un fond noir. Le titre doit attirer l'attention, se détacher du reste et inciter à la lecture du corps du texte.

La technique adoptée pour ce livre est la suivante : le corps du texte est écrit dans une police avec empattement (Times New Roman), tandis que les titres sont écrits dans une police sans empattement (Helvetica). Le contraste entre les lignes nettes des titres de grande taille et les petits caractères du corps du texte est agréable à regarder et oriente le lecteur d'abord vers les titres et ensuite vers le corps du texte.

Sélectionner un style

Une fois que vous avez sélectionné une police, vous devez encore en choisir le style et la taille. Les caractères doivent-ils être gros ou petits ? Faut-il utiliser le style normal de la police ou une version plus fine (italique) ou plus appuyée (gras) ? Quel casse-tête !

Le processus de décision en la matière est plus simple qu'il n'y paraît. Faites des essais pour la taille : 12 ou 14 points pour le corps du texte, par exemple, et 24, 36 ou 48 points pour les titres. Choisissez ce qui vous semble le plus facile à lire. Si les caractères sont trop gros, vous devrez couper beaucoup de mots et de phrases. Mais s'ils sont trop petits, le lecteur aura beaucoup de mots à lire par ligne. N'oubliez pas votre objectif : la lisibilité.

La figure 8-4 donne quelques exemples de style et de taille pour la police Helvetica. Comme vous pouvez le voir, vous disposez de toute une gamme d'options à l'intérieur de la même police.

Helvetica normal 14 points

Helvetica italique 14 points

Helvetica gras 14 points

Helvetica Black 14 points

Helvetica normal 24 points

Helvetica Narrow 14 points

Helvetica Bold outline 24 points

Figure 8-4 : Voici quelques-unes des possibilités offertes par la police Helvetica.

Dites-vous que vous pouvez modifier tous les aspects des caractères. Pensez également à jouer sur l'*interligne* – distance qui sépare les lignes. Pour faire tenir un mot dans un espace, rétrécissez ou agrandissez la largeur des caractères. Partez du principe que tout est possible et renseignez-vous auprès de votre imprimeur ou lisez le manuel d'utilisateur de votre logiciel de mise en pages pour trouver comment réaliser les modifications que vous souhaitez apporter.

ATTENTION !

Si tout est possible, il faut toutefois avouer que *l'œil est relativement conservateur* en ce qui concerne la lecture. Malgré l'immense choix dont nous disposons, nous trouvons instinctivement les polices traditionnelles plus attrayantes que les autres. L'espacement des caractères et des lignes doit également répondre à un certain équilibre qui rend notre lecture à la fois agréable et aisée. Par conséquent, bien que vous puissiez apporter des dizaines de modifications, vous ne devez pas oublier que *trop de changements risquent de réduire la lisibilité de votre annonce*. La figure 8-5 montre deux présentations d'une même annonce – l'une est agréable à lire, l'autre est désastreuse.

QUAND LA VIE VOUS DONNE DES CITRONS...

Que faire ? Jongler ? Faire une citronnade ? Ouvrir un étal ? Ou laisser tomber et rentrer à la maison ?

QUI SAIT ? Il est souvent difficile de résoudre de graves problèmes personnels ou professionnels. Parfois, il est encore plus difficile de voir ses problèmes clairement. Heureusement, JACQUES SAIT. Jacques Frédéric a vingt ans d'expérience dans le conseil et pratique tous les jours la résolution de problèmes. Téléphonez-lui aujourd'hui pour savoir comment transformer vos problèmes en opportunités.

Et la prochaine fois, quand la vie vous donnera des citrons, vous saurez quoi faire : prendre rendez-vous.

QUAND LA VIE VOUS DONNE DES CITRONS...

Que faire ? Jongler ? Faire une citronnade ? Ouvrir un étal ? Ou laisser tomber et rentrer à la maison ?

QUI SAIT ? Il est souvent difficile de résoudre de graves problèmes personnels ou professionnels. Parfois, il est encore plus difficile de voir ses propres problèmes clairement. Heureusement, JACQUES SAIT. Jacques Frédéric a vingt ans d'expérience dans le conseil et pratique tous les jours la résolution de problèmes. Téléphonez-lui aujourd'hui pour savoir comment transformer vos problèmes en opportunités.

Et la prochaine fois, quand la vie vous donnera des citrons, vous saurez quoi faire : prendre rendez-vous.

Figure 8-5 : Quel texte vous semble le plus agréable à lire ?

Évitez de jouer avec les caractères juste pour le plaisir de jouer (comme l'a fait l'auteur de la petite annonce illustrée dans la colonne de gauche de la figure 8-5). Utilisez des polices et des tailles classiques, sauf lorsque vous voulez insister sur un point précis. L'avènement de la PAO sur PC a donné naissance à toute une génération d'annonces publicitaires horribles, dans lesquelles des dizaines de polices dansent sur la page, le gras et l'italique se livrent bataille pour attirer l'attention, et le design des mots est un véritable obstacle à la lecture.

Sélectionner une taille

Pour évaluer la taille des caractères, les imprimeurs utilisent une mesure traditionnelle : le *point* (hauteur du caractère le plus grand de la base au sommet). Un point est égal à environ 1/28 cm. Par conséquent, avec une taille de 10 points, la hauteur du caractère le plus grand est égale à 10/28 cm.

La valeur du point n'a pas grande importance. Personnellement, je n'ai jamais mesuré mes caractères avec une règle. Tout ce que je sais, c'est que si les lettres sont trop petites pour être lues facilement, il suffit d'ajouter quelques points à la police. Les caractères de 10 points sont souvent trop petits pour un corps de texte, mais ils peuvent être tout à fait appropriés dans le cas où vous voudriez faire tenir plusieurs mots dans un petit espace (mais pourquoi feriez-vous cela ? Mieux vaut raccourcir le texte et augmenter la taille des caractères pour le rendre plus lisible !). Je sais aussi que mes yeux ne distinguent pas bien les caractères n'ayant qu'un ou deux points d'écart. Par conséquent, je prévois une différence de taille plus importante entre le corps du texte et le sous-titre ou entre le sous-titre et le titre.

Placer votre annonce imprimée

Imaginons que vous vouliez faire de la publicité pour une gamme de produits surgelés en vente par correspondance. Votre société vend des produits bio à une clientèle qu'elle a ciblée dans la tranche des *baby-boomers*. Votre marque, Biorêve, s'adresse en priorité à des femmes d'âge mûr.

Vous décidez de placer une annonce publicitaire dans *Vivre Bio*, magazine imaginaire s'adressant à votre marché cible, dont le tirage est en pleine augmentation. Vous téléphonez au magazine, demandez le responsable de la publicité et expliquez votre projet. Quelques jours plus tard, vous recevez un pli comportant toutes les informations dont vous avez besoin :

- **Bilan de l'éditeur** : informations concernant le tirage ou le lectorat de la publication. *Vivre Bio* a un lectorat de 4 762 000 femmes – un chiffre suffisamment élevé pour générer des commandes si l'annonce marche bien. De plus, vous constatez que la plupart des abonnements sont souscrits pour l'année entière. De nombreuses lectrices sont abonnées et renouvèlent régulièrement leur abonnement – le magazine est donc bien lu par votre marché cible !
- **Justification de la diffusion** : les coordonnées de l'Office de justification de la diffusion, qui gère les informations sur le tirage, doivent être indiquées sur la première page du bilan de l'éditeur. Les petites publications ne sont généralement pas prises en compte par l'office. Par conséquent, vous devez vérifier vous-même les chiffres.

- **Pourcentage de lecteurs dans votre marché cible** : les lecteurs sont généralement classés par catégories démographiques (sexe, âge, catégorie socioprofessionnelle, etc.). Par exemple, environ 40 % des lectrices de *Vivre Bio* sont des femmes de 35 ans ou plus, ce qui correspond au marché cible de Biorêve.
- **Numéros et dates limites** : chaque éditeur fournit un calendrier aux annonceurs et vous avez intérêt à le respecter si vous voulez que votre annonce soit publiée ! Imaginons que vous sélectionniez les deux numéros suivants de *Vivre Bio* :

Numéro	*Date limite pour les annonces nationales*	*Date de sortie*
Octobre	1/8/03	24/9/03
Novembre	1/9/03	24/10/03

- **Tarifs** : combien le placement de votre annonce va-t-il vous coûter ? Tout dépend de la taille et des couleurs. Vous pouvez imprimer votre annonce en noir & blanc (peu coûteux), en deux couleurs (relativement peu coûteux) ou en quadrichromie (plus cher mais sans doute nécessaire pour illustrer correctement des produits surgelés).

  Les tarifs dépendent aussi du tirage. L'Office de justification de la diffusion peut vous fournir ce qu'on appelle une *base tarifaire* – un chiffre arrondi basé sur le tirage moyen estimé pour chaque numéro.

  Enfin, les tarifs dépendent du nombre de numéros dans lesquels vous achetez un espace publicitaire. Les annonceurs bénéficient généralement de tarifs dégressifs : une réduction de 5 % pour trois à cinq espaces, de 8 % pour six à onze espaces ou de 12 % pour douze espaces ou plus.

  Pour vos produits Biorêve, vous êtes intéressé par la réduction de 5 % et changez vos plans pour finalement inclure votre annonce dans trois numéros : ceux de septembre, octobre et novembre. Voici une estimation des tarifs pour une annonce en quadrichromie avec la réduction de 5 % :

Taille	*base tarifaire (€)*	*tarif x 3 (€) réduction de 5 %*
1 page	59 900	56 905
⅔ page	45 525	43 250
½ page	37 735	35 850
⅓ page	26 955	25 605

Définir la taille de l'annonce

Quelle est la taille idéale pour votre annonce ? La réponse dépend en grande partie du design de cette annonce. Celle-ci comporte-t-elle une image ou un titre attrayant, qui éveillera l'intérêt même si elle n'occupe qu'un tiers de la page ? Ou nécessite-t-elle davantage d'espace pour bien marcher ?

Fiez-vous à votre flair et aux statistiques concernant la taille la plus remarquée par les lecteurs. Comme vous pouvez vous en douter, plus la taille est importante, plus l'annonce est remarquée (voir tableau 8-2) :

Tableau 8-2 Choisir la bonne taille

Taille de l'annonce	*Pourcentage moyen de lecteurs remarquant l'annonce*
Fraction de page	24 %
Une page	40 %
Deux pages	55 %

Plus l'annonce est grande, plus l'impact est important. Mais vous pouvez constater que le pourcentage de lecteurs remarquant votre annonce n'augmente pas proportionnellement à la taille de l'annonce. Si vous doublez la taille de votre annonce, vous obtenez à peine plus d'un quart de lecteurs en plus et pas le double. C'est pourquoi les tarifs ne sont pas non plus proportionnels, bien qu'ils ne correspondent pas exactement aux statistiques.

Par exemple, une annonce en quadrichromie d'une page coûte 59 % plus cher qu'une annonce en quadrichromie d'une demi-page. Mais, à mon avis, l'annonce d'une page attirera au mieux un tiers de lecteurs en plus, ce qui signifie que son coût par lecteur l'ayant remarquée sera plus élevé que celui de l'annonce d'une demi-page.

De nombreux annonceurs ne se préoccupent pas de ce problème de coût, car ils ont d'autres objectifs en tête. L'annonceur d'une grande marque nationale considère peut-être qu'une annonce d'une demi-page est incompatible avec l'image de la société ou trop petite pour contenir le texte. Il se peut aussi que son objectif soit d'atteindre un maximum de lecteurs.

En revanche, l'annonceur d'une petite société comme celle qui commercialise les produits Biorêve recherche le meilleur rapport qualité-prix, évalué en termes de *coût par fréquence d'exposition* (les annonceurs calculent généralement le coût d'une annonce pour mille expositions).

Comparer les coûts pour mille expositions

Dans notre exemple, vous pouvez estimer le coût de votre annonce pour mille expositions comme suit :

1. **Convertissez le coût en fonction de votre marché cible.**

   Étant donné que 40 % des lectrices de *Vivre Bio* correspondent au marché cible des produits Biorêve (femmes +35 ans), vous pouvez en déduire que, parmi les 4 762 000 lectrices, 907 000 femmes de plus de 35 ans liront un numéro dans lequel votre annonce a été publiée.

2. **Évaluez l'exposition potentielle du marché cible**

   Vous savez que beaucoup de ces lectrices de plus de 35 ans ne remarqueront pas votre annonce. Vous ne devez donc pas inclure celles-ci dans votre estimation du coût. Une annonce d'une demi-page pour des produits tels que Biorêve peut attirer environ 30 % des lecteurs ciblés. Une annonce d'une page attirera peut-être jusqu'à 40 % des lecteurs ciblés. On peut donc en déduire que, parmi les lectrices de plus de 35 ans, 572 100 femmes remarqueront une annonce d'une demi-page et 762 800 femmes remarqueront une annonce d'une page.

   ATTENTION !

   Que sont devenues les 900 000 lectrices du magazine ? Certaines ne font pas partie du marché cible et d'autres ne remarqueront même pas votre annonce. Vous ne pouvez donc pas les prendre en compte. Lors de l'achat d'espace publicitaire, vous devez savoir lire entre les lignes.

3. **Évaluez le coût de votre annonce pour mille expositions.**

   Le coût d'une annonce d'une page s'élève à 59 900 euros. Divisez le nombre de personnes susceptibles de remarquer votre annonce par cette somme et vous obtenez un coût par personne d'environ 8 centimes d'euro. Multipliez ce chiffre par mille, et vous obtenez un coût de 78,53 euros pour mille expositions.

   Faites le même calcul pour une annonce d'une demi-page et vous obtenez un coût de 79,58 euros pour mille expositions. Vous avez donc intérêt à opter pour une annonce d'une page.

Si vous choisissez de publier une annonce d'une page en quadrichromie dans les numéros de septembre, octobre et novembre, celle-ci bénéficiera de 762 800 x 3 soit 2 288 400 expositions. Le coût sera en réalité inférieur à ce que nous avons calculé précédemment car, avec trois espaces publicitaires, vous bénéficiez d'une réduction de 5 %. Il sera donc ramené à 74,60 euros pour mille expositions, soit environ 7 centimes d'euro par exposition – un excellent prix !

DÉTAIL TECHNIQUE

Votre annonce sera-t-elle rentable ?

Comment évaluer la rentabilité de votre annonce ? Vous devez penser à votre retour sur investissements.

Commencez par évaluer le *taux de réponse* de votre annonce, c'est-à-dire le pourcentage de lectrices qui répondront à votre annonce. Les lectrices qui souhaitent s'informer sur les produits Biorêve ou passer une commande doivent composer le numéro vert que vous avez mis à leur disposition. Ces produits étant nouveaux, vous ne pouvez pas vous baser sur les chiffres des années précédentes. Vous choisissez donc de rester prudent et estimez un taux de réponse de 1,5 %. Ce taux de réponse s'applique uniquement aux lectrices ciblées – femmes de plus de 35 ans.

Vous savez qu'une annonce d'une demi-page peut être vue par environ 189 000 femmes de plus de 35 ans. Vous gonflez ce chiffre jusqu'à 300 000 seulement pour les trois annonces, car vous savez que ces 30 % de lectrices ne remarqueront pas l'annonce à chaque fois (ce n'est qu'une estimation mais relativement plausible).

Si 1,5 % de ces 300 000 femmes répondent à votre annonce, vous recevrez 4 500 appels téléphoniques. Combien aurez-vous investi pour générer ces appels ? Le prix d'une campagne publicitaire, trois annonces d'une demi-page pour un total de 65 145 euros, plus le coût de production de l'annonce (évalué à 10 000 euros), ce qui revient à environ 75 000 euros, soit 16,67 euros par appel téléphonique.

Est-ce rentable ? La réponse dépend du montant des bénéfices réalisés pour chaque prospect en moyenne. Si 80 % des personnes qui téléphonent passent une commande, si le prix de la commande moyenne s'élève à 70 euros, et si votre marge bénéficiaire est d'environ 30 %, vous gagnez 0,8 (0,3 x 70) soit 16,80 euros par appel téléphonique. Autrement dit, vous réalisez un bénéfice de 0,13 euro par appel, si vous ne comptez pas le coût de la gestion des appels téléphoniques (ce coût peut être répercuté dans les frais d'expéditions). Si vous multipliez ce chiffre par le nombre estimé de commandes (0,8 x 4 500), vous raflez 468 euros grâce à votre annonce. Youpi !

En tant que chef d'entreprise, je n'hésiterais pas une seconde, car j'essaierais d'entretenir des relations à long terme avec ces prospects, si bien que les bénéfices augmenteraient à la saison suivante. Non seulement le coût de l'annonce imprimée serait amorti, mais je me constituerais une clientèle. Cela dit, si je voulais réussir un beau coup de filet dans l'année, je crois que je laisserais tomber. Il est beaucoup plus simple de jeter son argent par les fenêtres en achetant un billet de loterie – ce qui veut dire que l'argent facile en affaires, c'est un leurre !

De nombreuses lectrices susceptibles de remarquer l'annonce y seront exposées plusieurs fois, car la plupart sont abonnées au magazine. Il est difficile d'anticiper avec exactitude ce qui se passera, mais vous pouvez espérer que vos trois annonces attireront l'attention d'au moins la moitié d'entre elles. Votre stratégie pour générer des appels téléphoniques et obtenir des commandes devrait donc fonctionner. N'oubliez pas qu'il est nécessaire de tabler sur plusieurs expositions car, à la première exposition, beaucoup de lectrices reporteront leur action au lendemain !

Tester et améliorer votre annonce imprimée

Votre annonce publicitaire est-elle vraiment lue ? La *publicité directe*, conçue pour provoquer une action de la part des prospects, permet d'évaluer l'efficacité d'une annonce dans les jours qui suivent sa diffusion.

Reprenons votre campagne publicitaire fictive : vous diffusez une annonce imprimée pour les produits Biorêve dans le magazine *Vivre Bio*. Vous espérez recevoir de nombreuses demandes de renseignements et commandes par téléphone dans la semaine où le numéro comportant votre annonce est en vente. Malheureusement, le téléphone ne sonne pas aussi souvent que vous le souhaitiez.

Pour compléter votre campagne publicitaire, vous pouvez acheter d'autres espaces ou créneaux publicitaires à la dernière minute. Vous décidez de téléphoner à quelques stations de radio pour diffuser des annonces concernant Biorêve et indiquer votre numéro vert aux auditeurs de vos marchés régionaux. Il est évidemment trop tard pour modifier votre annonce imprimée dans les numéros suivants de *Vivre Bio*, mais vous pouvez envoyer un courrier aux abonnés du magazine pour renforcer le message de votre annonce. Et quelles que soient les mesures que vous preniez dans le domaine du marketing pour compenser ce manque de réponses à votre annonce, vous devez procéder à un ajustement en matière de prévision des ventes pour ne pas vous retrouver avec un stock énorme de denrées périssables !

Comment savoir pourquoi votre publicité directe n'a pas bénéficié du taux de réponse escompté ? Et comment évaluer l'impact d'une *publicité indirecte* – type de publicité qui crée ou renforce une image ou un positionnement pour encourager les ventes ? En ce qui concerne les grandes marques, une grande partie de la publicité est indirecte. C'est le détaillant ou le bureau local qui conclut la vente. Il n'y a pas de téléphone qui sonne, que l'annonce soit bonne ou mauvaise. Alors, comment savoir si cette annonce a marché ?

Pour obtenir ce genre d'informations, vous devez faire appel à un cabinet de conseil en marketing et faire tester votre annonce. Si vous envisagez de dépenser plus de 200 000 euros pour diffuser votre annonce imprimée, les 20 000 euros que vous consacrerez au test de cette annonce constitueront probablement un bon investissement. Le test consiste à exposer les prospects à l'annonce dans un cadre sous contrôle et à évaluer leurs réactions. (Bien sûr, si vous faites appel à une grande agence de publicité, un service de conseil vous sera proposé en plus du design et de l'achat d'espace publicitaire, mais vous devez pouvoir superviser vous-même les opérations et orienter les décisions.)

Vous pouvez aussi bénéficier d'études réalisées régulièrement par certaines sociétés de conseil en marketing. Il vous suffit de vous inscrire à une étude et la société vous fournira des informations détaillées sur l'impact de chacune de vos annonces.

En général, on distingue trois catégories de lecteurs exposés à une annonce imprimée :

- **Les lecteurs qui lisent l'annonce** : ceux qui lisent au moins la moitié du texte de l'annonce.
- **Les lecteurs qui relèvent la marque** : ceux qui remarquent l'annonce et en lisent suffisamment pour relever la marque.
- **Les lecteurs qui remarquent l'annonce** : ceux qui remarquent l'annonce mais ne la lisent pas nécessairement.

Vous voulez que les lecteurs lisent votre annonce et non qu'ils la remarquent sans en retirer la moindre information – et encore moins qu'ils passent complètement à côté.

DANS LA PRATIQUE

Un souffle d'air frais avec Altoids

Les marketeurs partent du principe qu'ils doivent travailler en quadrichromie pour que leurs annonces soient remarquées. Statistiquement, ils ont raison. Mais il ne faut pas sous-estimer le pouvoir d'un design original. Dans certains cas, une annonce bicolore peut être plus efficace que les annonces en quadrichromie. Par exemple, les Britanniques ont conçu une annonce bicolore d'une demi-page, en hauteur, pour les bonbons à la menthe Altoids, présentés dans une boîte en métal blanc bordée d'un trait rouge. Cette annonce a été publiée dans des hebdomadaires imprimés en noir et rouge. Et pourtant, elle a été remarquée par plus de 90 % des lecteurs.

L'image occupe toute la hauteur de l'annonce. Il s'agit d'un individu vêtu d'une combinaison argentée et d'un casque semblables à ceux d'un astronaute ou d'un soudeur réparant une machine défectueuse dans une centrale nucléaire. Son visage est entièrement dissimulé derrière la visière teintée du casque. Dans ses mains gantées se trouve... une boîte d'Altoids qu'il ouvre pour prendre un bonbon (ne me demandez pas comment).

Le texte est étonnamment simple. En bas, sur toute la largeur de l'annonce, apparaît le nom du produit en grosses lettres rouges, en majuscules et en 3 D. Au-dessous se trouve simplement le slogan de la marque (en lettres blanches aux contours noirs) : « Les bonbons à la menthe curieusement forts. » C'est le seul texte, à l'exception de l'adresse Internet. Deux couleurs. Huit mots. Un type dans une combinaison bizarre. Cette annonce très simple et peu coûteuse fait connaître la marque et lui donne une personnalité originale. Une bonne annonce imprimée n'a pas besoin d'être chère. Il faut juste qu'elle soit *intelligente*.

Les sociétés de conseil en marketing peuvent aussi vous fournir des informations qui vous permettront de comparer la fréquence d'exposition de votre annonce à celle des annonces de taille identique publiées dans le même magazine. Si l'exposition de votre annonce est supérieure à la moyenne, son coût pour mille expositions est inférieur à la moyenne et votre retour sur investissements est élevé !

Imaginons maintenant que l'exposition de votre annonce soit légèrement inférieure à la moyenne. De plus, bien que de nombreux lecteurs remarquent cette annonce, peu d'entre eux en lisent suffisamment pour saisir le message ou relever la marque. Devez-vous renoncer et tout recommencer depuis le début ?

Tout dépend de ce qui cloche dans votre annonce. Là encore, les sociétés de conseil en marketing peuvent vous aider à le savoir, car elles analysent votre annonce dans sa globalité mais aussi chacun de ses composants. Vous pouvez savoir, par exemple, combien de personnes lisent le titre (ou même la première ligne d'un titre de deux lignes). Ensuite, vous pouvez savoir combien vont jusqu'au premier paragraphe du corps du texte, à l'image ou au logo et à la signature.

Parfois, vous réglerez le problème sans avoir à tout recommencer depuis le début. Par exemple, votre titre et votre image sont accrocheurs, mais personne ne lit le corps du texte. Dans ce cas, vous pouvez essayer de réécrire et de raccourcir le texte, et de modifier les caractères. Peut-être le corps du texte est-il simplement imprimé en blanc sur fond noir, ce qui est difficile à lire. Parfois, cela tient à peu de choses !

Pensez aussi à passer du noir et blanc à la quadrichromie. Bien sûr, cela vous coûtera plus cher mais, si le taux de réponses est plus élevé, vous ne regretterez pas votre investissement. Des études ont montré que les annonces en noir et blanc ou bicolores attirent environ un tiers des lecteurs, tandis que les annonces en quadrichromie en attirent près de la moitié – 46 % pour être précis. Par conséquent, les annonces les plus remarquées sont les plus grandes et les plus colorées. Cela dit, vous devrez faire vos calculs pour voir l'impact de surcoût et de ce supplément de lecteurs sur votre coût pour mille expositions. Pour toutes les décisions qui concernent les annonces imprimées, faites des estimations en termes de coût et de retour sur investissements avant de choisir l'option la plus rentable.

Chapitre 9

La publicité à la radio et à la télévision

Dans ce chapitre :

- Faire un choix parmi les médias dont vous disposez
- Créer des spots publicitaires
- Utiliser le pouvoir émotionnel de la télévision
- Acheter du temps publicitaire à la télévision
- Créer des annonces publicitaires pour la radio
- Écrire des textes pour la radio qui attirent et retiennent l'attention

Avant de commencer… un mot sur le choix des médias

Pour vendre, il faut faire connaître sa marque. Bonne idée, mais comment ? Faut-il faire de la publicité dans les magazines, dans les journaux, à la télévision, à la radio ou ailleurs ?

La plupart des campagnes publicitaires sont axées autour d'un support unique. D'accord, mais lequel ? Eh bien, je vais vous le dire : le meilleur support est… celui qui marche le mieux ! Parfois les annonces diffusées à la radio ou les affiches marchent mieux que les annonces imprimées. Et parfois, il faut le mouvement et le réalisme de la télévision pour obtenir un impact optimal. Vous devez donc maîtriser tous les supports et choisir celui qui convient le mieux à votre plan marketing.

La plupart des sociétés mettent l'accent sur un support particulier, mais il existe des exceptions à la règle. L'utilisation de plusieurs supports peut s'avérer efficace. Personnellement, je vous recommande une approche diversifiée.

Utilisez plusieurs supports lorsqu'il est essentiel pour vous d'*optimiser le nombre et la variété des expositions*. Si vous voulez être percutant et présent dans tous les esprits, frappez à toutes les portes.

Grâce à cette approche, vous avez davantage de points d'influence et vous variez votre message de façon à ne pas perdre l'intérêt de votre marché cible. Peut-être pouvez-vous commencer avec une campagne publicitaire à la radio, et renforcer celle-ci avec des affiches pour être sûr que tout le monde connaisse votre marque et son positionnement.

Et pourquoi ne pas ajouter un site Web interactif et un centre d'appels téléphoniques pour augmenter vos interactions avec vos clients et prospects ? Un plan marketing comme celui-ci garantit un impact élevé et la réalisation de plusieurs objectifs à la fois. Mais vous devez être polyvalent, c'est-à-dire capable de travailler efficacement sur tous les supports.

La radio, la télévision, les affiches, les panneaux d'affichage, les bus de ville, les tramways, les tee-shirts, les drapeaux, les calendriers et même les voiles des bateaux sont autant de supports sur lesquels vous pouvez communiquer vos messages publicitaires. Lorsque je vivais à San Francisco, je voyais souvent un grand voilier, dont la voile délivrait un message publicitaire. Et aujourd'hui, je vois de petites affiches sur les télésièges des stations de ski (vaut-il mieux faire de la publicité pour une boisson chaude ou pour une assurance en cas d'infirmité ?). Ce que je veux dire par là, c'est que les possibilités sont de plus en plus nombreuses. Votre créativité peut vous conduire à utiliser des supports auxquels personne n'a encore pensé. *Tout* peut marcher, si vous avez une approche adaptée.

Le chapitre 8 est consacré aux annonces imprimées. Dans ce chapitre-ci, nous allons nous concentrer sur la télévision et la radio. La presse, la télévision et la radio sont les médias les plus utilisés. Mais même si votre société suit le mouvement, vous devrez néanmoins compléter vos actions de marketing par des communications électroniques ou postales, une publicité sur le lieu de vente, ou le télémarketing.

La plupart des options situées en dehors de ces trois pôles sont, en réalité, des variations de la publicité-presse. Les affiches, les enseignes, les bannières ou les tee-shirts sont des dérivés des annonces diffusées dans la presse, adaptés à la taille et à la fréquence d'exposition du support en question. Les règles énoncées au chapitre 8 s'appliquent donc à tous ces supports, ainsi qu'aux pages Web, aux annonces électroniques, et au publipostage (courriers et catalogues – voir chapitre 11).

La télévision et la radio, en revanche, sont des supports très différents, qui ont leurs propres règles en matière de design.

Créer des spots publicitaires

La télévision est un théâtre. Elle associe la communication audio et vidéo dans une action en temps réel, ce qui en fait un support remarquablement riche. Oui, le texte doit être aussi court et attrayant que dans une annonce imprimée, mais les mots doivent aussi sonner de manière agréable et suivre le flot des images, comme dans une véritable pièce de théâtre.

Les spots publicitaires sont des pièces de théâtre dont l'action est réduite à quelques secondes. Essayez de penser à une scène mémorable du cinéma. Prenez, par exemple, la scène du *Port de l'angoisse* dans laquelle Lauren Bacall dit à Humphrey Bogart : « Tu sais que tu n'as pas besoin de jouer avec moi, Steve. Tu n'as rien à dire et tu n'as rien à faire. Rien du tout. Oh, peut-être juste siffler. Tu sais siffler, n'est-ce pas, Steve ? Tu joins tes lèvres et tu souffles », alors qu'elle se glisse hors de sa chambre d'hôtel.

Ces quelques secondes semblent être gravées dans la mémoire de tous ceux qui ont vu ce film. Pourquoi ? Je ne sais pas vraiment. Une belle scène est difficile à réduire à une simple formule. Un bon texte avec juste ce qu'il faut d'émotion. Un beau jeu. Une belle réalisation et un beau décor (vous vous souvenez de l'éclairage mélancolique de ce film en noir et blanc ?). Le suspens d'une relation qui se développe entre deux personnages intéressants. Vous n'êtes pas obligé d'atteindre ce talent artistique pour faire un bon spot publicitaire, mais vous devez faire mieux que la moyenne pour sortir du lot. Si vous créez un bon spot publicitaire, celui-ci sera vraiment rentable.

La télévision, ça n'a pas l'air compliqué à première vue. Et pourtant… Faites appel à une société de production ou à une grande agence de publicité (solution la plus répandue) pour la création et la supervision de la réalisation de votre spot. Ce choix est coûteux mais, au moins, vous aurez un travail de qualité.

La folie de la vidéo

Je ne vais pas entrer dans les détails techniques de la création d'un spot publicitaire pour la simple raison que la plupart des lecteurs de ce livre ne se lanceront sans doute pas dans cette aventure. Si les spots publicitaires télévisés et autres types de vidéos sont courants en marketing, leur réalisation est chère et techniquement difficile. J'ai moi-même décidé de réaliser une vidéocassette pour la formation dont je suis responsable et je regrette de l'avoir fait. L'équipe a passé une matinée entière à régler l'éclairage avant que je puisse dire trente secondes de texte en guise d'introduction. J'ai failli perdre mon sang-froid à force d'attendre pendant des heures ! Certaines PME parviennent à faire leurs propres vidéos. C'est donc certainement possible, mais c'est difficile. Il faut y consacrer beaucoup plus de temps que je ne pouvais me le permettre.

La création d'une annonce, sa réalisation et même l'achat d'espace publicitaire sont des étapes beaucoup plus faciles à gérer sur site lorsqu'on n'a pas choisi la télévision. Dans le cas d'un spot publicitaire, en revanche, il faut bien connaître le support pour tirer le maximum de la société de production ou de l'agence de publicité. Ce sera à vous de prendre la décision finale, ne l'oubliez pas. Ne laissez pas la société de production tourner tant qu'elle ne vous propose pas quelque chose d'aussi mémorable (ou presque) qu'un vieux film de Bogart, d'accord ?

ATTENTION !

Si vous travaillez dans une PME et disposez d'un budget de marketing relativement restreint, mon conseil peut vous paraître extravagant. Vous préférez sans doute vous débrouiller seul. Dans ce cas, sachez que votre annonce portera inévitablement les marques de l'amateurisme. Alors pourquoi vous discréditer sur votre marché local et pourquoi gaspiller de l'argent pour des spots qui ne marcheront pas ? Si vous voulez faire de la télévision, jouez dans la cour des grands. Faites appel à un expert ou devenez un expert vous-même. Sans une réalisation de bonne qualité, même le meilleur design ne fonctionnera pas. Pourquoi ? Parce que, dans la plupart des pays, les gens regardent tellement la télévision qu'ils font très bien la différence entre les bons et les mauvais spots – et ne regardent que les bons. Chaque téléspectateur est un expert en spots publicitaires.

IDÉE LUCRATIVE

Pour nuancer un peu mes propos, je vais vous donner encore un conseil. Si vous avez un petit budget, envisagez la réalisation d'un spot publicitaire parodique. Moquez-vous d'un genre de spot qui ne marche pas vraiment. Le but étant de parodier ce qui vous semble mauvais, vous n'avez pas besoin d'une réalisation de bonne qualité. Cette stratégie vous permet de gérer vous-même la réalisation, mais vous aurez toujours besoin d'aide pour le tournage, le mixage et l'éclairage...

Jouer sur les émotions

Contrairement aux autres médias, la télévision combine l'action, le son et l'image. Elle permet donc de véhiculer des émotions, comme le théâtre. Par conséquent, lorsque vous envisagez d'utiliser la télévision comme instrument de marketing, réfléchissez toujours à l'émotion que vous voulez susciter.

Choisissez celle qui est la plus compatible avec votre accroche et le concept créatif sous-jacent, et utilisez le pouvoir de l'image pour la communiquer.

IDÉE LUCRATIVE

Cette stratégie fonctionne que votre accroche soit émotionnelle ou rationnelle. Utilisez toujours le pouvoir émotionnel de la télévision pour *préparer* votre audience à recevoir cette accroche. Surprise. Excitation. Empathie. Anxiété. Scepticisme. Soif. Faim. Instinct de protection des parents. À la télévision, vous pouvez susciter toutes ces émotions et bien d'autres encore en quelques secondes. Un bon spot véhicule la bonne émotion dès la première exposition.

Certains marketeurs évaluent leur spot publicitaire en fonction de son aspect *chaleureux*, c'est-à-dire des émotions qu'il évoque grâce à des images liées à l'amour, à la famille ou à l'amitié.

Pourquoi les émotions ont-elle tant d'importance ? La raison est simple : les émotions, positives, en particulier, rendent le message du spot publicitaire beaucoup plus facile à mémoriser. Ce phénomène est parfois sous-estimé, car il ne ressort pas dans les tests classiques de mémorisation des annonces publicitaires. En effet, les annonces axées autour d'une accroche rationnelle sont généralement aussi bien mémorisées que celles qui sont axées autour d'une accroche émotionnelle. Néanmoins, des études plus approfondies montrent que *les annonces les plus fortes en émotion gravent mieux le message et l'identité de la marque dans les mémoires des téléspectateurs.*

Alors quand vous pensez télévision, pensez émotion. Cet atout place l'outil télévisuel loin devant les autres médias.

Montrer votre produit

La télévision présente également un autre avantage : sa capacité à *montrer*. Vous pouvez *faire voir* aux téléspectateurs comment utiliser votre produit, quelles sont ses caractéristiques principales et bien d'autres choses. L'image facilite la compréhension du message.

En réalité, n'importe quel support permet de montrer et de dire (même à la radio, vous pouvez créer une image mentale pour montrer. Nous y reviendrons plus tard dans ce chapitre). Les modes visuel et verbal se renforcent mutuellement. Certaines personnes pensent visuellement, tandis que d'autres favorisent les messages verbaux. À la télévision, une annonce doit d'abord montrer et ensuite dire. À la radio, elle doit d'abord dire et ensuite montrer. Dans la presse, les deux modes sont généralement plus équilibrés.

Pour réfléchir à ce qu'ils vont montrer, les annonceurs rassemblent leurs idées sous la forme d'un scénario, qui comporte des croquis illustrant l'aspect visuel du spot. Ils préparent ce qu'on appelle des *storyboards* pour évaluer les différents concepts publicitaires. Un *storyboard* est un outil précieux qui permet de montrer les images clés d'une séquence. En général, les croquis sont présentés au centre, de haut en bas. Sur la gauche sont indiquées des consignes concernant le tournage de chaque image et l'utilisation de la musique et du bruitage. Sur la droite figure un premier jet du texte : ce que les acteurs (ou une voix hors champ) devront dire au cours de la scène. Un exemple de *storyboard* est présenté à la figure 9-1 :

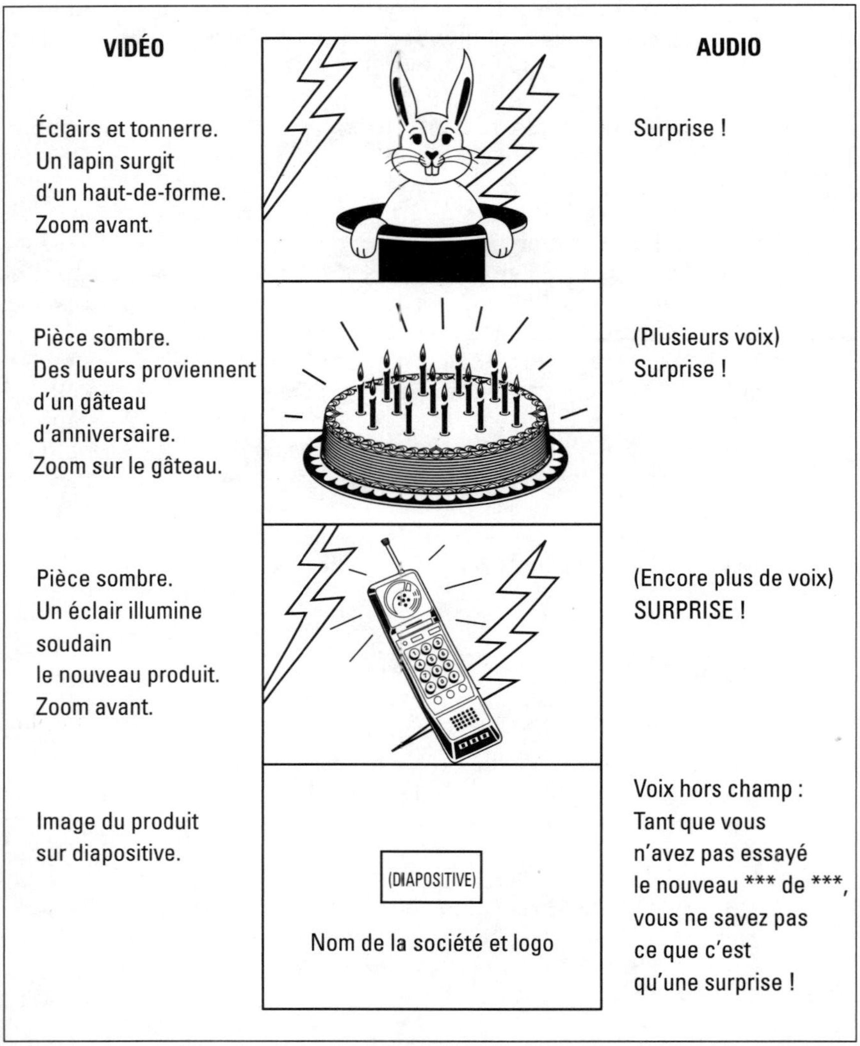

Figure 9-1 : Faire le *storyboard* d'un spot publicitaire.

Une question de style

Vous pouvez donner toutes sortes de styles à votre spot publicitaire. Une célébrité peut vanter les mérites de votre produit. Vous pouvez ajouter une musique correspondant à l'identité de la marque ou inventer une mise en scène humoristique. L'imagination et l'audiovisuel n'ont pas de limites – surtout depuis la démocratisation des images de synthèse et des effets spéciaux. Mais des études ont montré que certains styles sont plus efficaces que d'autres (voir tableau 9-1).

Tableau 9-1 Tout est dans le style

Styles efficaces	*Styles peu efficaces*
Humour	Témoignages de style caméra cachée
Célébrité	Aval d'un expert
Enfants	Chanson/danse et thèmes musicaux
Situations réelles	Démonstration du produit
Comparaison de marques	

En moyenne, l'*humour* et la *participation d'une célébrité* sont les styles qui fonctionnent le mieux. Réfléchissez à la façon dont vous pouvez utiliser ces styles pour communiquer votre message. Mais songez aussi que les spots qui font exception à la règle ont des chances d'être davantage remarqués. Aussi, ne renoncez pas aux autres styles. Si vous voulez que votre spot échappe à la règle, faites simplement en sorte qu'il soit supérieur à la moyenne.

L'achat de temps d'antenne

Quelle chaîne de télévision convient le mieux à votre spot publicitaire ? Devez-vous diffuser celui-ci sur une chaîne nationale ou sur le câble ? Devez-vous acheter un créneau en *prime time*, en fin de journée ou en soirée ? Quels programmes sont les plus regardés par votre marché cible ?

Pour savoir ce que vos prospects regardent à la télévision, basez-vous sur les études d'audimat. L'audimat permet de connaître le nombre de téléviseurs allumés sur une chaîne dans un créneau horaire précis et une zone géographique déterminée. Cependant, les annonceurs et le secteur audiovisuel se disputent sans arrêt au sujet de son exactitude, car de légères différences dans l'indice d'écoute entraînent une grande différence de coût en matière de publicité !

Les études concernant l'indice d'écoute fournissent les statistiques suivantes par zone géographique :

- Nombre de téléviseurs sur le marché.
- Nombre de téléviseurs allumés.
- Pourcentage de téléviseurs réglés sur un programme précis par rapport à tous ceux qui sont allumés (*part de marché*).
- Pourcentage de téléviseurs réglés sur un programme précis par rapport au parc de téléviseurs (*indice d'écoute*).

Par exemple, imaginons qu'il y ait 800 000 téléviseurs dans une ville. Si 200 000 téléviseurs (soit 25 %) sont réglés sur un certain programme, ce programme a un indice d'écoute de 25. Si 400 000 téléviseurs sont allumés (soit 50 %), la part de marché de ce programme est de 50.

Dans le secteur audiovisuel, le *marché* est le nombre de foyers ayant la télévision allumée. Mais pour les annonceurs, le marché est l'ensemble des personnes susceptibles d'acheter le produit. Par conséquent, les annonceurs accordent généralement plus d'importance à l'indice d'écoute qu'à la part de marché.

L'*indicateur de pression des médias* (IPM) est l'indice d'écoute global obtenu dans le cadre de votre plan média (votre *plan média* est le nombre de fois où votre spot est diffusé au cours d'une période déterminée). Lorsque les acheteurs de médias achètent une série de créneaux horaires pour votre spot, ils ajoutent tous les indices d'écoute de chaque heure/chaîne où votre spot sera diffusé et vous communiquent le total : l'IPM de votre campagne. Ce chiffre sera élevé mais ne vous renseignera pas beaucoup.

Pourquoi ? Parce que ce chiffre ne tient pas compte de la différence entre les nouvelles expositions et les expositions renouvelées. Imaginez qu'il indique que votre spot a atteint dix millions de téléspectateurs. Votre spot a-t-il été vu une fois par dix millions de téléspectateurs ou dix fois par un million de téléspectateurs ? La réponse se situe probablement quelque part entre les deux – mais comment vous faire une idée précise ? Dans certaines campagnes, dix ou vingt expositions par personne sont nécessaires. Dans d'autres, une ou deux peuvent suffire. Précisez clairement votre objectif à votre agence de publicité ou à votre acheteur de médias.

En règle générale, une exposition renouvelée au spot publicitaire augmente l'influence que celui-ci exerce sur le téléspectateur. Prévoyez un bon nombre d'expositions si vous pensez qu'un renforcement du message est nécessaire. En revanche, si le téléspectateur est susceptible d'adhérer rapidement au message et de s'en souvenir en situation d'achat, une ou deux expositions suffiront pour l'inciter à l'action.

Les chiffres concernant l'audience sont généralement divisés en plusieurs catégories, démographiques ou autres, pour aider les marketeurs à déterminer si les personnes qui ont vu le spot font bien partie du marché ciblé. Je vous recommande de décomposer l'indice d'écoute global en différentes catégories pour en déduire le chiffre qui correspond à votre marché cible. Bien sûr, ce chiffre sera inférieur à l'indice d'écoute global puisque votre marché ne représente qu'une partie de l'audience. Par conséquent, le coût pour mille expositions sera plus élevé que si vous vous basez sur les chiffres fournis par les services d'audimat.

En réalité, le seule véritable variable qui va vous permettre de savoir si votre spot est rentable est le nombre de téléspectateurs ciblés parmi l'ensemble de l'audience. L'indice d'écoute met l'accent sur la taille de l'audience d'un programme, et non sur la compatibilité entre l'audience et votre marché cible. Alors pensez à convertir les indices en chiffres pertinents par rapport à votre objectif publicitaire. Si vous envisagez vos décisions d'achat sous cet angle, vous finirez par diffuser votre spot sur davantage de chaînes et de programmes que si vous vous basiez uniquement sur les indices d'écoute.

Créer des annonces publicitaires pour la radio

Comme la télévision, la radio est une forme de théâtre et, par conséquent, a davantage de points communs avec l'audiovisuel qu'avec les autres médias. La plupart des marketeurs ne s'en rendent pas compte. Ils pensent que le manque d'image limite considérablement l'impact de la radio. C'est faux !

Mon fils de douze ans a gagné un jeu de cassettes d'un vieux feuilleton radiophonique. Nous les avons écoutées en famille récemment. Pourquoi ces vieux feuilletons sont-ils si palpitants ? Parce que l'on peut voir l'action au fur et à mesure qu'elle se déroule. Le texte et les bruitages créent un fil conducteur visuel dans l'esprit de l'auditeur (le texte décrit même les bruitages pour être sûr que l'auditeur les « voit »).

« Oh, non, le chat noir géant vient vers nous ! Mon Dieu, il a les yeux qui brillent ! » (*Bruitage : Miaaaou. Wiiiich, wiiiich.*) « À l'aide, il me pousse au bord du toit de cet immeuble de dix étages ! » (*Bruitage : Wiiiiich, craaa, wiiiiich.*) « Attention, Margaux, tu vas tomber ! » (*Bruitage : bruit de chute et cri de femme s'affaiblissant avec la distance.*)

Vous voyez ce qui se passe, n'est-ce pas ?

Traditionnellement, on dit que seulement trois éléments interviennent dans la création d'une annonce publicitaire pour la radio : le texte, le bruitage et la musique. Et d'une certaine façon, c'est vrai. Mais vous ne parviendrez pas à créer une bonne annonce si vous n'utilisez pas ces éléments dans le but précis de générer des images mentales dans l'esprit de l'auditeur. Autrement dit, vous pouvez utiliser le même scénario de base à la radio qu'à la télévision. La radio n'est pas aussi limitée qu'on le croit. C'est juste que ses capacités ne sont pas pleinement exploitées depuis que notre histoire d'amour avec elle a été éclipsée par la télévision et le cinéma.

Voici quelques conseils pour créer une bonne annonce publicitaire pour la radio :

- Faites appel à l'imagination des auditeurs en utilisant des mots et des bruitages qui évoquent des images.
- Trouvez et utilisez des sons faciles à mémoriser – un bruitage bien fait, une voix intéressante ou une phrase musicale susceptible de trotter dans la tête des auditeurs.
- Tenez-vous-en à une idée forte. Votre annonce devra lutter contre la tendance des auditeurs à écouter la radio en bruit de fond. Elle doit donc être percutante pour pénétrer le mental des auditeurs. (Dans de nombreux pays, les gens consacrent plus de temps à la radio qu'à tous les autres médias mais, la plupart du temps, ils ne prêtent aucune attention à ce qu'ils entendent !)
- Désignez dès le départ les auditeurs ciblés. Le début de l'annonce doit aider les personnes ciblées à se reconnaître et donc à être attentives.

  Par exemple, si l'annonce s'adresse aux personnes qui ont besoin d'aller chez le coiffeur mais ne sont pas satisfaites du service de leur salon habituel, commencez votre annonce avec un bruit de verre brisé (un miroir qui vole en éclats ?) et l'affirmation suivante : « Finies les coupes de cheveux ratées ! » Maintenant, tous les auditeurs qui ont besoin d'une coupe de cheveux sont tout ouïe, prêts à écouter votre message.
- Préférez la publicité directe à la publicité indirecte. Bien sûr, parfois, vous voudrez utiliser la radio uniquement pour faire connaître votre marque (publicité indirecte). Mais, en général, la publicité directe est plus efficace à la radio.

  Venez nous rendre visite. Composez notre numéro vert. Participez à notre concours – fiches d'inscription disponibles dans tous nos magasins aujourd'hui. Achetez des billets pour l'événement que nous sponsorisons. Regardez notre émission de télévision ce soir, à 19 heures. Tous ces objectifs de publicité directe sont tout à fait adaptés à la radio. En effet, les auditeurs prennent souvent des initiatives à la suite d'une consigne donnée à la radio. Ils appellent pour participer à un *talk shaw*, dédicacer une chanson ou gagner un ticket de cinéma en répondant à une question. Les auditeurs qui écoutent souvent la radio sont particulièrement attentifs à ce genre d'opportunités. Alors n'hésitez pas à leur donner vos propres consignes pour les inciter à agir dans votre sens !
- Indiquez votre marque et ses principaux atouts très tôt et relativement souvent. Des études montrent que les auditeurs retiennent mieux le nom d'une marque lorsque celle-ci est mentionnée au début de l'annonce. La répétition aide aussi à la mémorisation. N'oubliez pas que vous vous adressez peut-être à quelqu'un qui a allumé la radio en guise de fond sonore. Je pense, en outre, que même une annonce conçue dans un objectif de publicité directe peut et doit avoir une action indirecte, c'est-à-dire rappeler la présence de la marque sur le marché.

Indiquez le nom de la marque tôt et souvent, quel que soit le texte de l'annonce. Si vous n'atteignez pas votre objectif d'action directe, vous éveillerez au moins l'intérêt des auditeurs pour la marque, ce qui servira d'autres objectifs de votre plan marketing. La radio est un excellent support pour faire de la publicité pour d'autres médias et peu de marketeurs s'en rendent compte. Alors, autant combler ce vide avec votre propre message de marketing !

Bruitages : attention danger !

Le texte de votre annonce doit *identifier tous les bruitages*. Les bruitages peuvent vous sembler merveilleux et évocateurs mais, en réalité, la plupart se ressemblent. Sans contexte, de la pluie tombant sur le toit peut ressembler à une tranche de bacon grésillant dans une poêle, à un chalumeau découpant la porte en métal de la salle des coffres d'une banque, ou même au démarrage d'un vaisseau spatial extraterrestre.
Le texte doit donc identifier le son, soit par référence directe (« Oh, mon Dieu, je crois que j'entends le moteur du vaisseau spatial extraterrestre ! », soit par le contexte.

Le contexte est défini par le texte, par l'intrigue ou simplement par d'autres bruitages. Le son d'une coquille d'œuf qui craque et d'une poêle heurtant une cuisinière permet de comprendre que le bruitage s'applique au grésillement d'une tranche de bacon, plutôt qu'à la pluie sur le toit ou au mécanisme de propulsion à base de kryptonite d'un vaisseau spatial extraterrestre.

L'achat de temps de radio

J'encourage souvent les marketeurs à essayer la radio plutôt que d'autres médias. Pourquoi ? Parce que, si la radio est très utilisée par les annonceurs locaux, elle est fort négligée par les autres. De nombreux annonceurs ne sont pas conscients de son pouvoir d'attraction. Pourtant, une immense majorité d'adultes et d'adolescents écoute la radio tous les jours de la semaine. Votre marché cible est sûrement quelque part au milieu de tous ces auditeurs.

Théoriquement, les annonces diffusées à la radio bénéficient d'une audience plus importante que les spots publicitaires et les annonces imprimées.

De plus, la radio permet de sélectionner une zone géographique et un type d'audience déterminés. Les prix artificiellement bas de ce support s'expliquent donc, à mon avis, par une mauvaise appréciation de ses atouts.

Si la radio coûte moins cher que la télévision ou la presse, c'est aussi parce que, comme nous l'avons dit précédemment, de nombreuses personnes n'écoutent pas vraiment la radio lorsque celle-ci est allumée. Mais une annonce publicitaire bien conçue peut souvent attirer l'attention pendant quelques secondes. D'ailleurs, le problème ne concerne pas uniquement la radio. Je ne suis pas sûr que tous les téléspectateurs pris en compte par les indices d'écoute de la télévision soient plus attentifs que les auditeurs. Quant aux lecteurs de journaux, ils sont attentifs, mais peut-être uniquement aux informations qui les intéressent – votre annonce peut donc facilement passer inaperçue. Personnellement, je trouve la radio très rentable, quelles que soient ses différences par rapport aux autres médias (les panneaux d'affichage sont également des supports publicitaires rentables. Nous en parlerons au chapitre 10).

Une publicité ciblée grâce à la radio

Les stations de radio font un véritable effort pour cibler une audience précise – ce que la plupart des annonceurs essaient de faire également. En écoutant la radio, vous pouvez obtenir de nombreuses informations sur l'audience (données démographiques, mode de vie, style, etc.). Et vous trouverez sans doute une station qui s'adresse à une audience correspondant, au moins en partie, à votre marché cible.

Voici une autre idée à laquelle vous n'avez sûrement pas pensé : pourquoi ne pas diffuser des annonces publicitaires sur le système de diffusion interne des magasins ? C'est aussi un excellent moyen de cibler une audience déterminée. Par exemple, vous pouvez faire de la publicité pour votre marque de pneus chez un concessionnaire automobile. La publicité audio en magasin se distingue des autres formes d'annonces en termes d'achat de médias, car la programmation est établie et contrôlée par le magasin. Par conséquent, de nombreux marketeurs ne savent pas comment utiliser cette option. Renseignez-vous auprès d'une agence de publicité ou d'une société spécialisée en achat de médias.

Pour conclure, je ne dirai qu'une chose : *ne négligez pas la radio !* Vous atteindrez une audience plus importante, mieux ciblée, à un coût inférieur à celui de n'importe lequel des autres médias. Comme la télévision, la radio peut *montrer* en plus de dire – il suffit de solliciter l'imagination des auditeurs pour créer des images visuelles. Et si votre texte est vraiment bon, je vous garantis que vous parviendrez à attirer et à *retenir* l'attention !

Chapitre 10

Publicité extérieure : affiches, bannières, enseignes et autres

Dans ce chapitre :

- Créer des annonces publicitaires d'extérieur
- Utiliser des panneaux d'affichage – formats et options
- Autocollants, parapluies, stores et autres
- Enseignes pour votre société
- Drapeaux et bannières (pourquoi pas ?)
- Transports en commun

La publicité extérieure englobe les grandes enseignes, les affiches et les panneaux d'affichage que l'on peut voir le long de la route. Traditionnellement, les petites enseignes, les bannières et les drapeaux n'en font pas partie – mais je ne sais pas pourquoi (sans doute parce que ceux-ci sont généralement conçus et disposés par les marketeurs eux-mêmes, et non par les services du secteur publicitaire).

En ce qui me concerne, je pense que tout ce matériel promotionnel, qu'il se trouve dans un espace public ou semi-public, à l'intérieur ou à l'extérieur, fait partie de la publicité extérieure, qu'il s'agisse d'un immense panneau d'affichage en bordure d'une autoroute ou d'un minuscule autocollant sur le pare-brise d'une voiture.

Pourquoi ? Parce que toutes ces méthodes visent à *communiquer un message par l'intermédiaire d'un affichage public*. J'ai donc intégré dans ce chapitre tout ce qui concerne les enseignes, les drapeaux et bannières, les autocollants, l'affichage transports et même les tee-shirts. Ces supports sont beaucoup plus efficaces qu'on pourrait le croire – certaines sociétés qui réussissent n'en utilisent pas d'autres ! Comment créer et utiliser une annonce d'extérieur ? Quelles sont les possibilités qui s'offrent à vous ? Voici quelques éléments de réponse pour vous aider à intégrer la publicité extérieure dans votre plan marketing.

Les règles en matière de design

Voici un exercice très simple pour vous aider à comprendre les règles qui s'imposent, à l'extérieur, en matière de design. Tracez un rectangle de 6 x 2,5 cm à la règle sur une feuille de papier blanc. Ce rectangle représente le genre de panneaux d'affichage que vous pouvez voir le long de la route. À une certaine distance, un panneau d'affichage ne semble pas plus grand que ce rectangle lorsque vous tenez la feuille à bout de bras (voir figure 10-1). Faites l'expérience. Tenez votre feuille (ou la figure 10-1) à bout de bras et réfléchissez au texte que vous pouvez insérer dans cet espace de façon à ce qu'il soit lisible de loin. Ce texte devra être très court, n'est-ce pas ? Veillez à limiter votre message à quelques mots en gras, sinon il sera illisible (la même règle s'applique aux images).

Figure 10-1 : De loin, un grand panneau d'affichage bordant la route ne semblera pas plus grand que ce rectangle.

ATTENTION !

C'est le problème avec la publicité extérieure – elle doit être lisible à la hâte et parfois de très loin. Par conséquent, l'annonce doit être simple. Cela dit, elle sera probablement vue plusieurs fois par des personnes qui prennent régulièrement la même route, le même trottoir, le même ascenseur ou le même bus. Elle doit donc associer la simplicité à une capacité d'impact durable. Pas facile !

La publicité extérieure est semblable à la publicité-presse, à la seule différence qu'elle utilise beaucoup moins de mots et des images beaucoup plus simples pour faire passer le message de façon plus claire et plus économique. Avec toutes ces contraintes, il n'est pas facile de créer une annonce d'extérieur efficace.

Affichage multiformat

Vous avez le choix entre plusieurs options en ce qui concerne le format de votre annonce et la distance à laquelle vous allez la placer.

- Vous pouvez opter pour une immense *publicité lumineuse animée*, sur mesure, de la taille d'un immeuble. Le matériel de ce genre, qui coûte très cher, est généralement considéré comme un investissement à long terme pour le renforcement de l'image de marque.

  Si vous voulez montrer votre insecticide en train de tuer un cafard géant, vous pouvez installer, au sommet d'un immeuble, une immense bombe programmée pour émettre, toutes les minutes, un nuage de produit inoffensif pour l'environnement à la figure d'un énorme cafard rampant le long de l'immeuble. Mignon ? Euh, pas tellement… Efficace ? Oui. Rien de tel pour attirer l'attention. La publicité lumineuse animée comporte peu de règles – excepté celles de la gravité et de la conception – alors vous pouvez prendre beaucoup de plaisir avec ce type de publicité extérieure.

- Vous pouvez choisir un *poster géant*, format d'affiche le plus grand, utilisé essentiellement dans les grandes villes au sommet des immeubles.

- Vous pouvez opter pour une *affiche grand format*, dont le texte est lisible de très loin. Ce type d'affiche est tout à fait adapté à l'autoroute, où le conducteur n'est pas assez près d'une annonce pendant suffisamment longtemps pour y accorder beaucoup d'attention.

- Enfin, vous pouvez vous en tenir à l'*affiche* classique, utilisée en ville, accessible à la fois aux piétons et aux automobilistes. Bien qu'elle soit plus petite que la précédente, elle est parfois plus efficace en raison de sa proximité. En tout cas, c'est sans doute ce que pensent les annonceurs, car ce format est de plus en plus répandu.

La figure 10-2 montre les proportions et la taille relative des différents formats d'affichage extérieur.

À ces formats traditionnels s'ajoutent de nouvelles options, toujours plus originales. Vous voulez inscrire votre message dans le hall de votre immeuble ? Sur un kiosque ? Le long des murs d'une salle de sport ? Ou sur le périmètre d'un stade ? C'est possible. Renseignez-vous auprès des sociétés qui gèrent ces espaces et auprès d'une agence de publicité ou d'une société d'achat de médias.

Optimiser les bénéfices de la publicité extérieure

Les coûts de la publicité extérieure sont extrêmement variés. Ils dépendent, en grande partie, de la couverture potentielle de l'annonce. Par exemple, une même affiche coûte plus cher dans une grande ville que dans une petite ville, où le trafic est moins important.

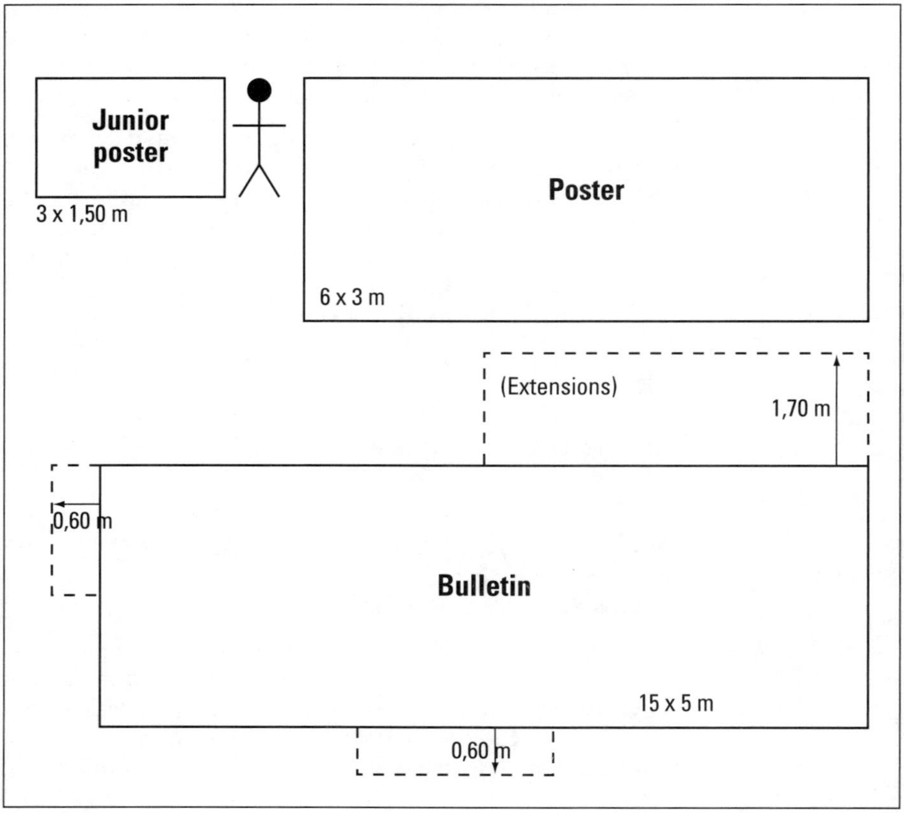

Figure 10-2 : Les trois principaux formats d'affichage extérieur.

D'une manière générale, l'affichage extérieur est peu coûteux. Il coûte deux fois moins cher que la radio et beaucoup moins cher que la télévision et la presse.

Bien sûr, pour avoir une idée précise du coût, vous devez prendre en compte le pourcentage d'expositions de votre *marché cible* – qui sera peut-être peu élevé étant donné la grande couverture d'une annonce affichée. Dans ce cas, le coût sera plus élevé. Par exemple, le coût d'une annonce destinée aux femmes âgées de 25 à 49 ans est plus élevé que celui de la même annonce utilisée sans aucune distinction d'âge et de sexe.

De plus, les expositions de votre marché cible perdent de la valeur lorsqu'elles passent un certain stade de renouvellement. Est-ce qu'une annonce vue pour la dixième fois a autant d'impact que lorsqu'elle a été vue pour la première ou la deuxième fois ? Est-ce que les passants prennent la peine de regarder une annonce plusieurs fois ? En général, non. Les spécialistes de la publicité extérieure parlent de taux de réexamen – nombre de fois, en moyenne, où les passants prennent la peine de lire la même affiche. Les meilleures affiches bénéficient évidemment du *taux de réexamen* le plus élevé, car les passants les trouvent suffisamment intéressantes pour les regarder plusieurs fois.

N'oubliez pas que la publicité extérieure a un impact limité en termes de transmission d'un message. Autrement dit, ce que vous pouvez communiquer pour un prix peu élevé est également minimal.

Cela dit, à ce prix, la publicité extérieure est rentable. Pour obtenir une exposition bon marché de votre marque ou faire connaître votre produit ou votre service rapidement, la publicité extérieure est tout à fait appropriée. De plus, en milieu urbain, vous pouvez acheter suffisamment d'espace pour couvrir tout votre marché (du moins, en théorie). C'est ce qu'on appelle la *couverture 100*, ce qui signifie que les affiches sont assez nombreuses et répandues pour que 100 % des personnes ciblées soient exposées au message (la couverture 50 correspond à une couverture de 50 % du marché).

Comme dans la presse, les coûts varient également en fonction de la taille de l'annonce. Un poster géant est environ quatre fois plus cher et plus grand qu'une affiche grand format. Et une affiche grand format est environ quatre fois plus chère et six fois plus grande qu'une affiche classique.

IDÉE LUCRATIVE

En revanche, l'*efficacité* d'une affiche, contrairement à celle d'une annonce imprimée dans la presse, ne varie pas en fonction de sa taille, pour les deux raisons suivantes :

- Lorsque vous lisez un magazine, vos yeux se trouvent à une distance égale de toutes les annonces, quelle que soit la taille de celles-ci. En revanche, les petites affiches sont généralement placées plus près des passants et des automobilistes que les grandes. Par conséquent, une affiche classique peut être aussi lisible qu'une affiche grand format, malgré sa petite taille. Même si elle est moins impressionnante, elle ne l'est pas six fois ni même quatre fois moins. L'affiche standard est donc très rentable.
- La vitesse à laquelle les prospects passent devant une affiche n'est pas constante. Vous pouvez partir du principe que les lecteurs d'un magazine tournent les pages à peu près au même rythme, que vous achetiez un quart de page ou une page entière. C'est pourquoi une annonce d'une page attire davantage l'attention – elle ressort mieux à la seconde où le lecteur parcourt la page avant de la tourner.
- Les chiffres concernant la publicité extérieure sont basés sur le même principe. On considère que le *comptage de la circulation* (nombre de véhicules par jour multiplié par le nombre moyen de personnes par véhicule) permet de faire une estimation précise. Or, il existe une grande différence selon qu'un automobiliste roule à 90 km/h ou à 50 km/h. Un automobiliste peut même rester à côté d'une affiche pendant

dix minutes, s'il se trouve dans un embouteillage à un péage ou à l'entrée d'un pont. Par conséquent, vous devez tenir compte de la vitesse de la circulation et choisir des emplacements où les automobilistes sont susceptibles de rouler lentement et donc d'avoir le temps de lire votre affiche !

Pour résumer, toutes les opérations de publicité extérieure ne sont pas équivalentes. L'emplacement joue un rôle essentiel dans l'efficacité d'une affiche. C'est pourquoi certains annonceurs réservent de bons emplacements en les louant plusieurs années à l'avance.

L'affiche standard a le vent en poupe !

L'affiche standard est de plus en plus populaire. Introduite sur le marché relativement récemment pour rendre la publicité extérieure plus accessible aux petites entreprises, elle est désormais très présente. Ce succès s'explique, en partie, par la possibilité de placer les affiches de ce genre près du flux de la circulation – notamment dans des rues où la circulation est lente.

Dans l'ensemble, on considère que l'affiche standard est trois fois plus rentable que l'affiche grand format. Des études ont montré que la première est presque aussi visible que la seconde. De plus, la couverture des deux supports est équivalente. Les chiffres (voir tableau ci-dessous) permettent de calculer facilement le nombre d'expositions à une affiche – multipliez le pourcentage par les chiffres du trafic pour connaître le nombre total d'expositions dans une journée.

Si vous pouvez utiliser des affiches de format standard à l'endroit où vous souhaitez mener une campagne de publicité extérieure, je vous recommande ce support.

	Affiche standard	*Affiche grand format*
Visibilité	30 %	37 %
Couverture	29 %	29 %
Réexamen	1,3	1,5

Circonstances inadaptées à la publicité extérieure

Bien que géographiquement très ciblée, la publicité extérieure est un moyen de communication de masse d'un point de vue démographique. Or, l'exposition de masse est inappropriée pour les produits destinés uniquement à une certaine tranche de la population. L'exposition accidentelle de personnes non ciblées à une annonce est une perte d'argent.

La publicité extérieure étant géographiquement ciblée (vous pouvez choisir de mettre des affiches dans une certaine ville ou sur un certain itinéraire), elle est idéale pour un annonceur local. Par exemple, si vous avez un garage en ville, vous pouvez mettre des affiches dans toute la ville avec la certitude que tous les conducteurs automobiles en verront une à un moment ou un autre. Ces conducteurs peuvent être des hommes, des femmes, des jeunes ou des moins jeunes. Votre annonce n'est pas démographiquement ciblée.

En revanche, si votre annonce (ou votre produit) s'adresse uniquement aux femmes de moins de 40 ans, bien moins de la moitié de la population (les hommes et les femmes de plus de 40 ans) y sera exposée inutilement. Par conséquent, la publicité extérieure n'est efficace que si les personnes exposées correspondent majoritairement à l'audience ciblée. Évitez de diffuser à grande échelle un message qui ne concerne pas tout le monde.

ATTENTION !

À consommer avec modération

La publicité extérieure peut occasionner une gêne. De nombreuses personnes se plaignent d'avoir vue sur une immense annonce publicitaire. Pensez-y lorsque vous envisagez d'utiliser ce support.

Quel que soit votre produit, la publicité extérieure n'a de sens que si les personnes exposées correspondent en majorité à l'audience que vous avez ciblée.

Si vous voulez continuer à avoir la liberté de diffuser des annonces publicitaires quasiment à volonté, essayez de ne pas avoir l'attitude irrespectueuse qui semble caractériser une bonne partie des campagnes publicitaires modernes.

Et surtout, n'ayez pas recours à la publicité extérieure pour des annonces qui risquent d'offenser certaines personnes. Croyez-moi, ne prenez pas le risque de vous mettre à dos toute une communauté. Il existe des médias bien plus ciblés pour ce genre de messages. Je suis sûr que vous pouvez trouver un magazine, une station de radio ou un fichier d'adresses qui vous permettra de communiquer directement avec votre marché sans offenser les personnes non ciblées.

Retour aux bases : l'enseigne

En écrivant ce livre, j'ai découvert quelque chose d'étrange : les *enseignes* ne sont pas mentionnées dans l'index ou le sommaire de la plupart des livres sur le marketing. Les *enseignes*. Vous savez, ces petites pancartes indiquant le nom de la marque ou de la société – et parfois un petit message de marketing ou une information utile pour le client…

Les enseignes sont partout – si vous êtes au bureau en ce moment, penchez-vous par la fenêtre et vous en verrez probablement un bon nombre. Elles sont très importantes. Même si elles ne servent qu'à localiser un magasin ou un bureau (ce qui est rarement le cas), elles sont utiles. Si vos clients ne peuvent pas vous trouver, vous n'avez plus qu'à mettre la clé sous la porte. Alors pourquoi les marketeurs – du moins ceux qui écrivent des livres – ignorent-ils complètement ce support publicitaire ?

Il n'existe aucune norme nationale ou internationale concernant les enseignes, ni aucune association destinée à promouvoir certaines pratiques. Prenez contact directement avec un fabricant d'enseignes et spécifiez vous-même la taille, les matériaux, le texte et la conception.

TÊTE PENSANTE

L'enseigne comme instrument de marketing

De nombreuses enseignes sont semblables aux panneaux ou feux de signalisation qui nous empêchent de rouler sur les piétons qui traversent la route. Même si ces panneaux n'ont rien à voir avec le marketing, ils ont le même objectif de base : modifier le comportement d'un individu, généralement dans l'immédiat, en influençant son parcours.

Inspirez-vous des panneaux de signalisation pour la conception de votre enseigne. Ils sont simples et clairs. Ils doivent être simples en raison de leur petite taille. De plus, les automobilistes les regardent de loin et passent devant rapidement. Les enseignes sont soumises aux mêmes contraintes. Tenez-en compte lors de la conception. La capacité de communication d'une enseigne est relativement limitée. Après tout, si les enseignes pouvaient véhiculer un message de marketing avec force et un maximum de visibilité, les panneaux d'affichage n'auraient jamais été inventés !

Cela dit, ne négligez pas votre enseigne. Elle fait partie des points d'influence qui existent entre vous et vos clients. Et elle est absolument essentielle pour attirer les prospects. Alors, accordez-lui une place importante dans votre plan marketing !

QUI CONTACTER ?

Pour concevoir votre enseigne, adressez-vous à une société de conception graphique ou à un designer expérimenté. Vous trouverez probablement plusieurs options dans les Pages Jaunes.

IDÉE LUCRATIVE

Vous pouvez également faire appel à un ébéniste, à un maître verrier, à un peintre ou à tout autre artiste ou artisan professionnel. La plupart des enseignes sont purement commerciales et peu artistiques. Aussi, lorsqu'une société fait sculpter son nom et son logo dans une belle pièce d'acajou par un artiste, le résultat est vraiment original ! Une belle enseigne transmet un message : la société a quelque chose de particulier par rapport aux autres. En fait, une enseigne vraiment particulière, disposée dans une zone très fréquentée, renforce davantage l'image de marque de la société et attire plus de prospects que n'importe quelle autre forme de publicité locale.

Les atouts de votre enseigne

Les enseignes sont limitées en termes d'objectifs de marketing – mais peut-être pas autant que vous le croyez. Elles remplissent les fonctions de communication suivantes :

- **Votre enseigne dirige vos prospects vers votre société** : de nombreux marketeurs se contentent de la publicité extérieure pour indiquer aux automobilistes où se trouve leur magasin. Ils n'indiquent plus rien une fois que les automobilistes ont quitté la route. Ne sous-estimez pas la capacité du prospect moyen à se perdre ! Faites en sorte que votre enseigne soit un véritable point de repère, afin de ne pas perdre de clients en cours de route…

  L'emplacement est la clé du succès pour les détaillants. Affirmez votre présence de façon plus efficace que vos concurrents ! Créez une empreinte visuelle plus visible. Par exemple, dans un centre commercial, si votre enseigne est vraiment remarquable, vous attirerez davantage de clients dans votre magasin que vos concurrents.

- **Votre enseigne fait de la publicité pour vous dans votre rue** : les enseignes constituent la forme originelle de la publicité extérieure. Plus petites, plus locales et plus intimes que les grandes affiches utilisées dans la publicité extérieure moderne, elles peuvent cependant être plus efficaces. Votre enseigne annonce votre présence et en dit long sur votre *personnalité* (pour en savoir plus sur la personnalité en marketing, reportez-vous au chapitre 5). Elle doit être conçue de façon à rendre l'emplacement de votre société visible pour toute personne circulant à pied ou en voiture dans votre rue. De plus, elle doit être compatible avec votre *image de marque* – la personnalité que vous souhaitez dégager auprès de vos clients et prospects.

IDÉE LUCRATIVE

- **Votre enseigne renforce votre image de marque** : la qualité d'une enseigne informe grandement sur la qualité du produit ou du service. Je vous recommande d'investir davantage dans votre enseigne que vos concurrents pour projeter une meilleure image de marque. En marketing, les perceptions du client sont incontournables. Et pour de nombreuses sociétés, l'enseigne a un impact important sur ces perceptions !

- **Votre enseigne fournit des informations utiles** : quels produits ou services fournissez-vous ? Comment et quand vos clients peuvent-ils vous contacter ? Qu'est-ce qui vous distingue de vos concurrents ? Quel genre de clients recherchez-vous ? Trop souvent, les clients ne peuvent pas répondre à ces questions en regardant une société de l'extérieur. Ces informations ne sont pas immédiatement accessibles. Pourtant, elles peuvent figurer sur l'enseigne. Dans ce cas, il n'y a plus de confusion : vous attirez davantage de clients *ciblés* et les autres ne s'adressent plus à vous par erreur. Observez bien votre enseigne. Fournit-elle suffisamment d'informations à vos clients, à vos prospects et aux simples curieux ? Veillez à ce qu'elle dise clairement qui vous êtes, ce que vous faites, pour qui vous le faites, quand, où et comment !

Le texte de votre enseigne

Écrire une enseigne est un art difficile que les marketeurs doivent maîtriser. Très souvent, le texte est ambigu. L'enseigne ne dit rien avec suffisamment de précision pour jouer pleinement son rôle. Avant d'approuver le design de votre enseigne, revoyez le texte pour vous assurer de sa clarté. Essayez d'en faire une mauvaise interprétation. Peut-on donner à votre enseigne une signification à laquelle vous n'aviez pas pensé ? Posez-vous aussi toutes sortes de questions pour voir si votre enseigne y répond. Par exemple, si celle-ci se trouve sur un côté du magasin, indiquez l'entrée par une flèche.

Certaines enseignes sont conçues pour fournir de nombreuses informations – horaires d'ouverture ou catégorie de produits ou services proposés, par exemple. Mais ces enseignes informatives sont souvent trop brèves et trop longues à la fois. Le texte et le design doivent être divisés en deux sections, dont chacune a son propre objectif.

- La première section est semblable au *titre* dans une annonce imprimée. Son objectif est d'attirer l'attention de loin et d'inciter les passants à s'approcher de l'enseigne. Par conséquent, elle doit être brève, grande et visuellement attrayante.
- La seconde section doit communiquer les *informations essentielles* avec précision et de manière exhaustive. Si la première section joue bien son rôle, les passants s'approcheront de l'enseigne pour lire la partie informative. Celle-ci n'est donc pas aussi grande et attractive. Elle doit se composer d'un texte facile à lire et à interpréter, et suffisamment complet pour répondre à toutes les questions des passants.

ATTENTION !

La plupart des enseignes ne comportent pas deux sections distinctes et, par conséquent, n'atteignent aucun des deux objectifs. Elles n'attirent pas vraiment les clients et ne les informent pas non plus. Malheureusement, les fabricants d'enseignes ont tendance à faire tout le texte à la même taille. Si vous insistez, ils consentent à faire le titre deux fois plus gros que le reste du texte, mais ils vont rarement au-delà. Or, une bonne enseigne doit aller au-delà. Comme dans de nombreux aspects du marketing, si vous voulez faire mieux que la moyenne, vous devez nager à contre-courant.

Autre problème : le texte est souvent écrit de façon très classique. La tradition dit qu'une enseigne, contrairement à toute autre communication de marketing, doit simplement donner des indications de façon directe. Le dictionnaire devrait citer « enseignes créatives » comme exemple d'oxymore, car ces deux termes semblent profondément antinomiques.

Si les enseignes ne sont pas créatives, c'est parce que la plupart des marketeurs partent du principe que les gens les lisent. Or, rien ne dit que vos clients et prospects voient et lisent automatiquement votre enseigne.

Les rues sont jalonnées d'enseignes. Essayez de faire la liste de toutes celles que vous voyez dans votre rue. Certaines ressortent plus que d'autres, et d'autres encore passent complètement inaperçues. Et je parie que vous ne vous souvenez déjà plus du texte de celles qui vous ont attiré le regard suffisamment longtemps pour que vous les lisiez.

ATTENTION !

Je n'aime pas annoncer les mauvaises nouvelles, mais l'idée que tout le monde lit les enseignes est un mythe, et un mythe dangereux qui plus est. En réalité, seules les enseignes les mieux conçues attirent et retiennent l'attention. Vous devez donc appliquer à votre enseigne les règles en matière de design et de texte que nous avons vues au chapitre 5. Et, plus important encore, vous devez rompre avec la tradition et avoir une approche créative pour que votre enseigne sorte du lot (pour en savoir plus sur la créativité, reportez-vous au chapitre 4).

IDÉE LUCRATIVE

Voilà pour la mauvaise nouvelle. Mais en voici une bonne : toutes les erreurs que vous remarquez chez les autres sont des opportunités pour vous. Les enseignes permettent d'innover à la fois dans le texte et dans le design, comme les annonces imprimées et les affiches. Mais vous pouvez également innover dans la forme. Expérimentez de nouveaux matériaux, pensez à l'éclairage et essayez de donner à votre enseigne un véritable pouvoir d'attraction. Une enseigne doit être créative et attrayante (comme tout ce qui touche au marketing) !

Voici toutes les options dont vous disposez qui peuvent donner à votre enseigne un petit plus par rapport aux autres :

- Graphisme et lettrage vinyle (rapide et bon marché et fidèle à votre design).
- Peinture à la main (touche personnelle et style original).
- Bois (style traditionnel ; la sculpture à la main renforce l'accroche).
- Métal (durable et précis dans le graphisme et le lettrage mais pas très esthétique).
- Lettrage sur verre (peint à la main ou en vinyle).
- Enseigne lumineuse (lettrage rétro-éclairé, visible la nuit).
- Enseigne au néon (Whaoh !).
- Enseigne magnétique (pour vos véhicules de service ou pour saboter les fichiers informatiques de vos concurrents !).
- Panneau d'affichage électronique (ou répéteur de message électronique ; messages plus longs en mouvement, style *high tech* approprié dans certaines situations).

Tee-shirts, parapluies et autocollants

N'oubliez pas que votre enseigne peut aussi figurer sur une voiture ou un tee-shirt. Nous verrons en détail les possibilités offertes par les tee-shirts au chapitre 11, consacré en partie aux cadeaux, qui permettent aussi de diffuser un message. Vos clients considèrent un beau tee-shirt comme un cadeau mais, pour vous, c'est aussi un panneau d'affichage ambulant ! N'est-ce pas agréable pour vous de voir les gens se promener avec votre message publicitaire sur la poitrine ? Ne négligez pas cette forme de publicité extérieure.

Les parapluies, également offerts en cadeaux (voir chapitre 11) peuvent aussi diffuser votre logo, votre nom et un court slogan – uniquement lorsqu'il pleut, je vous le concède…

Pensez aussi aux autocollants à coller sur les voitures. S'ils sont originaux, ils plairont. Leur production ne coûte pas cher, alors pourquoi ne pas en distribuer aux personnes qui font partie de votre marché cible, à la sortie de vos magasins ou lorsque vous envoyez vos factures ?

Vous pouvez même envoyer un bel autocollant dans un courrier publicitaire. Il remplira deux objectifs : inciter à la lecture de votre courrier et servir de publicité extérieure lorsqu'il sera collé sur la voiture de votre prospect. (la production d'autocollants est généralement proposée par les imprimeurs, les fabricants d'enseignes ou les créateurs de tee-shirts).

L'affaire est dans le sac

Pendant que nous en sommes aux annonces publicitaires diffusées par vos clients, n'oublions pas les sacs. Les grands magasins croient en leur impact en tant que support publicitaire (voir chapitre 15). En revanche, les autres sociétés ne profitent pas du fait que les clients font leur shopping et prennent le métro, le train ou le bus leurs sacs à la main. Songez qu'un simple sac a un potentiel d'exposition énorme.

Pour faire d'un sac un instrument de marketing efficace, vous allez devoir créer un design beaucoup plus intéressant et facile à lire que celui de la plupart des sacs en plastique blanc. N'oubliez pas que vous ne créez pas simplement un sac mais une forme de publicité extérieure.
Par conséquent, appliquez les mêmes principes en matière de design. Trouvez une accroche : une image, un mot ou une phrase qui attire l'attention. Essayez des couleurs ou des formes originales (renseignez-vous auprès d'un imprimeur).

Si vous offrez le sac le plus gros et le plus résistant de toute la zone commerciale, vous pouvez être sûr que les clients mettront tous leurs autres sacs dans le vôtre, donnant ainsi à votre message publicitaire l'exposition maximale. Bien sûr, les gros sacs résistants coûtent plus cher (c'est pourquoi la plupart des supermarchés offrent des sacs de mauvaise qualité, qui font mal aux mains ou craquent en laissant tous vos articles s'éparpiller dans la boue). Mais si vous avez un message publicitaire à diffuser, le coût d'un bon sac est très bas par rapport à celui des autres médias, alors pourquoi ne pas essayer ?

Si vous ne travaillez pas dans le commerce de détail, vous pensez peut-être que cette idée ne vous concerne pas. Faux ! De nombreux gérants de magasin considèrent les sacs comme une dépense obligée et non comme un support de marketing. Offrez-leur de meilleurs sacs gratuitement en échange du droit d'imprimer votre propre message sur ces sacs.

Investissez dans un bon store

Il existe une autre variante de l'enseigne : le store et la banne (les fournisseurs sont indiqués dans la plupart des annuaires téléphoniques). Pour un commerce de détail, le store est souvent la forme d'enseigne la plus voyante et la plus attractive. Il s'adapte également bien à certains bureaux.

Le store présente des avantages du point de vue structurel et marketing. Il fait de l'ombre à l'intérieur du magasin et, surtout, il élargit l'espace au sol en utilisant une partie du trottoir comme espace de transition. Il remplit les mêmes fonctions que l'enseigne, et bien d'autres encore, de façon très visible mais pas intrusive. Des mètres et des mètres de store ne font jamais la même impression qu'une immense enseigne, bien que l'objectif soit le même. Nous les acceptons en tant qu'éléments structurels du bâtiment sans être gênés par leur aspect commercial.

Pourquoi les drapeaux et bannières sont-ils négligés ?

Les drapeaux et bannières, plus originaux que les enseignes et autres formes de publicité extérieure, offrent l'occasion de faire preuve de créativité.

Les musées utilisent souvent d'immenses bannières colorées pour promouvoir les expositions ponctuelles. Ces bannières contrastent de façon très décorative avec les façades en pierre des bâtiments et attirent considérablement l'attention des passants.

Certaines sociétés sont spécialisées dans la fabrication de drapeaux et bannières personnalisés. Bien sûr, il existe des bannières en papier ringardes, généralement créées par des boutiques de reproduction, mais je préfère ne pas en parler. Moi, je vous parle d'un magnifique drapeau en tissu claquant au vent. D'une bannière suspendue le long d'un mur. D'une bannière de table en Nylon qui optimise l'espace occupé par la table en communiquant votre message de marketing. Ou d'une bannière traversant la rue, suspendue par un câble métallique et équipée d'un contrepoids permettant de lire le message même lorsqu'il y a du vent.

Envisagez la possibilité d'utiliser un drapeau ou une bannière. J'apprécie particulièrement ces supports, peut-être parce qu'ils sont peu répandus. Un drapeau ou une bannière est moins immobile et terne qu'une enseigne classique. Le tissu a beaucoup de charme. Il bouge et, même lorsqu'il ne bouge pas, on sait qu'il a la possibilité d'être en mouvement. De plus, les drapeaux et bannières ont quelque chose de festif. Ils rappellent les festivités car on les utilise traditionnellement dans ce contexte plutôt que de façon permanente. Si vous êtes le premier à rompre avec la tradition, vous attirerez davantage l'attention qu'avec une enseigne fixe.

La petite taille et la nature décorative de la plupart des drapeaux et bannières rend ceux-ci moins arrogants que les autres formes de publicité extérieure, notamment les grands panneaux d'affichage que l'on voit le long des autoroutes ou en plein centre-ville. Si l'usage d'affiches s'avère gênant pour la population, optez pour une approche plus décorative en utilisant plusieurs drapeaux et bannières. Bien sûr, vous devrez placer ceux-ci plus près des passants car ils sont plus petits, mais les propriétaires d'immeubles vous laisseront sans doute les accrocher. En tout cas, cela vaut la peine d'essayer !

Les sociétés spécialisées dans la fabrication de drapeaux et bannières ont l'habitude de travailler sur de grandes pièces de tissu et fournissent également les câbles, les mâts et autres accessoires nécessaires. Ces dernières années, la technologie de la sérigraphie et l'apparition de fibres synthétiques solides a permis la fabrication de drapeaux et bannières plus éclatants et plus durables. Ces supports sont donc de plus en plus utilisés en marketing. Renseignez-vous !

La figure 10-3 illustre les types de drapeaux et de bannières les plus courants.

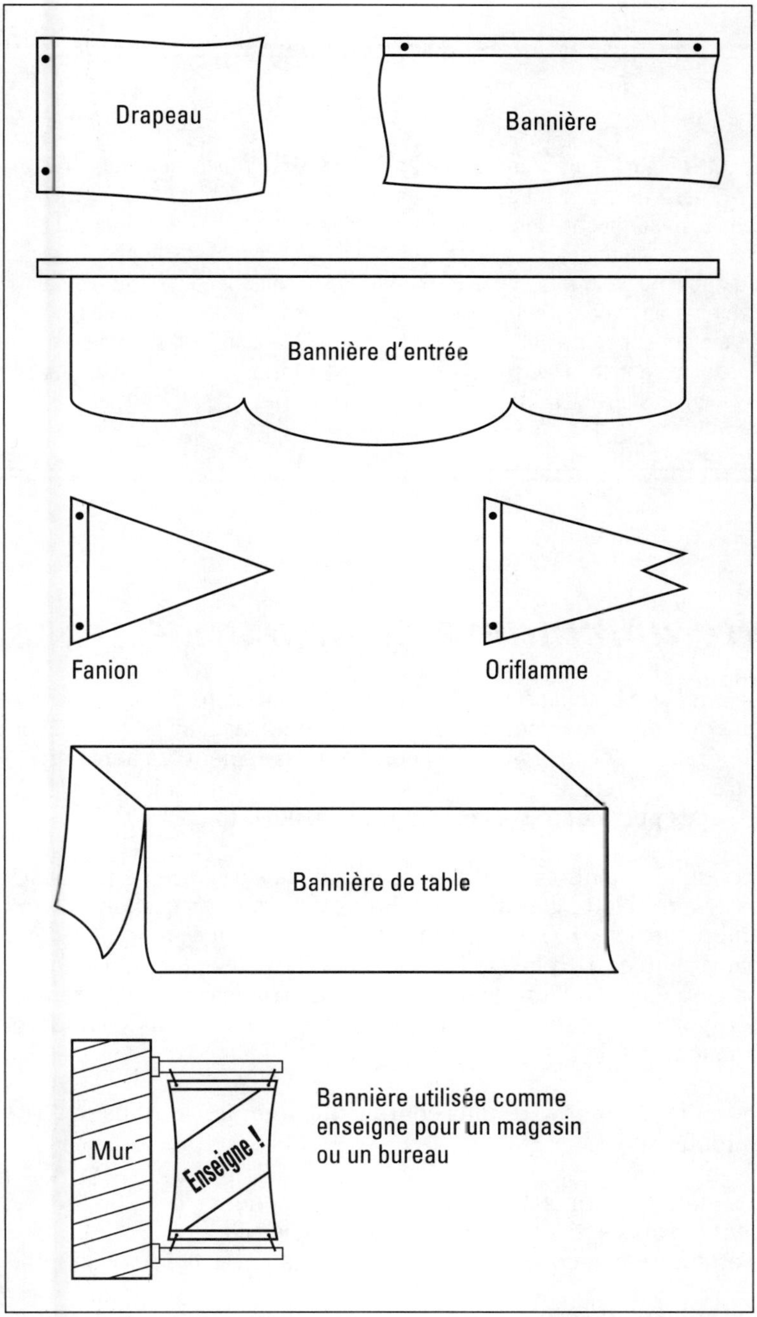

Figure 10-3 : Drapeaux et bannières.

DANS LA PRATIQUE

YMCA

La bannière du célèbre camp de vacances américain YMCA est un excellent exemple. En voici une brève description : les deux tiers supérieurs de cette bannière plus large que haute se composent d'un ensemble de silhouettes d'enfants en train de jouer – le basket, la corde à sauter, le base-ball, la natation et la gymnastique sont tous illustrés clairement par des images simples. Le tiers inférieur contient le seul texte de la bannière, écrit en grosses lettres majuscules : YMCA et son logo sur la première ligne et SUMMER CAMP (camp de vacances) sur la deuxième. Avec ce design minimaliste, la bannière indique le nom de l'association et en dit long sur les services proposés et les personnes ciblées. Le message étant inscrit sur un tissu aux couleurs éclatantes, il a une valeur festive qui attire l'attention.

Publicité ambulante et affichage transport

La *publicité ambulante* est une forme de publicité diffusée par les transports en commun : bus, métro, train de banlieue, mais aussi taxis. D'une façon plus générale, l'*affichage transport* concerne également les aéroports, les gares, les gares routières, les ports. Qui sait ? Peut-être qu'un jour la NASA louera des espaces publicitaires à l'extérieur de la navette spatiale !

La publicité ambulante est classée dans la catégorie de la publicité extérieure. Cette classification est trompeuse, car certaines annonces ambulantes se trouvent à l'intérieur (les annonces affichées dans le métro, par exemple). De plus, le but est d'atteindre les personnes en transit, mais pas forcément à l'intérieur du moyen de transport proprement dit (gares et aéroports, par exemple). C'est pourquoi on parle plus volontiers d'affichage transport.

Parmi les supports les plus courants figurent les Abribus et l'extérieur des autobus.

Les *Abribus* permettent l'affichage d'une annonce de 120 x 176 cm. Comptez cent à trois cents annonces pour bénéficier d'une exposition susceptible d'atteindre une couverture de 100 % dans une ville, selon la taille de la ville.

Les *autobus* offrent de nombreuses options. Voici les principaux supports que vous pouvez utiliser :

- **Flanc européen** : support de 192 x 68 cm situé sur le flanc de l'autobus.
- **Flanc panoramique** : support plus grand que le précédent (274 x 96 cm) situé également sur le flanc.
- **Avant** : support de 140 x 31,5 cm situé à l'avant de l'autobus.
- **Arrière** : support de 99 x 83 cm situé à l'arrière de l'autobus, très visible pour les conducteurs qui suivent celui-ci.
- **Oriflamme** : affiche de 39 x 32 cm suspendue à l'intérieur de l'autobus.
- **Combinaisons** : certains annonceurs associent support avant et flanc panoramique pour optimiser l'impact sur les piétons qui regardent le bus arriver. Ajoutez à cela une affiche dans l'Abribus et vous avez une couverture exceptionnelle ! Les combinaisons de ce genre sont efficaces, surtout si vous craignez que votre annonce soit difficile à lire ou si vous voulez diffuser deux ou trois annonces complémentaires.

Si vous faites de la publicité dans un pays étranger, renseignez-vous sur les formats disponibles. La publicité extérieure, notamment l'affichage transport, n'est pas standardisée dans tous les pays. Évaluez l'espace publicitaire dont vous disposez avant de concevoir votre annonce.

L'affichage transport a l'avantage d'offrir une *fréquence élevée* sur une courte période. En général, les véhicules de transport en commun ont toujours le même itinéraire. Par conséquent, votre annonce sera vue plusieurs fois par pratiquement toues les personnes qui se trouvent sur cet itinéraire.

Pensez à cette fréquence élevée lors de la conception de votre annonce – celle-ci ne doit pas ennuyer ni irriter au bout de plusieurs expositions. Évitez l'humour facile et les slogans simplistes.

N'hésitez pas à faire une exception à la règle selon laquelle le design de votre annonce doit être clair et simple. Vous pensez peut-être que le design doit être facile à comprendre dès la première exposition à l'annonce, mais n'oubliez pas que le renouvellement des expositions exige un design plus détaillé. Vous pouvez, par exemple, cacher un petit personnage que les passants s'amuseront à trouver dans votre annonce lorsqu'ils la verront plusieurs fois. Vous pouvez aussi inclure une énigme ou un rébus. Les passants doivent pouvoir découvrir de nouvelles choses dans l'annonce au fur et à mesure qu'ils y sont exposés. L'intérêt pour votre message et votre produit restera ainsi élevé malgré la répétition. Pour atteindre cet objectif, laissez libre cours à votre imagination. Faites un essai ! Vous verrez, votre annonce sera d'autant plus efficace.

Voici une autre idée, plus évidente mais encore négligée par de nombreux marketeurs. Avez-vous des véhicules de service ou des camions ? Si c'est le cas, avez-vous pensé à les utiliser à des fins publicitaires ? Attention, les petites enseignes magnétiques fixées sur les portières de voiture ne comptent pas. Le nom de votre société peint sur le flanc de vos camions non plus. Si vous *payiez* pour avoir autant d'espace que vous en avez sur vos camions, vous feriez probablement appel à un designer ou à une agence de publicité pour diffuser un bon message. Alors pourquoi ne pas profiter de cet espace gratuit en l'utilisant comme support publicitaire ? Vous pouvez y afficher le même type d'annonces que sur les autobus. Ou demander à un peintre de personnaliser chacun de vos véhicules.

ATTENTION !

Lorsque j'ai dit que vos véhicules offraient un espace publicitaire gratuit, j'ai menti. Vous aurez quelques dépenses à faire : lavez ces véhicules assez souvent pour que vos annonces restent fraîches !

Chapitre 11

Publicité des tiers, cadeaux, et bouche à oreille

Dans ce chapitre :

- Faire connaître votre produit et votre société
- Écrire un bon communiqué de presse
- Exploiter le bouche à oreille des clients
- Offrir des cadeaux pour motiver les clients et les vendeurs
- Sélectionner et fournir de meilleurs cadeaux

Vous vous demandez peut-être ce que les cadeaux viennent faire dans un livre sur le marketing. Sans doute est-ce parce qu'ils sont souvent négligés en tant que supports de marketing. De nombreuses sociétés prétendent pourtant les utiliser mais, par pitié, ne me montrez pas un stylo bille portant le nom de votre marque ou je vais être tenté de vous retirer votre exemplaire du *Marketing pour les Nuls !*

Autre support de marketing sous-exploité : la publicité faite par les tiers. Nous verrons dès la section suivante de quoi il s'agit.

Le bouche à oreille est la forme la plus puissante de communication commerciale, car il a davantage d'impact sur les décisions d'achat que la publicité ou n'importe quel autre type de promotion commerciale.
Et pourtant, de nombreux marketeurs l'ignorent complètement sous prétexte qu'ils n'ont aucune influence sur ce que les clients se disent entre eux. Grave erreur. Le bouche à oreille doit faire partie intégrante de tout plan marketing. Vous devez tout faire pour l'influencer en votre faveur.

Vous trouverez dans les pages suivantes quelques idées pour donner à ces trois supports orphelins un foyer au sein de votre plan marketing.

La critique est toujours constructive

La *publicité faite par les tiers* est la critique, positive ou négative, portée à votre produit ou à votre société auprès de vos clients et prospects. Par exemple, si un magazine destiné aux consommateurs publie un article plaçant votre produit en tête de sa catégorie, il vous fait de la publicité. Une bonne publicité. Si, dans un reportage télévisé, un journaliste affirme que votre produit est susceptible de causer de nombreux accidents, c'est aussi de la publicité. Une mauvaise publicité.

Ces deux exemples illustrent deux bonnes raisons de parler de votre produit : celui-ci est meilleur ou pire que ce à quoi on s'attendait. Dans les deux cas, la publicité faite par les tiers concerne généralement la *qualité du produit*. Ne l'oubliez pas.

La meilleure façon d'obtenir une publicité positive est donc de concevoir et de fabriquer un produit de très bonne qualité. La qualité est un facteur essentiel dans votre utilisation de ce support, aux stades du développement, de la production et de la livraison. Une bonne publicité commence par la poursuite de la qualité tout au long des processus de management de votre société !

ATTENTION !

Voici une règle simple : si personne ne parle de votre produit ni de votre société, vous êtes en faute en tant que responsable du marketing. Vous devez être proactif et générer une publicité positive. En revanche, si votre produit subit une mauvaise publicité, c'est généralement le management qui est en cause. Bien sûr, les critiques négatives rejaillissent directement sur vous mais, le problème étant très probablement lié à une erreur de management, vous devez impliquer immédiatement les cadres supérieurs.

Les *relations publiques* visent à générer une publicité positive à des fins commerciales. Il ne suffit pas de créer une bonne image. Vous devez communiquer cette image aux médias de façon efficace. Si vous y parvenez, toutes les anecdotes positives vous concernant seront rapportées dans la presse et vous feront une bonne publicité.

Dans une petite société, c'est généralement le responsable du marketing ou le directeur général qui se charge des relations publiques. Mais les grandes sociétés nomment un responsable des relations publiques, dont la fonction consiste uniquement à générer une publicité positive. Certaines sociétés font aussi appel à des agents de publicité indépendants, experts qui interviennent en qualité de consultant.

Toute mauvaise publicité doit être contrée. Découvrez-en les causes et éliminez celles-ci le plus vite possible. La gestion de la mauvaise publicité est une fonction importante du marketing.

La mauvaise publicité est généralement le résultat d'un mauvais management global (qui aboutit à de mauvais résultats financiers ou à des produits de mauvaise qualité) ou d'erreurs de management précises (comme l'approbation d'une conception dangereuse pour sortir le produit plus rapidement). Et parfois, c'est un simple manque de chance. Dans ce cas, faites face avec honnêteté et attendez que l'orage s'apaise.

Lorsque les choses tournent vraiment mal, si les médias s'emparent de l'affaire, vous êtes confronté à une véritable crise des relations publiques. Pour résoudre cette crise, commencez par coincer un cadre seul dans une pièce et obligez-le à vous dire ce qui s'est vraiment passé ; une fois que les médias commencent à creuser, la vérité finit par éclater de toute façon. Ensuite, essayez de convaincre le cadre de jouer franc jeu avec les médias, c'est-à-dire d'avouer publiquement les erreurs commises et de présenter un plan destiné à régler le problème. Si vous ne parvenez pas à convaincre la direction, laissez tomber. Vous n'arriverez à rien. La crise ne fera que s'accentuer. Dans ce cas, optez pour la solution de repli : peaufinez votre CV et cherchez un meilleur emploi. (Je plaisante !)

La gestion des crises est un sombre sujet et je vous souhaite de ne jamais y être confronté. En revanche, l'entretien de relations publiques positives doit faire partie de vos activités quotidiennes ou au moins hebdomadaires. Voyez comment procéder dans les sections suivantes.

Comment flairer les bonnes infos ?

Pour un journaliste, une bonne info, c'est tout ce qui présente un intérêt suffisant pour attirer et retenir l'attention des lecteurs, des auditeurs ou des téléspectateurs. Plus précisément, pour un journaliste qui assure l'information dans l'industrie plastique, une bonne info doit attirer l'attention des personnes qui travaillent dans ce secteur. Et je suis désolé de vous dire que la plupart des informations que vous souhaitez communiquer à votre marché n'intéressent pas les journalistes.

Les journalistes et les rédacteurs en chef ne veulent rien savoir sur :

- Votre nouveau produit ou service et en quoi celui-ci se distingue de la concurrence ou du modèle précédent (à moins que ce ne soit leur spécialité).
- Les raisons pour lesquelles vous ou le P-DG de votre société trouvez votre produit vraiment extra.
- Votre version d'une *vieille info* – qui a déjà été couverte.
- Tout ce qui peut sembler ennuyeux ou personnel à ceux qui ne travaillent pas dans votre société.

Pourtant, c'est généralement ce genre d'informations qu'obtiennent les journalistes, car les personnes chargées des relations publiques ne sont pas journalistes et n'essaient même pas de *penser* comme un journaliste. Mais c'est ce que vous devez faire : flairez l'info, rassemblez suffisamment d'éléments pour l'étayer, et écrivez-en une version quasiment prête à être diffusée par les médias. Pour générer une publicité positive, il vous suffit de...

... penser comme un journaliste !

Quelle est l'accroche ?

TÊTE PENSANTE

Si vous ne parvenez pas à vous mettre dans la tête d'un journaliste, faites l'exercice suivant. Parcourez le journal d'aujourd'hui (n'importe lequel) et isolez les cinq articles qui vous intéressent le plus. Analysez chacun d'eux pour identifier l'élément qui vous a attiré l'attention. Les *accroches* (les éléments qui ont rendu les articles intéressants à vos yeux) ne sont pas les mêmes, mais tous les articles en ont une. Et malgré leurs différences, elles ont toutes quelque chose en commun :

- Les accroches sont souvent basées sur une nouvelle information (information que vous ne connaissiez pas ou dont vous n'aviez pas eu confirmation).
- Les accroches font le lien entre cette nouvelle information et vos activités ou vos centres d'intérêt.
- Les accroches attirent votre attention, généralement en vous surprenant avec une information à laquelle vous ne vous attendiez pas.
- Les accroches vous laissent entrevoir un bénéfice à retirer de votre lecture, parfois indirect – une meilleure compréhension du monde qui vous entoure, une mise en garde contre un événement indésirable ou simplement un moment de détente.

Si vous avez effectué l'exercice précédent, je pense que vous pourriez écrire aussi bien que moi le paragraphe suivant :

Vous devez trouver une accroche qui transforme votre message de marketing en une anecdote attrayante, susceptible d'être rapportée par les journalistes. Cette accroche sera exactement comme celles qui ont attiré votre attention dans le journal, à une seule exception près : elle devra avoir un lien avec vos activités de marketing. Autrement dit, elle devra avoir un rapport avec l'identité de votre marque, le lancement de votre produit, ou n'importe quelle autre information que vous souhaitez rendre publique. Ainsi, lorsque les journalistes intégreront votre accroche dans leur propre travail, ils diffuseront, presque accidentellement, une partie de votre message de marketing comme s'il s'agissait d'un effet secondaire.

Les journalistes ne veulent pas vous aider à communiquer avec votre marché cible. Ils se moquent éperdument de votre marché cible. Mais ils sont heureux de recevoir des informations déjà rédigées. Et si votre communiqué de presse mentionne votre produit ou cite votre responsable du marketing, ce n'est pas un problème. Par conséquent, pour bénéficier d'une bonne publicité, il suffit d'écrire un communiqué de presse avec une bonne accroche et de le transmettre aux journalistes débordés, qui apprécient l'aide de bénévoles tels que vous.

Comment communiquer une information aux médias ?

En matière de relations publiques, de nombreuses personnes attachent davantage d'importance à la forme qu'au fond. Or, d'après mon expérience, le fond représente 90 % du travail. Bien sûr, la forme joue aussi un rôle essentiel. Vous devez présenter l'information de façon professionnelle, afin que les journalistes voient rapidement de quoi il retourne et puissent travailler facilement à partir de votre document.

Le support le plus adapté à ce genre de communication est le *communiqué de presse*, document écrit, court, comportant un titre clair et suffisamment d'informations et de citations pour étayer le sujet, une brève description de la société ou du produit concerné, la date, et un numéro de téléphone auquel les journalistes pourront vous joindre pour obtenir davantage d'informations ou convenir d'un rendez-vous pour une interview.

Oui, je sais, c'est une longue définition, beaucoup plus longue que celle des ouvrages sur les relations publiques. Mais, elle est complète.
Si vous intégrez tous les éléments de cette définition – et si votre texte a une bonne accroche et un contenu intéressant – vous aurez un bon communiqué de presse.

La figure 11-1 présente les éléments essentiels d'un communiqué de presse du point de vue du contenu, du style et de la forme. Inspirez-vous de ce modèle pour vos propres communiqués de presse.

TÊTE PENSANTE

Vos chances de voir votre communiqué de presse choisi et publié par la presse sont malheureusement infimes. Désolé de vous décevoir.
Les journalistes et rédacteurs en chef jettent à la corbeille plus de 90 % des communiqués de presse qu'ils reçoivent. Par conséquent, votre objectif (comme en matière de marketing direct, voir chapitre 18) consiste à défier le hasard en écrivant un communiqué de presse qui sorte vraiment du lot.

31 mars 2003

POUR DIFFUSION IMMÉDIATE

Pour plus d'informations, contacter
Alexander Hiam (413) 253-3658

UN AUTEUR FOU ÉCRIT UN LIVRE POUR LES NULS

ENFIN UN LIVRE DE MARKETING QUI APPORTE DES RÉPONSES PRATIQUES

AMHERST, Massachusetts. – Il a quasiment terminé. Plus qu'un chapitre sur les relations publiques et le manuscrit part à la production pour entrer – peut-être – dans l'histoire. Ce n'est pas un livre comme les autres. C'est une véritable redéfinition du marketing qui remet cette activité en phase avec les dures réalités du monde de l'entreprise. Et pour cause : l'auteur enjambe allégrement la frontière qui sépare la tour d'ivoire des écoles de commerce et les tranchées de la pratique du marketing.

« Ce qu'on enseigne à propos du marketing sur les campus est de la pure fiction », regrette Alexander Hiam, auteur du *Marketing pour les Nuls* (Éditions First, 2003). « Cet enseignement se base sur des recherches académiques et non sur des pratiques et des problèmes réels. » Hiam a jeté tous ses livres, puis il a rendu visite à ses anciens clients et à d'autres praticiens du marketing avant d'écrire son nouveau livre. Résultat, celui-ci…

Figure 11-1 : Écrire un bon communiqué de presse.

Soyez attentif au contenu (n'oubliez pas que vous devez penser comme un journaliste). Voici quelques erreurs à éviter, que l'on retrouve trop couramment dans les communiqués de presse :

- **N'envoyez pas de communiqués de presse déplacés ou dépassés**. Ciblez les bons médias au bon moment. Les critiques gastronomiques ne couvrent pas l'ouverture d'usines dans l'industrie de la robotique. Et les rédacteurs en chef de la presse économique et industrielle ne s'intéressent pas à une usine qui a ouvert ses portes deux mois auparavant.

  Constituez-vous une base de données sur les médias susceptibles de s'intéresser à votre société. Les journalistes travaillant souvent dans des délais courts, vous enverrez de préférence vos communiqués de presse par fax ou courrier électronique. Par conséquent, indiquez le numéro de fax et l'adresse électronique de vos correspondants dans votre base de données. Vous trouverez ces coordonnées dans les annuaires mis en vente par les fournisseurs de fichiers d'adresses. Plus important encore, indiquez les auteurs de communiqués de presse semblables aux vôtres. Vous réunirez ainsi des informations concernant votre audience.

- **Ne faites pas de fautes. Du tout**. Les coquilles mettent les informations en doute. Et ne communiquez aucune information inexacte. Si vous voulez que les journalistes vous fassent confiance, montrez-vous digne de cette confiance.
- **Ne fournissez pas de coordonnées incomplètes**. Veillez à indiquer votre nom, votre adresse et votre numéro de téléphone. Précisez à quel moment vous êtes disponible. Prévenez le standard que vous attendez un appel d'un journaliste ou donnez des instructions sur l'utilisation de votre messagerie vocale. Faites en sorte que le journaliste ne se heurte pas à des obstacles qui l'empêcheraient de venir vous interviewer !
- **N'ignorez pas la nécessité pour les journalistes de faire des recherches**. Plus vous apportez de l'aide aux journalistes, plus il leur est facile de couvrir votre message. Par exemple, vous pouvez inclure une photo de l'expert que vous citez dans votre communiqué de presse (indiquez la date, le nom de la personne et les crédits photographiques au dos de la photo). Pensez également à proposer une visite de votre usine, des créneaux horaires pour une interview, des échantillons de produits et tout ce qui peut aider les journalistes à couvrir votre message.
- **Ne harcelez pas les journalistes**. Les journalistes ne vous enverront pas de copies de leurs articles – inutile de le leur demander. Ils ne prendront pas non plus la peine de vous expliquer pourquoi ils n'ont pas publié votre communiqué. Ils sont déjà occupés à travailler sur le prochain. Oubliez tout cela et concentrez-vous, vous aussi, sur votre prochain communiqué de presse.
- **N'oubliez pas que les journalistes ont des délais plus courts que vous**. Lorsqu'un journaliste vous laisse un message au sujet de votre communiqué de presse, rappelez-le rapidement. Si vous laissez traîner les choses, il aura trouvé une autre source ou écrit un autre article dans l'intervalle.

Communication électronique ou vidéo

WEB

Il existe d'autres façons de communiquer une information. Vous pouvez réaliser une vidéo destinée à être diffusée, entièrement ou en partie, dans un reportage télévisé. Vous pouvez aussi afficher un communiqué de presse sur le Web. Certains sites spécialisés distribuent les communiqués de presse aux médias qui font partie de leur clientèle. Je n'entrerai pas dans les détails en ce qui concerne ce genre de communication, car les marketeurs l'utilisent peu et, lorsqu'ils l'utilisent, font appel à un agent de publicité ou à un expert en relations publiques. Sachez seulement que ces options existent et renseignez-vous auprès d'un agent si elles vous semblent appropriées à l'information que vous souhaitez communiquer.

Cadeaux : les supports publicitaires les plus mal exploités !

Les *cadeaux* sont des produits portant un message de marketing que vous offrez gratuitement (pas *toujours* gratuitement, mais l'objectif est de faciliter leur distribution pour diffuser votre message le plus largement possible). Les tee-shirts, les mugs, les stylos, les calendriers et les casquettes arborant le nom de votre société ou votre logo sont des cadeaux classiques. Mais vous n'êtes pas obligé de vous en tenir à ces produits. Au contraire, ceux-ci ne sont pas nécessairement les plus efficaces.

Ces cadeaux présentent un inconvénient majeur : on en voit partout ! Combien de stylos portant le nom d'une société avez-vous eu entre les mains au cours des cinq dernières années ? Si le chiffre est trop long à calculer, ce n'est pas un stylo de plus qui va provoquer le moindre changement dans vos habitudes de consommation.

Concevoir un cadeau à l'aide d'un « scénario d'impact »

Comme pour toute initiative de marketing, l'objectif du cadeau est de *modifier le comportement des consommateurs*. Pas facile avec un stylo ou un mug ! Pour qu'un cadeau remplisse bien son rôle, élaborez un « scénario d'impact ». Un scénario d'impact est une histoire réaliste à propos d'un cadeau et de son utilisateur, dans laquelle le cadeau influence, d'une façon ou d'une autre, les habitudes de consommation de l'utilisateur.

Par exemple, imaginons que vous lanciez un ensemble de services bancaires destinés aux PME. Vous voulez faire connaître ces services aux chefs d'entreprise qui ont un compte dans votre banque. Plus précisément, vous voulez faire savoir à ceux-ci que vous mettez à leur disposition de nouveaux services susceptibles de les intéresser. Et surtout, vous voulez qu'ils contactent leur agence pour se renseigner à propos de ces services.

Ces listes d'objectifs concernant ce que le client ciblé doit savoir et faire constituent le point de départ de votre scénario d'impact. La suite de ce scénario se composera des moyens que vous trouverez pour atteindre ces objectifs.

Pourquoi ne pas faire imprimer sur des stylos le nom de votre banque et le slogan : *un service mieux adapté aux PME* ? Il vous suffira ensuite de distribuer ces stylos en même temps que les prochains relevés de compte.

Cette stratégie de marketing est simple et peu coûteuse. Mais imaginez le scénario : un chef d'entreprise ouvre son relevé de compte. Le stylo tombe de l'enveloppe. Le chef d'entreprise l'attrape et lit avec curiosité le slogan. Puis, intrigué par la signification de ce slogan, il téléphone sur le champ à son agence et attend patiemment qu'un correspondant prenne son appel. Lorsque son interlocuteur prend enfin la ligne, il lui dit : « Eh, j'ai reçu votre stylo ! Dites m'en plus sur vos services concernant les PME ! »

Je ne sais pas. Qu'en pensez-vous ? Il y a quelque chose dans ce scénario qui n'a pas l'air plausible. En réalité, je pense que la plupart des chefs d'entreprise jetteront le stylo dans un tiroir, voire à la corbeille, sans lire le message ni réfléchir à la signification du slogan. Et pourtant, la plupart des cadeaux sont conçus à partir d'un scénario de ce genre. Bien sûr, ils ne coûtent pas cher, mais ils ne sont pas très efficaces non plus.

Mais ne désespérez pas ! Vous allez bien finir par trouver un vrai scénario d'impact – un moyen d'utiliser les cadeaux de façon à ce que vos clients prennent connaissance de vos nouveaux services bancaires et vous contactent pour en savoir plus.

Peut-être qu'un mug fonctionnerait mieux, parce qu'il permet d'imprimer davantage d'informations. Vous pourriez indiquer un titre, comme « LE SAVIEZ-VOUS ? », suivi d'une liste de services fournis aux PME : « La banque Picsou propose le virement automatique gratuit », par exemple. Peut-être qu'un client buvant son café au bureau dans ce mug s'intéresserait davantage aux services énumérés et finirait par se renseigner la prochaine fois qu'il irait à la banque.

IDÉE LUCRATIVE

Et pourquoi pas un disque à glissière, que vous pourriez joindre là encore au relevé de compte du mois ? Cette idée me plaît, car le disque à glissière est interactif. Celui-ci peut être conçu de façon à donner une information en fonction du problème à résoudre. Par exemple, à l'extérieur du disque, vous indiquez : « COMMENT RÉSOUDRE LES CINQ PRINCIPAUX PROBLÈMES FINANCIERS DES PME » et la liste de ces cinq problèmes. Sur la feuille qui glisse à l'intérieur se trouvent des points noirs et les solutions à ces problèmes (impliquant, bien sûr, le recours à vos nouveaux services bancaires).

Pour utiliser le disque à glissière, le client choisit l'une des cinq options et fait glisser la feuille intérieure jusqu'à ce qu'un point noir se trouve dans le trou effectué dans le carton extérieur et fasse apparaître la solution dans une fenêtre, en bas du disque. Si vous le souhaitez, vous pouvez ajouter à ce disque à glissière un coupon-réponse à renvoyer pour obtenir des informations ou s'abonner au service.

Voici le scénario : le client trouve un objet bizarre dans l'enveloppe de son relevé de compte, le regarde (l'inconnu attise la curiosité), voit qu'il concerne la résolution des problèmes financiers des PME et – à un moment ou à un autre – commence à jouer avec le disque. Bientôt, il sélectionne un des cinq problèmes cités – probablement celui qui lui semble le plus pertinent – et découvre dans la fenêtre un de vos nouveaux services. Peut-être prend-il même un stylo (sans remarquer qu'il porte le nom d'une banque concurrente) pour remplir le coupon-réponse et mettre celui-ci au courrier.

Ce cadeau fonctionnera-t-il ? Peut-être – au moins le scénario est-il raisonnablement plausible. Bien sûr, vous devez faire vos calculs pour en être sûr. Par exemple, si vous estimez qu'un client sur vingt essaiera l'un de vos nouveaux services après avoir reçu le disque à glissière, vos revenus augmenteront-ils suffisamment pour compenser le coût de production et de distribution de l'ensemble des disques ?

En tous cas, vous avez des chances de réussir, car votre scénario tient la route. Contrairement à la plupart des cadeaux, votre disque à glissière n'est pas un pur gaspillage. Il a des chances d'influencer le comportement des consommateurs selon un plan prédéterminé.

Les différents types de cadeaux

En matière de cadeaux, vous avez l'embarras du choix. Le tableau 11-1 énumère les principales idées que les marketeurs ont eues jusqu'à aujourd'hui, y compris les plus récentes.

Tableau 11-1 Trouver le bon cadeau

Classiques	***Nouveaux classiques***
Stylos, crayons	Réveils, montres
Calendriers	Tapis de souris
Porte-clés	CD gravés
Bloc-notes	Couteaux de poche
Règles	Lampes de poche
Mugs	Calculatrices
Casquettes	Déstresseurs
Tee-shirts	Frisbees
Thermomètres	Portefeuilles en cuir
Dessous de verre	Jouets pour enfants
Ballons	Sacs en toile ou en Nylon

Classiques	*Nouveaux classiques*
Parapluies	Calendriers magnétiques
Balles de golf	Paquets de friandises
Pin's	Articles de sport/bouteilles d'eau
	Livres avec couverture personnalisée
	Presse-papiers
	Kaléidoscopes

Il existe tant de sortes de cadeaux qu'il serait plus judicieux de les considérer comme autant de supports publicitaires spécialisés – et non comme un seul support.

Miser sur la qualité

La plupart des marketeurs ne pensent qu'au *message* (le texte et/ou l'image) qu'ils impriment sur le cadeau. Il ne faut pourtant pas oublier que *le cadeau lui-même communique un message important.* Il représente ce que vous avez à offrir à vos clients. Par conséquent, il en dit long sur vous et sur la considération que vous avez pour vos clients. Un cadeau bon marché et ringard peut sembler approprié lorsque vous en évaluez le coût, mais il fera mauvaise impression. Et pourtant, la plupart des cadeaux sont de qualité inférieure ou moyenne. Il y en a peu qui soient aussi bien ou mieux que ce que nous achèterions pour nous-mêmes.

IDÉE LUCRATIVE

Pour que votre cadeau sorte du lot, misez sur la qualité. Un cadeau de bonne qualité marque davantage les esprits, crée une image plus forte et plus positive, et sera probablement gardé et utilisé pendant plus longtemps. Bien sûr, il coûtera plus cher. Mais ce coût sera compensé par l'impact – et vous pouvez le réduire en distribuant des cadeaux de qualité à une clientèle ciblée.

Prenons un exemple :

Cadeau A (cadeau bon marché avec publicité directe)

Coût du cadeau A = 5 € ou 5 000 € pour une distribution de 1 000 articles.

Taux de réponse (commandes en un mois) = 1,5 % ou 15 ‰.

Si le bénéfice réalisé à chaque commande est de 1 000 €, le bénéficie brut est de 15 000 €.

Bénéfices nets = brut de 15 000 €/mille – coût de 5 000 €/mille = 10 000 €/mille.

Cadeau A (cadeau bon marché avec publicité directe)

Coût du cadeau B = 25 € ou 25 000 € pour une distribution de 1 000 articles.

Taux de réponse (commandes en un mois) = 12 % ou 120 ‰.

Si le bénéfice réalisé à chaque commande est de 1 000 €, le bénéficie brut est de 120 000 €.

Bénéfices nets = brut de 120 000 €/mille – coût de 25 000 €/mille = 95 000 €/mille.

De plus, la bonne qualité du cadeau à 25 € peut avoir un impact positif à long terme : un taux de réponse plus élevé dans tous les programmes de marketing direct. En général, les cadeaux de bonne qualité sont donc beaucoup plus rentables – à condition qu'ils soient offerts à des clients bien ciblés (susceptibles d'avoir la réaction que vous avez anticipée dans votre scénario).

Les cadeaux qui rapportent

Speedo, société américaine qui vend des maillots de bain et des articles de sport, utilise les tee-shirts de façon très efficace pour promouvoir l'identité de sa marque. Elle fait appel à d'excellents designers pour créer des tee-shirts vraiment uniques et attrayants, dont le motif intègre le nom et le logo de Speedo. Ces tee-shirts sont très populaires – à tel point qu'il n'y en a pas beaucoup qui passent par les commerces de détail.

Vous vous rendez compte ? La qualité de ces tee-shirts est si élevée que les clients payent pour les avoir, en s'adressant parfois directement auprès du grossiste. Speedo n'a pas besoin d'offrir ses tee-shirts gratuitement pour que les gens les portent. Ceux-ci payent pour avoir le privilège de faire de la publicité à la marque.

De même, certaines sociétés trouvent cette marque si attrayante qu'elles achètent une licence à Speedo pour avoir le droit de l'imprimer sur des vêtements, des sacs et autres produits de ce genre. Autrement dit, elles versent un pourcentage de leurs recettes à Speedo pour avoir le droit d'utiliser son nom, parce que celui-ci les aide à vendre leurs propres produits.

En bref, Speedo est payé pour se faire de la pub au lieu de payer l'exposition de ses annonces ! D'autres grandes marques, comme Coca-Cola et Caterpillar, gagnent aussi des millions de dollars en délivrant ce genre de licence.

Si vous soignez votre image de marque, vous pourrez vous aussi bénéficier de cet effet boule de neige. Vous pourrez utiliser les produits des autres à des fins publicitaires, comme s'il s'agissait de cadeaux !

La plupart des marketeurs ont des difficultés à offrir un cadeau cher. Ils hésitent, s'énervent et finissent par choisir le cadeau à 5 € plutôt que celui à 25 €. Ne partez pas du principe que le moins cher sera le plus rentable ! Faites vos calculs d'abord. Très souvent, la qualité aboutit à de plus grands bénéfices – sans compter les bénéfices intangibles mais inestimables que représentent une bonne image de marque et la fidélité des clients. (Si vous n'êtes pas sûr du taux de réponse sur lequel vous pouvez compter, faites un essai à petite échelle avant de prendre votre décision finale).

L'engouement pour les tee-shirts

D'un autre côté, les tee-shirts bon marché font parfois l'affaire. Personnellement, j'en ai un plein tiroir. Il y a des circonstances dans lesquelles le tee-shirt s'impose et, si votre marque se prête à ce genre de support, n'hésitez pas. Pour savoir si c'est une bonne option pour votre société, reportez-vous à l'encadré « Encore des tee-shirts, s'il vous plaît ! ».

Même un tee-shirt de bonne qualité est relativement bon marché. Il n'est donc pas difficile d'appliquer la stratégie de la qualité dans ce domaine. Optez pour un tissu épais, 100 % coton, et faites faire un motif attrayant par un designer.

Ah, et encore une chose : pour l'impression du motif sur les tee-shirts, faites appel à un professionnel expérimenté, susceptible de dessiner un travail de qualité.

DANS LA PRATIQUE

Encore des tee-shirts, s'il vous plaît !

Pourquoi est-ce que j'entre dans les détails en matière de tee-shirts ? Parce que d'après les recherches que j'ai effectuées sur les habitudes de consommation concernant ce produit, le marché est sous-estimé. Les consommateurs ne traitent pas les tee-shirts comme les autres vêtements. Les jeunes adultes, comme les étudiants, en ont au moins une dizaine et les plus fans en possèdent plus de cinquante ! Les adultes, jusqu'aux premiers *baby-boomers*, en ont en moyenne cinq ou plus, et les plus sportifs en ont plus de vingt. Les chiffres parlent d'eux-mêmes, non ?

De plus, lorsqu'on demande aux gens combien de tee-shirts ils ont acheté le mois dernier ou ont l'intention d'acheter le mois prochain, on découvre que les personnes qui en ont le plus sont aussi celles qui en achètent le plus. Par conséquent, le marché du tee-shirt n'arrive jamais à saturation. Les adeptes sont toujours avides de compléter leur collection.

IDÉE LUCRATIVE

De nombreuses personnes qui portent ou achètent des tee-shirts sont déçues par le choix qui leur est proposé dans les magasins. Ce qui les retient, c'est le manque d'originalité des motifs et non le manque d'espace dans leurs tiroirs. Par conséquent, pour que les enfants, les jeunes adultes et les adultes d'âge moyen achètent votre tee-shirt, il faut tout simplement que celui-ci arbore un motif intéressant. Les tee-shirts sont des produits dont les consommateurs ne se lassent pas. Non, ils ne veulent plus de stylos bon marché portant le nom de votre société mais, oui, ils veulent bien un autre tee-shirt. Certains iront même jusqu'à payer pour l'avoir.

Pour trouver des sociétés qui fournissent des tee-shirts personnalisés, consultez les Pages Jaunes (certaines boutiques de reprographie proposent l'impression d'un motif sur différents matériaux et produits).

TÊTE PENSANTE

Certaines boutiques de reprographie proposent également un service de design mais, en général, leurs compétences en matière de graphisme ne permettent pas d'avoir un tee-shirt de qualité supérieure à la moyenne. Préférez les designers professionnels. Cela vous coûtera un peu plus cher, mais tout le monde voudra porter votre tee-shirt, ce qui est essentiel pour que ce cadeau fonctionne en tant que support publicitaire.

Le bouche à oreille

Des études ont montré que les consommateurs sont dix fois plus influencés par le bouche à oreille que par la publicité. Quand on leur demande ce qui les a incités à acheter un produit nouveau, ils sont dix fois plus nombreux à répondre « Un ami m'en a parlé » que « J'ai vu une annonce publicitaire. » Ce n'est pas que le bouche à oreille soit plus fréquent que vos messages publicitaires ; c'est juste que lorsque les consommateurs parlent entre eux, ils s'écoutent.

Le bouche à oreille est la source d'information la plus crédible, après l'expérience personnelle. Ce que les consommateurs se disent sur vos produits a un impact énorme sur votre capacité à obtenir de nouveaux clients. De plus, le bouche à oreille a un effet secondaire, mais tout aussi important, sur votre capacité à conserver vos clients actuels.

Comment exercer un contrôle sur ce que les consommateurs disent à propos de votre produit ? Il est difficile de les inciter à en faire l'éloge et de les empêcher de le critiquer – de nombreux marketeurs pensent que c'est tout simplement impossible. Pourtant, vous pouvez influencer le bouche à oreille et vous devez essayer de le faire. Voici quelques idées sur la façon dont vous pouvez gérer la communication entre les consommateurs concernant votre produit :

- **Donnez de l'originalité à votre produit**. Un produit qui surprend par sa qualité a suffisamment d'originalité pour qu'on en parle.

- **Faites quelque chose de remarquable au nom de votre produit ou de votre société**. Si votre produit n'a rien d'exceptionnel ni de surprenant, faites quelque chose de remarquable et associez cet effort au produit. Apportez votre soutien à une association à but non lucratif de votre quartier (voir chapitre 12). Organisez des festivités pour les enfants. Donnez à vos employés quelques jours de congé pour leur permettre d'intervenir comme bénévoles dans des associations humanitaires. Toutes ces stratégies permettent de générer une publicité et un bouche à oreille positifs. Soyez créatif. Réfléchissez à ce que vous pouvez faire pour améliorer le monde qui vous entoure, de façon à ce que tout le monde soit surpris et heureux de voir le bien que vous faites au nom de votre produit.
- **Effectuez une campagne de promotion des ventes intéressante**. Un bon de réduction de 25 centimes d'euro ne vaut pas la peine qu'on en parle. En revanche, une loterie qui met en jeu des lots intéressants devrait délier les langues. Ce genre de promotion génère des relations publiques et un bouche à oreille positifs. De même, si vous offrez des bloc-notes et des stylos portant le nom de votre entreprise, personne n'en parlera à ses amis. Mais si vous offrez des cadeaux vraiment originaux, ceux-ci seront au cœur de toutes les conversations – surtout s'il s'agit de quelque chose que l'on peut porter sur soi ou déposer bien en vue sur son bureau.
- **Identifiez les personnes qui ont de l'influence et entretenez de bonnes relations avec elles**. Dans de nombreux marchés, l'opinion de certaines personnes a beaucoup plus d'importance que celle des autres. Ces personnes influencent les décisions et sont à l'origine de la tendance du marché. Dans le marketing interentreprises, ceux qui exercent leur influence sont généralement faciles à identifier. Une poignée de cadres en vue, quelques rédacteurs en chef de la presse économique, et quelques membres de syndicats exercent une grande influence sur l'opinion des autres. Dans le marché de la consommation, on remarque le même phénomène. Par exemple, dans le marché de l'équipement de football, les entraîneurs, les chefs de ligue et certains propriétaires de magasin d'articles de sport influencent les décisions.

DANS LA PRATIQUE

L'honnêteté paie

Une semaine après avoir acheté ma dernière voiture, j'ai eu la surprise de recevoir un courrier de la vendeuse, qui s'excusait d'une erreur informatique et m'envoyait un chèque pour me rembourser d'une petite somme payée indûment.

Cette somme était ridicule par rapport au prix d'achat d'une voiture, mais ce remboursement m'a agréablement surpris. L'effort de la vendeuse pour reconnaître son erreur et la rectifier m'a fait changer d'avis sur les concessionnaires automobiles, dont j'avais tendance à me méfier.

J'ai raconté cette histoire à de nombreuses personnes et, au bout du compte, certaines vont s'adresser à ce concessionnaire automobile pour acheter leur prochaine voiture.

Pour exploiter pleinement ce phénomène, commencez par identifier les personnes qui ont de l'influence dans votre marché. Ensuite, entretenez de bonnes relations avec elles : emmenez-les à des manifestations sportives ou culturelles ou bien invitez-les à déjeuner. Les cadres et les vendeurs de votre société doivent faire partie du réseau personnel de ces personnes d'influence. Envoyez des cadeaux et des lettres d'information. Par exemple, si vous vendez des chaussures de football, envoyez des échantillons gratuits de vos nouveaux crampons aux entraîneurs. Quand vous savez qui parle et qui écoute, il ne vous reste plus qu'à influencer celui qui parle.

Chapitre 12

Événements spéciaux et salons

Dans ce chapitre :

- Inclure les événements dans votre plan marketing
- Sponsoriser un événement
- Organiser un événement
- Penser aux salons – l'événement ultime pour la vente interentreprises
- Effectuer des démonstrations efficaces

L'équipe du développement se rassemble dans la salle de conférence ; les membres de votre service du marketing et vos ingénieurs se mêlent aux équipes constituées par vos fournisseurs et vos principaux clients. Le débat va bon train dans les petits groupes chargés d'organiser l'événement. D'abord une activité en équipe, suivie d'une pause et du déjeuner. Après le déjeuner, un briefing effectué par le chef de projet, suivi d'une autre activité en équipe et du dîner. Tôt le lendemain matin, les responsables des équipes recevront une formation en leadership. Après le petit-déjeuner, ils rejoindront leurs équipes pour entamer le processus d'organisation.

Oh, au fait, vous ai-je dit que la première activité en équipe concerne un jeu de survie et la seconde, une balade en canoë ? La formation en leadership est une leçon de vol en hélicoptère d'une heure et, pendant les pauses, les participants ont la possibilité de faire des courses automobiles et du ball-trap. L'environnement, les loisirs et les activités contribuent à rendre cet événement spécial – ce sera probablement ce que les participants auront fait de plus mémorable dans le cadre de leur travail.

Un événement spécial sert de nombreux objectifs d'entreprise et de marketing, mais surtout, il rend une expérience spéciale, c'est-à-dire inoubliable. Dans ce chapitre, je vais vous montrer comment vous emparer de la magie d'un événement spécial pour la mettre au service de votre plan marketing.

L'aspect marketing d'un événement spécial

Un *événement spécial*, c'est tout ce qui attire l'attention sur votre produit et votre message en attirant d'abord l'attention sur lui-même. Autrement dit, cet événement doit avoir un pouvoir d'attraction considérable simplement par lui-même. Il s'agit en quelque sorte d'une manifestation qui détend ou stimule les participants.

L'événement spécial est un bon exemple du principe « réaliste » du marketing selon lequel vous devez donner le plus possible. Dans la lutte pour attirer l'attention des consommateurs, vous devez prendre l'initiative d'éveiller l'intérêt. C'est ce qu'a fait la société américaine TNN en organisant une série de courses automobiles hebdomadaires (voir encadré « Entrez dans la course »). Vous pouvez le faire, vous aussi. Mais comment ? Devez-vous organiser une fête ? Un concert ? Un week-end près d'un terrain de golf pour vos meilleurs clients, avec des prix pour les gagnants – et pour tous les autres participants ? Un dîner destiné à collecter des fonds pour une association caritative ? Une foire ou des ateliers pour les enfants ? Un salon ouvert à toutes les entreprises de votre secteur ? Un spectacle donné par une troupe de danse moderne ? Ou peut-être une compétition de catch ? Les possibilités sont infinies et variées. Mais toutes ont le pouvoir d'attirer et de retenir l'attention. Et c'est précisément d'attention dont vous avez besoin pour communiquer et convaincre.

Organiser un événement ou simplement y participer ?

Vous avez l'embarras du choix, non seulement pour le type d'événement, mais aussi en ce qui concerne le niveau et la nature de votre participation.

DANS LA PRATIQUE

Entrez dans la course

TNN (The Nashville Network), société américaine de télédiffusion par câble, dispute l'audience aux trois principales chaînes de télévision américaine et à ses concurrents directs, de plus en plus nombreux. Ses opérations de marketing ont connu un succès remarquable dans ce secteur difficile, comme en témoigne l'augmentation de ses recettes publicitaires et de ses abonnés (les deux principales sources de revenu de ce genre de société).

Quel est le secret de TNN ? D'après Brian Hughes, vice-président de la programmation, la société utilise les événements pour faire connaître la chaîne. Par exemple, elle sait que ses téléspectateurs aiment la course automobile. Par conséquent, elle a organisé soixante-neuf courses automobiles en un an pour en assurer la retransmission en direct sur la chaîne ! C'est ce qui s'appelle créer l'événement !

Vous pouvez organiser l'événement, comme l'a fait TNN. C'est un processus difficile et coûteux mais parfois nécessaire – surtout si vous voulez exercer un certain contrôle pour empêcher les autres sociétés de profiter de l'attention de votre audience. Mais vous pouvez aussi intervenir dans un événement organisé par quelqu'un d'autre à titre de sponsor. Cette solution est plus simple et généralement moins coûteuse, mais risque d'être moins efficace en termes d'impact commercial.

Cibler les consommateurs ou les entreprises ?

Vous devez également choisir entre un événement orienté vers les consommateurs, comme ceux qui ont été organisés par TNN, et un événement destiné à une audience composée essentiellement d'entreprises.

Les salons attirent des personnes qui interviennent directement dans le cadre de leur travail et sont prêtes à prendre des décisions d'achat pour leur société. Mais vous pouvez aussi organiser des événements pour vos propres clients et employés. (Tout ce que vous faites pour vos employés les encourage à jouer pleinement leur rôle dans le cadre de votre plan marketing.)

Quel que soit l'événement que vous choisissiez, souvenez-vous que *votre but est d'attirer et de retenir l'attention des personnes*. Pas des entreprises. Des personnes. Ce sont les personnes qui prennent les décisions d'achat dans les entreprises. Une société a uniquement une vie juridique. Elle ne permet aucune interaction en matière de marketing. Par conséquent, organisez des événements qui, même s'ils sont destinés aux entreprises, sont intéressants pour les personnes qui les représentent.

Il est facile de s'adresser aux entreprises, mais les *personnes* que vous recevez ont-elles vraiment envie d'être assises pendant deux jours pour assister à des conférences sur l'impact des nouvelles technologies dans leur secteur ? Vous avez plutôt intérêt à leur proposer une discussion facultative d'une heure sur le sujet et un ensemble d'activités sportives et culturelles, qui leur apporteront un peu de détente et vous permettront tout aussi bien de vous faire des relations.

Le besoin d'originalité

Vous devez faire preuve de créativité et d'originalité dans toutes vos activités de marketing, mais en particulier dans le cadre d'un événement spécial. N'oubliez jamais ce que je vais vous dire à propos du marketing axé autour d'un événement spécial :

Ce n'est jamais aussi bien que la première fois !

Vous comprenez ? Bien. Appliquez toujours ce principe. Ne sponsorisez pas deux fois le même événement, sous prétexte que l'impact a été important la première fois. Ne faites pas le même genre de démonstration, au même stand, à trois salons différents, la même année. Recherchez toujours la nouveauté et la différence. Évitez les vieux classiques. Attirez l'attention en vous démarquant des autres.

Je parie que vous êtes en train de vous dire : « Mais, c'est évident ! » Je sais, je sais. Aucun comique ne fait le même sketch et aucun chanteur ne chante la même chanson deux fois d'affilée. Une fois que le public a ri ou applaudi, nous savons tous qu'il est temps de passer à autre chose. Tous, sauf les enfants. Lorsque mes enfants se sont mis à raconter des blagues pour la première fois, je me souviens qu'ils étaient tellement contents de me faire rire qu'ils ne cessaient de me raconter la même blague. Et il m'était de plus en plus difficile d'éclater de rire de façon sincère. Lorsqu'ils ont enfin dépassé ce stade, qui n'a heureusement pas duré plus d'un mois ou deux, ce fut un véritable soulagement.

Mais certaines sociétés n'apprennent jamais. Nombreuses sont celles qui répètent régulièrement les mêmes événements comme s'il s'agissait de rituels religieux. Les employés sont récompensés par une invitation à dîner ou un jour de congé depuis des années. Et les clients sont traités exactement de la même façon.

Si votre société, comme la plupart, utilise le même stand et le même personnel pour distribuer les mêmes brochures à chaque salon, c'est comme si elle racontait sans arrêt la même blague.

De même, si votre société donne chaque année des fonds à la même association caritative, la répétition a probablement amoindri depuis longtemps l'impact commercial de ce geste.

La banque qui se trouve en bas de ma rue organise chaque année le même événement : une collecte de fonds pour une association caritative. À chaque automne, quelqu'un traîne dehors le même panneau de 2 mètres avec le même dessin décoloré de thermomètre pour évaluer les dons comme si ceux-ci faisaient monter le mercure. Chaque année, le thermomètre met un peu plus de temps à monter. Et chaque année, je me rapproche un peu plus de l'acte de vandalisme ! Peut-être cette collecte de fonds constitue-t-elle un événement approprié pour la banque (ou peut-être pas – je doute que quiconque y ait jamais réfléchi). Mais même si c'est le cas, *cette collecte ne devrait jamais être effectuée deux fois de la même façon*. La banque pourrait organiser une fête, sponsoriser un match de football pour lequel chaque don serait fait au nom d'un joueur, ou faire venir un cheval dressé pour lui faire compter les dons en tapant les sabots sur un tambour.

Peu importe, du moment que l'activité soit nouvelle, différente et attrayante. Si l'événement est un don que vous faites à vos clients, vous ne pouvez pas leur offrir la même chose tous les ans !

Note : dans quels cas pouvez-vous renouveler une sponsorisation ? La règle de la nouveauté ne s'applique pas toujours, mais vous devez avoir une bonne raison de faire une exception. En voici une : votre sponsorisation a toutes les caractéristiques du succès et elle a un impact durable. C'est le cas d'un tournoi de tennis ou de golf annuel. Lorsque l'événement est vraiment intéressant, vous pouvez le sponsoriser une fois par an. La sponsorisation sur le long terme peut avoir un impact important dans la mesure où elle permet d'associer votre marque à l'événement. Mais ce n'est pas le cas d'un événement qui ne présente aucun intérêt à long terme – comme celui qu'organise la banque de ma rue. Si vous voulez vraiment continuer à sponsoriser ce genre d'événement, vous devez absolument trouver des approches créatives pour maintenir l'intérêt du public.

Sponsoriser un événement

Certaines personnes pensent qu'un événement spécial n'est utile que dans des circonstances particulières, qui justifient l'effort et les dépenses à effectuer. Ce n'est pas mon avis. L'organisation d'événements à petite échelle, dans le cadre d'un autre événement, est une option à envisager.

Pourquoi créer votre propre événement alors qu'il en existe déjà beaucoup ? C'est ce que se disent les nombreuses sociétés qui interviennent comme sponsors uniquement dans le but d'exposer leur nom à une audience ciblée.

DANS LA PRATIQUE

Prenons l'exemple de Vérité, association américaine à but non lucratif dont l'objectif est de mettre fin à l'exploitation des enfants pour la fabrication de produits de consommation importés dans les marchés américains et européens. Vérité a organisé une collecte de fonds dans le cadre d'un dîner animé par Montenia, célèbre chanteur de jazz. Et de nombreuses sociétés ont sponsorisé l'événement en échange de l'exposition de leur nom. Le repas était offert par des restaurants locaux, les musiciens jouaient gratuitement, les locaux étaient prêtés, et beaucoup de sociétés ont fait des dons dans le but d'être mentionnées parmi les sponsors. L'image positive de Vérité et de sa cause a rejailli sur chacun de ces sponsors. Les centaines de personnes qui ont participé à l'événement ou vu les prospectus le concernant ont pu se faire une idée positive des sponsors. Les sociétés n'ont donc pas eu grand chose à faire ni à dépenser pour bénéficier de ce phénomène.

Vous pouvez identifier les associations locales à la chambre de commerce de votre ville et vous tenir au courant des événements à venir en lisant les journaux locaux ou en écoutant les stations de radio locales. De plus, les associations à but non lucratif peuvent vous en indiquer d'autres. Par exemple, Vérité travaille avec beaucoup d'autres associations qui luttent pour le respect des droits de l'homme et de l'enfant. Elle peut donc fournir des contacts dans le monde entier.

Événements rattachés à une cause

Vérité nous a donné un bon exemple de *sponsorisation d'événement rattaché à une cause*, une des nombreuses possibilités qui s'offrent à vous en tant que sponsor. Les bénéfices générés par la sponsorisation d'une cause peuvent être très importants – du moins si la cause et l'événement ont un rapport avec votre marché cible.

Cela dit, beaucoup de sponsors dépensent de l'argent pour des événements qui plaisent à un cadre de la société mais pas nécessairement à ses clients. Veillez à choisir des causes susceptibles de toucher vos clients. Si votre P-DG s'intéresse à une association en particulier, vérifiez que vos clients s'y intéressent également. De nombreux concessionnaires automobiles sponsorisent des événements sportifs qui plaisent aux hommes, oubliant ainsi que beaucoup de leurs clients sont des femmes. Pourquoi ne pas sponsoriser un programme de lutte contre le cancer du sein plutôt qu'une équipe de football ?

De plus, les clients se sentent facilement offensés. Par conséquent, évitez les événements portant à polémique, comme les manifestations anti-avortement. Il existe de nombreuses causes que tous vos clients trouveront justes (qui pourrait être favorable au travail des enfants, par exemple ?). Pour ne pas être taxé de sexisme ni de racisme, interrogez vos clients pour mieux connaître leur opinion sur votre éventuelle participation à un événement.

Pour savoir si vos clients sont favorables ou non à une cause, faites une étude auprès de vos employés (si vous en avez beaucoup). Si la plupart de vos employés sont favorables à cette cause, il y a des chances pour que vos clients le soient aussi. Tout ce qui touche à la santé, aux enfants, à la prévention des maladies, à la toxicomanie, à la protection des animaux et à la préservation de l'environnement est susceptible de plaire à vos clients – à moins que l'association que vous sponsorisez ait une approche contraire à la tendance.

Pour évaluer l'opinion du public sans dépenser d'argent, vous pouvez aussi réaliser une enquête par le biais de la page Web de votre société. Décrivez (sans mentionner de nom précis) un ensemble de causes que vous envisagez de sponsoriser et demandez à vos clients de voter et de faire des commentaires. Évitez comme la peste tout ce qui a provoqué des commentaires négatifs.

Évaluer la rentabilité d'un événement

Choisissez un événement, rattaché à une cause ou non, qui vous permette d'entrer en contact facilement avec vos clients. Comme toute communication de marketing, la sponsorisation d'un événement doit fournir une couverture optimale à un coût raisonnable. Demandez-vous d'abord combien de personnes vont assister à l'événement ou entendre parler de votre rôle de sponsor. Ensuite, évaluez le pourcentage de personnes susceptibles de faire partie de votre marché cible. Divisez le coût de l'événement par ce chiffre et multipliez-le par mille pour avoir le coût de la couverture pour mille expositions. Comparez ce coût à celui d'autres opérations de marketing, comme le publipostage ou la publicité dans la presse ou à la radio.

Si vous pensez que la sponsorisation d'un événement est plus crédible et plus convaincante qu'une annonce publicitaire, en raison de son rattachement à une cause importante, vous pouvez en ajuster le coût. C'est ce qu'on appelle *lester l'exposition*. Par exemple, si vous estimez qu'une exposition à votre société ou à votre marque par le biais de la sponsorisation d'une cause a deux fois plus d'impact qu'une exposition à l'une de vos annonces publicitaires, multipliez le pourcentage de personnes ciblées par deux. Au bout du compte, vous comparerez le coût d'une couverture de 2 000 personnes avec la sponsorisation à celui d'une couverture de 1 000 personnes avec la publicité, ce qui rendra compte de l'impact plus important de l'exposition liée à la cause.

D'après mon expérience, la sponsorisation d'un événement *bien choisi* est souvent beaucoup plus rentable que la publicité. Pour savoir comment sélectionner l'événement approprié, lisez vite la section suivante.

Analyser les opportunités de sponsorisation

Si vous envisagez de sponsoriser un événement, sachez que vous n'êtes pas le seul. Loin de là. Les dépenses effectuées dans le monde entier pour ce type de marketing sont estimées à plus de 12 milliards d'euros par an.

D'après les statistiques, les événements sportifs sont en tête des sponsorisations, suivis par les spectacles. Les arts, en revanche, constitueraient le plus mauvais placement. Je doute que ces statistiques correspondent à la réalité. Pourquoi ? Parce que la plupart des décisions en matière de sponsorisation sont prises de façon instinctive ou par habitude. Elles ne font l'objet d'aucune analyse précise. Pour éviter de tomber dans ce piège, vous devez suivre un processus en trois étapes.

D'ailleurs, ce processus en trois étapes s'applique aussi lorsque vous organisez vous-même un événement. Vous devez examiner les options, faire vos calculs et faire un choix en fonction de ce qui vous semble le plus pertinent.

Étape n° 1 : explorez les options

Certaines sociétés sont inondées de demandes de sponsorisation. Elles ont donc de nombreuses options sans lever le petit doigt. Si c'est votre cas, ne négligez pas pour autant les autres événements. Informez-vous sur l'ensemble des événements organisés dans votre pays.

Contactez les chambres de commerce des villes où vous voulez intervenir comme sponsor. Elles disposent d'une liste des événements locaux, qui peuvent avoir énormément d'impact sur la population, même si vous n'en avez jamais entendu parler. Contactez également les associations qui semblent avoir un profil correspondant à votre produit et à votre clientèle. Demandez-leur si elles organisent ou connaissent un événement pouvant vous intéresser. Par exemple, si vous vendez des articles de sport, des jeux éducatifs ou autres produits pour les enfants, vous pouvez contacter une association de basket et lui proposer de sponsoriser une de ses rencontres sportives.

Étape n° 2 : faites vos calculs

Analysez en détail l'impact commercial de chaque candidat à la sponsorisation. Écartez les événements dont le public ne correspond pas à votre marché cible. Évitez aussi ceux qui prêtent à polémique ou ne bénéficient pas d'une image positive forte – inutile de sponsoriser un événement pour lequel vos clients ne se passionnent pas. Ensuite, comparez les options qui restent en calculant leur coût pour mille expositions.

Ce processus vous éloignera peut-être des types de sponsorisation les plus populaires. Un événement national populaire (comme la coupe du monde de football) permet l'exposition de millions de personnes grâce à la retransmission à la télévision. Mais combien de ces personnes font vraiment partie de votre marché cible ? Et quel est le coût de ce genre de sponsorisation ?

Si vous calculez le coût selon la formule indiquée dans la section « Évaluer la rentabilité d'un événement », vous obtiendrez peut-être un chiffre relativement élevé. Les spectacles et les grands événements sportifs requièrent un investissement important en raison de leur popularité (ils vous font profiter d'un large public sans effort créatif de votre part). Mais ils ne valent pas cet investissement si vous pouvez atteindre autant de personnes pour moins cher en sponsorisant plusieurs petits événements.
Lorsque vous faites vos calculs, vous découvrez souvent que la sponsorisation d'un ensemble de petits événements spécialisés est plus rentable que celle d'un grand événement, car les petits événements vous permettent de mieux cibler votre audience.

Étape n° 3 : sélectionnez l'événement le plus pertinent

Un événement pertinent est un événement étroitement lié à votre produit et à son utilisation. Malheureusement, la pertinence est le facteur le plus important et le moins pris en compte.

Le sport le plus sponsorisé est la course automobile. Une partie des dépenses effectuées passent avec succès le test de la pertinence, mais pas toutes, loin de là. Si Ford sponsorise une course automobile, cette sponsorisation communique peut-être quelque chose de pertinent par rapport aux voitures Ford. Mais que penser des nombreuses sociétés qui sponsorisent ce genre d'événements, alors que leur produit n'a rien à voir, de près ou de loin, avec l'automobile, la vitesse ni même le sport.

Prenons un exemple de sponsorisation pertinente, qui a été un véritable succès. Il s'agit d'un restaurant italien, *Il Pirata*, situé dans le Massachusetts, aux États-Unis (je connais ses stratégies de marketing car le propriétaire me demande parfois quelques conseils lorsque je vais y déjeuner). Le restaurant a fourni un buffet gratuit à l'occasion de l'ouverture d'une galerie d'art, située à proximité. Cet événement a attiré de nombreux résidents du quartier s'intéressant à l'art. Ils ont regardé les peintures. Et ils ont bien mangé. Beaucoup d'entre eux se sont ensuite rendus au restaurant, car la cuisine leur avait plu. Certains sont même devenus des habitués.

Cette sponsorisation était vraiment pertinente. Très souvent, ceux qui apprécient l'art apprécient également la bonne cuisine. Qu'y a-t-il de plus pertinent que d'exposer des clients potentiels directement à votre produit dans un cadre agréable ? Cette méthode a sans doute plus d'impact qu'un événement au cours duquel les gens regardent passer des voitures à toute vitesse devant un gros panneau « FORD ». L'opportunité d'utiliser ou de consommer le produit, ou au moins de le voir en cours d'utilisation, rend l'événement très pertinent. Et plus il est pertinent, plus les expositions sont rentables. Personnellement, je n'hésiterais pas à payer cinq ou dix fois plus cher pour mille expositions, si celles-ci étaient vraiment pertinentes !

Organiser un événement

Parfois, vous n'avez pas d'autre choix que d'organiser un événement vous-même. Aucune option ne correspond à ce que vous recherchez. Ou bien vous avez besoin d'avoir l'exclusivité de l'événement – un forum dans lequel aucun message concurrent ne viendra parasiter le vôtre.

Par exemple, un jour, une grande société de services et de conseil en informatique m'a demandé d'animer une série de conférences qu'elle souhaitait organiser dans les principales villes des États-Unis. J'ai parlé du travail que je faisais dans le domaine du management. Tous les membres de l'auditoire ont reçu un exemplaire de mon livre sur le sujet. Ensuite, ils ont été invité, à un déjeuner somptueux. Enfin, après tout ce travail de lancement, les cadres de la société ont pris la parole pour décrire les problèmes de management rencontrés par certaines entreprises et expliquer comment leurs logiciels avaient permis de résoudre ces problèmes. Quelques personnes s'étaient discrètement échappées après le déjeuner, mais beaucoup d'autres avaient profité de cette petite escapade hors du bureau pour s'informer sur la société et ses produits. L'organisation de ces conférences et le marketing d'amorçage avaient coûté des centaines de milliers de dollars. Mais quelques mois plus tard, lorsque j'ai téléphoné au responsable du marketing, j'ai appris que les commandes avaient été suffisamment nombreuses pour compenser le coût de l'opération et dégager des bénéfices.

Vendre des droits de sponsorisation

Pour être remboursé des frais d'organisation de votre événement, vous pouvez aussi chercher des sociétés susceptibles de sponsoriser cet événement – pas parmi vos concurrents, bien sûr. De nombreuses sociétés s'intéressent aux mêmes types d'événements que vous, mais pour des raisons différentes. Vous pouvez co-sponsoriser l'événement avec elles. D'une façon générale, si celui-ci est pertinent, nouveau et susceptible d'attirer l'attention de leur marché cible, elles seront intéressées. Il vous suffit de faire des propositions à des sponsors potentiels. Pensez également à faire connaître l'événement par l'intermédiaire de la presse économique et de votre site Internet.

DANS LA PRATIQUE

Un chaîne américaine de télédiffusion par câble a organisé un événement dont elle a vendu les droits de sponsorisation. Il s'agissait d'un concours de mode destiné à accroître les revenus publicitaires issus de la mode, de la santé et de la beauté. Les téléspectateurs étaient invités à voter. La participation des clients accroît toujours l'impact de l'événement. Et de grandes sociétés américaines ont acheté jusqu'à 7 millions de dollars de droits de sponsorisation ! Si vous ne demandez pas, vous ne recevez rien. Mais si vous demandez, vous pouvez faire des bénéfices grâce à votre événement.

Besoin d'aide pour organiser votre événement ?

Certaines personnes sont spécialisées dans l'organisation d'événements. Elles travaillent comme consultants, de la conception à la réalisation, pour s'assurer que tout le monde viendra et que tout se passera bien. Il existe beaucoup de spécialistes de ce genre, qu'il s'agisse d'experts indépendants ou de sociétés. Je vous recommande de faire appel à eux pour l'organisation d'événements qui attirent beaucoup de personnes et impliquent des activités, des repas, des réservations de chambres d'hôtel ou de salles de conférence, des mesures de sécurité, des moyens de transport et toutes sortes de détails destinés à éviter le désastre.

ATTENTION !

Pour savoir si vous avez besoin de l'assistance d'un expert, demandez-vous si l'événement que vous prévoyez comporte des risques majeurs. C'est le cas de beaucoup d'événements. Pourquoi ? Parce que le moindre pépin qui fait attendre le public, le déçoit ou le contrarie peut mener au désastre. Ce genre de pépin crée une forte impression négative qui peut l'emporter sur les aspects positifs de l'événement. Pour savoir si vous risquez le désastre, posez-vous les deux questions suivantes :

- L'événement se compose-t-il de multiples activités effectuées par de nombreuses personnes n'appartenant ni à votre service, ni à votre société ? Si vous avez prévu la location de limousines, un service de restauration, la réservation de chambres d'hôtel et l'intervention d'un groupe de singes savants, vous prenez des risques sur au moins un point. Les spécialistes le savent et s'occuperont des singes pour s'assurer du bon déroulement de l'événement.
- Le public peut-il être contrarié par de petits contretemps ? S'il pleut, votre concours de golf perdra-t-il de l'impact ? Certainement. De même, si le petit-déjeuner n'est pas servi avant le début de votre session de conférences, les participants seront-ils contrariés ? Cela ne fait aucun doute. Si votre événement doit se dérouler selon un plan précis, demandez à un spécialiste de superviser tous les détails. Les plans ne se déroulent jamais sans accroc si personne ne veille à ce que tout se passe comme prévu. Certains événements supportent facilement les petits contretemps. Vous improvisez et tout le monde comprend. Mais d'autres sont plus exigeants. Sachez dans quelle catégorie se place votre événement !

Salons et expositions

Devez-vous participer aux salons professionnels ? Si vous faites de la vente interentreprises, certainement. Votre présence dans les salons est presque toujours nécessaire, même si vous ne faites qu'empêcher vos concurrents de vous voler vos clients. En Europe, un quart du budget marketing des sociétés est consacré aux salons professionnels.

DÉTAIL TECHNIQUE

D'après d'autres sources, les salons génèrent 18 % des commandes en moyenne, le pourcentage des ventes étant plus important que le pourcentage du budget consacré aux salons. Par conséquent, le retour sur investissement, est plus élevé que pour tout autre élément du plan marketing – du moins, si l'objectif est d'obtenir des commandes. Vous pouvez vous appuyer sur ce constat pour évaluer vos dépenses. En effet, vous pouvez comparer le pourcentage du budget et le pourcentage des commandes, et ajuster le pourcentage du budget jusqu'à ce que vous trouviez le niveau de dépenses qui génère le meilleur retour sur investissements.

Quel budget consacrer aux salons ?

Imaginons que vous consacriez 10 % de votre budget aux salons et que ceux-ci génèrent 15 % des ventes de l'année. L'année suivante, vous décidez de consacrer 20 % de votre budget aux salons et les commandes sont si nombreuses qu'elles représentent 75 % des ventes. Votre RSI (retour sur investissements) a considérablement augmenté. Par conséquent, l'année suivante, vous êtes tenté d'augmenter encore la part de budget consacrée aux salons. Pourquoi pas 25 % ? Au bout du compte, vous trouverez le plafond et réduirez un peu vos dépenses. Vous pourrez également calculer le RSI de chaque type d'investissement effectué pour chacun des salons.

L'intérêt des salons

Les salons permettent de trouver de nouveaux clients et de maintenir ou d'améliorer l'image que vos clients actuels ont de votre société. Vous pouvez les utiliser pour lancer un nouveau produit ou une nouvelle stratégie. Ils vous offrent, en outre, l'occasion de présenter à vos clients des membres de la société avec lesquels ils ne sont jamais en contact (les membres des services fonctionnels ou même le président).

IDÉE LUCRATIVE

Profitez des salons pour vous faire des relations dans votre secteur. C'est là que se trouvent les meilleurs représentants et les meilleurs vendeurs. Si vous espérez secrètement remplacer un employé, vous rencontrerez certainement des personnes efficaces et compétentes. Discutez avec le public et avec les exposants qui ne sont pas en concurrence directe avec vous pour découvrir les nouvelles tendances du marché. Les informations que vous pouvez glaner à un salon valent généralement bien plus que le prix de votre participation. Tant pis pour la vente – sortez de votre stand et *bavardez* avec les autres.

En bref, les salons sont indispensables à votre plan marketing pour de nombreuses raisons. Même si la dépense est importante, vous vous y retrouverez sur le long terme. Et si votre participation est bien conçue, le retour sur investissements sera immédiat.

Qu'est-ce qu'un bon stand ?

Les marketeurs s'intéressent au stand uniquement au moment de participer à un salon. Pourtant, il fait partie intégrante de la stratégie marketing mise au point largement avant le salon. Pour définir cette stratégie, répondez aux questions suivantes :

- Comment attirer les bonnes personnes au salon et à notre stand ?
- Qu'attendons-nous des visiteurs qui se rendront à notre stand ?
- Comment communiquerons-nous avec les visiteurs et comment les motiverons-nous lorsqu'ils seront à notre stand ?
- Comment identifierons-nous les visiteurs et comment les orienterons-nous dans notre stand ?
- Comment obtiendrons-nous des informations sur les visiteurs, sur leurs centres d'intérêt et sur leurs besoins ?
- Quel type de suivi effectuerons-nous pour établir ou maintenir des relations avec les visiteurs ?

Votre stratégie doit débuter par la façon dont vous allez attirer les prospects et les clients. Le meilleur moyen d'y parvenir consiste à vous mettre dans la tendance en choisissant un salon susceptible d'intéresser vos clients potentiels. Renseignez-vous auprès des sponsors pour savoir qui s'est rendu au salon de l'année dernière et/ou qui s'est inscrit à celui de cette année. Un grand pourcentage de visiteurs devra faire partie de votre marché cible, sinon vous perdrez votre temps et votre argent en participant à ce salon.

En ce qui concerne le stand, demandez à vos clients de vous donner leur opinion sur le vôtre. Pour mener à bien cette enquête, effectuez ce que les experts appellent des *entretiens qualitatifs informels* – c'est-à-dire ce que l'individu lambda appelle des *conversations* ! Bavardez avec vos clients, de préférence lors d'un précédent salon, pendant qu'ils ont votre stand sous les yeux. Vous pouvez aussi réaliser un sondage en interceptant les personnes qui passent devant votre stand. Demandez-leur si elles veulent bien répondre à quelques questions telles que « Aimez-vous tel ou tel type de stand ? » ou « Le design de ce stand vous plaît-il ? » Reportez-vous au chapitre 6 pour savoir comment structurer ce genre de questions (je vous recommande de poser des questions fermées, accompagnées d'une échelle d'évaluation).

Société attrayante cherche salon pour week-end romantique

Comment connaître les différents salons organisés ?
Je commençais à croire que vous n'alliez jamais me le demander !
Les magazines professionnels diffusent la liste des salons organisés dans leur secteur.

Mais il existe une autre source d'informations, qui me semble beaucoup plus fiable que n'importe quelle autre : vos clients. Le but de votre participation à un salon est d'entrer en contact avec vos clients, alors pourquoi ne pas leur demander où ils souhaiteraient voir votre société représentée ? Téléphonez à quelques-uns de vos meilleurs clients et demandez-leur conseil. Ils sauront où il faut être vu pour rester dans la tendance.

Créer le stand parfait

Vous devez choisir la taille de votre stand et un bon emplacement. Installez-vous de préférence près d'un stand de restauration rapide, à côté des toilettes ou de tout autre endroit où il y a beaucoup de passage. Plus votre stand est grand, mieux c'est – investissez au maximum de vos moyens.

Cela dit, si vous avez un stand miniature au milieu d'une allée, ne désespérez pas. De nombreux visiteurs aiment passer par toutes les allées du salon. S'ils font majoritairement partie de votre marché cible, cet emplacement ne sera pas un handicap. Certaines sociétés recherchent même des petits stands bon marché dans l'espoir de découvrir un concept nouveau, réalisé par un jeune fournisseur désireux de s'implanter sur le marché.

Certaines sociétés peuvent vous aider pour la conception de votre stand – consultez les annuaires professionnels ou faites des recherches sur Internet. De nombreuses agences de publicité gèrent aussi les salons dans le cadre d'un programme de communication de marketing global.

Démonstrations

Il faut le voir pour le croire. Si vous pensez qu'une démonstration peut améliorer les perceptions des clients, n'hésitez pas une seconde. Cette méthode est souvent le meilleur moyen de lancer un nouveau produit ou même de présenter un vieux produit à de nouveaux clients. Vous pouvez faire une démonstration lors de n'importe quel événement. Même lorsque vous sponsorisez l'événement de quelqu'un d'autre, si vous en faites la demande à l'avance, il y aura certainement un moment et un endroit où vous pourrez faire une démonstration (qui augmentera considérablement la pertinence de votre sponsorisation). Et si vous organisez ou co-organisez vous-même l'événement, vous serez libre d'effectuer des démonstrations à tout moment.

Magasins, centres commerciaux et trottoirs

Une démonstration effectuée dans un magasin, un centre commercial ou un autre emplacement fréquenté par les consommateurs est souvent la forme de promotion la plus convaincante. Vous avez certainement vu des démonstrations bancales dans votre épicerie locale : une femme qui a l'air de s'ennuyer ferme distribue de minuscules morceaux de fromage suintant, disposés sur une table en carton au bout du rayon du papier hygiénique ? Ne m'en parlez même pas… Une bonne démonstration doit être :

- **Réaliste !** Montrez le produit dans son contexte d'utilisation habituel, ce qui implique de distribuer des portions de nourriture normales (l'utilisation habituelle fait référence à la façon dont le client utiliserait lui-même le produit. Si votre produit se mange au dîner, présentez-le dans ce cadre-là).
- **Merveilleuse !** La démonstration doit attirer l'attention, dans une ambiance agréable qui accroît l'intérêt pour le produit. Par exemple, réalisez la cuisson de votre produit sur place au lieu de faire simplement goûter un morceau. Ou bien faites faire un test de dégustation aux clients, avec des prix à la clé. Imaginez que vous faites un sketch pour un spectacle télévisé – c'est ce genre d'attractions qui éveille l'intérêt des consommateurs.
- **Une priorité en matière de marketing !** Vous avez l'opportunité de vendre directement votre produit à vos clients. Pensez aux candidats d'une campagne électorale qui font des bains de foule pour serrer des mains (notez qu'ils portent toujours leur plus beau costume et affichent un grand sourire. Malheureusement, les démonstrations sont souvent effectuées par des intérimaires peu qualifiés). A qui voulez-vous confier la démonstration de votre produit – à quelqu'un qui en donne une bonne image ou à un individu à qui vous n'oseriez pas adresser la parole si vous étiez assis à côté de lui dans le métro ?

Si vous appliquez ces trois règles, vos démonstrations seront réussies. Mais, bien sûr, elles vous coûteront plus cher que les démonstrations inefficaces que nous voyons la plupart du temps. Peu importe, car elles donneront des résultats. Faites-en moins, mais investissez plus pour chacune d'elles, et vous serez récompensé par l'enthousiasme des consommateurs.

Démonstrations dans le cadre d'un salon

Dans un grand salon, une bonne démonstration peut vous permettre de sortir de l'anonymat et d'attirer à votre stand des visiteurs qui, sans elle, ne vous auraient jamais remarqué. Votre démonstration, y compris la session finale de questions et réponses, doit durer moins de dix minutes. Vous ne retiendrez pas l'attention plus longtemps dans un salon et cette courte période vous permettra de répéter la démonstration relativement souvent. Appliquez les stratégies suivantes :

- **Concentrez-vous sur les avantages de votre produit pour votre marché cible**. N'essayez pas de convaincre tous les visiteurs du salon, sinon vous vous disperserez.
- **Communiquez un message précis à travers votre démonstration et ne vous en éloignez pas**. Veillez également à ce que le message de votre démonstration soit cohérent avec le message global de votre stand.
- **Prévoyez suffisamment d'espace pour accueillir les visiteurs**. Si de nombreux visiteurs se rendent à votre stand, ils doivent avoir suffisamment d'espace pour circuler et, éventuellement, s'asseoir. Votre stand doit donc être relativement grand.
- **Formez votre personnel pour qu'il puisse effectuer la démonstration plutôt que de faire appel à un intervenant extérieur**. Le personnel a une connaissance du produit et du secteur qui le rend plus à même de répondre aux questions et d'effectuer un suivi.
- **Répétez et entraînez-vous comme le font les acteurs**. Avec la pratique, les présentateurs pourront improviser à partir d'une liste de points au lieu de réciter un texte. Et ils pourront avoir une interaction avec le public, ce qui rendra la démonstration plus efficace.
- **Planifiez la démonstration en amont et en aval**. Comment allez-vous promouvoir et annoncer chaque démonstration pour attirer un public large et ciblé ? Comment allez-vous obtenir les noms et adresses des prospects assistant à la démonstration ? N'oubliez pas que l'objectif de la plupart des exposants est de trouver des clients potentiels. Distribuez des formulaires à remplir pour obtenir davantage d'informations sur le produit ou participer à un tirage au sort. Prévoyez du personnel chargé uniquement de circuler parmi les visiteurs pour répondre aux questions et gérer les demandes de renseignements et les commandes. Pour faciliter les demandes de renseignements, donnez aux visiteurs la possibilité de glisser leur carte de visite dans une urne située en marge de la foule.

Offrir des cadeaux lors d'un événement spécial

Les cadeaux sont de simples dons que vous faites à vos clients ou à vos employés. Pas des pots-de-vin. Des dons. Ils doivent être offerts en récompense de quelque chose – une fois que l'affaire est faite, et non à condition qu'elle soit faite. Malheureusement, les cadeaux n'ont souvent aucun intérêt. Qui voudrait d'un calendrier avec le nom de sa compagnie d'assurance à toutes les pages ? En revanche, un bon cadeau, donné au bon moment, attire l'attention. La distribution de cadeaux peut être, là encore, perçue comme un sketch, comme une activité spéciale parmi toutes celles qui ont lieu dans le cadre de l'événement. Pour éveiller l'intérêt des consommateurs, évitez les stupidités habituelles ! (Pour en savoir plus sur les cadeaux, reportez-vous au chapitre 11.)

Chapitre 13

Fixation des prix et offres spéciales

Dans ce chapitre :

- Comprendre comme le client perçoit le prix et la valeur
- Découvrir les trois mythes de la fixation des prix
- Fixer ou modifier votre prix catalogue
- Miser sur les offres spéciales (remises, bons de réduction, etc.)
- Respecter la législation en vigueur (impitoyable en matière de prix !)

« Le client a toujours raison. » « Donnez aux gens ce qu'ils veulent. » « Il faut trouver un besoin et le satisfaire. » « Les clients en premier, en dernier, encore et toujours.»

Les phrases comme celles-ci jaillissent souvent de la bouche des marketeurs. Elles ornent même les murs des couloirs et des bureaux du service du marketing. Et quelquefois, elles influencent la façon dont nous traitons nos clients. Mais il y a une grande exception à la règle : la fixation du prix. Parce que le prix est ce qui vous revient, la compensation de toutes ces belles choses que vous faites pour vos clients. Et vous devez vous assurer que votre société obtienne ce qu'elle mérite. Personne ne vous paiera plus que ce que vous demandez, alors veillez à ne pas vous déprécier.

Avant de me lancer dans l'aspect technique de la fixation des prix, je voudrais en illustrer le rôle unique avec une petite histoire racontée par un journaliste du *New York Times*. Celui-ci voulait savoir si les chauffeurs de taxis new-yorkais étaient attentifs aux clients. Il a enfilé des vêtements noirs, caché son visage avec une écharpe et jeté sur son épaule un gros sac sur lequel était imprimé le mot « BANQUE ». Puis il s'est mis à héler des taxis devant cinq banques différentes. À chaque banque, un chauffeur s'est arrêté pour le prendre. De plus, lorsqu'il racontait au chauffeur qu'il n'avait volé que 25 000 dollars et lui demandait s'il avait eu tort, celui-ci lui répondait que non – et accélérait même lorsqu'il lui disait qu'il craignait d'être suivi !

Il n'y a eu qu'une seule limite à cette tolérance. Lorsqu'il a demandé à un chauffeur de le déposer devant une autre banque et de l'attendre, celui-ci a refusé et exigé d'être payé immédiatement.

Les chauffeurs de taxi new-yorkais ont compris un principe essentiel du marketing : le client a toujours raison, à partir du moment où il paie. Pour réussir, vous devez adopter cette philosophie (enfin, pas littéralement – ne fermez pas les yeux sur un comportement illégal – mais gardez l'idée !). Toutes les activités de marketing doivent aboutir au paiement spontané et (dans le meilleur des cas) rapide des produits et services acquis. Pour être payé sans problème, oubliez les mythes de la fixation des prix qui hantent encore l'esprit des marketeurs.

Les trois mythes de la fixation des prix

En matière de fixation des prix, de nombreux marketeurs croient encore, à leurs risques et périls, à certains mythes. Ne vous laissez pas gagner par des idées séduisantes mais totalement fausses, qui ne vous attireront que des problèmes.

Mythe n° 1 : Les consommateurs achètent en fonction du prix

De nombreuses sociétés tombent dans ce piège. Elles pratiquent des prix inférieurs à la moyenne ou, lorsqu'elles ont besoin d'augmenter les ventes, offrent des remises ou des échantillons gratuits. Comme vous allez le voir dans ce chapitre, si vous basez la vente sur les prix, vos clients achèteront en fonction du prix. Mais il existe d'autres méthodes. Vous pouvez renforcer votre image de marque (voir chapitres 3 et 14), améliorer la qualité, adopter une politique de prestige (voir plus loin dans ce chapitre), ou optimiser la vente en choisissant le bon endroit au bon moment (voir chapitres 7 et 16). Bien sûr, le prix est un paramètre important, mais ce n'est pas le seul – sauf si vous en êtes persuadé.

Mythe n° 2 : Plus les prix sont bas, plus on a de chances de vendre

Les marketeurs ont souvent peur d'augmenter les prix. Ne partez pas du principe que les clients vont bouder vos produits et que les ventes vont chuter à tel point que l'augmentation des prix ne sera pas rentable. Lorsque les sociétés ajoutent à cette peur l'idée répandue que tous les problèmes de marketing peuvent être résolus par une baisse des prix, on assiste à une dépréciation globale des produits tout au long de leur cycle de vie dans de nombreux secteurs. Cette attitude aboutit à une perte de bénéfices. N'oubliez pas qu'une augmentation des prix peut être suivie immédiatement d'une baisse en cas d'influence négative sur les ventes. En revanche, après une baisse des prix, une augmentation est très mal perçue.

Même si une augmentation de prix réduit les ventes, les bénéfices peuvent augmenter. Par exemple, prenons un produit qui dégage une marge bénéficiaire brute de 30 %. Si vous augmentez le prix de 5 %, vous ne perdrez pas d'argent, même si les ventes chutent de 14 %. Et à moins de 14 %, vous augmenterez vos bénéfices. De même une augmentation de 10 % est rentable jusqu'à une baisse de 25 % des ventes. En revanche, une réduction de 5 % du prix doit stimuler une augmentation de 20 % des ventes pour que les bénéfices restent stables – scénario peu probable pour la plupart des produits. Et une réduction de 10 % doit être compensée par une augmentation de 50 % des ventes – résultat tout aussi improbable. Alors ne vous croyez pas obligé de pratiquer des prix bas. Faites vos calculs pour évaluer vos bénéfices. Et effectuez une enquête auprès de vos clients pour savoir comment ils réagiront !

L'élasticité-prix

Vous pouvez – et devez – évaluer l'élasticité-prix de votre produit. Autrement dit, vous avez la possibilité de calculer les répercussions d'un changement de prix sur le chiffre d'affaires. Cette équation peut être résolue à l'aide du modèle d'élasticité-prix de la demande utilisé par les économistes, selon lequel l'élasticité-prix est égale au pourcentage de changement de la quantité demandée divisé par le pourcentage de changement du prix. Si vous avez modifié le prix de votre produit par le passé et dégagez aujourd'hui un bon chiffre d'affaires, vous pouvez faire le calcul. Ensuite, vous pouvez utiliser le chiffre de l'élasticité-prix pour anticiper la réaction des consommateurs face à une nouvelle augmentation de prix.

Bien sûr, d'après l'équation, les consommateurs auront la même réaction. Mais ce n'est jamais le cas. Par exemple, si vous augmentez les prix de 5 % et constatez une baisse de 1 % des ventes, d'après la formule, vous obtenez une élasticité-prix négative de 0,2. Et cela signifierait qu'une nouvelle augmentation produirait une baisse de seulement 0,2 (par exemple, si vous augmentez les prix de 20 %, les ventes chuteront de seulement 4 %). Si cette règle s'appliquait, vous pourriez continuer à augmenter les prix, car les ventes n'en souffriraient pas beaucoup et les bénéfices augmenteraient considérablement. Mais bien sûr, tout ce raisonnement est erroné. Il ne faut jamais se fier à une formule ! Les consommateurs seront plus sensibles aux changements de prix au fur et à mesure que le prix augmentera ou diminuera. Le lien de cause à effet ne correspond pas à une ligne droite mais à une courbe (ce qu'on appelle la *courbe de la demande*, qui représente les changements perçus dans la demande selon les prix). Par conséquent, il faut rassembler beaucoup de chiffres, sur une grande gamme de prix, et faire plusieurs types de calculs pour pouvoir anticiper le comportement des consommateurs.

Vos clients ne sont peut-être pas aussi sensibles aux différences de prix que vous le craignez. Ils peuvent bien tolérer une augmentation et ne pas réagir suffisamment à une baisse de prix pour que celle-ci soit rentable. Ils peuvent même penser que le prix est directement lié à la qualité, auquel cas ils n'achèteront pas votre produit au-dessous d'un certain prix. Ne croyez pas que seule une diminution de prix peut accroître les bénéfices. Commencez par augmenter les prix et évaluez la réaction des consommateurs.

Vous n'avez probablement pas beaucoup d'informations sur l'évolution de vos ventes en fonction des augmentations et des diminutions de prix, indépendamment des autres facteurs et à différents niveaux de prix. Même si vous avez accès aux codes barres, vous aurez des difficultés à en tirer des conclusions. Bien qu'ils aient été conçus dans cet objectif, le processus est souvent complexe et pas toujours satisfaisant. Alors comment estimer l'élasticité-prix d'un produit lorsque vous n'avez pas de chiffres sur lesquels baser votre analyse ?

Il existe une série d'indicateurs qualitatifs de l'élasticité-prix. Commencez par vous poser des questions sur vos clients, votre produit et votre marché. Ensuite, analysez les réponses pour en dégager une tendance globale. Cette étude n'est pas scientifique, mais elle vaut mieux que d'ignorer complètement le problème !

Estimer l'élasticité-prix d'un produit

Si vous répondez « oui », cochez la case.

- ❒ **Le prix est-il prévisible ?** Si vous agissez dans une gamme de prix prévisibles, les clients ne seront pas sensibles aux changements de prix. En dehors de cette gamme de prix, ils le seront.
- ❒ **Le produit a-t-il de la valeur à (presque) n'importe quel prix ?** Certains produits sont uniques. Les clients savent qu'ils auront des difficultés à trouver moins cher. Dans ce cas, ils ne sont pas très sensibles aux changements de prix.
- ❒ **Le produit satisfait-il un besoin important ?** Vous êtes prêt à payer n'importe quel prix pour vous faire dépanner en pleine nuit au bord d'une autoroute ou vous faire plâtrer un bras cassé dans une clinique. Ces services satisfont des besoins essentiels. Mais si votre produit n'est pas essentiel, les clients seront plus attentifs aux différences de prix.
- ❒ **Existe-t-il des produits de substitution ?** Si les clients achètent dans un environnement où il n'y a pas de produits de substitution, ils ne feront pas attention au prix. Acheter en fonction du prix implique la présence de produits similaires à des prix différents (par exemple, si vous êtes la seule société à assurer les urgences de plomberie le week-end, vos clients n'hésiteront pas à payer le prix fort pour vos services).

- ❐ **Le client ignore-t-il l'existence de produits de substitution ?** Ce que le client ne sait pas lui coûte de l'argent. Les décisions d'achats des consommateurs dépendent d'un comportement complexe basé sur l'information. Je vis dans une petite ville universitaire de Nouvelle-Angleterre, où les prix sont élevés. Mais j'ai un annuaire de Manhattan et je fais souvent mes achats à New York par téléphone pour bénéficier d'un meilleur prix. Si tous les consommateurs de notre marché local savaient à quel point cette méthode de shopping est aisée, ils seraient plus sensibles aux prix – mais ils l'ignorent.
- ❐ **Est-il difficile pour le client de comparer les produits ?** Même lorsqu'il existe des produits de substitution, ceux-ci peuvent être difficiles à comparer. Qu'est-ce qui rend un médecin meilleur qu'un autre ? Pas facile à dire… Comment savoir qui vous soignera le mieux ? La médecine est une discipline complexe. De plus, vous ne pouvez évaluer le service qu'après avoir pris une décision d'achat. La comparaison est donc difficile. Par conséquent, en matière de soins médicaux, les consommateurs sont moins sensibles au prix.
- ❐ **Le produit semble-t-il bon marché au client ?** Le client ne s'inquiète pas beaucoup du prix s'il a l'impression de faire une affaire. En revanche, si l'achat représente un sacrifice important, il est particulièrement attentif au prix. Par exemple, nous négocions beaucoup lorsque nous achetons une voiture ou une maison. Et même les produits beaucoup plus abordables peuvent sembler chers s'ils se situent en haut de la gamme de prix. Par exemple, le client sera davantage sensible au prix s'il recherche un ordinateur portable performant que s'il souhaite acheter un PC de base, car le portable lui coûtera 50 à 100 % plus cher.

  Plus vous avez coché de cases, moins vos clients seront sensibles au prix. Si vous en avez coché plusieurs, vous pouvez probablement augmenter les prix sans affecter gravement les ventes. Bonne nouvelle, non ?

Vous pouvez compléter votre évaluation de l'élasticité-prix de votre produit en réalisant des tests. Par exemple, si vous pensez qu'une augmentation de 5 % des prix n'affectera pas les ventes, faites un test dans un marché restreint ou sur une courte période. Si vous aviez raison, élargissez cette augmentation à tout votre marché. Vous pouvez aussi mener une enquête auprès de vos clients. Cela dit, ceux-ci ne sont pas toujours capables d'anticiper leur comportement (prévoyez une marge d'erreur). Demandez-leur de choisir entre plusieurs combinaisons de prix et d'avantages pour avoir une réponse aussi précise que possible analyse (pour en savoir plus sur la recherche en marketing, reportez-vous au chapitre 6).

Mythe n° 3 : Il n'y a que le prix qui compte

Nous partons souvent du principe que nous devons jouer en priorité sur les prix. Pourtant, le cash-flow et les bénéfices d'une société dépendent de beaucoup de facteurs et pas uniquement du prix des produits. Pensez aux chauffeurs de taxi new-yorkais. Ils ne se soucient pas du prix qu'ils demandent à un voleur à partir du moment où ils seront payés. Par conséquent, si votre patron vous dit qu'il faut augmenter les prix parce que les bénéfices ne sont pas assez élevés, il n'a pas forcément raison.

Si le délai de paiement de vos clients est de 65 jours, réduisez-le à 25 jours. Ainsi vous obtiendrez peut-être une augmentation des bénéfices sans avoir à augmenter les prix.

Les recettes et les bénéfices de votre société dépendent aussi de toutes les réductions offertes. Vos clients profitent-ils des réductions offertes moyennant l'achat d'une grosse quantité pour stocker à bon marché et éviter d'acheter entre les périodes de réduction ? Si c'est le cas, le problème provient de la promotion des ventes et non du prix à proprement parler. Si vous offrez un service, peut-être avez-vous fixé un prix de base plus des frais. Comment avez-vous évalué les frais ? Reflètent-ils la structure des coûts ou sont-ils obsolètes ? Vos clients peuvent-ils éviter de les payer ? Par exemple, si une banque fixe un prix peu élevé pour les comptes chèques standard, auquel elle ajoute des frais de traitement, ses bénéfices risquent de chuter si les clients gèrent eux-mêmes leurs comptes par Internet – les frais de lancement de ce service sont généralement peu élevés voire gratuits pour stimuler l'essai. Dans ce cas, le problème ne provient pas du prix de base des comptes chèques mais de la nature des frais.

Le mythe n° 3 s'applique également aux clients. Les marketeurs partent du principe que les coûts supportés par le client se limitent au prix d'achat. C'est faux. D'autres coûts peuvent s'ajouter au prix. Si vous avez une voiture, vous ne vous souvenez peut-être pas exactement du prix auquel vous l'avez achetée. En revanche, vous savez combien vous coûtent une vidange, l'assurance automobile et le remboursement mensuel de votre emprunt. Et vous connaissez le prix du parking de votre centre commercial habituel et celui d'un plein d'essence. Lorsque vous ajoutez tous ces coûts supplémentaires, vous vous rendez compte qu'au fil du temps votre voiture vous a coûté au moins deux fois plus cher que son prix de base.

Le véritable coût d'un produit est souvent plus élevé que le prix d'achat. Dans le cas d'une voiture, il peut être considérable. Par exemple, si vous avez un accident grave, vous devez payer vos soins médicaux et probablement une partie des réparations (l'assurance comporte souvent une franchise).

DÉTAIL TECHNIQUE

De plus, si votre voiture est hors d'usage ou si vous êtes blessé, vous devez peut-être renoncer à certains de vos projets. C'est ce qu'on appelle le *coût d'opportunité*. L'argent consacré à votre voiture vous fait perdre l'opportunité d'acheter une nouvelle maison ou de suivre une formation. Les coûts d'opportunité peuvent être très importants, même si les consommateurs n'en sont pas toujours conscients.

Mais le mythe n° 3 ne s'applique-t-il pas au moins aux produits bon marché ? Non. Par exemple, votre détergent habituel peut vous coûter 25 % moins cher si vous l'achetez directement à la sortie d'usine plutôt que chez votre détaillant. Mais allez-vous changer vos habitudes ? Non, parce que l'entrepôt se trouve beaucoup plus loin que votre détaillant. Vous allez dépenser plus en essence que ce que représente la réduction de 25 %. Pour effectuer votre décision d'achat, vous considérez l'ensemble des coûts que vous allez devoir supporter et pas uniquement le prix d'achat.

En tant que marketeur, vous devez prendre en compte tous ces coûts. Pensez-y et réalisez une enquête auprès d'un échantillon de clients. Consultez également le tableau 13-1 et vous ne verrez plus jamais les prix de la même façon !

Tableau 13-1 Le véritable prix pour le client et la société

Quel est le véritable coût pour le client ?	***Quels coûts réduisent le prix catalogue ?***
Coût total pour le client = Prix d'achat plus :	Véritable prix pour la société = prix catalogue moins :
Taxes et impôts (TVA, impôt foncier, etc.)	Modification de votre prix par les distributeurs/détaillants
Frais divers	Marges commerciales des détaillants
Frais de livraison	Marges commerciales des distributeurs
Coûts d'achat (en temps, argent ou frustration)	Remises de quantité
Coûts d'installation (en temps, argent ou frustration)	Escomptes de caisse
Enlèvement ou recyclage de l'emballage	Remises sur marchandises (consenties aux distributeurs et détaillants)
Enlèvement ou recyclage du produit en fin de vie	Échantillons gratuits
Coûts du financement de l'achat	Coûts directs des ventes
Coûts de maintenance	Coûts des activités d'appui

Quel est le véritable coût pour le client ?	*Quels coûts réduisent le prix catalogue ?*
Coûts d'exploitation	Coûts de garantie
Frais d'assurance	Invendus
Risques du propriétaire	Règlements en retard ou irrécouvrables
Coûts d'opportunité (Qu'auriez-vous pu faire d'autre ?)	Coûts des unités en stock (votre produit est-il en stock depuis longtemps ?)
Autres	Frais de publicité groupée (vous payez les frais des détaillants)
	Coûts d'opportunité (votre argent aurait-il pu être dépensé plus sagement ?)
	Élimination ou modification des rebuts
	Élimination des vieux produits invendables
	Autres

Fixer ou modifier le prix catalogue

Fixer un prix est une tâche difficile. Des études montrent que les managers confrontés à cette tâche souffrent d'une grande anxiété. Nous allons donc la décomposer de façon logique en différentes étapes et vous verrez qu'il n'y a pas lieu d'être anxieux ! (La figure 13-1 illustre le processus décrit ci-dessous.)

Étape n° 1 : Déterminez qui fixera les prix

Cette étape est délicate. En tant que marketeur, vous devez fixer un prix de départ. Mais celui-ci ne correspondra sans doute pas à celui qui sera payé par le consommateur. En effet, il faut tenir compte de la marge commerciale des distributeurs ou grossistes et des détaillants. De plus, le fabricant n'a généralement pas le droit d'imposer le prix de vente, laissé à la discrétion du détaillant. Votre prix est donc une suggestion. Et si le détaillant veut vendre à un autre prix, il le modifiera.

Vous devez donc commencer par déterminer tous les acteurs de la fixation des prix. Impliquez ces parties dans votre processus de décision en leur demandant leur avis. Vous découvrirez peut-être qu'il y a des contraintes à prendre en considération avant d'entamer le processus de fixation des prix.

Par exemple, si vous devez fixer le prix d'un nouveau livre, vous découvrirez peut-être que les grandes chaînes du livre demandent une remise d'au moins 50 % sur le prix catalogue. Sachant cela, vous pouvez fixer un prix catalogue suffisamment élevé pour dégager un bénéfice même avec une remise de 60 %. Mais si vous ne savez pas à l'avance que les chaînes demandent des remises plus élevées que les librairies, vous ne pourrez pas fixer votre prix en conséquence.

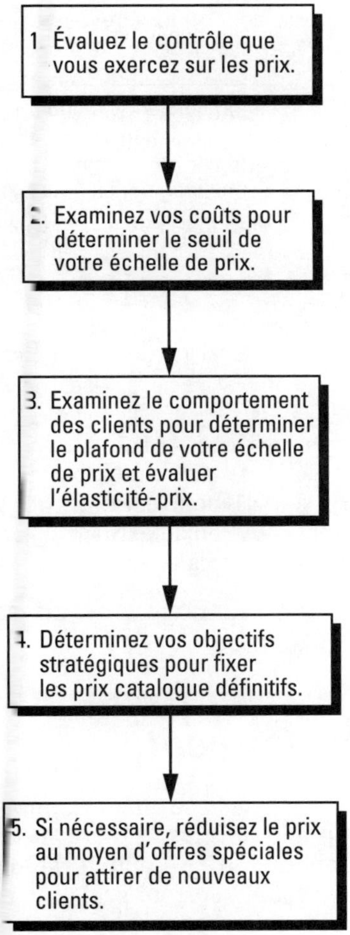

Figure 13-1 : Processus de fixation des prix.

Les marketeurs qui passent par un réseau de distribution à plusieurs niveaux (c'est-à-dire qui ont des distributeurs, des grossistes, des détaillants, des agents ou autres types d'intermédiaires) doivent définir une *structure des remises sur marchandises*. Ces remises sont celles que vous consentez à vos intermédiaires. Elles représentent un coût pour le marketeur. Vous devez donc connaître la structure probable des remises avant de fixer le prix catalogue. En général, cette structure est définie par une série de chiffres correspondant aux remises consenties à chacun des intermédiaires. Chaque remise est soustraite de ce qu'il reste de la remise précédente et non du prix catalogue.

Déterminer la structure des remises

Un peu perdu ? Voyons ensemble comment calculer les prix et les remises dans un réseau de distribution complexe. Imaginons que, dans le marché que vous ciblez, la structure classique des remises soit de 30/10/5. Cela signifie que, si vous partez d'un prix catalogue de 100 euros, le détaillant paie avec une remise de 30 % sur ce prix. Par conséquent, le détaillant paie 70 euros le distributeur qui vend votre produit puis vend celui-ci à 100 euros, s'octroyant ainsi une marge commerciale de 30 euros correspondant à son bénéfice brut.

Nous savons, d'après les chiffres de la structure des remises, qu'il existe d'autres intermédiaires – un par remise indiquée. Il doit y avoir un distributeur qui vend au détaillant. Le distributeur bénéficie d'une remise de 10 % sur le prix auquel il peut vendre le produit au détaillant (0,10 x 70 = 7).

Nous pouvons en déduire que le distributeur a payé 70 – 7, soit 63 euros, le produit qu'il acheté auprès d'un autre intermédiaire (probablement un représentant du fabricant ou un grossiste). Il a donc réalisé un bénéficie brut de 7 euros. Cet intermédiaire est celui auquel vous vendez. Et la formule 30/10/5 indique que vous lui avez consenti une remise de 5 % : 0,05 x 63 = 3,15. Il a donc réalisé un bénéfice brut de 3,15 euros.

Nous pouvons donc en conclure que vous devez vendre votre produit à ce premier intermédiaire à 63 – 3,15 soit 59,85 euros. En tout et pour tout, si vous vous basez sur la structure 30/10/5, vous cédez donc plus de 40 % du prix catalogue aux intermédiaires. Par conséquent, les bénéfices que vous dégagez sur votre produit à 100 euros doivent être considérés comme des coûts soustraits de votre net de 59,85 euros. Voilà tout ce que vous en verrez !

Étape n° 2 : Examinez vos coûts

Reprenez le tableau 13-1 (un peu plus haut dans ce chapitre), notamment la seconde colonne. Cette colonne comprend tous les facteurs susceptibles de réduire le prix que vous allez obtenir pour votre produit. Il est important que vous connaissiez le prix réel de votre produit, surtout s'il fait partie d'une catégorie de produits déjà présents sur le marché.

Le calcul des remises sur marchandises, effectué dans l'encadré « Déterminer la structure des remises » est indispensable, mais le prix catalogue doit également être revu à la baisse en fonction d'autres facteurs avant que vous puissiez déterminer le véritable prix net.

Bien. Maintenant vous savez combien vous coûtent la fabrication et la vente de votre produit. Avec un peu de chance, vous allez pouvoir prévoir une marge confortable entre vos coûts et votre prix net. Sinon, vous devrez recommencer vos calculs !

Mais comment déterminer vos coûts ? Facile – du moins en théorie. En théorie, tous vos coûts sont déjà pris en compte par l'excellent système de comptabilité de votre société et un type à visière verte peut tout simplement vous communiquer le chiffre.

En pratique, le processus est beaucoup plus compliqué, pour les deux raisons suivantes : premièrement, les coûts varient en fonction des ventes. L'évaluation de vos coûts dépend donc de l'évaluation de votre chiffre d'affaires. Et comment évaluer avec précision les ventes de l'année prochaine ?

Étant donné que vous devez tenir compte des prévisions des ventes, qui sont par nature incertaines, vous devez calculer le coût unitaire du produit à plusieurs niveaux de vente – autrement dit, faire des prévisions pessimistes, neutres et optimistes. Ensuite, vous pouvez fixer un prix qui vous permette de dégager une marge bénéficiaire décente aux trois niveaux. Ainsi, vous ne serez pas licencié (ni en faillite) si tout ne se déroule pas exactement selon votre plan.

Deuxièmement, il est difficile de ventiler les coûts avec précision. J'ai passé plusieurs semaines à étudier les comptes d'une grande société de transport routier. Les cadres voulaient savoir quels étaient les itinéraires les plus rentables et les moins rentables. Et ils craignaient que leur système de comptabilité ne leur fournisse pas les informations nécessaires pour le savoir. Ils avaient raison. Lorsque nous sommes vraiment rentrés dans les détails, nous avons découvert qu'un certain nombre de facteurs n'était pas pris en compte, à commencer par les remises sur le prix catalogue consenties aux différents clients. Certains clients bénéficiaient d'un taux de remise plus important que d'autres. Et certains clients empruntaient certains itinéraires davantage que d'autres. Par conséquent, le revenu net de la société sur chaque itinéraire devait être recalculé. Et après avoir déduit tous les coûts par itinéraire en termes de ressources humaines, de camions et autres, nous nous sommes rendu compte que la société perdait beaucoup d'argent sur certains itinéraires ! Ce fut une tâche titanesque, parce qu'il s'agissait d'une grande société, avec des milliers de clients et des centaines d'itinéraires. Mais au bout du compte, nous avons pu ajuster les prix de façon à garantir une rentabilité optimale sur tous les itinéraires sans trop affecter les clients.

Moralité : vous devez toujours revoir les chiffres de votre comptable lorsque vous évaluez vos coûts. Les dépenses doivent être ventilées et les prix nets calculés de façon précise pour que vous puissiez vous en servir dans une perspective de marketing. Sinon, vous n'aurez pas d'informations précises sur vos bénéfices.

Après avoir évalué vos coûts, vous pouvez en déduire le seuil de votre échelle de prix, c'est-à-dire au minimum le montant de vos coûts (d'accord, parfois, vous vendez un produit à un prix inférieur à son coût pour le lancer sur le marché – mais n'utilisez pas cette stratégie pour prendre des clients à vos concurrents, car vous serez accusé de dumping). En général, le prix est équivalent aux coûts, auxquels est ajoutée une *marge bénéficiaire* – disons 20 ou 30 %. Cela signifie que vos coûts représentent 70 ou 80 % du prix.

Ce chiffre *coût plus bénéfice* correspond au seuil de votre échelle de prix (voir figure 13-2). Maintenant, vous devez essayer de voir si vos clients vont vous permettre de fixer ce prix – ou peut-être même un prix plus élevé !

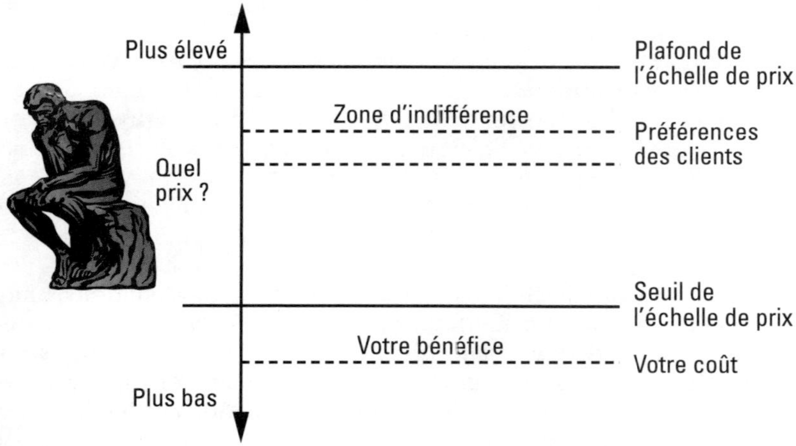

Figure 13-2 : définir votre échelle de prix.

Étape n° 3 : Évaluez les perceptions des clients

Vos coûts et votre marge bénéficiaire imposent un seuil en matière de prix. Mais les perceptions de vos clients imposent un plafond. Vous devez définir ce seuil et ce plafond pour connaître l'étendue de votre échelle de prix. L'étape suivante consiste donc à déterminer le prix auquel vos clients sont prêts à payer votre produit.

La figure 13-2 illustre l'échelle de prix correspondant aux « préférences des clients ». Notez que ces préférences se situent au-dessous du plafond. Si les clients ne sont pas trop sensibles au prix, ils achèteront bien que celui-ci soit légèrement supérieur à leurs préférences (reportez-vous à la section sur l'élasticité-prix, plus haut dans ce chapitre).

Earl Naumann, consultant américain, appelle la différence entre le prix désiré par le client et un prix *perceptiblement* plus élevé la *zone d'indifférence*. À l'intérieur de cette zone, les clients sont indifférents aussi bien à une augmentation qu'à une diminution de prix. Cela dit, sachez que cette zone rétrécit (en termes de pourcentage) au fur et à mesure que le prix d'un produit augmente. Comment évaluer la zone d'indifférence de vos clients concernant votre produit ? Reprenez votre *check-list* sur l'élasticité-prix. La zone est réduite si l'élasticité-prix de votre produit est faible, et grande si celle-ci est forte. À ce stade, vous pouvez risquer quelques hypothèses – je sais que vous n'aimez pas jouer aux devinettes, mais mieux vaut décomposer le processus de fixation du prix en plusieurs hypothèses raisonnables que de lancer un chiffre au hasard ! Avec un peu de chance, vos petites erreurs d'appréciation sur toutes ces hypothèses s'annuleront mutuellement. En tout cas, c'est ce que vous direz à votre patron !

Vous pouvez mener une enquête directement auprès de vos clients. Ceux-ci vous diront probablement que plus le prix est bas, mieux c'est, mais, si vous insistez, ils vous indiqueront ce qu'ils considèrent comme un prix raisonnable pour un produit déterminé.

Vous pouvez également effectuer une recherche en marketing pour tester différents niveaux de prix. Par exemple, faites une *simulation de marché test*. Créez un faux magasin (ou catalogue), comportant toutes sortes de produits dont le vôtre. Ensuite, demandez à une société de recherche en marketing de vous envoyer des consommateurs, qui se promèneront entre les rayons de votre faux magasin. Finalement, vous verrez la quantité achetée – en variant le prix au fur et à mesure de l'expérience. Les ventes chuteront rapidement au-delà d'un certain niveau – ce sera le plafond de votre échelle de prix.

ATTENTION !

Ce genre de tests aboutit parfois à des résultats surprenants. Par exemple, les ventes peuvent chuter en-deçà d'un certain niveau si les clients associent le prix à la qualité. Ne soyez pas étonné de découvrir un seuil aux préférences des clients outre un plafond. De plus, les tests ne tiennent pas compte des variations de prix effectuées par les concurrents. Or, si vous lancez brusquement un nouveau produit, vos concurrents risquent de casser les prix ou d'offrir des réductions intéressantes pour vous évincer du marché. Et ces réactions peuvent corriger à la baisse les préférences des clients ! Que le marketing est compliqué…

TÊTE PENSANTE

Pour connaître les préférences de vos clients, vous pouvez aussi observer la structure des prix dans votre marché. Combien les consommateurs paient-ils pour des produits comparables au vôtre ? Existe-t-il une tendance à la baisse des prix ? Une tendance à la hausse ? Ou les prix sont-ils stables ? Faites les magasins pour déterminer la structure des prix. Vous obtiendrez de nombreux indices sur les réactions des clients en fonction des différents prix que vous fixerez pour votre produit.

Bien ! Après toutes ces analyses, je suppose que vous avez au moins une idée des préférences des clients et du plafond jusqu'auquel vous pouvez augmenter votre prix sans que vos clients ne s'en rendent compte. Autrement dit, vous avez déterminé le plafond de votre échelle de prix.

Pour définir un prix, commencez par viser le haut de l'échelle. Tant que vous ne descendez pas au-dessous du seuil, c'est-à-dire tant que la zone d'indifférence est supérieure ou égale à vos coûts additionnés de votre marge bénéficiaire, tout va bien.

Cela dit, vous ne pouvez pas toujours fixer un prix en haut de l'échelle. Dans l'étape suivante, vous allez découvrir comment déterminer votre prix définitif.

Étape n° 4 : Examinez les facteurs d'influence secondaires

Vos coûts et le plafond des préférences des clients sont les deux principaux facteurs à prendre en compte. Ce sont eux qui déterminent l'échelle de prix. Mais d'autres facteurs peuvent influencer votre décision et vous contraindre, par exemple, à viser non pas le haut mais le milieu ou le bas de l'échelle.

Prenons la question de la concurrence. Allez-vous devoir empiéter sur la part de marché d'un concurrent direct ? Si c'est le cas, fixez un prix légèrement mais perceptiblement inférieur à celui de votre concurrent. Examinez aussi la tendance. Si la tendance est à la baisse, revoyez vos prix à la baisse pour être en phase avec le marché. De même, les fluctuations monétaires peuvent avoir des répercussions sur vos coûts et, donc, sur vos prix. Si vous craignez un impact négatif du taux de change, fixez des prix plus élevés. Finalement, la gestion des produits peut imposer un prix légèrement plus bas ou plus élevé. Par exemple, les produits haut de gamme doivent être sensiblement plus chers que les autres.

Étape n° 5 : Déterminez vos objectifs stratégiques

Vous avez peut-être d'autres objectifs que l'optimisation de vos bénéfices. De nombreux marketeurs visent le bas de leur échelle de prix afin d'augmenter leur part de marché. (Ils pensent qu'une part de marché plus importante leur permettra de dégager davantage de bénéfices par la suite – il s'agit donc d'une stratégie d'investissement. Pour en savoir plus, reportez-vous au chapitre 3.)

Cette stratégie n'a de sens que si les clients sont sensibles au prix ! Sinon, vous allez renoncer à une partie de vos recettes pour rien. Dans ce cas, fixez un prix en haut de l'échelle et profitez de votre supplément de recettes pour investir dans la qualité et renforcer votre image de marque. Ainsi, vous parviendrez également à augmenter votre part de marché (pour en savoir plus sur les différentes stratégies à adopter, reportez-vous au chapitre 3).

Certains marketeurs ont un objectif de volume. Ils visent donc le bas de l'échelle pour optimiser les ventes, même si cette stratégie ne leur permet pas d'augmenter leurs bénéfices nets (là encore, l'augmentation des ventes en fonction d'une diminution des prix dépend de l'élasticité-prix).

D'autres marketeurs souhaitent minimiser le volume, lorsqu'ils lancent un nouveau produit, par exemple. Ils n'ont pas la possibilité de vendre à un marché de masse. Par conséquent, ils adoptent une *politique d'écrémage* en vendant le produit à un prix si élevé que seuls les clients les plus aisés ou les moins sensibles au prix l'achètent. Après avoir réalisé suffisamment de bénéfices pour augmenter leur capacité de production, ils diminuent le prix. De nombreux produits tels que les lecteurs de CD, les télécopieurs et les antennes paraboliques ont fait leur entrée sur les marchés européens à un prix élevé, en application de cette politique d'écrémage. (***Attention*** : n'adoptez cette politique que si vous êtes sûr de ne pas être concurrencé sur le court terme.)

Comment les clients perçoivent-ils et mémorisent-ils les prix ?

Si le plafond de votre échelle de prix pour un nouveau jouet est de 10 euros, vous allez probablement le ramener à 9,99 voire 9,89 euros pour la simple raison que ce prix *semble* beaucoup moins élevé à la plupart des consommateurs. Si l'on part du principe que ceux-ci sont sensibles aux prix, ils achèteront beaucoup plus, bien que la différence ne s'élève qu'à quelques centimes. Pourquoi ? Parce que la perception des consommateurs veut que les prix se terminant par 9 semblent moins élevés – généralement 3 à 6 % moins élevés dans leur souvenir que les chiffres ronds. Tenez compte de ce phénomène et essayez d'en tirer profit.

Seul inconvénient de ce qu'on appelle le *prix psychologique*, certains consommateurs associent ces prix à une qualité inférieure. N'utilisez donc pas cette stratégie lorsque vos clients sont davantage sensibles à la qualité qu'au prix. Par exemple, un prix psychologique peut ternir l'image d'une œuvre d'art originale en vente dans une galerie d'art. Cela dit, en général, cette stratégie fonctionne bien.

Vous devez aussi ajuster votre prix en fonction des autres produits de votre gamme ou de la gamme de produits de vos détaillants ou distributeurs. Le but est de fixer un prix qui s'inscrive de façon logique dans l'échelle de prix de l'ensemble des produits. Cette stratégie dite de l'*alignement des prix* est courante et généralement efficace.

Vous devez également tenir compte de vos concurrents au moment de fixer votre prix. Si vous vous trouvez dans un marché hautement concurrentiel, vous devez fixer un *prix concurrentiel*. Identifiez les produits que vos clients sont susceptibles de comparer au vôtre et fixez un prix perceptiblement supérieur ou inférieur pour différencier votre produit. La différence de prix dépendra de la taille de la zone d'indifférence des clients (voir plus haut).

TÊTE PENSANTE

Devez-vous fixer un prix inférieur ou supérieur à celui de votre concurrent ? Tout dépend des avantages et de la qualité de votre produit. S'ils sont moindres ou équivalents, fixez un prix sensiblement moins élevé pour donner l'impression d'un meilleur rapport qualité-prix. S'ils sont supérieurs, fixez un prix un peu plus élevé pour signaler la supériorité de votre produit – mais pas trop élevé pour que votre produit semble offrir un meilleur rapport qualité-prix que la concurrence.

DANS LA PRATIQUE

Si vous voulez vous positionner bien au-dessus de la concurrence, fixez des prix sensiblement plus élevés. Lorsque la société américaine Avon a racheté Tiffany, bijouterie prestigieuse, elle a décidé de cibler un marché de masse avec des prix bas. Résultat : l'image de Tiffany a été considérablement ternie. Après avoir subi une perte de plusieurs millions de dollars, Avon a revendu Tiffany, qui a remonté la pente – grâce à des prix beaucoup plus élevés que la concurrence.

Parfois, vous pouvez fixer un prix équivalent à celui de la concurrence. C'est une bonne idée si vous voulez différencier votre produit sur la base d'une différence subtile, car l'attention des clients se portera sur cette différence et non sur le prix.

Enfin, certains marketeurs essaient de montrer aux consommateurs que leur produit est meilleur et moins cher. Personne n'y croit – sauf en présence de preuves. Cela dit, si vous adoptez cette stratégie, les consommateurs vous adoreront – mieux pour moins cher, qui résisterait ? Par exemple, un PC équipé d'un microprocesseur plus rapide peut vraiment être mieux et coûter moins cher. Une nouvelle crème antirides peut donner de meilleurs résultats et coûter moins cher, si vous avez découvert une formule miracle. Et un détaillant peut vendre une marque moins cher qu'ailleurs parce qu'il a de plus grands magasins et un chiffre d'affaires plus important. À partir du moment où vous avez – et pouvez communiquer – un argument plausible, vous pouvez casser les prix de la concurrence tout en annonçant une qualité supérieure. Mais apportez des preuves de ce que vous avancez, sinon les clients associeront un prix plus bas à une qualité inférieure.

IDÉE LUCRATIVE

Qui veut fixer les prix ?

Vous pouvez toujours laisser faire les consommateurs en organisant une vente aux enchères – cela dit, cette pratique est rare dans certains secteurs. Les œuvres d'art sont souvent vendues aux enchères, mais les meubles sont plutôt en vente chez les antiquaires. Alors, si vous vendez des meubles anciens, pourquoi ne pas innover en organisant une vente aux enchères mensuelle ? Vous attirerez l'attention et pourrez renouveler votre stock plus rapidement. Et si vos produits plaisent, les clients feront monter les prix plus haut que le montant que vous auriez fixé vous-même !

Certains produits font l'objet d'une vente aux enchères en ligne. Les avantages sont multiples. Non seulement les enchères virtuelles se déroulent en temps réel comme leurs homologues classiques, mais elles sont ouvertes aux clients du monde entier (pour découvrir les sites de vente aux enchères en ligne, tapez « enchères » dans un moteur de recherche).

Attention : lorsque vous organisez un événement spécial tel qu'une vente aux enchères, vos ventes risquent de chuter par ailleurs. Votre société pourrait payer cette fantaisie en termes de chiffre d'affaires. Soyez attentif à l'équilibre financier de votre société.

Jouer sur les prix : remises et autres offres spéciales

Les offres spéciales sont des incitations temporaires à acheter, basées sur le prix ou sur des facteurs liés au prix. Elles donnent aux consommateurs (ou aux intermédiaires) la possibilité d'obtenir le produit pour un prix moins élevé pendant une période déterminée.

Pourquoi jouer sur les prix ? Si vous pensez que le prix devrait être moins élevé, pourquoi ne pas le réduire définitivement ?

Parce qu'après une diminution de prix, il est difficile de revenir au prix de départ. L'offre spéciale vous permet de réduire le prix catalogue temporairement tout en le maintenant sur le long terme. À la fin de l'offre, le prix catalogue reste inchangé – aucune modification définitive n'a été apportée, ce qui est important dans de nombreux cas :

- Lorsque vous voulez réduire votre prix sur le court terme pour contrecarrer l'offre spéciale d'un concurrent ou réagir au lancement d'un nouveau produit, par exemple.

- Lorsque vous voulez tester un prix (pour évaluer l'élasticité-prix de votre produit) sans vous engager définitivement avant d'avoir vu les chiffres.
- Lorsque vous voulez inciter les consommateurs à essayer votre produit avec l'espoir que, une fois qu'ils l'auront testé, ils l'aimeront suffisamment pour l'acheter au prix normal.
- Lorsque votre prix catalogue doit rester élevé en signe de qualité (prix de prestige) ou dans un souci de cohérence par rapport aux autres prix de votre gamme de produits (stratégie d'alignement des prix).
- Lorsque vos concurrents proposent des offres spéciales, si bien que vous vous sentez obligé d'en faire autant pour ne pas être évincé par les consommateurs.

Cette dernière raison est la pire de toutes. Malheureusement, de nombreux marketeurs habituent leurs clients à bénéficier d'offres spéciales et à acheter uniquement dans le cadre de ces offres. Je suis sérieux. Très sérieux. C'est l'erreur la plus grave et la plus stupide que puissent commettre les marketeurs – et ils la commettent depuis des années. Par conséquent, de nombreuses catégories de produits font désormais l'objet d'achats basés sur le prix et non sur la qualité et les avantages. Les offres spéciales s'approprient chaque année une plus grande partie du budget marketing et, bien souvent, réduisent inutilement les bénéfices.

Que se passe-t-il lorsque les concurrents s'alignent les uns sur les autres et inondent les consommateurs d'offres spéciales ? Celles-ci ternissent l'image de marque. Elles attirent l'attention des consommateurs sur le prix et non sur la marque. Par conséquent, elles rendent les clients plus sensibles au prix. Elles attirent les personnes qui ne sont pas fidèles à une marque et changent facilement de produit en fonction du prix. Elles encouragent même ce comportement, réduisant ainsi la clientèle principale et augmentant le nombre de clients marginaux. En bref, les offres spéciales érodent l'identité du produit, réduisent la fidélité des clients et diminuent les bénéfices – autant dire que le marketeur se trouve sur une pente glissante !

Les responsables du marketing de Procter & Gamble sont parvenus à la même conclusion et ont décidé de supprimer purement et simplement les offres spéciales. Plus de bons de réduction, plus de remises. Point. Mais ils n'ont pas pu s'y tenir. Les détaillants se sont plaints de cette décision. Le gouvernement américain a considéré cette pratique comme une entente illicite sur les prix (car Procter & Gamble voulait que ses concurrents renoncent aussi aux offres spéciales) et donc une violation de la législation antitrust. La société glisse donc toujours sur la pente savonneuse des offres spéciales, malgré son désir d'arrêter.

Vous voilà averti des risques que présentent les offres spéciales. Cela dit, vous aurez peut-être de bonnes raisons d'y avoir recours (voir liste précédente). Ou bien, comme Procter & Gamble, vous n'aurez pas le pouvoir de modifier les pratiques couramment utilisées dans votre marché et devrez vous y conformer. Les sections suivantes passent en revue les différentes options dont vous disposez.

Bons de réduction et autres offres spéciales

Vous pouvez offrir des bons de réduction, des remises, des cadeaux, des échantillons gratuits, des billets pour participer à un tirage au sort, ou toutes sortes d'offres spéciales – vérifiez juste auprès de vos juristes que le type de promotion que vous avez choisi est légal. (Respectez la législation. Vous ne pouvez pas tromper les consommateurs sur ce qu'ils obtiennent. Et les tirages au sort doivent être ouverts à tous et non soumis à l'achat d'un produit.)

Si vous faites des promotions à l'attention de vos intermédiaires, vous pouvez aussi fournir une partie des produits gratuitement ou participer aux frais publicitaires (*publicité groupée*).

Une grande majorité des offres spéciales se présente sous la forme de bons de réduction. Je vais donc axer mon commentaire autour de cet outil de promotion.

Tout document donnant droit à un prix réduit est un bon de réduction. Cette définition est suffisamment vaste pour laisser libre cours à votre créativité. Pour connaître les différentes approches possibles, rassemblez quelques bons de réduction récents, issus de votre secteur ou d'un autre.

Le montant de la réduction

À combien allez-vous fixer le montant de la réduction consentie à vos clients ? Pour le savoir, posez-vous une autre question : jusqu'à quel point voulez-vous attirer l'attention ? La plupart des offres spéciales ne motivent pas la majorité des consommateurs. Par conséquent, sachez qu'une offre spéciale classique dans votre secteur ne sera probablement pas très efficace. Une bonne campagne publicitaire aura sans doute davantage d'impact.

Mais vous pouvez accroître l'efficacité d'une offre spéciale en étant tout simplement plus généreux (si vos clients sont sensibles au prix, bien sûr). Des études montrent que, en ce qui concerne les biens de consommation non durables, comme le dentifrice ou la soupe en brique, il faut offrir une réduction d'au moins 50 centimes pour vraiment attirer l'attention. La plupart des consommateurs ignorent les offres moins généreuses – d'après les mêmes études, celles-ci attirent moins de 10 % des consommateurs. En revanche, dès qu'une offre dépasse 50 centimes, son potentiel d'attraction augmente rapidement. En effet, les chiffres peuvent monter jusqu'à 80 % ! Ce pourcentage de consommateurs intéressés se compose essentiellement de futurs clients fidèles et non pas de simples collectionneurs de bons de réduction en tous genres (profil typique des consommateurs attirés par les petites offres).

Par conséquent, contrairement à de nombreux marketeurs, je pense qu'il vaut mieux utiliser des offres généreuses, en moins grand nombre, que d'inonder les consommateurs d'offres de pacotille. Les consommateurs sont déjà harcelés de toutes parts, alors pourquoi en rajouter alors que vous pouvez concentrer vos efforts de façon plus efficace ?

Évaluer les taux de renvoi (bonne chance – vous en aurez besoin !)

ATTENTION !

La conception d'un bon de réduction n'est pas ce qu'il y a de plus difficile. Les choses se corsent au moment d'anticiper le *taux de renvoi* (le pourcentage de personnes qui utiliseront vos bons de réduction). Et plus les offres sont généreuses, plus l'enjeu est élevé et les prévisions risquées. De plus en plus de magasins peuvent calculer les taux de renvoi automatiquement, lorsque les clients ont une carte de réduction. Les bases de données permettent ensuite de faire des prévisions. Cela dit, dans la plupart des cas, il faut prendre en compte de nombreux paramètres : combien de clients ont vu le bon de réduction, l'ont pris, ont réussi à ne pas le perdre et l'ont finalement présenté conformément aux instructions pour en bénéficier ? Si beaucoup plus de personnes que vous ne le pensiez vont au bout de ce processus, vous risquez de perdre votre emploi ou même de mettre votre société en faillite ! Vos prévisions doivent donc être le plus précises possible.

TÊTE PENSANTE

Je peux vous dire qu'en moyenne, un peu plus de 3 % des bons de réduction sont échangés (pour une réduction d'un peu moins de 40 centimes en moyenne). C'est un bon point de départ pour votre estimation. Mais il ne faut pas se fier à une moyenne. Certaines offres sont si attrayantes et si faciles à utiliser que 50 % des bons de réduction sont échangés. D'autres ont un taux de renvoi proche de zéro. Comment savoir où vous allez vous situer ?

Vous pouvez affiner vos calculs en comparant votre offre aux autres. Votre offre est-elle plus généreuse et plus facile à utiliser que celles que vous avez proposées dans le passé ou que proposent vos concurrents ? Si c'est le cas, vous pouvez en déduire que le taux de renvoi sera supérieur à la moyenne – peut-être deux fois plus élevé.

Examinez les chiffres de ces dernières années. Si vous avez déjà eu recours aux bons de réduction, votre société devrait avoir des informations précieuses sur les taux de renvoi. Choisissez des offres qui correspondent vraiment à celle que vous proposez aujourd'hui pour pouvoir faire une comparaison pertinente.

Pensez aussi à l'élasticité-prix. Encore ? Oui. Reprenez la formule de l'encadré « L'élasticité-prix » situé au début de ce chapitre (si vous avez des chiffres). Votre offre modifie votre prix temporairement – cette opération comporte un coût pour le client, qui doit effectuer des démarches pour bénéficier de la réduction. Votre nouveau prix est donc égal au prix de départ moins le montant de la réduction. Demandez-vous si ce nouveau prix est suffisamment bas pour modifier la demande. Ce prix se situe-t-il en dehors de la zone d'indifférence de la plupart des consommateurs ou non ?

De nombreux bons de réduction ne modifient pas suffisamment le prix par rapport à la zone d'indifférence – c'est pourquoi ils n'attirent généralement que les clients marginaux qui achètent en fonction du prix et non les clients principaux qui achètent en fonction de la marque. Et c'est pourquoi les taux de renvoi sont en moyenne très bas. Cependant, si votre bon de réduction place le prix bien au-dessous de la zone d'indifférence, vous obtiendrez un taux de renvoi largement supérieur à la moyenne. Déterminez toujours votre offre en fonction de ce que vous savez sur les perceptions des clients et l'élasticité-prix de votre produit. Et soyez vigilant : si le taux de renvoi est trop élevé, votre société ne pourra peut-être pas y faire face !

Évaluer le coût des offres spéciales

Bien. Imaginons que vous ayez estimé à 4 % le taux de renvoi d'un bon de réduction de 10 % sur votre produit. Pour estimer le coût de votre offre, vous devez d'abord savoir si ces 4 % de consommateurs représenteront seulement 4 % des ventes sur la période de validité du bon de réduction. Probablement pas. Les consommateurs achèteront peut-être plus que d'habitude pour profiter de l'offre. Vous devez donc faire une estimation de l'*augmentation de la quantité achetée*.

Si vous pensez que les consommateurs achèteront deux fois plus que d'habitude (je choisis ce chiffre assez élevé pour simplifier les calculs), doublez le volume moyen des achats. Si 4 % des clients achètent deux fois plus que d'habitude en un mois (période de validité de l'offre), à combien s'élèveront les ventes ? Maintenant, appliquez le taux de réduction à ce chiffre pour découvrir le coût de votre offre spéciale. Pouvez-vous supporter ce coût ? La promotion est-elle rentable ? À vous de décider – c'est avant tout une question de bon sens ; les estimations chiffrées ont des limites.

Certains marketeurs utilisent ce qu'on appelle des *offres autopayantes*, qui ne leur coûtent rien sur le long terme. Ce type d'offre s'applique de la manière suivante : pour remercier vos clients de leur fidélité, vous leur offrez un produit ou le leur vendez avec une remise. Mais ils finissent par payer eux-mêmes cette offre – ou du moins, ils en supportent le coût. Imaginons que vous organisiez un concours. Les clients les plus chanceux gagneront un bon pour un cadeau, qu'ils devront renvoyer avec un supplément de 4,95 euros. Si le coût de ce cadeau s'élève à 4,95 euros, vous n'aurez rien à débourser pour faire plaisir à vos clients.

Rester dans le cadre de la loi

Si vous fixez des prix ou utilisez des offres spéciales qui sortent du cadre de la législation en vigueur, vous marchez sur un champ de mines, car tout ce qui concerne la fixation des prix est rattaché à la concurrence. La législation visant à empêcher les marketeurs d'utiliser les prix de façon déloyale ou abusive est très dense.

On entend par « déloyales » les pratiques injustes par rapport aux concurrents et par « abusives », celles qui lèsent les clients. Par exemple, si un producteur de briques de lait destinées aux cantines scolaires s'entend avec ses principaux concurrents pour augmenter les prix de 10 %, c'est injuste pour les consommateurs – et complètement illégal. De même, si, en matière d'hypothèque, une banque fixe des taux d'intérêt plus élevés pour ses petits clients que pour les autres, c'est une pratique abusive. Ou encore, si un magasin annonce en vitrine une « réduction de 75 % sur le nouveau PC d'IBM ! », tout va bien, à condition que l'ordinateur soit effectivement en vente à ce prix dans le magasin. Mais si le vendeur vous dit que l'ordinateur a été vendu la semaine dernière et essaie de vous orienter vers un modèle plus cher, vous êtes aussi victime d'une pratique abusive. Enfin, si un supermarché baisse ses prix dans des magasins situés à proximité d'épiceries traditionnelles jusqu'à ce que celles-ci fassent faillite, c'est un cas de concurrence déloyale.

Dans la pratique, personne n'a besoin d'être un juriste émérite pour reconnaître une pratique illicite. Si un client ou un concurrent vous accuse de pratiques abusives ou déloyales, vous êtes fichu. Cela dit, pour éviter toute méprise, je vais vous donner la liste des pratiques illégales les plus courantes et les plus graves en matière de prix. Ne vous y trompez pas – ce sont les choses que vous ne devez pas faire !

- **Entente sur les prix** : ne vous entendez pas sur les prix avec d'autres sociétés (n'en parlez même pas) – sauf avec les sociétés auxquelles vous vendez vos produits, bien sûr (notez cependant que vous ne pouvez les contraindre à revendre vos produits à un prix prédéterminé).

- **Entente déguisée sur les prix** : beaucoup d'astuces ont été essayées. Aucune ne fonctionne. Si un de vos concurrents veut que vous démarriez vos négociations aux mêmes tarifs qu'eux, que vous utilisiez un contrat standardisé d'élargissement du crédit ou que vous formiez une *joint venture* pour distribuer tous vos produits (aux mêmes prix), il vous propose, de façon détournée, une entente sur les prix. Refusez purement et simplement. Et à l'avenir, refusez aussi de répondre à ses appels téléphoniques.
- **Entente des acheteurs sur les prix** : croyez-le ou non, même les marketeurs peuvent faire l'objet de pratiques abusives. Si des acheteurs s'unissent pour dicter les prix à leurs fournisseurs, il s'agit là encore d'une entente sur les prix. Dans ce cas, faites appel à un juriste qualifié.
- **Échange d'informations sur les prix** : soyons clair, vous ne pouvez tout simplement pas parler de prix avec vos concurrents, d'accord ? S'il s'avère qu'un membre de votre société fournit des informations et en reçoit en échange, vous allez avoir de gros problèmes. Même si vous n'avez pas l'impression d'avoir utiliser ces informations. Ne prenez pas ce genre de choses à la légère. (Au fait, n'annoncez pas non plus que vous avez l'intention d'augmenter vos prix – cette pratique est parfois considérée comme un échange illicite d'informations sur les prix. En effet, certaines sociétés font ce genre d'annonce pour demander implicitement à leurs concurrents d'augmenter également leurs prix.)
- **Manipulation des procédures d'appel d'offres** : si vous participez à un appel d'offres, la règle précédente s'applique aussi. Ne comparez pas votre offre avec celle des autres. Ne vous mettez pas d'accord sur une offre identique. Ne faites pas de compromis en acceptant de vous retirer à condition que vos concurrents ne participent pas à un autre appel d'offres. Ne perturbez la procédure en aucune façon.
- **Politique de prix parallèles** : dans certains cas, vous pouvez être accusé d'entente sur les prix même si vous n'avez pas discuté avec vos concurrents – simplement parce que la structure de vos prix est identique à celle d'un de vos concurrents. Après tout, le résultat est le même : un gonflement abusif des prix. Dans d'autres cas, la similarité des prix est considérée comme naturelle. La loi est complexe. Je vais donc m'en tenir à une règle simple : n'imitez pas les prix de vos concurrents, sauf s'il est évident que vous auriez pu fixer ces prix vous-même – *surtout* en cas d'augmentation des prix.
- **Blocage des prix, politique de prix sauvage, fixation d'un prix limite et dumping** : pour le marketeur, toutes ces pratiques sont équivalentes. Elles impliquent l'utilisation des prix pour exclure un concurrent du marché ou le maintenir hors du marché. Par exemple, le *blocage des prix* consiste à fixer des prix de gros trop élevés pour les petites commandes. Les petits détaillants sont ainsi exclus du marché en faveur des grandes chaînes, qui bénéficient en outre de remises sur quantité. Au niveau des détaillants, les *politiques de prix sauvage* consistent à

> fixer des prix si bas que les concurrents locaux ne peuvent y faire face. Cette pratique est également utilisée par les chaînes et les multinationales pour évincer les sociétés locales du marché. Si vous fixez des prix inférieurs ou égaux à vos coûts, vous pouvez être accusé d'avoir adopté une politique de prix sauvage. De même, si vos prix sont si bas qu'ils maintiennent vos concurrents potentiels hors du marché, vous êtes coupable de la *fixation d'un prix limite*. Variante de cette pratique, le *dumping* consiste à acheter le marché en l'inondant de produits à des prix artificiellement bas.

Il existe tant de pratiques illégales en matière de prix que certains marketeurs craignent de ne pas s'y retrouver. Pour simplifier, je dirai simplement que vous pouvez essayer d'influencer les prix d'une certaine façon. Vous pouvez offrir des remises sur quantité pour encourager les commandes importantes, à condition qu'elles n'excluent personne du marché. Et si, en tant que marketeur, vous ne pouvez pas contraindre un détaillant à demander un prix prédéterminé pour votre produit, vous pouvez l'encourager à le faire en indiquant le prix de détail suggéré sur votre produit. De plus, vous pouvez toujours offrir une réduction aux consommateurs par le biais d'un bon de réduction ou autre type d'offre spéciale. En général, les détaillants honorent volontiers ce genre d'offres. En revanche, si vous accordez une remise à un détaillant, vous ne pouvez pas le contraindre à la répercuter sur les consommateurs. Il peut mettre l'argent dans sa poche et faire payer le prix fort aux consommateurs. C'est ça, le marketing !

Chapitre 14

Développement, dénomination et gestion de produits

Dans ce chapitre :

- Concevoir et développer de nouveaux produits
- Intégrer votre produit dans une gamme de produits
- Donner un nom à votre produit
- Donner une forte identité à votre produit grâce à la marque
- Éliminer les concepts peu porteurs
- Savoir quand retirer un produit du marché

Le produit est la pierre angulaire de tout plan marketing. Si le produit est bon – si les clients ciblés en sont satisfaits –, le plan marketing a des chances de fonctionner. En revanche, si le produit n'est pas bon – s'il n'apporte rien aux clients –, aucun plan marketing ne pourra le vendre sur le long terme. Cette vérité est souvent ignorée par de nombreuses personnes, dans le domaine du marketing et de l'entreprise en général, qui sous-estiment leurs clients et surestiment le pouvoir de persuasion du marketing. Un plan marketing doit reposer sur quelque chose qui a de la valeur. Le produit – qu'il s'agisse d'un bien, d'un service, d'un concept ou même d'une personne – doit présenter des avantages notables pour les consommateurs.

Ce chapitre est consacré à la conception et au développement d'un bon produit, à sa gestion en tant qu'élément d'une gamme de produits, et au choix d'un nom susceptible d'optimiser ses points forts et de les communiquer au marché ciblé.

Trois approches pour un produit

Les professeurs qui enseignent le marketing et les différents ouvrages publiés sur le sujet s'accordent sur les différentes stratégies pouvant être appliquées à un produit. Il en existe trois : vous pouvez lancer un produit sur le marché, le modifier, ou le retirer du marché.

Au moment de définir une stratégie, vous avez en effet le choix entre ces trois approches. C'est une simple question de bon sens. Et comme ce livre s'attache à la pratique et non à la théorie, je vais vous indiquer des critères précis, qui vous permettront de savoir quand adopter l'une ou l'autre de ces approches.

Si vous souhaitez lancer un nouveau produit, quelle sorte de produit allez-vous développer ? Comment trouver de nouveaux concepts ? Comment améliorer un produit existant ? Quand et comment retirer un produit du marché ? Certaines approches sont-elles plus rentables que d'autres ?

Tout cela reste très vague. En tant que marketeur, vous avez besoin de réponses détaillées. Je vais donc décomposer ces trois principales stratégies en autant de sous-stratégies qui me viendront à l'esprit, et vous indiquer quelques bonnes idées et techniques pour les mettre en œuvre. Il ne suffit pas de savoir *quand* appliquer ces stratégies. Vous devez aussi savoir *comment* les appliquer. Par conséquent, je vous recommande d'être très attentif aux détails de la mise en application.

Quand et comment lancer un nouveau produit ?

J'aimerais pouvoir vous dire que vous n'aurez pas à vous inquiéter du développement de nouveaux produits très souvent mais, dans la plupart des marchés, l'innovation est l'un des principaux avantages concurrentiels. Le lancement d'un nouveau produit par l'un des concurrents modifie le profil du marché – et bouleverse les prévisions des ventes et les marges bénéficiaires. Autrement dit, vous ne pouvez pas vous permettre d'ignorer le développement d'un nouveau produit.

Par conséquent, vous devez lancer de nouveaux produits aussi souvent que vous pouvez en développer. Votre seule limite doit être le montant de l'investissement que votre société souhaite faire dans le développement et le lancement du produit – activités relativement coûteuses.

Planifiez et chiffrez le développement tous les trimestres et demandez-vous *combien* vous allez investir dans cet effort.

De nombreux experts en marketing affirment que le montant de l'investissement doit dépendre de la concurrence et du secteur. Si la plupart des sociétés de votre secteur consacrent 5 % du chiffre d'affaires au développement de nouveaux produits, vous devez vous aligner pour rester dans la course.

Personnellement, je ne suis pas d'accord. Je ne veux pas rester dans la course, je veux gagner. Si c'est aussi votre objectif, je vous recommande d'*augmenter votre budget* jusqu'à ce que vos recettes diminuent. Ensuite, je vous conseille d'évaluer vos recettes en termes d'augmentation des ventes du nouveau produit par rapport à l'ensemble des ventes. Le but est de continuer à augmenter le pourcentage de recettes issues du nouveau produit jusqu'à ce que vous atteigniez une limite naturelle (déterminée par la volonté de vos clients d'adopter de nouveaux produits).

Si vous consacrez actuellement 5 % de vos recettes au développement de nouveaux produits, essayez d'aller jusqu'à 10 %. Imaginons que, l'année prochaine, le pourcentage de recettes issues de votre nouveau produit passe de 15 % à 23 % des ventes, si bien que vous dégagez un bénéfice de 53 %. C'est un excellent résultat, qui indique que vous êtes loin de la limite naturelle imposée par les consommateurs. Augmentez encore les dépenses. Et encore. Jusqu'à ce que le marché n'absorbe plus de nouveaux produits. À ce stade, faites légèrement marche arrière. Vous avez trouvé le niveau maximal de nouveaux produits acceptés par les consommateurs. Maintenant, c'est vous qui fixez la norme et dirigez la concurrence. Vous devenez leader du marché, avec de plus grandes parts de marché et de plus grandes marges bénéficiaires. (Voilà mon secret, ne le révélez à personne !)

Où trouver de bonnes idées ?

Vous pensez qu'il est temps de lancer un nouveau produit. D'accord, mais où trouver de bonne idées ? D'abord, réactivez les compétences en matière de créativité que vous avez acquises au chapitre 4 (brainstorming et autres techniques de génération d'idées). Si l'ensemble de l'équipe marketing manque d'inspiration, faites appel aux personnels de la vente, de la production et du service clients. Invitez quelques clients à une séance de brainstorming. Peu importe votre approche, à partir du moment où elle est nouvelle et différente. *Les nouvelles idées proviennent de nouveaux processus de pensée, eux-mêmes issus de nouveaux modes de pensée.* Pour produire quelque chose de nouveau, faites quelque chose de nouveau !

Il existe en outre deux sources d'idées facilement accessibles : les vieilles idées et les idées des autres. Oh, et n'oubliez pas d'en demander à vos clients !

Du neuf avec du vieux

Les vieilles idées sont des concepts abandonnés par votre société ou par d'autres. Depuis que tout le monde se bat pour dénicher de nouveaux concepts, dans tous les marchés, beaucoup de vieilles idées ont été remises au goût du jour. Parfois, les sociétés n'en gardent aucune trace. Il faut donc interroger les personnes âgées pour retrouver ces idées. Mais celles-ci constituent un véritable trésor, car les objections pour lesquelles elles ont été abandonnées ne sont souvent plus valides aujourd'hui. La technologie fait des progrès renversants et les goûts des consommateurs changent. Aussi, les idées les plus folles peuvent revenir à la mode. Et même si elles ne peuvent être réutilisées en l'état, elles peuvent vous en donner d'autres – peut-être suggèrent-elles un besoin auquel vous n'aviez pas pensé.

IDÉE LUCRATIVE

Notez aussi que les produits qui sont anciens dans un certain marché peuvent être nouveaux dans un autre. Les vieilles caisses enregistreuses se vendent bien dans certains pays, bien qu'elles aient été remplacées par des modèles électroniques dans d'autres. L'utilisation des caisses électroniques dépend de la nature de l'économie locale, de la disponibilité et de la fiabilité de l'approvisionnement électrique local. Les produits obsolètes en Occident peuvent être en tête sur d'autres marchés. Il suffit que vous puissiez entrer en contact avec les distributeurs locaux.

Voler – euh, emprunter – des idées

La seconde source, *les idées des autres*, est souvent exploitée par l'intermédiaire des licences. Un inventeur développe un nouveau concept et dépose un brevet mais n'a ni le capital, ni les compétences marketing nécessaires pour lancer son produit sur le marché. Vous, vous avez le profil idéal. Vous vous chargez de la commercialisation du produit en cédant 5 à 10 % de vos revenus nets à l'inventeur en compensation de son inspiration.

De nombreuses sociétés produisent des inventions en dehors de leur champ d'action. Elles sont donc prêtes à délivrer une licence à une autre société, spécialisée dans le marché cible.

Il s'agit là de la façon officielle d'utiliser les idées des autres. Il existe, par ailleurs, une méthode officieuse, probablement plus courante et certainement plus importante pour la plupart des marketeurs : *voler des idées*. Dans ce cas, voler ne signifie pas prendre ce qui ne vous appartient pas. Les inventions sont protégées par un *brevet*, les noms et les logos par une *marque*, et les livres, les œuvres d'art et les logiciels par un *copyright*. Vous devez respecter les droits des personnes qui expriment leurs idées. Cela dit, il est évident que toutes les idées ne peuvent pas être légalement protégées dans tous les pays avec lesquels vous faites des affaires.

Si une idée vous parvient par le biais d'un réseau de communication public et légitime, vous pouvez l'utiliser. Seulement, ne vous pointez pas dans les bureaux de votre principal concurrent pour fouiller dans les tiroirs ou faire boire les ingénieurs ! Ce serait une violation du secret professionnel. Renseignez-vous auprès d'un juriste avant de vous lancer dans des recherches douteuses.

Si un concurrent vous voit reprendre ou, pire, améliorer une de ses idées, il sera probablement contrarié, mais rien ne vous en empêche à partir du moment où votre source est publique (et non secrète) et où vous ne violez pas un brevet, une marque ou un copyright (ce qui n'est pas le cas lorsque vous reprenez une idée révélée publiquement et la développez vous-même). Dans la plupart des marchés, les concurrents se volent mutuellement des idées de façon routinière. Vous pouvez faire encore mieux en élargissant vos sources. Soyez à l'affût d'idées lancées dans d'autres secteurs et applicables dans le vôtre. Le bon voleur d'idées est ouvert – on ne sait jamais où peuvent se nicher les bonnes idées à voler !

Faire appel aux lumières de vos clients

Pour trouver de nouvelles idées, pensez aussi à vos clients. Ils constituent, en réalité, la meilleure source mais, malheureusement, ils ne le savent pas. Demandez à un client de vous décrire le meilleur produit que vous puissiez lui offrir. Il ne saura pas vous répondre. Et pourtant, tous les clients ont des besoins insatisfaits par les produits existants, auxquels vous pourriez répondre.

Comment identifier ces besoins à peine exprimés ? Discutez avec vos clients et soyez attentif aux termes qu'ils utilisent pour connaître le fond de leur pensée. Prenez des notes en intégrant des citations ou enregistrez leurs commentaires. Faites-les parler sans les orienter pour découvrir l'inattendu. Observez les consommateurs lorsqu'ils font leurs achats et utilisent votre produit. L'observation peut révéler des problèmes auxquels ils sont habitués mais que vous pouvez peut-être éliminer.

Pour identifier les besoins des consommateurs, utilisez des techniques de marketing de groupe ou effectuez des enquêtes. Soyez vigilant. La plupart des sociétés ne parviennent pas à déceler les besoins cachés des consommateurs parce qu'elles ne font pas suffisamment de recherches. Pourtant, c'est l'identification de ces besoins qui permettra de créer le produit le plus novateur. Poursuivez vos recherches autant que nécessaire.

Une étude montre qu'il faut trois ou quatre séances de recherche pour découvrir 75 % des besoins des consommateurs. Une ou deux séances ne révèlent au maximum que la moitié des besoins. Enfin, il faut compter sept ou huit séances pour identifier 90 % des besoins. Je vous recommande de faire davantage de recherches que la moyenne – ainsi, vous obtiendrez à coup sûr des informations qui auront échappé à vos concurrents.

Utiliser la stratégie de la « différence »

Vous ai-je parlé de l'inconvénient du développement de nouveaux produits ? Non ? Ah. Le fait est que presque tous les nouveaux produits échouent sur le marché – 75 à 95 % selon le secteur et votre définition de l'échec. (Ma définition de l'échec est la suivante : (a) retour sur investissements trop faible et (b) acceptation mitigée parmi les consommateurs.) Les taux d'échec étant élevés, ne laissez rien au hasard. Votre nouveau produit doit être bien meilleur que les autres.

De nombreuses études ont montré qu'un nouveau produit est rentable lorsqu'il offre quelque chose de vraiment nouveau aux consommateurs. Logique, et pourtant… Promenez-vous entre les rayons de votre supermarché et regardez tous les emballages annonçant quelque chose de nouveau. Si le mot « Nouveau » n'était pas écrit en grosses lettres, vous n'auriez rien remarqué de spécial.

TÊTE PENSANTE

Pour réussir, vous devez lancer un produit non seulement nouveau mais qui semble nouveau et différent. Ce produit doit se distinguer radicalement des autres. Les innovations que les consommateurs reconnaissent facilement et rapidement sont les plus rentables. Les chercheurs utilisent le terme d'intensité pour décrire ce phénomène. Plus la différence entre votre nouveau produit et les anciens produits est intense, plus votre nouveau produit a des chances de réussir.

Quand et comment modifier un produit existant ?

Certains produits sont si réussis qu'ils conviennent parfaitement aux clients et doivent être laissés en l'état. Par exemple… à vrai dire, il n'y a rien qui me vienne à l'esprit. Autrement dit, vous avez tout intérêt à modifier vos produits pour en améliorer les performances et la qualité à chaque nouvelle saison et à chaque nouveau plan marketing.

Vous vous trouvez dans un marché en constante évolution. Vos concurrents font le maximum pour améliorer leurs produits et vous devez en faire autant. Soyez toujours à l'affût des signes d'amélioration donnés par vos concurrents et préparez-vous à réagir en allant encore plus loin. Enfin, consultez toujours l'oracle du marketing – le client – pour recueillir des informations sur les améliorations à apporter.

Les deux sections suivantes sont des tests que votre produit doit réussir pour rester viable. En cas d'échec, considérez le résultat comme un avertissement – vous devez améliorer ou au moins modifier votre produit.

Votre produit n'a plus rien de spécial aux yeux des clients

Sur le *point de vente* – l'endroit où les consommateurs prennent leurs décisions d'achat –, particulièrement votre produit doit avoir quelque chose de spécial. Il doit attirer l'attention d'au moins une partie du marché. Il doit être meilleur que les autres, en raison de sa conception. Ou d'aussi bonne qualité mais moins cher, parce que vous avez un avantage en matière de coût (ce genre d'avantage n'est pas aussi rare que le pensent les marketeurs). Ou encore le meilleur pour la bonne raison qu'il n'y en a pas d'autre.

Par exemple, si vous vendez des aiguilles, votre produit est peut-être aussi bon que ceux de vos concurrents – mais pas remarquablement meilleur. En revanche, si une chaîne de magasins vous choisit comme unique fournisseur d'aiguilles pour son petit rayon couture, vous allez avoir un avantage en termes de distribution.

Si votre produit n'a aucune caractéristique particulière par rapport aux autres, d'en déduisez pas pour autant qu'il n'a rien de spécial. Ce qui le rend spécial, en l'occurrence, c'est sa présence là où les consommateurs en ont besoin. Tant que vous avez cet avantage, le produit a une raison d'être sur le marché. Dans le cas contraire, il sera perdu dans la masse.

Si votre produit n'est plus considéré comme unique d'un certain point de vue retirez-le du marché. Mais pas trop vite. Auparavant, essayez de voir si vous pouvez le distinguer des autres de façon conséquente.

Votre produit n'a pas de fan club

Certains clients adorent votre produit, le préfèrent aux autres et incitent leurs amis à l'acheter. Ce sont de véritables fans. Mais ils sont rares. Votre produit a-t-il des fans ?

Le test du fan club est plus difficile que celui de la différenciation. De nombreux produits n'ont pas de fans – même les plus rentables. Mais lorsqu'un produit atteint ce statut – lorsque certains clients intervenant à n'importe quel stade du canal de distribution l'adorent – il bénéficie d'une vie extraordinairement longue et rentable. Ce niveau d'engagement de la part de vos clients doit être votre objectif permanent lorsque vous gérez le cycle de vie de votre produit.

Les fans font fonctionner le bouche à oreille, ce qui augmente les ventes et la part de marché du produit. De plus, ils rachètent fidèlement ce produit. Ces achats renouvelés sont beaucoup plus rentables et moins coûteux pour votre société que les autres (voir « Les principes réalistes du marketing », chapitre 1).

Seulement, pour être de vrais fans, les consommateurs doivent *vouloir* renouveler leurs achats. Ils doivent être des adeptes convaincus, des inconditionnels, des fans en délire ! Sinon, pour que l'achat soit renouvelé, vous devrez considérer la transaction comme une nouvelle vente, ce qui vous coûtera aussi cher que de vendre à quelqu'un qui n'a encore jamais utilisé votre produit.

Comment savoir si vous avez des fans ou uniquement des clients ordinaires ? Lorsqu'ils parlent de votre produit, les fans se montrent particulièrement enthousiastes : « J'ai toujours conduit des Volvo. Elles sont confortables et sûres, elles ne tombent pas en panne et elles durent plus longtemps que les voitures françaises. » Volvo compte beaucoup de fans parmi ses clients, c'est pourquoi ses modèles ne varient pas énormément d'une année sur l'autre. La société peut se permettre de vendre presque la même voiture au fil des ans, alors que les autres fabricants ont dû se lancer dans une course à l'innovation.

Quand retirer un produit du marché ?

Contrairement aux êtres humains et aux sociétés, les produits ne meurent pas spontanément. Ils ne sont pas menacés par la faillite. Par conséquent, le marketeur doit savoir reconnaître un produit qui n'a plus de vie et le remplacer par un nouveau produit.

Malheureusement, certains produits qui auraient dû être retirés du marché sont toujours en vente, malgré le déclin du chiffre d'affaires, parce que personne, du fabricant au détaillant, ne veut faire face à la réalité. Pire encore, certains marketeurs investissent des ressources précieuses dans la promotion de marques sur le déclin dans l'espoir de ranimer les ventes. Ces ressources devraient, au contraire, être investies dans le lancement d'un nouveau produit ou d'une version améliorée du produit.

Regardez les choses en face : mieux vaut abréger les souffrances de certains produits et remplacer ceux-ci par des modèles novateurs. D'accord, mais comment savoir qu'un produit a atteint le point de non-retour ?

Les sections suivantes décrivent les principaux signes avant-coureurs de l'obsolescence d'un produit.

Le marché est saturé et votre part de marché est réduite ou en baisse

La *saturation* signifie que vos concurrents et vous vendez des produits de substitution. Vous n'avez plus beaucoup de nouveaux consommateurs à convertir. La croissance, limitée par le taux de substitution du produit, ralentit et le marché atteint ses limites.

Mais la saturation n'est pas une raison suffisante pour renoncer à un produit – beaucoup de marchés sont saturés. C'est le cas, par exemple, du marché automobile. Vous trouverez très peu d'adultes ayant besoin d'une voiture et les moyens de s'en offrir une qui n'en possèdent pas. Mais les fabricants et les concessionnaires misent sur les produits de substitution et sur les premières ventes aux jeunes conducteurs. Le marché reste donc rentable pour la plupart des concurrents – mais pas pour tous. Si votre part de marché représente moins de 75 % de la part de marché du leader, et si elle chute par rapport à celle du leader, votre produit entame un long et lent déclin.

Mieux vaut retirer votre produit du marché plutôt que de le laisser glisser sur la pente descendante. Vous serez obligé de le remplacer un jour ou l'autre et, plus tôt vous le ferez, moins votre part de marché et votre réputation en souffriront. Quoi qu'il arrive, vous ne pouvez pas vous permettre de donner une image de *has been* dans un marché saturé !

TÊTE PENSANTE

Au fait, n'oubliez pas que j'utilise le terme *produit* au sens « marketing » du terme. Il peut donc s'agir d'un bien, d'un service, d'une idée ou même d'une personne – comme un candidat politique ou une star. Par conséquent, souvenez-vous que les services, les idées et les personnes doivent parfois être retirés du marché au même titre que les biens.

Malgré les améliorations, le produit ne marche plus

TÊTE PENSANTE

Certaines sociétés essaient plusieurs versions « nouvelles et améliorées » d'un produit, ou utilisent un nouveau conditionnement, un système de bons de réduction, un tirage au sort ou des promotions sur le point de vente pour ranimer les produits dont les ventes n'augmentent plus. Parfois, ces stratégies fonctionnent et la croissance repart, mais pas toujours. Accordez-vous trois essais puis laissez tomber. Ne poursuivez pas vos efforts inutilement.

Votre produit a un défaut

Les marketeurs découvrent trop souvent dans leurs produits des défauts qui mettent en péril la réputation de leur société ou représentent un risque pour les consommateurs. Si vos ingénieurs pensent que le réservoir d'essence de l'une de vos voitures peut exploser lors d'un accident, devez-vous (a) retirer immédiatement le modèle du marché et lancer une version plus sûre ou (b) continuer à le vendre et passer le rapport technique à la déchiqueteuse ? Un grand fabricant automobile a choisi l'option « b ». Plusieurs de ses clients ont péri en raison de ce défaut de fabrication. Résultat : la société a dû effectuer un retrait extrêmement coûteux, dédommager les clients et subir plusieurs procès.

Si vos clients dégustent, votre image et vos bénéfices vont déguster aussi ! Pourtant, de nombreux marketeurs n'ont pas le cran ni la politique interne nécessaires pour retirer un mauvais produit du marché, même s'il existe des risques mortels pour les consommateurs.

Je ne sais pas exactement pourquoi certains marketeurs continuent à faire cet erreur, mais j'espère que vous ne la ferez pas. Retirez votre produit si vous découvrez qu'il peut provoquer le cancer, électrocuter les utilisateurs, étouffer les bébés ou même ne pas fonctionner aussi bien qu'il le devrait. Retirez-le immédiatement. Vous vous poserez des questions plus tard. Et envoyez un communiqué de presse expliquant que vous agissez dans l'intérêt des consommateurs au cas où vos doutes se vérifieraient. En franchissant immédiatement cette étape décisive, vous faites savoir à votre marché que vous êtes bien plus intègre que la plupart de vos concurrents. Votre image de marque, loin d'être ternie, en sera renforcée. Faites-moi confiance – il faut du courage pour retirer un produit, mais c'est la meilleure solution. Et si vous avez suivi mon conseil – investir dans le développement de nouveaux produits –, vous aurez toujours quelque chose de mieux à offrir en échange.

Comment retirer un produit du marché ?

En réalité, se débarrasser d'un vieux produit, ce n'est pas le plus difficile. Les liquidateurs sont probablement déjà en train de tourner au-dessus de votre société comme des vautours pour récupérer vos restes. Dans le cas contraire, contactez vos distributeurs. Quelqu'un trouvera probablement un intérêt quelconque à vendre votre stock au-dessous de vos coûts.

Il existe cependant une stratégie plus élégante, qui évite de donner à vos clients une image négative en vendant vos vieux produits à un dixième de leur prix normal : offrez une promotion pour écouler votre stock par l'intermédiaire de votre canal de distribution habituel. Je préfère de loin cette méthode, surtout si vous lancez en même temps un nouveau produit.

Cela dit, elle ne fonctionne que si vous l'appliquez avant que votre produit perde de son intérêt. Vous devez donc avoir une approche offensive en matière de remplacement de vos produits. N'attendez pas que le marché tue votre produit ; faites-le vous-même (pour en savoir plus sur les promotions et l'organisation d'un événement spécial, reportez-vous aux chapitres 12 et 13). Vous trouverez dans les sections suivantes d'autres stratégies qui vous permettront de tirer votre révérence dignement.

La stratégie du relais

La *stratégie du relais* utilise l'ancien produit pour en lancer un nouveau. Les moyens à votre disposition pour appliquer cette stratégie ne peuvent être limités que par votre imagination. Vous pouvez offrir un bon de réduction pour le nouveau produit lors de l'achat de l'ancien produit. Vous pouvez conditionner les deux produits ensemble et faire une offre de type « Deux pour le prix d'un ». Si les deux produits sont similaires d'un point de vue fonctionnel, vous pouvez donner le nom de l'ancien produit au nouveau produit et utiliser son identité comme si vous lanciez une nouvelle version et non quelque chose de complètement nouveau.

Cette dernière méthode doit pouvoir se défendre du point de vue du simple bon sens, sinon vous risquez de contrarier vos clients. Mais si vous parvenez à convaincre le marché que vous offrez une version plus complète et plus performante du même produit, elle devrait fonctionner.

Les fabricants d'ordinateurs utilisent cette stratégie. Par exemple, le PowerBook de Macintosh est complètement différent de ce qu'il était il y a cinq ans. Pourtant, il porte toujours le même nom parce que celui-ci bénéficie d'un positionnement très favorable dans le marché, qu'Apple ne peut se permettre de mettre en péril.

La stratégie du relais est un outil promotionnel très efficace pour remplacer un produit par un autre. Utilisez-la à chaque fois que vous voulez retirer un vieux produit du marché pour en lancer un nouveau. Faites de la place – sur les rayons, dans l'esprit des consommateurs, dans le catalogue de votre distributeur et dans votre gamme de produits. Les produits prennent de la place. Or, l'espace physique ou mental peut être une ressource importante. Mais soyez conscient des risques : la place que vous venez de faire pour votre nouveau produit peut être prise par des produits concurrents avant que vous n'ayez eu le temps de dire ouf ! En effet, les consommateurs qui étaient encore fidèles à votre ancien produit sont contraints de revoir leurs habitudes d'achat et peuvent choisir un produit concurrent plutôt que le vôtre. De même, les détaillants, distributeurs et autres intermédiaires peuvent donner votre espace à un autre produit. Vous devez donc conserver votre espace tout en éliminant votre produit. Pour y parvenir, évitez toute rupture dans la disponibilité de vos produits.

La stratégie de l'emplacement dans la gamme de produits

Vous pouvez créer des gammes de produits pour donner un emplacement précis à chacun de vos produits et utiliser cet emplacement pour situer votre produit de substitution.

Par exemple, une banque peut proposer différentes options d'épargne à ses clients – compte d'épargne classique, compte courant avec versements automatiques sur le compte d'épargne, fonds commun de placement, etc. Si la banque organise ses options dans une gamme de produits et les décrit dans la même brochure en les classant en fonction du risque et de la rémunération, chaque produit a une place bien définie (chacun doit occuper une place unique – pas de chevauchement entre les produits).

Ainsi, lorsque la banque souhaite lancer un nouveau produit, celui-ci peut en remplacer un autre. Les consommateurs acceptent que ce nouveau produit occupe la même place dans la gamme de produits. La banque peut également élargir la gamme de produits dans un sens ou dans l'autre, ou bien en combler les vides. Quoi qu'il en soit, elle constitue une structure qui facilite l'entrée de nouveaux produits.

Donner un nom et une marque à votre produit

Comment allez-vous appeler votre nouveau produit ? Devez-vous le lancer sous une marque existante ou lui en attribuer une autre ? Devez-vous lui donner de la valeur (et en augmenter le prix) en lui procurant une forte identité ou économiser votre budget marketing et diffuser votre produit directement sur les lieux de vente ? Ce sont des décisions difficiles à prendre. Voyons ensemble comment les appréhender sereinement.

Créer une gamme de produits

Une *gamme de produits* est un regroupement logique de produits proposés aux consommateurs (souvenez-vous qu'il peut s'agir de biens, de services, de concepts et de personnes). En général, les gammes de produits sont identifiées par une marque globale, qui compte plusieurs marques individuelles.

La gamme d'ordinateurs Compaq comprend différents produits. Ceux-ci portent tous la marque Compaq mais sont suffisamment distincts les uns des autres pour donner aux consommateurs un vaste choix. On peut comparer ce genre de gamme de produits à une famille de produits – comme dans toute famille, les liens de parenté entre les membres doivent être clairs et étroits.

Lorsque vous créez une gamme de produits, vous devez prendre en compte les deux paramètres suivants :

- **La *profondeur*** : combien de modèles devez-vous proposer aux consommateurs au sein de la même catégorie ? Par exemple, devez-vous créer plusieurs tailles pour un même type de tee-shirt ? Plusieurs couleurs ? Toutes ces options augmentent la profondeur de la gamme parce qu'elles donnent davantage de choix aux consommateurs.

  La profondeur de la gamme a l'avantage d'augmenter la probabilité d'une adéquation entre le client intéressé et votre produit. Vous ne pouvez pas vous permettre de manquer un client parce que celui-ci est trop gros pour porter une taille moyenne. Mais la profondeur présente aussi un inconvénient : le client n'est pas incité à acheter plus d'un produit. Il peut simplement acheter le même produit mais dans une plus grande taille. Par conséquent, vous ne perdez pas de client potentiel, mais vous ne créez pas non plus une grande source de ventes.

  Augmentez la profondeur lorsque vous perdez des clients potentiels, qui aiment le produit mais ne trouvent pas exactement ce qui leur convient. La profondeur réduit le risque de décevoir un client potentiel.

- ***L'ampleur*** : C'est grâce à l'ampleur de votre gamme de produits que vous pouvez générer de nouvelles ventes. Par exemple, votre gamme de produits doit comporter plusieurs types de tee-shirts. S'il existe différents motifs, le client peut acheter deux tee-shirts dans la même taille. Lorsque vous ajoutez un élément que le consommateur perçoit comme un autre modèle et non une variante du même modèle, vous donnez de l'ampleur à votre gamme de produits. Une gamme de tee-shirts ayant de l'ampleur comporte des tee-shirts avec des dizaines de motifs différents. Une gamme de tee-shirts ayant à la fois de l'ampleur et de la profondeur offre, pour chacun de ces motifs, de nombreuses tailles dans différentes formes et couleurs.

  Développez l'ampleur à chaque fois que vous pensez à un nouveau produit susceptible de s'inscrire dans votre gamme de produits. Pour s'inscrire dans la gamme, ce produit doit avoir un lien évident avec les autres. Ne mélangez pas des produits distincts les uns des autres – une gamme de produits doit avoir une identité claire et logique. Mais élargissez votre gamme le plus possible pour vendre de nouveaux produits à vos clients actuels. Bien sûr, votre gamme intéressera certainement de nouveaux clients, mais n'oubliez pas que les clients actuels représentent un coût moins important.

Entretenir votre gamme de produits : quand changer ?

En matière de gestion de produits, le mieux n'est pas l'ennemi du bien. Mais si vous élargissez sans cesse vos gammes, vous atteindrez inévitablement des limites pratiques à un moment ou à un autre. Comment savoir à quel moment le pendule se balancera de l'autre côté, c'est-à-dire à quel moment s'imposera un nettoyage de printemps ?

Vous devez diminuer la profondeur et/ou l'ampleur dès que le canal de distribution ne peut plus présenter toute la gamme de produits aux consommateurs. En général, la distribution est un goulot d'étranglement qui impose des limites pratiques quant à la dimension maximale pouvant être portée à l'attention des clients.

Lorsque je suis intervenu comme consultant dans la société américaine Kellogg Brush, j'ai été très étonné d'apprendre qu'il existait plusieurs centaines d'articles différents. Les magasins qui vendaient leurs produits *n'en avaient jamais plus d'une vingtaine.* La profondeur et l'ampleur de la gamme de produits étaient beaucoup plus importantes que le croyait le consommateur final. J'ai donc recommandé à la société de créer un canal de distribution direct, basé sur un catalogue, pour que les clients connaissent toute la gamme de produits, ou de réduire celle-ci aux 20 à 30 articles achetés par les détaillants en améliorant la qualité tout en baissant les prix (c'est la deuxième proposition qui a été retenue).

Réduisez également votre gamme de produits si les consommateurs ne la comprennent pas. C'est précisément pour cette raison que Procter & Gamble a réduit la sienne de moitié. D'après certaines études, la variété de la gamme avait semé la confusion parmi les clients, qui ne savaient pas exactement ce que la société offrait ni pourquoi. L'excès de choix avait fini par devenir problématique. Les différentes identités des produits, loin d'être clairement distinctes les unes des autres, se chevauchaient entre elles et les décisions d'achat étaient devenues plus difficiles à prendre.

Calibrez toujours votre gamme de produits en fonction de votre canal de distribution et de vos clients. Ne soyez ni envahissant, ni trop discret. Observez les comportements de vos clients pour savoir si vous devez rétrécir ou élargir votre gamme de produits.

Donner un nom à un produit ou à une gamme de produits

Il n'est pas facile de trouver un nom à un produit, mais il existe plusieurs méthodes efficaces. Vous pouvez choisir un mot ou un ensemble de mots qui indique avec précision la personnalité du produit. Imaginez que vous vouliez donner un nom à un chiot. Vous allez d'abord essayer de cerner sa personnalité, afin de lui trouver un nom qui lui aille bien. Vous ne choisirez pas le même nom selon qu'il s'agit d'un caniche à l'allure hautaine ou d'un corniaud particulièrement joueur !

Par exemple, le nom de la Ford Mustang, qui a connu un grand succès, n'a pas été choisi au hasard. La voiture était censée avoir la personnalité du petit cheval robuste des plaines américaines dont elle tire son nom. Et le conducteur était vu comme un cow-boy des temps modernes, semblable aux véritables cow-boys qui dressaient les mustangs pour les utiliser dans leur travail. Cette stratégie est très efficace, car il existe de nombreux termes dont le sens peut s'appliquer à votre produit.

Vous pouvez aussi inventer complètement un nom, qui n'avait jusque-là aucune signification. Le résultat est plus facile à protéger dans un tribunal de justice, mais ne communique pas aussi bien la personnalité de votre produit. Il faut beaucoup de temps et d'argent pour que ce nom fasse sens dans l'esprit des consommateurs.

Vous pouvez contourner le problème en inventant un nom à partir d'un *morphème* (un morphème est la plus petite unité significative d'un mot). Par exemple, Compaq a été créé à partir du mot « compact ». Ce nom véhicule un concept précis au sujet du produit, car il se compose d'un morphème porteur de sens.

Protéger le nom et l'identité de votre produit

Vous pouvez protéger le nom de votre produit, de votre gamme de produits, de votre société et même d'une division de votre société. Cette protection s'acquiert par le biais d'une marque, qui représente l'identité du produit – la *marque de fabrique*. Pour bénéficier de cette protection, vous devez déposer votre marque à l'INPI (Institut national de la propriété industrielle), établissement public qui assure l'enregistrement des brevets et des marques.

Chapitre 15

Conditionnement et étiquetage : habiller vos produits pour le succès

Dans ce chapitre :

- Aider vos produits à attirer l'attention sur le point de vente
- Analyser le design du conditionnement
- Utiliser la méthode VIET (visibilité, information, émotion, tâches)
- Essayer de nouvelles stratégies pour rendre le conditionnement plus efficace
- Éviter les risques en matière de législation

À un certain stade du plan marketing, le produit doit se vendre par lui-même. En général, ce stade est celui où le client et le produit se rencontrent et où la décision d'achat est prise – ou non. Le client entre dans le magasin, jette un coup d'œil sur les rayons, prend un paquet et l'emmène à la caisse. Le client ouvre le catalogue, tourne les pages, sélectionne un article et renvoie le bon de commande. Le client se connecte sur Internet et achète des billets d'avion, puis réserve une chambre d'hôtel. Sur tous ces lieux de vente, le marketeur ne fait plus partie du paysage. Le produit se vend par ses propres moyens. Il doit donc être facile à remarquer et sembler plus avantageux que ceux de la concurrence.

C'est attendre beaucoup d'un simple produit, étant donné que, dans la plupart des cas, les consommateurs ne peuvent pas essayer les produits avant de les acheter. Autrement dit, personne ne peut goûter un aliment conditionné, essayer un pantalon dans un catalogue de vente par correspondance, ni tester le matelas d'une chambre d'hôtel lointaine avant d'avoir pris une décision d'achat.

Pour préparer votre produit à jouer son rôle en solo à ce stade, soyez très attentif à la façon dont il est disposé et présenté. Vous ne pouvez pas jouer ce rôle crucial à la place de votre produit, mais vous pouvez choisir la scène, le décor et les costumes. La *scène* peut-être un magasin, un catalogue ou tout autre lieu de rencontre (voir chapitre 17). Le *décor* se compose notamment des rayonnages, des affiches, des vitrines et autres présentoirs utilisés sur le point de vente (voir chapitre 16). Le *costume* est le conditionnement que vous donnez à votre produit (sujet traité dans ce chapitre).

Si vous gérez efficacement tous ces paramètres, votre produit se vendra par lui-même sans problème. Si vous les négligez, votre produit, même s'il est d'excellente qualité, ne sortira pas des entrepôts ou des rayons. Ce chapitre est consacré au costume, c'est-à-dire au *conditionnement*, du produit.

Votre conditionnement fait-il l'affaire ?

Le conditionnement participe à la décision d'achat dans la plupart des cas. Par conséquent, il s'agit de l'un des éléments les plus importants de votre plan marketing.

Je vous assure ! Malgré les sommes astronomiques qui sont investies dans la publicité et la recherche en marketing, c'est le conditionnement qui joue le rôle le plus important. Vos clients potentiels verront-ils votre conditionnement et choisiront-ils votre produit plutôt qu'un autre ? Des études montrent que la plupart des consommateurs ne savent pas exactement ce qu'ils vont acheter avant d'être sur le point de vente, comme le montre le tableau 15-1. C'est donc sur le point de vente qu'il faut influencer la décision d'achat.

Tableau 15-1 Processus de prise de décision sur le point de vente

Nature de la décision d'achat du consommateur	*Achats en supermarché*	*Achats en grands magasins*
Achats non planifiés	60 %	53 %
Achats de substitution	4 %	3 %
Achats généralement planifiés	6 %	18 %
Total	70 %	74 %

IDÉE LUCRATIVE

Comme le montre ce tableau, la plupart des achats ne sont pas planifiés. De plus, les achats qui sont toujours planifiés (non représentés dans le tableau) représentent moins d'un tiers de l'ensemble des achats – tout le reste peut être influencé du moins partiellement par le conditionnement et autres types de communications sur le point de vente. Le conditionnement est donc l'élément le plus important du plan marketing pour la plupart des produits. Whaoh ! Peut-être êtes-vous tenté de renoncer à toutes les autres formes de communication pour investir uniquement dans le conditionnement et les promotions sur le point de vente. Si la clientèle que vous ciblez est très influençable sur le point de vente, cette méthode extrême est une possibilité (si vous ne connaissez pas bien votre clientèle, reportez-vous au chapitre 3). En vous concentrant à 100 % sur le point de vente, vous y aurez davantage d'influence que vos concurrents. Cette idée vaut la peine d'être prise en compte – elle est si radicale que la concurrence n'y aura sans doute pas pensé !

Qu'est-ce que le conditionnement ?

D'une manière générale, le conditionnement est assimilé à l'emballage. Lorsque vous emballez un cadeau d'anniversaire dans du papier brillant et faites un nœud avec un ruban avant de le mettre dans une boîte en carton pour l'envoyer à un ami, vous faites une opération de conditionnement. Mais ce qui intéresse le plus le marketeur, c'est la partie du processus qui « vend » le produit. La boîte en carton protège le cadeau, mais ce sont le papier cadeau et le ruban qui le mettent en valeur. En tant que marketeur, vous devez emballer votre produit de façon attrayante. Considérez-le comme un cadeau que vous faites aux consommateurs. Mais n'oubliez pas que, contrairement au papier cadeau, le conditionnement doit révéler l'identité du contenu et non la cacher.

L'exemple du cadeau d'anniversaire illustre un autre aspect intéressant du conditionnement. Tant que l'emballage n'est pas défait, le cadeau, le papier et le ruban ne font qu'un – ils constituent le « paquet » : « As-tu reçu mon paquet ? Oui ? Mais, attention, ne l'ouvre pas avant le jour de ton anniversaire ! » De même, votre produit et son emballage ne font qu'un dans l'esprit du consommateur. Par conséquent, *le produit est associé au conditionnement.*

Vous comprenez ? Bien. Ce concept est très important. Le produit n'a pas d'existence propre avant d'être déballé et utilisé. Dès lors, le conditionnement est, dans l'esprit du consommateur, cette nouvelle création que vous venez de lancer. Et c'est cette nouvelle création qui va planter le décor du film de la consommation. Elle donne une première impression sur la personnalité du produit. Très souvent, elle présente le produit au consommateur, puisque, comme nous l'avons vu dans la section précédente, la plupart des décisions d'achat se font sur le point de vente, où seul le conditionnement exerce une influence. En réalité, la décision se base sur le conditionnement mais aussi sur la connaissance de la marque et sur les différents supports de marketing ajoutés sur le point de vente par votre société ou par le détaillant (voir chapitres 13 et 16). Mais les promotions sur le point de vente représentent un coût supplémentaire et ne peuvent être utilisées en permanence. Le conditionnement doit donc être votre priorité pour attirer et maintenir l'attention du consommateur.

Tout produit a un conditionnement !

Si vous travaillez dans la banque ou dans l'immobilier, si vous vendez des joints d'étanchéité pour pare-brise à un fabricant automobile, ou si vous faites de la vente par correspondance, pouvez-vous sauter ce chapitre ? Désolé, mais non. Souvenez-vous que le conditionnement est le produit, tel qu'il est présenté pour la première fois au consommateur. Autrement dit, tout produit a un conditionnement et les marketeurs doivent être très attentifs à la conception de ce conditionnement, quel que soit le produit. Cela concerne aussi les services, les idées et les personnes, qui peuvent être considérés comme un produit dans un certain contexte.

TÊTE PENSANTE

Bon, vous avez accepté l'idée que tout produit a besoin d'un conditionnement. Mais comment appliquer cette idée dans la pratique ? Il est difficile d'imaginer le conditionnement d'un produit intangible (comme un service ou une idée), mais votre tâche consiste à en trouver un afin de pouvoir exercer un contrôle sur la première impression que va faire votre produit. De nombreux éléments s'associent pour former une sorte de conditionnement psychologique destiné à un service professionnel tel que la gestion d'un fonds d'investissement. Si vous avez identifié ces éléments et si vous les utilisez correctement, vous pouvez créer un conditionnement très attrayant, susceptible de vendre votre produit et de rendre l'expérience de l'utilisateur plus positive. Si, en revanche, vous n'avez pas tenu compte de ces éléments, comme beaucoup de marketeurs, vous n'exercez aucun contrôle sur la première impression du consommateur concernant votre produit et la personnalité de celui-ci. Vous devez donc accorder une place importante au conditionnement dans votre plan et votre budget marketing, même si vous ne vendez pas des biens tangibles. Le tableau 15-2 recense tous les éléments qui constituent le conditionnement de chaque type de produit.

Tableau 15-2 — Le conditionnement caché

Type de produit	*Éléments du conditionnement*
Services professionnels	
	Apparence du lieu de rencontre avec le client
	Apparence du personnel
	Soin apporté aux courriers et autres matériaux imprimés (semblables au papier cadeau)
	Personnalité projetée par l'intermédiaire du téléphone ou de l'ordinateur

Type de produit	***Éléments du conditionnement***
Produits livrés directement après une commande par téléphone ou par courrier (deux facteurs sont à prendre en compte : le « conditionnement » du catalogue, qui influence la prise de décision, et celui du colis de livraison, qui influence la première impression lors de la rencontre entre le produit et le client)	
	Couverture du catalogue/magazine dans lequel le produit est présenté
	Annonce publicitaire concernant le produit
	Apparence/image/personnalité de la maquette illustrant le produit
	Personnalité projetée par téléphone
	Personnalité et qualité du service du livreur et des matériaux de livraison
	Emballage du produit à l'intérieur du carton de livraison
Candidats (à un poste ou à une élection politique)	
	Vêtements
	Personnes auxquelles ils sont associés (y compris les références)
	Lieux/contextes dans lesquels ils sont vus
	Expressions du visage (en public, en photo, à la télévision – les expressions peuvent être considérées comme le conditionnement des pensées)
	Personnalité projetée par le matériel de campagne (affiches, bureaux, personnel ou CV et lettres de motivation)
Produits de gros destinés à la revente	
	Personnalité de la société/marque projetée par les vendeurs (le point de vente se trouve généralement dans le bureau de l'acheteur)
	Apparence des prospectus, catalogues, échantillons et courriers (semblables au papier cadeau)
	Personnalité et qualité du service du livreur et des matériaux de livraison
Composants et fournitures industrielles	
	Personnalité de la société/marque projetée par les vendeurs (le point de vente se trouve généralement dans le bureau de l'acheteur)

Type de produit	*Éléments du conditionnement*
	Apparence des prospectus, catalogues, échantillons et courriers (semblables au papier cadeau)
	Personnalité et qualité du service du livreur et des matériaux de livraison
	Rapports internes à la direction sur la qualité de votre produit et la ponctualité de la livraison (dans les grandes sociétés, vous n'exercez qu'un contrôle indirect sur cet élément, mais ne le négligez pas. Essayez de savoir comment les cadres évaluent votre produit car, pour eux, ces critères d'évaluation constituent votre conditionnement !)
Produits de détail sans étiquetage ni emballage (chaussures présentées directement en rayon, par exemple)	
	Extérieur du produit lui-même (Nike met son logo sur ses chaussures)
	Présentation du point de vente (la disposition d'un magasin de chaussures constitue le conditionnement des chaussures ; pour en savoir plus sur les stratégies concernant le point de vente, reportez-vous au chapitre 16)

Évaluer le design du conditionnement

Qu'est-ce qui fait la différence entre un bon et un mauvais conditionnement ? Vous devez être capable de répondre à cette question lorsque vous évaluez un plan marketing (après avoir élaboré votre plan marketing annuel ou lorsque vous cherchez des moyens d'améliorer le marketing d'un produit ou d'une gamme de produits, par exemple).

En outre, quand vous lancez un nouveau produit ou un produit amélioré dans un nouveau conditionnement, vous devez faire un choix parmi plusieurs designs proposés par votre agence de publicité. Si vous avez fait appel à une bonne agence, tous les designs répondent aux conditions requises – ils respectent les contraintes légales, protègent le contenu lors du transport, du stockage et de l'utilisation, et sont compatibles avec la personnalité de votre marque. Cela dit, certains sont beaucoup plus vendeurs que d'autres. Comment reconnaître le meilleur ?

Enfin, lorsque vous vous ennuyez ou lorsque vous n'avez pas suffisamment de travail important à faire (ne vous préoccupez pas des requêtes triviales de votre patron ou de vos clients), prenez une demi-journée pour faire une analyse du conditionnement de votre produit (utilisez le processus d'analyse du conditionnement illustré à la figure 15-1). Le conditionnement remplit-il toujours bien son rôle ? Peut-il être amélioré ? Les concurrents ont-ils modifié leur conditionnement si bien que le vôtre ne ressort plus autant qu'auparavant ? Le conditionnement est le produit jusqu'à ce que le consommateur déballe le paquet. Par conséquent, n'hésitez pas à en faire l'analyse lorsque vous ne savez pas comment améliorer votre plan marketing.

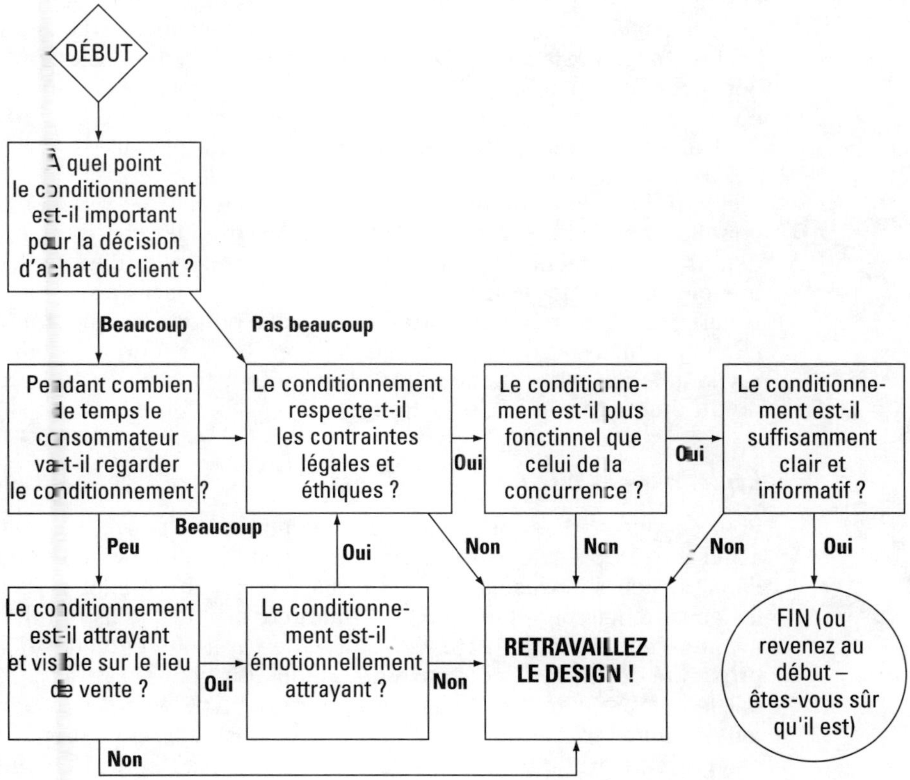

Figure 15-1 : Analysez votre conditionnement selon le processus suivant jusqu'à ce qu'il soit le meilleur possible.

Pour évaluer les designs, les experts utilisent la méthode VIET (visibilité, information, émotion, tâches). Assurez-vous que votre conditionnement a bien ces quatre caractéristiques. Celles-ci, ainsi que les fonctions qu'elles remplissent, sont décrites ci-après. Faites l'analyse du design au fur et à mesure de votre lecture. Je vous garantis que vous découvrirez des défauts ou des points faibles à améliorer ! (Et si vous n'en trouvez pas, je ne peux plus rien vous apporter – vous êtes tout simplement un génie du conditionnement !)

Visibilité

Le conditionnement attirera-t-il l'attention sur le point de vente ? Il est particulièrement difficile d'attirer l'attention, sans doute plus que vous ne le croyez. Des études montrent que les consommateurs regardent les produits pendant dix secondes, en moyenne, avant d'en choisir un. Votre produit n'a donc que très peu de temps pour attirer davantage l'attention que ses concurrents et que les *produits parasites* – produits qui ne sont pas en concurrence avec lui mais que le consommateur regarde de façon accidentelle. Il existe des dizaines et parfois des centaines de produits concurrents et parasites. Par conséquent, le temps moyen que le consommateur passe à regarder un seul produit avant de prendre une décision peut être réduit à une petite fraction de seconde.

C'est pour cette raison que la société américaine Nabisco a modifié le conditionnement des gâteaux Oreo en 1996 (premier changement majeur depuis le lancement du produit en 1951). Le nom est aujourd'hui écrit deux fois plus gros et les lettres blanches sont plus épaisses pour mieux illustrer la garniture à la crème des gâteaux. L'ancien conditionnement ne posait aucun problème – les consommateurs aimaient toujours le produit. Mais le rayon gâteaux est beaucoup plus fourni aujourd'hui qu'en 1951. La visibilité du produit a donc dû être renforcée.

Espionner vos clients

Pour savoir combien de temps les consommateurs passent à regarder les articles de votre catégorie de produits sur un point de vente, rendez-vous dans plusieurs magasins représentatifs avec un chronomètre. Chronométrez les consommateurs et comptez le nombre d'articles qu'ils ont dû regarder avant de faire leur choix (tenez compte des produits parasites disposés à proximité des produits concurrents). Enfin, divisez le temps passé à regarder par le nombre d'articles à regarder pour obtenir le temps consacré en moyenne à votre produit. Ce chiffre varie considérablement en fonction de la catégorie de produits. Les produits chers, complexes, qui demandent un investissement important, et ceux qui n'ont pas beaucoup de concurrents sont regardés bien plus longtemps que les autres. Voici quelques estimations que j'ai pu faire en espionnant les clients dans différents magasins (non, je n'ai pas été arrêté !) :

Tableau 15-3 — Informations recueillies en espionnant les clients

Catégorie de produits	*Temps passé à regarder les produits*	*Nombre d'articles*	*Temps consacré à chaque article*
Céréales	25 secondes	65	0,38 seconde
Dentifrices	10 secondes	25	0,40 seconde

Catégorie de produits	***Temps passé à regarder les produits***	***Nombre d'articles***	***Temps consacré à chaque article***
Plantes d'intérieur	6 minutes	650	0,55 seconde
Vêtements (catalogue)	8 minutes	700	0,69 seconde
Climatiseurs	7 minutes	8	52,50 secondes
Votre produit : ________	________	___	________

Maintenant, posez votre produit de l'autre côté de la pièce, entourez-le d'autres objets pour simuler les distractions, et essayez de le regarder sans y accorder plus de temps que le temps moyen consacré en moyenne par vos clients. Que voyez-vous ? Qu'est-ce que vous n'avez pas le temps de voir ? Votre produit attire-t-il davantage l'attention que les autres ?

Avertissement : cet exercice très simple donne l'impression que tous les conditionnements sont mauvais !

Accroître la visibilité

Pour rendre votre produit plus visible, vous pouvez utiliser des couleurs plus vives ou différentes de celles qui sont utilisées pour la plupart des produits de votre catégorie. Agrandissez le lettrage. Modifiez la forme et la taille du paquet. N'oubliez pas que la visibilité du conditionnement est relative ; elle dépend du conditionnement des autres produits présentés sur le point de vente. Si le conditionnement de votre produit ressemble à celui des autres, votre produit sera aussi visible qu'un caméléon sur une branche ! Alors, innovez – vous devez être unique. En général, une petite boîte noire rectangulaire ne ressort pas beaucoup – mais si elle est entourée de grandes bouteilles aux couleurs vives, elle ressortira !

Malheureusement, tout n'est pas aussi simple. Votre créativité sera entravée par une contrainte importante, qui vous empêchera de présenter votre produit dans un conditionnement orange fluo avec des lampes stroboscopiques : le conditionnement doit refléter l'identité de la marque et le positionnement du produit. Par exemple, un conditionnement original et clinquant rendrait un porte-documents en cuir véritable plus visible mais serait incompatible avec l'image du produit. Bien sûr, les consommateurs le regarderont, mais ils s'en détourneront rapidement. Votre objectif est donc d'optimiser la visibilité en respectant l'identité de la marque.

Nabisco a su appliquer cette stratégie avec le conditionnement vert des gâteaux SnackWell. Cette nouvelle couleur est à la fois très visible et tout à fait compatible avec l'engagement « vert » de la marque.

Le besoin de coordination entre l'identité de la marque et le design du conditionnement peut sembler problématique, mais vous pouvez en tirer parti. Choisissez la marque (voir chapitre 14) en pensant à la visibilité du produit. Par exemple, le logo « Intel Inside » est susceptible de rendre le produit visible sur le point de vente. Vous faites de gros efforts pour créer et communiquer l'identité de votre marque, alors pensez à la visibilité dès le départ pour ne pas lui nuire sur le point de vente !

Information

Posez-vous la question suivante : « Le conditionnement de mon produit communique-t-il des informations essentielles à l'acheteur potentiel ? » Le conditionnement doit indiquer la nature du produit et les avantages de celui-ci par rapport à ses concurrents. La législation sur le conditionnement et l'étiquetage impose des contraintes quant aux informations qui doivent être communiquées, mais vous pouvez indiquer ces informations sur la face postérieure du paquet de façon à ce qu'elles soient lues après l'achat. En tant que marketeur, vous devez mettre en avant les informations qui inciteront le consommateur à prendre le paquet sur le rayon pour le mettre dans son panier (ces informations doivent être indiquées sur la face antérieure du paquet afin d'être visibles sur le point de vente).

Le conditionnement doit d'abord et avant tout faire passer un message simple. La simplicité est essentielle car la plupart des paquets sont très petits et regardés très rapidement sur le point de vente. Imaginez que vous deviez écrire une lettre à quelqu'un pour lui expliquer pourquoi il doit changer de comportement – par exemple, demander à un collègue d'arrêter de vous interrompre quand vous êtes en réunion. Et imaginez que vous ne puissiez pas lui envoyer la lettre par courrier, mais que vous deviez l'afficher sur un tableau d'affichage déjà très encombré dans l'espoir qu'il la voie. Votre message doit tenir sur une petite fiche bristol. Quelles sont vos chances d'obtenir le comportement souhaité ? Elles sont plutôt minces ! Eh bien, c'est exactement le rôle que doit jouer le conditionnement, entre autres… Il doit faire en sorte que le consommateur s'arrête, le remarque et ait envie d'acheter le produit. Il est donc indispensable de réduire l'information au minimum et de la communiquer le plus clairement possible avec un maximum d'impact. L'idéal, bien sûr, c'est un seul mot ou une seule image, qui illustre l'information clé. Pensez au conditionnement des produits Coca-Cola et vous verrez que cet objectif difficile n'est pas inaccessible.

Le design du conditionnement est conçu presque entièrement en fonction du point de vente. Mais qu'en est-il du point de revente ? Jamais entendu parler ? Normal, je viens de l'inventer. Mais il arrive un moment (du moins, il faut l'espérer) où le consommateur souhaite remplacer un produit usé. À ce moment-là, cela fait bien longtemps que votre conditionnement a été jeté.

Celui-ci ne peut donc pas contribuer à orienter le nouvel achat. Si le consommateur retourne au magasin et trouve votre nouveau conditionnement dans les rayons, tant mieux, mais ce n'est pas gagné d'avance. Par exemple, lorsque j'ai décidé de remplacer ma chemise en flanelle préférée, que j'avais vue dans le catalogue WearGuard quelques années auparavant, je ne l'ai pas trouvée dans le dernier catalogue. Ne parvenant pas à me souvenir du nom de l'article, je n'ai pas pu demander à la société si elle l'avait. Mais WearGuard avait pensé à tout : une petite étiquette avec la référence de l'article et le numéro vert de la société était cousue dans ma chemise. Bingo ! J'ai commandé deux nouvelles chemises et elles seront sur le pas de ma porte d'ici la fin de la semaine.

Moralité : mettez toujours une étiquette sur ou dans votre produit pour permettre à vos clients de le recommander directement auprès de votre société. Sinon, vos clients risquent de perdre des informations essentielles et de voir des produits concurrents avant le vôtre. Prévoyez un conditionnement pour le point de revente – point où vous avez un avantage par rapport à vos concurrents, à condition que vous sachiez l'utiliser.

Émotion

Comment les consommateurs se sentiront-ils face à votre conditionnement ? Quelle sera l'intensité de cette émotion ? L'importance de l'émotion varie d'un produit à l'autre, mais celle-ci fait toujours partie de la décision d'achat. Vous devez donc faire en sorte que votre conditionnement véhicule une émotion appropriée. Commencez par choisir et décrire cette émotion. Cette étape est facile à franchir si vous avez déjà réfléchi à la question au moment de la publicité, du choix de la marque ou autre stratégie de positionnement. Reprenez vos notes et confirmez la nécessité pour le produit de véhiculer telle ou telle émotion. Si vous n'avez encore jamais réfléchi à la question, identifiez l'émotion susceptible de conduire à l'achat. Si le consommateur qui regarde le conditionnement de votre produit est envahi par un sentiment de gaieté, d'excitation, de nostalgie, de confiance ou d'efficacité, la probabilité de l'achat en sera-t-elle accrue ? Quelle que soit l'émotion que vous choisissiez de communiquer, veillez à ce qu'elle contribue à distinguer votre produit des autres. Ne renoncez pas au principe de la visibilité en évoquant la même émotion que vos trois principaux concurrents !

Donner de la vie à votre produit

Comment mettre de l'émotion dans un design ? À vrai dire, les marketeurs n'ont pas encore vraiment relevé ce défi. Ils sont beaucoup plus à l'aise pour communiquer des émotions dans une annonce imprimée en quadrichromie ou un spot publicitaire joué par des acteurs ou par des personnages de dessins animés expressifs. Le conditionnement est statique, ce qui semble frustrer les artistes du marketing. Dans le meilleur des cas, il est subtil, évitant simplement toute incompatibilité avec les émotions que l'identité de la marque ou la publicité ont pu associer au produit. Mais vous pouvez faire mieux ! Beaucoup mieux ! Vous avez la possibilité de donner de la vie à votre produit sur le point de vente, de l'animer avec des émotions humaines, là où vos concurrents ne le font pas. Dans le chapitre 5, nous avons vu comment créer et communiquer une émotion. Tous ces principes peuvent être appliqués au conditionnement. Voici quelques idées :

Utilisez la silhouette et le visage humains

Les êtres humains lisent facilement les émotions dans les expressions du visage, la position du corps et autres signaux non verbaux. Et ils ont une tendance naturelle à ressentir les émotions qu'ils détectent chez les autres. Pourtant, on voit rarement des personnes sur le conditionnement des produits. Ou alors, ces personnes ont une expression et une position neutres.

Betty Crocker, la maman symbolique de tous les gâteaux de la société américaine General Mills, a été redessinée très souvent au fil des ans – mais aucune émotion forte n'a jamais pu être lue sur son visage. Elle sourit légèrement et semble se désintéresser de ses propres produits. Pourtant, son image est parvenue à vendre, simplement parce qu'il s'agit d'un visage humain. Mais General Mills pourrait lui donner une expression et une position différentes selon les produits, afin de communiquer pour chacun d'eux une émotion appropriée. Par exemple, pour un gâteau au chocolat, Betty Crocker pourrait avoir une expression joyeuse, accentuée par l'éclat des bougies d'un gâteau d'anniversaire. Et pour des pains au lait, elle pourrait avoir une expression aimante et maternelle, et se tenir penchée en avant (comme pour prendre un enfant entre ses bras). Vous comprenez l'idée ?

Le visage humain est si expressif qu'il est devenu le principal support par lequel nous communiquons la plupart de nos émotions. Pourquoi ne pas mettre un visage humain sur votre produit ? Oui, je sais, personne d'autre ne le fait, mais justement ! Si les consommateurs ont le choix entre une série de mots et un visage, qu'est-ce qui attirera le plus leur attention ?

La société de services et de conseil en informatique JIAN utilise un modèle pour chacun de ses produits. Chaque visage symbolise le produit et, sur le plan émotionnel, *devient* le produit. Par exemple, l'homme que l'on peut voir sur le logiciel de conception de *business plans* respire la compétence et l'assurance. Il est grisonnant mais encore jeune. Il a un éclat d'inspiration dans les yeux, mais son demi-sourire indique qu'il a aussi un côté sobre et consciencieux. Il est l'entrepreneur parfait, le genre de type à qui les banques et les investisseurs jettent des billets. Et vous savez, lorsque vous regardez le paquet, qu'il communiquera ses qualités à votre *business plan*.

Utilisez la symbolique des peintres

Les artistes doivent aussi communiquer des émotions et y parviennent souvent mieux que les marketeurs. Comment s'y prennent-ils ? D'après l'artiste et professeur Nigel Holmes, il faut « utiliser une symbolique simple et laisser les émotions se débrider ». Les artistes utilisent des symboles pour exprimer leurs émotions. Des couleurs vives ou des lignes en zigzag peuvent symboliser l'exaltation, les lignes horizontales et les couleurs neutres le calme, les couleurs sombres, les lignes épaisses et les masses volumineuses la force, et les teintes lumineuses et les lignes fines la délicatesse. Et beaucoup d'autres émotions sont suscitées par des choses qui, dans la réalité, les évoquent. L'image d'un couple échangeant ses alliances est chargée d'émotions – des émotions très différentes de celles que l'on ressent en regardant une grosse araignée velue ! La voûte d'une cathédrale, un enfant qui court vers les bras de sa mère, une voiture ancienne, un champ abandonné, ou la dernière feuille tombant d'un arbre en automne sont autant d'images qui peuvent provoquer des réactions émotionnelles fortes. Mais cette approche propre à la peinture est rarement utilisée dans le domaine du conditionnement.

Et si votre conditionnement avait été conçu par Van Gogh ? Je parie qu'il serait si chargé d'émotions que les consommateurs ne pourraient plus le quitter des yeux !

Le design doit-il donner la priorité à l'émotion ou à l'information ?

Quelle doit être la caractéristique dominante de votre conditionnement : l'émotion ou l'information ? Vous pouvez mettre l'une ou l'autre de ces caractéristiques en valeur, mais pas les deux (en théorie, du moins, car je suis sûr que vous trouverez des exceptions à la règle).

Le conditionnement des gâteaux SnackWell met l'accent sur les émotions liées au goût et à la bonne santé. Il évoque largement le bien-être de la santé grâce à la couleur verte de la boîte. Il aurait pu comporter un tableau, un texte ou un graphique fournissant des informations sur la recette, sans matières grasses mais délicieuse d'après les tests effectués auprès des consommateurs. Ce genre de conditionnement axé autour de l'information ne fonctionnerait pas aussi bien car, en matière de gâteaux, de nombreuses personnes font des achats impulsifs basés sur les émotions plutôt que sur une analyse rationnelle.

En revanche, un conditionnement mettant l'accent sur l'information conviendrait tout à fait à une boîte de vis en vente dans un magasin de bricolage. Les consommateurs qui achètent ce produit recherchent un modèle précis et un maximum d'informations doit être indiqué sur le paquet.

Dans les autres catégories de produits, les deux approches peuvent être efficaces – à vous de choisir celle qui convient le mieux à votre produit. Par exemple, certains produits de gestion financière ont un conditionnement qui donne des informations précises sur leurs performances, tandis que d'autres ont un conditionnement axé autour d'une accroche émotionnelle.

Tâches

Quelles sont les tâches accomplies par le conditionnement ? Le conditionnement a-t-il des fonctions utiles à la fois au marketeur et au consommateur ? Dans la plupart des cas, il a un aspect fonctionnel. Par conséquent, pour que votre analyse soit complète, vous devez vous demander quelles sont les tâches qu'il remplit. Il s'agit du dernier point de la méthode VIET.

Tâches devant être accomplies par le conditionnement/l'étiquetage

Voici les principales fonctions du conditionnement :

- Protéger le contenu
- Faciliter le stockage et la présentation du contenu par le marketeur
- Faciliter le transport et le stockage du contenu par le consommateur
- Faciliter l'utilisation du contenu par le consommateur
- Faciliter l'enlèvement ou le recyclage du conditionnement par le consommateur

Même si le conditionnement est bien conçu et très standardisé dans votre marché, je vous garantis que vous pouvez en améliorer la fonctionnalité. Il y a toujours moyen d'innover. Songez à quel point le conditionnement a changé dans votre marché au fil des années (nouveaux matériaux, nouvelles formes et tailles, nouvelles surfaces, nouveaux types de fermetures, utilisation de matériaux recyclables, nouveaux types d'étiquettes, processus de conditionnement moins coûteux, etc.). Si les fonctionnalités du conditionnement ont été améliorées à ce point par le passé, elles peuvent encore l'être – et mieux vaut être de ceux qui innovent que de copier une innovation.

Tâches ne devant pas être accomplies par le conditionnement/l'étiquetage

Pendant que vous y êtes, prenez le temps de réfléchir à ce que votre conditionnement *ne doit pas* faire. Cet aspect du marketing est souvent négligé par les marketeurs, mais jamais par les consommateurs. Songez à la dernière fois où vous avez acheté un fruit de bonne qualité pour découvrir ensuite qu'il était impossible d'en retirer l'étiquette. Ou à la dernière fois que vous avez acheté un jouet emballé dans un papier bulle impossible à découper aux ciseaux ou au couteau. Récemment, je me suis coupé le doigt en essayant d'ouvrir l'emballage d'une petite voiture pour un de mes enfants. Et comme si cela ne suffisait pas, mes deux autres enfants attendaient que j'ouvre le leur. Rappelez-moi de ne jamais plus leur offrir de cadeaux conditionnés de cette façon !

ATTENTION !

Pour éviter toute expérience négative au consommateur, veillez à ce que le conditionnement et l'étiquetage de votre produit *ne fassent pas* les choses suivantes :

- Laisser un résidu sur le produit (cette erreur est la plus courante ; notez que de nombreuses colles temporaires utilisées pour les étiquettes deviennent permanentes après que le produit a passé plusieurs mois dans un entrepôt).
- Rendre le déballage du produit difficile ou dangereux pour les consommateurs.
- Laisser aux consommateurs des déchets difficiles à jeter ou à recycler.
- Laisser aux consommateurs des déchets dangereux pour eux ou pour leurs enfants (risque de suffocation ou d'incendie).
- Présenter l'identité de votre produit ou votre image de marque de façon peu attrayante une fois l'emballage jeté (si vos cartons moisissent dans le garage de vos clients ou finissent au bord des autoroutes, ils constituent une publicité négative).

  DANS LA PRATIQUE

  McDonald, a contourné ce problème en adoptant un conditionnement biodégradable et en mettant des poubelles à l'extérieur des *fast-foods*. Il n'y a rien de moins appétissant qu'un emballage de hamburger sur le trottoir !
- Cacher des aspects attrayants de votre produit

  DANS LA PRATIQUE

  3M emballe ses Post-It dans une fine couche de cellophane transparente afin que les consommateurs puissent littéralement voir le produit qu'ils cherchent en rayon. Si le conditionnement est le produit, le produit peut également être le conditionnement.

TÊTE PENSANTE

En outre, ne laissez jamais le conditionnement *limiter votre vision du produit*. Vous ne voyez pas du tout ce que je veux dire ? Prenons un exemple : il y a quelques années, je me suis rendu compte que les entreprises avaient besoin d'aide pour gérer les changements radicaux qui avaient lieu dans leur secteur. Elles avaient besoin de conseils en matière de *gestion du changement*, selon l'expression utilisée par les experts. En tant que consultant, formateur et auteur, j'ai voulu répondre à ce besoin, mais je savais que je n'avais pas suffisamment d'expertise. J'ai donc décidé de rassembler quelques hommes et femmes de terrain dans le cadre d'une conférence sur le sujet. Je voulais organiser une conférence sur la gestion du changement et la vendre. Mais très vite, j'ai compris qu'il serait presque impossible de rassembler tous les intervenants au même endroit et à la même heure – sans parler des membres de l'auditoire. Je me suis dit que mon plan n'allait pas marcher. Mais je suis tombé sur un article concernant les *entreprises virtuelles* et j'ai réalisé que je pouvais organiser une conférence virtuelle. Il suffisait de changer le conditionnement du produit ! J'ai donc demandé aux experts une version écrite de leur intervention et j'ai diffusé sur Internet ce que j'ai appelé la conférence portable sur la gestion du changement. Aujourd'hui, le produit est conditionné dans une grande brochure rouge, distribuée par un éditeur, mais il s'agit toujours du même produit – dans un conditionnement différent.

Ce genre de transformation peut être effectué dans presque toutes les catégories de produits, simplement en repensant le conditionnement. Le bicarbonate de soude est un produit d'entretien lorsqu'il est présenté dans une grosse boîte et un dentifrice lorsqu'il est conditionné en tube. Les livres peuvent devenir des sites Internet. Les produits alimentaires sont très concernés par cette pratique. Le même aliment devient un produit différent selon qu'il est frais, surgelé ou en conserve.

Croyez-moi, c'est possible dans n'importe quelle catégorie de produits. L'information peut être conditionnée sous des millions de formes différentes pour créer de nouveaux produits, de même que le conseil d'un médecin ou d'un gérant de portefeuille. Les possibilités ne sont limitées que par votre propre imagination.

Législation en matière d'étiquetage et de conditionnement

Que vous sous-traitiez ou que vous gériez vous-même la conception du conditionnement de votre produit, vous devez respecter les contraintes légales. Ne prenez pas de risques en la matière. Ce n'est pas facile car, comme vous avez pu le remarquer si vous avez lu les autres chapitres de ce livre, la législation relative au marketing est à la fois dense et complexe. Tous ceux qui peuvent se le permettre recrutent un conseiller juridique, et tous ceux qui pensent ne pas pouvoir se le permettre découvrent très souvent qu'ils ne peuvent pas se permettre de s'en passer !

Il existe deux exceptions à la règle : vous retravaillez à partir d'un conditionnement qui a déjà reçu l'aval des experts et qui a déjà été présent sur le marché sans avoir posé aucun problème juridique. Ou bien vous lancez un conditionnement et un produit semblables à tous points de vue à ceux qui sont en vente dans votre secteur. Dans ces deux cas, une analyse complète serait probablement superflue. Mais peut-être pas – vous ne le saurez qu'une fois pris au piège. C'est le problème avec la législation…

Quoi qu'il en soit, que vous fassiez appel à des experts ou que vous vous fiiez à votre propre jugement, vous devez connaître les principaux aspects de la législation pour être sûr de ne pas vous mettre en tort. En Europe, respectez à la fois la législation nationale et la législation communautaire.

Check-list pour un conditionnement légal

Bien qu'il soit impossible de simplifier la législation sur le conditionnement et l'étiquetage sans passer à côté de quelque chose d'essentiel, je vais essayer de résumer les principales règles à respecter. Utilisez la check-list suivante pour tout produit destiné à la consommation et même à la vente inter-entreprises. Cette liste n'est certainement pas exhaustive, mais si vous en négligez un des points, je vous garantis que vous aurez des problèmes ! Prenez-la comme un point de départ aux questions que vous pouvez poser aux experts ou aux agences gouvernementales.

Le conditionnement et l'étiquetage doivent respecter les règles suivantes :

- ❒ Identifier le produit clairement.
- ❒ Indiquer le nom et l'adresse du fabricant, du packager ou du distributeur.
- ❒ Indiquer la quantité nette de produit.
- ❒ Identifier le contenu avec précision.
- ❒ Utiliser un nom et une marque conformes aux dispositions légales et n'ayant pas déjà été déposés par une autre société.
- ❒ Respecter les différentes règles en matière de promotion des ventes, notamment pour l'utilisation de termes tels que « offre spéciale » ou « prix de lancement ».
- ❒ Respecter les règles en matière de garantie, si le produit est garanti.
- ❒ Respecter la législation propre au produit ou au secteur (par exemple, les substances dangereuses et tous les produits issus des secteurs de la cosmétique, de l'alimentation, de la pharmacie, de la médecine, du textile, de la fourrure, de la télévision, de la radio, ou de l'isolation thermique sont soumis à des dispositions spécifiques).
- ❒ Comporter ou être accompagné d'une facture.

Gardez des traces de tout ce qui concerne le conditionnement

ATTENTION !

La législation sur le conditionnement et le bon sens exigent que vous gardiez des traces du design de votre conditionnement. Gardez des échantillons de tous vos emballages et étiquettes, et mettez de côté les documents qui vous ont été fournis par des experts ou par votre conseiller juridique. Conservez également les designs et les documents des sociétés auxquelles vous avez fait appel pour la conception du conditionnement. Si vous souhaitez vous aligner sur votre secteur, gardez les emballages de vos concurrents. Si vous vous êtes renseigné auprès d'agences gouvernementales, de conseillers juridiques et d'experts, ceux-ci assumeront en partie la responsabilité d'une erreur – à condition que vous ayez conservé tous les documents apportant la preuve de votre bonne foi.

Chapitre 16

Distribution, commerce de détail et point de vente

Dans ce chapitre :

- Pourquoi vous devez orienter les tendances en matière de distribution
- Sources d'informations sur les circuits de distributions et leurs membres
- Considérations sur la conception du circuit de distribution
- Théorie et pratique du commerce de détail
- Présentation et promotion sur le point de vente

Imaginez que vous entriez chez un concessionnaire automobile et que vous achetiez la voiture de vos rêves, pas simplement celle qui vous plaît le plus parmi les modèles en présentation. Vous pouvez acheter exactement le modèle que vous voulez, dans votre couleur préférée, avec les options qui vous intéressent. Après tout, cette voiture est probablement votre achat le plus important de l'année. Alors vous devriez pouvoir l'avoir sans problème, non ?

Eh bien, vous ne pouvez pas. Pas tout de suite. La méthode utilisée pour distribuer les voitures des fabricants aux acheteurs potentiels rend l'offre d'une large gamme de produits impossible. Il s'agit d'un problème de distribution courant. Bien souvent, lorsque les clients sont insatisfaits, le problème vient du canal de distribution et non du produit ou du service. Et lorsque le marketeur est déçu par la part de marché ou le chiffre d'affaires, la meilleure solution est d'améliorer la structure de distribution plutôt que de lancer une nouvelle campagne publicitaire ou d'augmenter la promotion des ventes. La distribution est un goulot d'étranglement entre le marketeur et le client, qui nuit souvent à la performance de façon détournée.

DANS LA PRATIQUE

C'est pourquoi General Motors (GM) a créé de grands centres de distribution régionaux dans tous les États-Unis. Ces centres possèdent toutes les marques de GM, offrant ainsi une gamme de produits complète à proximité des concessionnaires et des clients. Ils se situent à une distance permettant de livrer n'importe quelle voiture dans la journée. Cette innovation dans la distribution de GM augmentera-t-elle la satisfaction des clients et le chiffre d'affaires ? Je le crois, car les recherches en marketing réalisées par GM montrent que 35 % des clients ne trouvent pas le modèle qu'ils cherchent lorsqu'ils se rendent chez leur concessionnaire habituel et font un achat de compromis. Les consommateurs apprécieront donc les nouvelles mesures prises par GM. De plus, 11 % des clients s'adressent à un autre fabricant lorsqu'ils ne trouvent pas ce qu'ils veulent. Ces mesures augmenteront donc également la fidélisation des clients.

Incroyable ce que peut faire la distribution, n'est-ce pas ? Peut-être devriez-vous réfléchir sérieusement à la façon dont votre société distribue ses produits.

Identifier et orienter les tendances de la distribution

À première vue, les circuits de distribution (les voies qui relient le fabricant aux consommateurs) semblent assez stables, mais il ne faut pas se fier aux apparences. En réalité, ils subissent des changements lents mais inévitables. Dans certains circuits, de nouveaux intermédiaires (sociétés qui facilitent la connexion entre le fabricant et les consommateurs) apparaissent pour fournir de nouveaux services. Dans d'autres, des intermédiaires sont supprimés – les fabricants s'adressent directement aux détaillants ou développent des relations de marketing direct avec les consommateurs finals (pour en savoir plus sur le marketing direct, reportez-vous au chapitre 18). Dans d'autres encore, un type de détaillant ou de distributeur en remplace progressivement un autre. Si vous tenez compte de ces changements, vous serez capable de les anticiper. Sinon, ils vous submergeront. Même s'ils sont lents, ils sont puissants. Ne laissez pas votre plan marketing passer sous un rouleau compresseur !

Voici quelques exemples qui achèveront de vous convaincre :

- Dans le secteur de la papeterie et des consommables, les détaillants indépendants sont remplacés par de grandes chaînes. De plus, ces chaînes achètent directement aux fabricants, éliminant également les distributeurs traditionnels.
- Dans le domaine de la boulangerie, les chaînes et le rayon boulangerie des supermarchés gagnent du terrain aux dépens des artisans boulangers. Les sociétés qui vendent directement aux consommateurs évincent progressivement les fabricants qui passent par un circuit de distribution.

- Dans l'industrie, de nombreuses sociétés doivent faire face à la globalisation et à la concurrence étrangère. Par conséquent, la concurrence est accrue dans leur marché intérieur et elles doivent être plus efficaces dans le domaine de l'import/export.
- Dans le secteur des produits de consommation, le Web a donné davantage de pouvoir aux acheteurs en leur permettant de déterminer et d'évaluer facilement les offres de nombreux fournisseurs. Cette tendance oblige les marketeurs à faire des offres de plus en plus compétitives en termes de qualité et de prix. Elle pousse aussi certains à adopter une stratégie de vente directe par le Web et à renoncer aux distributeurs traditionnels. Par exemple, les producteurs mettent leur catalogue en ligne et de nombreux acheteurs surfent sur le Net pour trouver ce qu'ils cherchent.
- Le Web n'est pas le seul moyen que les producteurs aient trouvé pour se passer des intermédiaires. Le marketing direct est de plus en plus courant dans la plupart des secteurs. De nombreux producteurs créent leurs propres circuits et font concurrence aux intermédiaires traditionnels.

Vous informer sur les circuits

Si vous faites des recherches dans un secteur, commencez par identifier les différents acteurs à chaque étape du circuit de distribution. Comment les produits sont-ils fabriqués et acheminés jusqu'aux consommateurs ? Mieux vous connaissez ce processus, plus vous pouvez vous en inspirer pour concevoir vos propres circuits de distribution à votre avantage.

Qui *fabrique* les produits ? Renseignez-vous auprès des syndicats pour identifier les producteurs de votre secteur. Vous trouverez les annuaires des syndicats et des associations professionnelles de votre secteur en bibliothèque.

Qui *distribue* les produits ? Existe-t-il des grossistes ou autres intermédiaires dans le circuit de distribution ? Si c'est le cas, qui sont-ils et combien pouvez-vous en localiser ? Adressez-vous là encore aux syndicats et consultez les Pages Jaunes des annuaires régionaux. Enfin, rendez-vous dans les salons professionnels organisés par les distributeurs de votre secteur. Après avoir passé quelques heures dans ce genre de salon, vous en saurez plus sur la structure et les tendances du circuit de distribution que vous ne vouliez en savoir.

Qui sont les *détaillants* ? Les commerces de détail sont beaucoup plus faciles à identifier. Vous les trouverez dans les Pages Jaunes des annuaires régionaux. Ils ont également leurs propres syndicats et leurs annuaires, disponibles en bibliothèque. Enfin, allez voir sur place quels sont les principaux détaillants de votre marché géographique. Descendez dans les rues commerçantes et voyez vous-même quels sont les magasins les plus fréquentés (vous pouvez obtenir des informations sur la part de marché des détaillants par la simple observation, mais aussi en faisant des calculs sur les habitudes de consommation d'après les études réalisées auprès des consommateurs).

Structure et conception du circuit de distribution

Un seul mot d'ordre : la rentabilité. Traditionnellement, les circuits ont évolué de façon à réduire au minimum le nombre de transactions dans un souci de rentabilité.

Comme le montre la figure 16-1, un circuit dans lequel quatre producteurs et quatre clients traitent ensemble donne lieu à 16 (4 x 4) transactions possibles. C'est déjà beaucoup, mais les chiffres sont bien plus élevés dans les marchés comportant des dizaines ou des centaines de producteurs et des milliers ou des millions de clients.

Le nombre de transactions est beaucoup moins élevé lorsque l'on introduit un intermédiaire parce que, dans ce cas, les chiffres s'ajoutent au lieu de se multiplier. Dans l'exemple illustré à la figure 16-1, il ne faut que 8 (4 + 4) transactions pour relier les quatre clients aux quatre producteurs. Chaque producteur ou consommateur ne traite qu'avec l'intermédiaire, qui le met en relation avec tous les consommateurs ou producteurs.

Bien que les intermédiaires provoquent une augmentation du prix, ils réduisent généralement les coûts de distribution en raison de la diminution du nombre de transactions. En effet, en ajoutant un niveau d'intermédiaires au circuit, on réduit le nombre de transactions nécessaires pour mettre en contact tous les producteurs et tous les clients.

Je sais que cette logique est simpliste, mais vous pouvez en déduire ce qui se passe dans les circuits de distribution plus importants et plus complexes. Introduisez dans le schéma de nombreux producteurs et clients, reliez-les entre eux par de multiples intermédiaires, en ajoutant peut-être un deuxième et un troisième niveaux, et vous obtenez un circuit de distribution indirect classique. Il existe probablement des circuits de ce genre dans votre secteur.

Je dois vous prévenir que je me méfie de ces circuits. Plus ils sont longs et complexes – plus le produit passe d'intermédiaire à intermédiaire – et plus je suis méfiant.

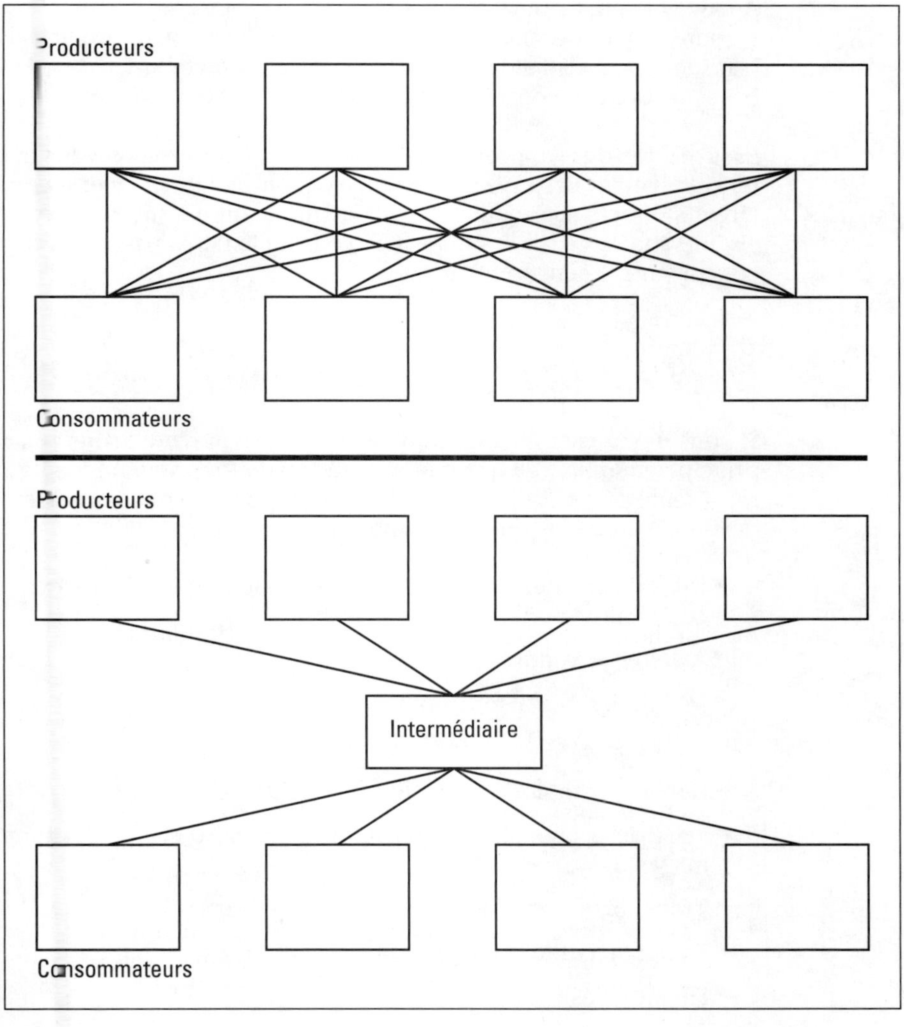

Figure 16-1 : Réduction des transactions grâce aux intermédiaires.

En effet, je ne crois pas qu'ils rendent la distribution plus rentable. Je crois, au contraire, que l'amélioration des transports, les liens informatiques entre les membres du circuit grâce à l'EDI (échange de données informatisé), le commerce en flux tendu dans lequel les stocks sont réduits au minimum, et l'émergence des technologies et des pratiques de marketing direct permettent de simplifier énormément les circuits de distribution. Tout comme les grandes sociétés pratiquent un écrasement des niveaux hiérarchiques pour être plus rentables et plus proches de leurs clients, les grands circuits de distribution rétrécissent.

À l'avenir, la distribution sera plus simple et plus directe qu'elle ne l'est aujourd'hui, et les marketeurs seront capables de gérer un grand nombre de transactions sans l'aide d'intermédiaires. Les techniques de gestion des bases de donnés contribuent grandement à cette tendance.

Essayez de vous rapprocher de vos clients. Pouvez-vous vous aussi pratiquer un écrasement des niveaux de votre circuit ou commencer à développer des circuits directs (par courrier, par téléphone ou par Internet) en marge de vos circuits indirects traditionnels ? Si vous ne le faites pas, certains de vos concurrents y penseront.

Quel est le rôle des intermédiaires ?

Si vous devez essayer de simplifier votre circuit de distribution, c'est principalement parce que chaque intermédiaire prend une marge et représente un coût pour le producteur et pour le consommateur. Quelles tâches justifient ce coût ? Elles sont nombreuses.

- Faire des recherches sur le comportement et les désirs des consommateurs
- Acheter et vendre
- Défaire les cargaisons pour la revente
- Fixer les prix
- Gérer les promotions sur le point de vente
- Faire de la publicité au niveau local (pour attirer les consommateurs au magasin)
- Transporter les produits
- Faire l'inventaire des produits
- Financer les achats
- Localiser et qualifier les clients
- Fournir un service clients et un service technique
- Partager les risques commerciaux
- Associer vos produits à d'autres pour offrir des assortiments appropriés

La liste est longue et donne à réfléchir, car vous ne vous étiez peut-être pas rendu compte de tout ce que les intermédiaires font pour vous. (Si vous n'avez pas d'intermédiaires, vous avez peut-être même envie d'en avoir pour partager les risques et les tâches avec eux !) Les intermédiaires remplissent des fonctions importantes et vous devez vous assurer d'obtenir les mêmes résultats d'une autre façon avant de les supprimer de votre circuit de distribution.

Considérations sur la conception du circuit de distribution

C'est vrai, les intermédiaires font beaucoup de choses pour vous. Vous devez donc savoir à qui vous confierez leurs tâches si vous les supprimez. Mais auparavant, réfléchissez à la façon dont vous allez structurer et gérer votre circuit de distribution.

- **Couverture du marché**. Votre marché cible est-il bien couvert par votre circuit de distribution actuel ? Si vous optez pour la vente directe, vous ne parviendrez peut-être pas à couvrir le marché aussi efficacement. Dès lors que vous ajoutez ne serait-ce qu'un niveau d'intermédiaires, vous êtes présent sur beaucoup plus de fronts. Plus vous ajoutez de niveaux, plus la base du circuit est large et plus la couverture du marché est importante.

  TÊTE PENSANTE

  En bref, la couverture du marché augmente au fur et à mesure que vous ajoutez des niveaux dans votre circuit de distribution. Et la disponibilité de votre produit augmente proportionnellement à la couverture du marché. Par conséquent, votre chiffre d'affaires et votre part de marché augmentent également. Vous ne pouvez rien contre cette logique. Le développement d'un circuit de distribution peut donc être rentable. Assurez-vous simplement d'avoir une meilleure couverture du marché et un chiffre d'affaires plus important. Sinon, vos intermédiaires ne servent à rien.

- **Niveau d'intensité**. Pensez à la couverture du marché en termes d'intensité. L'intensité est l'étendue géographique de votre couverture. Il existe trois stratégies en la matière. La *stratégie de distribution intensive* tente de mettre chaque consommateur en contact avec votre produit en utilisant autant d'intermédiaires que possible pour créer une couverture maximale. Cette stratégie est efficace dans un marché en phase de maturation, dans lequel vos concurrents essaient de faire la même chose, ou dans un marché dans lequel les clients font des achats de consommation courante – car la distribution intensive fait de votre produit un produit de consommation courante. Sachez que cette stratégie est coûteuse et superflue dans d'autres circonstances.

  La *stratégie de distribution sélective* consiste à cibler les zones ou les membres les plus intéressants de votre marché. Par exemple, une société qui fait de la vente interentreprises peut décider de cibler une région géographique où de nombreuses sociétés utilisant sa technologie ont leur siège. De même, le marketeur qui commercialise des produits de consommation peut s'adresser à un département ou à une région comportant beaucoup de clients potentiels.

La *stratégie de distribution exclusive* consiste à sélectionner les meilleurs intermédiaires et les meilleurs clients. Cette stratégie est efficace lorsque vous n'avez pas de concurrence importante et proposez une spécialité que vous souhaitez réserver au niveau le plus rentable. Cette méthode ne vous permettra pas d'élargir votre part de marché, mais elle optimisera vos marges bénéficiaires, ce qui n'est déjà pas si mal !

TÊTE PENSANTE

La distribution exclusive est également tout indiquée lorsque vous lancez un produit novateur, qu'il s'agisse d'un bien ou d'un service. Vous ne trouverez qu'un nombre limité d'acheteurs dans un premier temps. En général, la commercialisation de masse d'un produit novateur va droit à l'échec. Commencez par une distribution exclusive ciblant les personnes susceptibles d'adopter rapidement de nouveaux concepts, puis passez à une distribution sélective au fur et à mesure que la concurrence s'accroît et que le produit se généralise. Enfin, adoptez une distribution intensive lorsque le marché entre en phase de maturation, stade auquel votre objectif n'est plus d'inciter à un premier achat mais d'encourager le renouvellement de l'achat aux dépens de vos concurrents.

- **Rapidité de la commercialisation**. Plus le circuit est long, plus le produit met longtemps à passer du producteur au consommateur. Une équipe de coureurs de relais ne battra jamais un coureur indépendant dans un sprint. Si vos clients exigent une livraison et un service rapides, élaguez le circuit de distribution jusqu'à ce que la commercialisation soit suffisamment rapide pour satisfaire les consommateurs.

DANS LA PRATIQUE

L'incroyable expansion d'une société de conseil

Ronin, une société de conseil en management basée à New York, a apparemment des difficultés à gérer de grands projets pour dix sociétés situées dans dix villes différentes en même temps. Cette société n'a pas beaucoup de personnel dans ces villes.

Mais elle complète son personnel interne par un ensemble de consultants qualifiés, qui lui permettent de créer des équipes chargées de gérer toutes sortes de projets dans le monde entier, quels que soient l'endroit et la nature du problème.

En fait, Ronin utilise son réseau de consultants indépendants comme des intermédiaires. Ceux-ci interviennent pour fournir un service au nom de Ronin lorsqu'il y a un besoin. Grâce à ce circuit de distribution inhabituel, Ronin peut concurrencer des sociétés de conseil beaucoup plus importantes avec un personnel et un nombre de bureaux réduits.

- Dans le domaine du prêt-à-porter, la tendance est à la vente directe sur catalogue. Les consommateurs obtiennent les articles de leur choix, dans la taille qui leur convient, en quelques jours seulement. Vous pensez peut-être qu'il est plus rapide pour le client de faire ses achats en magasin, car il peut en sortir directement avec les articles de son choix. Mais s'il est très occupé, il n'a peut-être pas le temps de faire les magasins, alors qu'une commande est vite passée. De plus, il faudrait peut-être qu'il se rende dans plusieurs magasins avant de trouver ce qu'il cherche. Or, il est plus simple de feuilleter plusieurs catalogues. Si les ventes sur catalogue gagnent du terrain sur les ventes en magasin, c'est parce que de nombreux consommateurs trouvent cette option plus rapide et plus facile.

Stratégies du commerce de détail

Si vous avez étudié le commerce de détail dans une école de commerce, vous avez probablement appris à compter les unités en stock et à interpréter les statistiques sur le chiffre d'affaires selon que le produit se trouve en bout d'allée (chiffre plus élevé) ou en milieu d'allée (chiffre moins élevé) et au niveau de l'œil (chiffre plus élevé) ou bien en haut ou en bas du rayon (chiffre moins élevé). Cette approche technique n'est ni inutile ni décisive dans le succès d'un commerce de détail.

Pour réussir, vous devez d'abord faire preuve de créativité et, ensuite, choisir un bon emplacement. Ce sont ces deux éléments qui détermineront les performances de votre magasin – un magasin créé autour d'un concept créatif et attrayant, situé dans un endroit très fréquenté par la clientèle ciblée.

La *fréquentation* est déterminée par le flux de consommateurs ciblés susceptibles de passer assez régulièrement à proximité du magasin *pour être exposé à la vitrine et à la publicité locale*. Ce flux peut être réel (passants circulant à pied sur les trottoirs ou en voiture) ou bien virtuel (visiteurs d'un site Web). Les clients ne seront nombreux que si le flux de la zone commerciale est important.

TÊTE PENSANTE

Le succès du commerce de détail repose essentiellement sur l'emplacement. Choisissez votre emplacement avec soin, en fonction de la clientèle que vous ciblez. Faites comme si vous deviez creuser un bassin. Vous ne creuseriez pas là où il n'y a pas d'eau susceptible de remplir votre bassin. Et pourtant, certaines personnes installent leur commerce en plein désert…

Vous ne creuseriez pas non plus un immense réservoir près d'un petit ruisseau. Adaptez votre magasin au flux de clients potentiels présents dans votre zone géographique. Ou trouvez le meilleur emplacement possible. À

Amherst, ma petite ville du Massachusetts, nous avons une zone commerciale comportant des dizaines de magasins. Les affaires marchent mal et beaucoup de commerçants mettent la clé sous la porte. Certains locaux restent vides pendant quelques mois, puis d'autres commerçants viennent tenter leur chance. Parfois, c'est un chef d'entreprise malchanceux qui s'y risque, mais même les grandes sociétés se font avoir (McDonald's s'y est installé mais n'a pas pu générer suffisamment de ventes).

Je regarde ce ballet avec une certaine ironie. À Amherst, il n'y a pas beaucoup de passage. C'est une petite ville et, même s'il y a une université à proximité, les trottoirs ne sont jamais encombrés.

Tout détaillant doit s'installer sur un lieu de passage ou trouver un moyen d'attirer la foule. Ce pouvoir d'attraction est rare, mais certains commerces ont un impact en dehors de leur zone d'influence immédiate.

Par exemple, dans ma ville, il existe une bijouterie dont la gamme de produits est d'une qualité telle qu'elle attire beaucoup plus de clients que les magasins environnants. Et son propriétaire stimule la fréquentation du magasin grâce à un programme de publipostage et à une façade très visible – la bijouterie est une immense maison victorienne jaune située à l'entrée de la ville. La stratégie du magasin est basée sur un concept précis : un mélange de merchandising et d'ambiance, qui donne à la bijouterie un pouvoir d'attraction supérieur à la moyenne.

Stratégies de merchandising

Que vous vendiez des biens ou des services, vous devez définir une *stratégie de merchandising*. Vous en avez déjà une, que vous le sachiez ou non. Si vous ne le savez pas, c'est qu'elle se base sur les conventions adoptées dans votre secteur. Dans ce cas, vous devez vous retrousser les manches et modifier cette stratégie pour la distinguer des autres. En général, c'est la stratégie de merchandising d'un commerce de détail qui donne à celui-ci un avantage (ou un désavantage) concurrentiel par rapport aux autres.

Je vous recommande d'avoir une approche créative du merchandising. Le succès d'un commerce de détail repose en grande partie sur l'innovation en matière de merchandising. Vous devez chercher de nouvelles options tous les jours – et essayer les plus prometteuses aussi souvent que vous le pouvez. Voici quelques stratégies appliquées actuellement, qui vous donneront des idées pour votre propre commerce. Peut-être n'ont-elles pas été essayées dans votre secteur ou votre région, ou pourrez-vous les appliquer avec des variantes.

Merchandising général

Cette stratégie rassemble de nombreux produits pour créer une gamme ayant à la fois de la profondeur et de l'ampleur. Les clients peuvent donc trouver facilement ce qu'ils cherchent, quel que soit le produit. Les grands magasins et les hypermarchés utilisent cette stratégie. Ils offrent une plus grande variété que leurs concurrents, parfois à plus bas prix. Les entrepôts qui font de la vente directe font aussi partie de cette catégorie. Comme le montrent ces différents exemples, il existe de nombreuses façons d'appliquer cette stratégie.

Merchandising à gamme limitée

Cette stratégie met l'accent sur la profondeur plutôt que sur la variété. Par exemple, une boulangerie offre un plus grand choix de pains et de viennoiseries qu'un supermarché, car ce sont les seuls produits qu'elle vend.

Cette stratégie est très courante dans le domaine des services, que ceux-ci s'adressent aux professionnels ou aux particuliers. Par exemple, les cabinets d'expertise comptable ne font que de la comptabilité et les cabinets de chiropracteurs ne font que de la chiropraxie. L'innovation est finalement assez rare dans le marketing des services.

Peut-être pouvez-vous combiner plusieurs services complémentaires dans une gamme moins limitée que celle de vos concurrents. Si vous pouvez le faire sans sacrifier la qualité ni la profondeur de l'offre, vous parviendrez à mieux satisfaire les clients.

Après tout, la stratégie de la gamme limitée n'a d'intérêt pour les clients que s'ils y gagnent en termes de qualité et de choix en échange d'un certain manque de commodité. Malheureusement, beaucoup de détaillants ne s'en rendent pas compte et se font évincer lors du lancement de gammes moins limitées. Quel est l'intérêt d'une papeterie ou d'un magasin de chaussures par rapport à un supermarché ? Si vous êtes un petit commerçant, vous devez avoir plusieurs bonnes réponses à cette question ! Réfléchissez à ce qui rendra votre gamme de produits, votre concept et votre emplacement plus intéressants que ceux des grands magasins.

Merchandising combiné

Les consommateurs ont une idée préconçue de ce qui se vend dans un magasin. Aujourd'hui, ils s'attendent à trouver des produits frais dans une épicerie. Pourtant, il y a cinquante ans, les produits frais étaient vendus par des détaillants spécialisés dans cette gamme limitée. Lorsque les épiceries ont commencé à associer des catégories de produits traditionnellement séparées, elles ont appliqué une *stratégie de merchandising combiné*. De même, on trouve désormais un service de restauration rapide dans les stations-service de façon que les voitures et les conducteurs puissent se réapprovisionner en même temps. Ces concepts de merchandising combiné sont aujourd'hui acceptés par tous les consommateurs, mais les nouvelles expérimentations telles que l'installation d'un rayon librairie dans les cafés sont beaucoup moins courantes.

IDÉE LUCRATIVE

Mariages mixtes

Avez-vous pensé à combiner différentes catégories de produits ? Que pensez-vous d'une laverie dans une salle de sports pour que les sportifs puissent faire de l'exercice tout en lavant leur linge ? Ou d'un magasin qui fasse à la fois fleuriste, bijouterie, boutique de cadeaux, carterie, centre d'accès à Internet avec emballage des cadeaux et service de livraison ? Avec tous ces services, ce magasin pourrait répondre à tous les besoins en matière de relations personnelles. Vous voyez ? Ce n'est pas difficile de mélanger les genres – essayez !

Le merchandising combiné est un bon moyen d'innover. De nombreuses personnes définissent la créativité comme la recherche de l'inattendu. Les associations d'idées inattendues font donc partie d'un processus créatif. J'espère que vous appliquerez cette stratégie, mais ne l'utilisez pas dans votre propre intérêt. Beaucoup de détaillants ajoutent une nouvelle catégorie de produits à leur stock sans penser aux consommateurs. Ils ont la possibilité de racheter un commerce au bord de la faillite et ils en profitent pour s'agrandir. Or, le merchandising combiné ne fonctionne que lorsqu'on l'aborde du point de vue du consommateur, dans le but d'offrir à celui-ci une combinaison de produits attrayante.

Par exemple, le café combiné au centre d'accès à internet a donné naissance au cybercafé. Les clients peuvent boire un café tout en surfant sur le Net ou en communiquant en temps réel avec d'autres Internautes. Le résultat est souvent plus rentable que la somme des deux éléments, et les clients apprécient cette nouvelle réponse à leurs besoins.

Ambiance

L'ambiance d'un magasin est l'image que celui-ci projette à partir de sa conception et de sa décoration. L'ambiance est intangible – il est difficile de l'évaluer ou même de la définir. Mais on peut la ressentir.
Lorsqu'elle est rassurante, exaltante ou séduisante, elle attire les consommateurs dans le magasin et améliore leur expérience. Vous devez donc y être très attentif.

Certains détaillants font appel à un architecte et à un décorateur pour créer l'ambiance souhaitée dans leur magasin. Ils dépensent des sommes astronomiques en éclairage et en tissu d'ameublement. Parfois, leur approche donne des résultats, mais pas toujours. Le problème est le suivant : la plupart des décorateurs professionnels partagent la même vision de ce que doit être tel ou tel magasin. Par conséquent, si vous faites appel à leurs services, votre magasin ressemblera à tous les autres.

Essayez de trouver vous-même un concept attrayant. Si vous avez envie de créer une ambiance de forêt tropicale, faites appel à des artistes fantaisistes et transformez votre magasin en forêt tropicale !

Si vous êtes un mordu de locomotives à vapeur, utilisez ce thème pour votre magasin de jouets ou votre boutique de prêt-à-porter pour hommes. Faites circuler une maquette de train tout autour du magasin, affichez des posters de locomotives à vapeur et intégrez quelques sifflements de locomotive dans votre musique de fond. Certains clients adoreront, d'autres vous prendront pour un fou, mais personne n'oubliera jamais votre magasin.

Si l'ambiance est un paramètre important, c'est parce que les consommateurs attendent davantage d'un commerce de détail que la simple vente de produits spécifiques. Dans la société de consommation, le shopping est une activité en soi. Des études montrent que moins d'un quart des personnes se rendant dans un centre commercial recherche un article spécifique. Les consommateurs font du shopping pour lutter contre l'ennui et la solitude, pour repousser le moment où ils devront effectuer des tâches ménagères ou être confrontés à des problèmes familiaux, pour satisfaire leurs fantasmes ou tout simplement pour se détendre. À vous de tenir compte de ces différentes motivations lorsque vous réfléchissez à la conception de votre magasin.

Le moyen le plus simple et le plus honnête d'attirer les consommateurs consiste peut-être à les divertir. Tout comme une annonce publicitaire humoristique divertit les consommateurs et attire leur attention suffisamment longtemps pour leur communiquer un message, un magasin peut divertir les clients assez longtemps pour les exposer à ses produits.

Les magasins Disney utilisent cette stratégie efficacement, car les designers du groupe ont une grande expérience du divertissement. Par exemple, des dessins animés sont diffusés sur un grand écran de télévision au fond de chaque magasin. Les consommateurs, attirés par le dessin animé, entrent dans le magasin et passent devant de nombreux produits, parmi lesquels ils sont susceptibles de voir un article dont ils ont envie ou besoin. (Disons envie, car je ne pense pas que quiconque ait besoin d'un produit Disney. Et pourtant, les ventes n'en souffrent pas le moins du monde !)

Stratégies en matière de prix et de qualité

Les commerces de détail occupent généralement une place particulière dans l'échelle des combinaisons possibles en matière de prix et de qualité. Certains magasins sont à l'évidence des boutiques de luxe, spécialisées dans les produits de grande qualité, qui pratiquent des prix élevés. D'autres ont un positionnement moyen et d'autres encore offrent la pire des camelotes à un prix dérisoire. Ainsi, le commerce de détail entretient les distinctions de classe, bien que celles-ci ne soient plus guère visibles dans les autres aspects de la société.

Ces distinctions de classe signifient que les consommateurs se demanderont qui vous êtes si vous ne leur faites pas savoir où vous vous trouvez sur l'échelle des classes. Votre magasin s'adresse-t-il aux classes supérieures, aux classes moyennes ou aux classes inférieures ? Imaginez-vous vos clients en costume-cravate ou en jean et en baskets ? Etc.

Après avoir pris une décision concernant le positionnement de votre magasin, vous pouvez décider d'une stratégie en matière de prix. En général, plus vous avez l'image d'un magasin destiné aux classes supérieures, plus vous pouvez fixer des prix élevés. Mais pour réussir, vous avez tout intérêt à fixer des prix légèrement inférieurs à ce que pourrait laisser penser votre image. Ainsi, les consommateurs auront l'impression de faire une affaire et seront pleinement satisfaits !

Vente au détail

De nombreux détaillants ont une approche passive. Ils disposent les produits sur les rayons et attendent que les clients les prennent et les amènent à la caisse. D'autres sont un peu plus proactifs. Ils ont des vendeurs qui se déplacent dans les allées et demandent aux clients s'ils ont besoin d'aide. Mais il n'y en a pas beaucoup qui utilisent de véritables techniques de ventes.

Des études montrent que moins de 20 % des détaillants font des efforts actifs pour conclure la vente. Même la stratégie la moins active qui consiste à demander aux clients s'ils ont besoin d'aide reste relativement rare. Dans la plupart des cas, personne n'approche les clients.

Cette passivité a sans doute des avantages mais, en général, lorsque quelqu'un entre dans un magasin, c'est dans le but de faire un achat, ce qui en fait un prospect. À mon avis, il est essentiel d'identifier les besoins de ce prospect et d'essayer de les satisfaire. Inutile d'être envahissant – c'est même déconseillé, sinon le prospect risque de ne pas revenir – mais un effort doit être fait dans ce sens. Essayez de savoir ce que le prospect recherche, proposez-lui ce qui vous semble approprié et demandez-lui s'il souhaite acheter tel ou tel article. La dernière partie du processus, qui consiste à parler ouvertement d'achat, est très importante. C'est ce que l'on appelle la *conclusion*, et lorsque vous essayez de conclure la vente, vous augmentez le quota de vente dans tous les cas (pour en savoir plus, reportez-vous au chapitre 17).

DANS LA PRATIQUE

Conclure la vente

Les employés des commerces de détail sont rarement formés pour avoir un comportement de vendeur. Par conséquent, ils ne font aucune tentative pour conclure la vente. Ils aident à peine le client à faire son choix. Ce problème a deux raisons majeures : d'une part, les magasin disposent d'un personnel réduit – grave erreur – et, d'autre part, les gérants de magasins recrutent les vendeurs les moins qualifiés à un salaire le plus pas possible.

Si vous êtes dans le commerce de détail, je vous recommande de faire l'expérience suivante : un jour par semaine, faites appel à des vendeurs supplémentaires et donnez un véritable rôle de vente aux plus expérimentés. (Les gérants peuvent même remplir ce rôle le temps de l'expérience.) Ensuite, comparez vos chiffres d'affaires selon que vous disposez d'un personnel qui se consacre à la vente ou non. Vous découvrirez probablement que vos dépenses supplémentaires ont été largement remboursées par l'augmentation des ventes. Et sur le long terme, vos clients penseront peut-être que votre magasin est plus agréable et qu'il offre un meilleur service. Par conséquent, vous fidéliserez votre clientèle.

Comment stimuler les ventes sur le point de vente ?

Le *point de vente* est l'endroit où le client rencontre le produit. Cette rencontre peut se produire dans les allées d'un magasin, dans un catalogue ou sur un site Internet. Dans tous les cas, les principes de la publicité sur le point de vente s'appliquent. Pour connaître la nature des décisions d'achat, reportez-vous au tableau 16-1.

Tableau 16-1 Nature des décisions d'achat des consommateurs

	Supermarchés % d'achats	*Grands magasins % d'achats*
Achat non planifié	60 %	53 %
Achat de substitution	4 %	3 %
Achat généralement planifié	6 %	18 %
Achat spécifiquement planifié	30 %	26 %

Certains achats sont planifiés en dehors du magasin – 30 % des achats effectués en supermarché et 26 % des achats effectués dans les grands magasins font partie de cette catégorie. Dans ce cas, les consommateurs prennent une décision rationnelle concernant le magasin dans lequel ils vont se rendre pour acheter ce qu'ils veulent. Étant donné qu'ils ont une idée précise de ce qu'ils souhaitent acheter, leurs achats ne sont pas vraiment soumis à l'influence du marketing. Cela dit, si votre gamme de produits, votre emplacement, l'ambiance de votre magasin et votre stratégie en matière de prix sont bien pensés, ils choisiront peut-être votre magasin plutôt que celui de vos concurrents. Une bonne présentation des produits sur le point de vente les aidera, en outre, à trouver facilement et rapidement ce qu'ils cherchent. Par conséquent, même dans le cas d'achats spécifiquement planifiés, vous pouvez exercer une certaine influence.

De plus (et c'est là la véritable bonne nouvelle pour les marketeurs), vous pouvez exercer une influence beaucoup plus importante sur la majorité des achats. Toutes les statistiques (le tableau 16-1 et les études selon lesquelles les trois quarts des consommateurs se rendant dans un centre commercial ne cherchent rien de particulier) permettent de tirer la conclusion suivante :

Les consommateurs sont remarquablement indécis et influençables !

Le taux d'achats non planifiés dans les commerces de détail est tout simplement incroyable. Qu'est-il advenu de la vénérable liste de courses ? Comment les consommateurs font-ils pour ne pas être à découvert avec tous ces achats impulsifs ? Et pourquoi errent-ils sans but dans les magasins – n'ont-ils pas un emploi, une famille ou un hobby qui les occupe ? De toute évidence, non.

Je n'essaie pas de comprendre notre société de consommation. Je me contente de la décrire. Et si je ne peux expliquer pourquoi le consommateur moderne déambule comme un zombie la plupart du temps, je peux vous dire que ce comportement rend le marketing sur le point de vente absolument crucial pour le marketeur. Que vous soyez détaillant, grossiste ou producteur, vous devez savoir que, dans la plupart des cas, le consommateur prend une décision impulsive – qu'il achète ou n'achète pas votre produit. Vous devez donc faire le maximum pour orienter cette décision en votre faveur sur le point de vente. Sinon, la vente sera conclue par un concurrent qui aura eu davantage d'influence que vous.

La chasse et la cueillette : ancêtres du shopping

J'ai une théorie qui explique pourquoi le consommateur est si influençable sur le point de vente. J'ai constaté que, pendant la plus grande partie de leur histoire, les êtres humains ont vécu de la chasse et de la cueillette dans leur environnement naturel. Voici ce qui se passait : l'homme se levait quand il en avait envie, prenait un bon petit-déjeuner sur les restes de la veille, se reposait un peu pour digérer et disait : « Eh, il faudrait que j'aille chercher quelque chose à manger. » Alors la femme et les petits prenaient leurs bâtons et leurs sacs, l'homme retournait se coucher et les fils aînés sortaient sur la pointe des pieds avec leurs arcs et leurs flèches ou leurs lances pour partir à la chasse.

La plupart du temps, les chasseurs suivaient les traces des animaux pendant plusieurs heures, puis ils avaient chaud et soif et rentraient au campement. De temps à autre, bien sûr, ils avaient la chance de tomber sur une antilope et rentraient avec un grande quantité de viande fraîche à rôtir au-dessus du feu

Pendant ce temps-là, les femmes et les enfants remplissaient leurs sacs de tout ce qui semblait mûr et appétissant – des baies ou des fruits frais, des céréales à mettre sur la viande, des racines et des tubercules et, occasionnellement, des oiseaux ou des œufs de tortue.

À l'époque, il n'était pas nécessaire de passer à la caisse. À mon avis, le shopping moderne se base encore sur ce comportement instinctif.

Ce comportement n'était pas planifié. Bien sûr, on pouvait garder un œil sur les baies et projeter d'aller les cueillir au moment où elles seraient mûres. Mais ce type de planification était minoritaire. La plupart du temps, il fallait être un bon opportuniste, et se fier à son intuition, à ses yeux et à son flair. Ce n'est qu'une fois de retour au campement que le clan examinait le résultat de la chasse et de la cueillette, et décidait de ce qu'il allait manger.

Les chiffres sur le comportement des consommateurs ne concernent pas les ménages qui ont un budget restreint mais s'appliquent tout à fait aux nostalgiques de la chasse et de la cueillette. Je vous conseille de prendre toutes vos décisions en matière de conditionnement du produit, design du magasin et présentation du produit sur le point de vente avec cette image de chasseur et de cueilleur à l'esprit. Faites appel à l'instinct qui pousse les consommateurs à flairer le bon endroit et attirez ceux-ci vers les fruits mûrs qu'ils mettront dans leur sac. Rendez la chasse intéressante en ajoutant quelques défis à relever, mais faites en sorte que le jeu soit facile à gagner et que les clients trouvent une grande quantité de produits à ramener à la maison. Placez vos produits à la hauteur des yeux, dans un endroit facilement accessible (les consommateurs d'aujourd'hui n'ont plus de bâton), et conditionnez-les de façon à ce qu'ils semblent mûrs et attrayants.

Oh, et encore une chose. N'oubliez pas que certains consommateurs sont des chasseurs dans l'âme, davantage que des cueilleurs. Ils prennent plaisir à chercher longuement et obstinément un article bien précis. Ils traquent cet article de magasin en magasin, si bien que leurs achats apparaissent dans les études dans la catégorie des achats planifiés. Pourtant, ils achètent rarement le produit la première fois qu'ils le voient, car ils veulent attendre le bon moment pour tuer leur proie. Pour satisfaire ces chasseurs, évitez-leur les achats routiniers. Cachez les produits pour qu'ils puissent les découvrir et offrez-leur des offres spéciales (réduction ou lots de plusieurs produits). Ainsi, ils auront l'impression d'avoir trouvé une proie qu'ils ne peuvent pas rater.

Publicité sur le lieu de vente (PLV)

Pour reprendre la métaphore de la chasse et de la cueillette, vous pouvez augmenter les ventes en élaborant des versions modernes des buissons et des arbres dans lesquels les consommateurs viennent cueillir vos produits. La publicité au sol a beaucoup d'impact mais prend beaucoup d'espace et s'avère peu pratique dans les commerces de détail. Les affiches disposées en rayon ou sur le comptoir n'ont pas autant d'impact mais sont davantage utilisées dans les magasins. Tout matériel promotionnel original et inhabituel est susceptible d'augmenter la fréquentation du magasin et les ventes, notamment celles du produit visé par l'action promotionnelle. Des affiches intéressantes créent une bonne ambiance dans le magasin ou ont valeur de divertissement.

Souvenez-vous que la créativité est l'une des clés du succès d'un commerce de détail. Prenons un exemple de publicité sur le lieu de vente (PLV), dont l'originalité est incontestable.

DANS LA PRATIQUE

Lors du lancement de la nouvelle formule du sirop pour la toux Vicks, Procter & Gamble a utilisé un matériel promotionnel sur le point de vente qui se composait de deux bouteilles transparentes fixées dans un cadre rotatif. Chaque bouteille contenait un sirop rouge – le sirop Vicks pour l'une et un sirop concurrent pour l'autre. Lorsque les clients faisaient tourner le cadre pour renverser les bouteilles, ils pouvaient voir que le sirop Vicks adhérait aux parois de la bouteille tandis que le sirop concurrent retombait directement au fond. L'objectif consistait à prouver que le sirop Vicks restait plus longtemps dans la gorge. Cette PLV interactive m'a plu, car elle implique les consommateurs et montre l'exclusivité de l'offre (ce qui distingue le produit de ses concurrents). Comme toute bonne annonce publicitaire, elle attire l'attention, implique les consommateurs et transmet un message unique et pertinent concernant le produit.

Pour être efficace, la PLV doit remplir les trois fonctions suivantes :

- **Attirer l'attention** : elle doit reposer sur un concept nouveau, divertissant ou mystérieux pour attirer les consommateurs dans le magasin.

- **Impliquer les consommateurs** : elle doit donner à réfléchir ou faire faire quelque chose aux consommateurs pour leur donner un rôle à jouer.
- **Vendre le produit** : elle doit dire aux personnes qui la regardent ce que le produit a de si intéressant. Elle doit mettre en valeur l'offre exclusive et le positionnement du produit. Il ne suffit pas de montrer le produit. Il faut le vendre, sinon les détaillants ne trouveront aucun intérêt à votre PLV. D'ailleurs, les détaillants peuvent montrer les produits sans l'aide des marketeurs. Ils attendent donc de la PLV qu'elle joue un rôle actif dans la vente du produit.

Vous avez sans doute remarqué que je crains toujours que les détaillants n'utilisent pas la PLV, et pour cause ! Environ 50 à 60 % des PLV ne sont jamais disposées en magasin. Si, en tant que marketeur, vous essayez de diffuser votre PLV dans les commerces de détail, vous allez être confronté à de nombreuses difficultés. D'après les statistiques, votre PLV doit être deux fois plus intéressante que les autres, sans quoi elle ira directement à la poubelle.

Quelques informations sur la PLV

Maintenant que vous connaissez les principes de la PLV, voici quelques informations qui vous aideront à élaborer et à mettre en œuvre votre propre programme de PLV :

1. **Qui se charge de la conception et du financement de la PLV – les marketeurs ou les détaillants ?**

   Dans certains cas, les marketeurs se chargent de la conception de la PLV et l'offre aux détaillants dans le cadre de leur plan marketing. Mais les détaillants peuvent aussi élaborer leur propre PLV. Des études montrent que la moitié de la PLV est achetée directement par les détaillants et l'autre moitié par les marketeurs, qui offrent ensuite leur matériel aux détaillants.

2. **Quel genre de PLV les marketeurs utilisent-ils ?**

   Des études révèlent que les dépenses consacrées à la PLV concernent essentiellement le matériel promotionnel permanent (ce sont généralement les détaillants qui font ce genre d'achats). Ensuite, viennent les affiches et les supports disposés en magasin. Et enfin, le matériel temporaire. Pourtant, la plupart des marketeurs pensent d'abord au matériel temporaire lorsqu'ils définissent leur PLV. Peut-être doivent-ils reconsidérer leur approche et revoir leurs programmes pour mettre l'accent sur le matériel promotionnel permanent, comme le font les détaillants.

3. Quel est l'impact de la PLV sur les ventes ?

Quel est le pourcentage d'augmentation des ventes attribuable à la PLV ? Vous devez calculer ce pourcentage en comparant les ventes sans et avec PLV pour connaître votre retour sur investissements. Tout d'abord, je peux vous dire que ce sont généralement les achats renouvelés et routiniers qui constituent la plus grande partie de l'augmentation des ventes. Les nouveaux produits y prennent également une part importante, si la PLV informe bien les consommateurs des avantages qu'ils présentent. Voici en outre quelques chiffres, indiqués dans le tableau 16-2.

Tableau 16-2 Augmentation des ventes

Produits concernés par la PLV	*Pourcentage d'augmentation*
Films/photos	48
Chaussettes/lingerie/collants	29
Liquide vaisselle	22
Gâteaux et biscuits	18
Cassettes vidéo	12
Beurre/margarine	6
Aliments pour animaux	6
Papeterie	5
Gâteaux apéritifs	4
Sauces de salade	3

4. Quel pourcentage de votre budget marketing devez-vous consacrer à la PLV ?

C'est difficile à dire, car chaque plan marketing doit être conçu en fonction des circonstances. Cela dit, en général, la PLV se situe au troisième rang parmi les autres supports publicitaires, ce qui m'a beaucoup étonné (la télévision est au premier rang, suivie des annonces imprimées et de la PLV). Autrement dit, la PLV est un support beaucoup plus important que le pensent la plupart des marketeurs. En réalité, les dépenses sont largement réparties entre les détaillants, les distributeurs, les grossistes et les producteurs, si bien que la PLV n'attire pas autant l'attention que les autres médias. Essayez d'identifier qui, dans votre circuit de distribution, influence les ventes grâce à la PLV et élaborez une stratégie intégrée qui vous permettra de travailler plus efficacement à partir de ce support discret.

Chapitre 17

La vente et le service

Dans ce chapitre :

- Évaluer l'intérêt de la vente directe au consommateur
- Tester votre aptitude à la vente pour connaître ou améliorer vos performances
- Gérer le processus de vente et de service
- Constituer une force de vente
- Rémunérer la force de vente

Chez Black & Decker, la vente et le service aux distributeurs et aux principaux détaillants sont aussi importants que les produits. Peut-être même plus. D'après Bruce Cazenave, vice-président de Black & Decker, les intermédiaires – tous ces distributeurs et détaillants qui revendent les produits au consommateur final – ont trois exigences essentielles :

- Support livraison
- Support vente
- Service clients

Si la société remplit efficacement ces trois fonctions, elle retiendra ses intermédiaires et renforcera ses ventes à travers eux. Sinon, elle risque de perdre ses intermédiaires et, au bout du compte, tous les consommateurs que ceux-ci lui permettent d'atteindre. La vente et le service, notamment l'aspect « service » de la vente, sont essentiels au succès de Black & Decker.

Black & Decker, comme beaucoup d'autres sociétés, mise donc sur l'entretien de relations personnelles étroites par le biais d'un service et d'un support irréprochables. En tant que marketeur, vous devez vous aussi baser votre effort de marketing sur la vente et le service.

Pour réussir, vous devez être performant dans le domaine de la vente – ou recruter de bons vendeurs. Dans ce chapitre, vous trouverez un test destiné à évaluer votre aptitude à la vente. Vous apprendrez ensuite à gérer et à améliorer votre processus de vente, à vous constituer une force de vente, à recruter des représentants de commerce, et à élaborer un bon programme de rémunération pour motiver vos vendeurs.

Toutes ces tâches sont difficiles et périlleuses, mais si vous les accomplissez efficacement, vous ne le regretterez pas. Avec une bonne présentation, une force de vente bien organisée et bien gérée peut vendre le diable ! Je vous recommande donc de lire attentivement ce chapitre.

La vente directe au consommateur

Parfois, la *vente directe au consommateur* est essentielle au processus de marketing. Dans ce cas, la vente doit être l'axe principal du plan marketing. La publicité, le publipostage, le télémarketing, la sponsorisation et les relations publiques doivent passer au second plan. Lorsque la vente joue un rôle important, elle constitue le principal point d'influence vis-à-vis des consommateurs.

DANS LA PRATIQUE

Priorité à la vente

L'importance de la vente directe m'est apparue lorsque j'ai été invité à rejoindre le personnel de Consolidated Freightways (CF), une grande société américaine fournissant un service interentreprises de transport et de logistique. À l'époque, cette société devait faire face à une concurrence accrue mais bénéficiait en même temps de nouvelles opportunités. La direction a donc décidé d'entrer dans le monde du marketing moderne et m'a demandé de l'aider à créer un nouveau service du marketing dans le cadre de cette initiative. Nous nous sommes donc lancés dans la modernisation du marketing de CF en réalisant des études dans toutes les filiales, en concevant des campagnes publicitaires agressives, en créant des programmes de télémarketing et de publipostage élaborés, en lançant de nouveaux produits, etc.

Mais au bout d'un moment, j'ai constaté que toutes ces nouvelles activités ne changeaient pas grand-chose. Nous n'avions pas changé le comportement des clients, qui dépendait en grande partie des relations avec les vendeurs. En effet, les clients préféraient CF à la concurrence en raison de leurs bons contacts avec les vendeurs. Ils ignoraient les autres maillons du marketing. Et ils le faisaient pour de très bonnes raisons qui ne dépendaient pas de nous. Par exemple, lorsqu'ils avaient un problème, ils contactaient le vendeur à qui ils avaient acheté le produit. La relation client-vendeur était donc extrêmement importante et tout le reste du plan marketing devait être axé autour de cette relation.

Si vous avez lu l'encadré « Priorité à la vente », vous avez pu voir que la vente directe est incontournable pour Consolidated Freightways (CF), société américaine de transport et de logistique. Pourquoi ? Je crois connaître la réponse :

- Tout d'abord, les clients qui font appel à un transporteur ont généralement des besoins particuliers et complexes. Chaque entreprise est différente et le transport de matières premières ou de produits finis est indispensable au succès des opérations de toute entreprise. Étant donné les besoins uniques de chaque client, un processus de résolution de problèmes et de négociation en tête à tête est incontournable.
- Ensuite, les clients ont des besoins quotidiens en matière de transport et, par conséquent, souhaitent avoir une relation personnelle avec un employé capable de gérer un problème urgent ou de répondre à une requête particulière.
- Enfin, les clients de CF représentent de gros contrats et peuvent donc intéresser la concurrence. Si CF n'avait pas donné la priorité à la vente directe au consommateur, ses concurrents lui auraient pris ses clients – quel que soit le nombre d'annonces publicitaires de CF que ceux-ci auraient pu voir dans les magazines !

Votre société a peut-être le même profil. Dans ce cas, axez votre plan marketing autour de la vente directe et du service.

Pour évaluer l'intérêt de la vente directe pour votre société, il vous suffit de tailler votre crayon et d'effectuer un test rapide. Le test suivant se compose de sept questions. Si vous répondez « oui » à au moins quatre de ces questions, la vente directe doit être au centre de votre plan marketing. Cela signifie que *vous devez être particulièrement attentif au recrutement, à l'organisation, au support et à la motivation de la force de vente. La performance des vendeurs sera décisive dans le succès ou l'échec de votre marketing.*

La vente directe est-elle essentielle à votre plan marketing ?

❐ Oui ❐ Non Nos clients font beaucoup de petits achats et/ou quelques grands achats par an.

❐ Oui ❐ Non Nos clients ont généralement besoin d'aide concernant le produit le plus approprié ou le fonctionnement du produit.

❐ Oui ❐ Non Nos clients ont des exigences particulières concernant nos produits/services.

❐ Oui ❐ Non Nos produits/services jouent un rôle important dans le processus industriel de nos clients.

❐ Oui ❐ Non Nos clients ont l'habitude de travailler avec les vendeurs et exigent une attention et une assistance personnelles.

❐ Oui ❐ Non Nos concurrents rendent régulièrement visite à nos clients et/ou prospects.

❐ Oui ❐ Non Nous devons fournir un service personnalisé pour fidéliser notre clientèle.

Fidéliser les clients par le service

Lors de mon expérience avec CF, j'ai aussi compris que la vente et le service sont indissociables. Si la vente directe est un élément important de votre plan marketing – comme de nombreuses sociétés spécialisées dans la vente interentreprises et certains marchés de consommation – le service clients est, de fait, essentiel au processus. Pourquoi ? Parce que c'est la vente directe qui attire de nouveaux clients et c'est le service clients qui les fidélise. Si vous ne savez pas fidéliser vos clients, vous finirez pas les perdre.

Si votre clientèle diminue à raison de, disons, plus de 10 % par an (taux d'attrition), vous avez probablement un problème de service. Comparez la liste de vos clients sur deux années consécutives – demandez à vos vendeurs (si vous en avez) de rassembler ces chiffres si vous ne pouvez pas le faire facilement à partir de votre base de données ou de vos factures.

Note : certaines sociétés comptent parmi les clients perdus ceux dont les factures ont diminué de plus de la moitié et pas uniquement ceux qui ne passent plus aucune commande.

Pour connaître votre taux d'attrition, procédez de la manière suivante :

1. **Comparez la liste de vos clients de l'année dernière à celle de cette année pour savoir combien de clients vous avez perdu pendant l'année.**

   Ne tenez pas compte des nouveaux clients.

2. **Comptez le nombre de clients sur votre liste de l'année dernière.**

   Ce chiffre correspond à votre clientèle de base.

3. **Divisez le nombre de clients perdus (étape n° 1) par le nombre de clients de l'année dernière (étape n° 2) pour obtenir votre taux d'attrition.**

Par exemple, si vous avez commencé l'année avec 1 500 clients et si vous en avez perdu 250, votre taux d'attrition est de 250/1 500 soit près de 17 %. Dans ce cas, vous êtes au-delà des 10 % et vous avez tout intérêt à revoir votre service clients !

Avez-vous la vente dans la peau ?

Certaines personnes sont nées pour vendre, tandis que d'autres sont vouées à l'échec. Et le reste de la population se débrouille tant bien que mal en essayant d'améliorer ses aptitudes à la vente. Pour la plupart, nous ne sommes ni des cracks, ni des incapables. Nous nous situons quelque part entre les deux – nous pouvons être très performants, mais nous ne le sommes pas naturellement.

De nombreuses sociétés testent l'aptitude à la vente lors du processus de recrutement. Les tests actuellement disponibles sont horriblement subjectifs et la plupart sont très mal écrits (je ne vous en recommande aucun). Des programmes de formation ont été conçus pour évaluer l'aptitude à la vente et identifier les aspects nécessitant une amélioration. Malgré ces tests et ces formations, les sociétés semblent continuer à recruter les mauvaises personnes, le taux de renouvellement de la force de vente étant de 70 % par an, selon certaines études. Or, plus la rotation du personnel de vente est importante, plus le taux d'attrition est élevé. Vous devez donc trouver de bons vendeurs et les garder.

Je ne peux recommander aucun outil de sélection sans émettre de réserves, mais je pense que l'évaluation de l'aptitude à la vente est indispensable. Je vous rappelle donc la règle suivante : « On n'est jamais aussi bien servi que par soi-même. »

Vous trouverez ci-après un *test d'aptitude à la vente* que j'ai conçu moi-même. Prenez quelques minutes pour répondre aux questions et calculez vos résultats. Vous obtiendrez quelques informations utiles concernant votre aptitude actuelle à la vente et les aspects à travailler pour améliorer votre score à l'avenir.

ATTENTION !

Si vous utilisez ce test dans le cadre d'une procédure de recrutement, sachez qu'il ne garantit pas automatiquement le succès – votre management et le reste de votre plan marketing jouent un rôle tout aussi décisif dans les performances de votre employé que l'aptitude à la vente de celui-ci. En revanche, toute personne ayant des résultats médiocres à ce test n'est, sans aucun doute, pas apte à vendre.

Évaluez votre aptitude à la vente

Cochez la case lorsque vous êtes d'accord, sinon laissez un blanc.

1 ❒ J'ai une bonne image de moi la plupart du temps.

2 ❒ J'ai généralement le bon mot au bon moment.

3 ❒ Les autres recherchent ma compagnie.

4 ❒ Je ne me décourage pas, même après plusieurs échecs.

5 ❒ J'ai de grandes qualités d'écoute.

6 ❒ Je décrypte facilement le langage du corps et l'humeur des autres.

7 ❒ Lorsque je rencontre quelqu'un pour la première fois, je suis chaleureux(se) et enthousiaste.

8 ❒ J'identifie facilement les véritables raisons d'un refus.

9 ❒ Je trouve généralement plusieurs façons de définir un problème et d'en comprendre les causes.

10 ❒ J'incite facilement les autres à parler de ce qui les préoccupe ou leur pose problème.

11 ❒ Je connais suffisamment bien le monde de l'entreprise pour aider les autres à résoudre leurs problèmes.

12 ❒ Je suis digne de confiance et efficace, si bien que je peux convaincre rapidement les autres de travailler avec moi dans le cadre d'une véritable collaboration.

13 ❒ Je gère si bien mon temps que j'accomplis toujours les tâches importantes avant la fin de la journée.

14 ❒ Je reste concentré sur les grands objectifs de la société et sur les miens au lieu d'avoir un comportement réactif par rapport aux tâches à effectuer et aux crises.

15 ❒ Je sais équilibrer la nécessité de trouver de nouveaux clients avec celle d'entretenir et de renforcer les relations avec les clients actuels.

16 ❒ Je recherche sans cesse de nouveaux moyens d'être plus efficace et plus productif.

17 ❒ Pour moi, le sentiment d'accomplissement est plus satisfaisant que l'argent.

18 ❒ Mes exigences envers moi-même sont plus élevées que celles que les autres m'imposent.

19 ❒ Peu m'importe le temps qu'il me faut pour accomplir une tâche – je sais que je réussirai au bout du compte.

20 ❒ Je pense mériter le respect et l'admiration des mes clients et de mes collègues.

Résultats

A. Personnalité positive ?

Nombre de cases cochées pour les questions 1 à 4 : ____

(Moins de 3 = attitude personnelle, résistance émotionnelle et confiance en soi à améliorer.)

B. Qualités relationnelles ?

Nombre de cases cochées pour les questions 5 à 8 : ____

(Moins de 3 = communication et qualités d'écoute à améliorer, notamment votre aptitude à contrôler vos propres messages non verbaux et à décrypter le langage corporel des autres.)

C. Aptitude à trouver des solutions ?

Nombre de cases cochées pour les questions 9 à 12 : ____

(Moins de 3 = identification des problèmes, résolution créative des problèmes et qualités de négociation en commun à améliorer.)

D. Autogestion ?

Nombre de cases cochées pour les questions 13 à 16 : ____

(Moins de 3 = organisation, sens de la stratégie et concentration à améliorer.)

E. Motivation personnelle ?

Nombre de cases cochées pour les questions 17 à 20 : ____

(Moins de 3 = nécessité de renforcer votre motivation personnelle et d'apprendre à trouver une certaine satisfaction dans l'accomplissement d'une tâche et la réalisation d'un objectif.)

F. Aptitude globale à la vente ?

Nombre de cases cochées pour l'ensemble des questions (1 à 20) : ____

Nombre total de cases cochées	*Résultat*
0 à 5	Échec garanti.
6 à 9	Faible aptitude à la vente. Succès improbable.
10 à 12	Faible aptitude à la vente. Avec du travail, les performances peuvent peut-être s'améliorer.
13 à 15	Aptitude moyenne à la vente. Amélioration possible.
16 à 18	Bonne aptitude à la vente. Amélioration possible.
19 à 20	Succès garanti. Champion potentiel.

Si vous avez coché au minimum 13 cases, vous êtes apte à la vente, mais vous pouvez améliorer vos performances. Tant que vous êtes au-dessous de 19 ou 20, vous avez des points faibles sur lesquels vous devez travailler pour augmenter vos chances de succès.

Conclure la vente

La vente est un long processus. Pour mieux l'appréhender, vous pouvez le diviser en plusieurs étapes. Concentrez-vous sur une étape à la fois pour élaborer votre programme ou améliorer votre efficacité. Comme dans tout processus complexe, il existe probablement un maillon faible. Essayez d'identifier l'étape qui fonctionne le moins bien et consacrez tous vos efforts à son amélioration.

La figure 17-1 illustre le processus de vente et de service. Notez que les étapes ne se suivent pas automatiquement du début à la fin. Vous pouvez être contraint de revenir en arrière si les choses se passent mal. Mais idéalement, vous ne perdez jamais vos clients – ceux-ci redeviennent des clients potentiels et un nouvel effort est effectué pour les remettre dans le circuit.

J'utilise le processus de la figure 17-1 pour mes séances de formation pratique. Celui-ci est donc très différent de ceux que l'on peut trouver dans les ouvrages théoriques. Lorsque vous concluez une vente et remplissez un bon de commande, ce n'est pas le moment de vous reposer sur vos lauriers. Vos concurrents n'arrêteront pas, quant à eux, d'essayer de récupérer vos clients ! Vous devez donc considérer la vente comme le début du processus de création d'une relation. Après la conclusion d'une vente, continuez à rendre visite à votre client, à lui présenter des produits et à lui apporter un service.

En outre, vous devez *anticiper les problèmes*. Il y a toujours un problème qui surgit à un moment ou à un autre – le client est contrarié, déçu voire en colère. Faites-moi confiance – cela arrivera forcément, même si votre société est très performante.

Par conséquent, le processus de vente doit comprendre une étape de *service après-vente*. Vous devez vous donner les moyens de détecter les problèmes grâce à une bonne communication avec le client. Celui-ci doit savoir qui contacter en cas de problème.

IDÉE LUCRATIVE

Vos vendeurs sont-ils à même de résoudre un problème ? S'ils sont surchargés de visites, ils n'ont pas le temps de régler les problèmes. Vous avez donc tout intérêt à leur permettre de consacrer l'équivalent d'une visite sur dix au service après-vente. Avec le temps, vous pourrez passer à une visite sur vingt. N'oubliez pas que les vendeurs ont besoin d'autres ressources que le temps pour résoudre les problèmes des clients et rétablir de bonnes relations avec eux. Donnez-leur la liberté d'effectuer des dépenses pour satisfaire à nouveau les clients après une déception. Les clients les plus fidèles sont ceux dont les problèmes ont été gérés et résolus de façon juste et généreuse. Alors n'hésitez pas à investir dans le service après-vente !

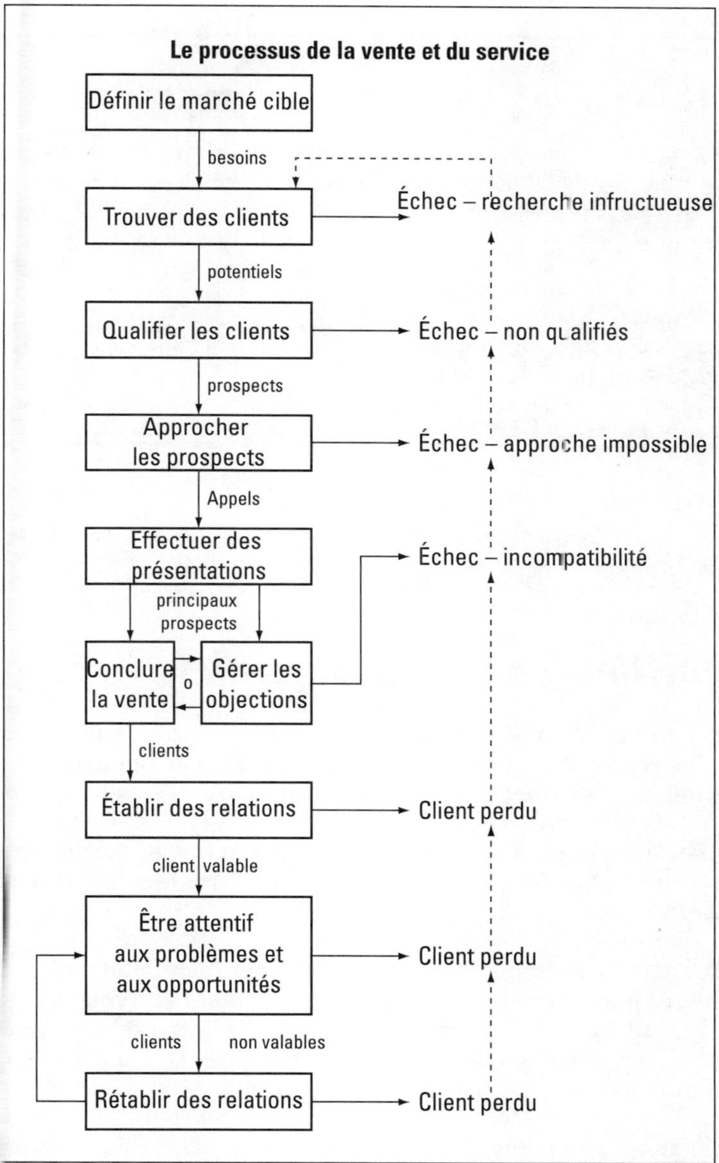

Figure 17-1 : Cet organigramme illustre le véritable processus de la vente et du service – essayez-le !

Voyons ensemble d'autres étapes essentielles du processus de vente et de service. Dans de nombreuses sociétés, l'identification et la qualification des clients potentiels sont les étapes les plus importantes, car la loi de la qualité de sortie égale à la qualité d'entrée s'applique à ce processus comme à tous les autres.

Une carte pour toutes les occasions

Pour fidéliser les clients et identifier les problèmes de façon à pouvoir fournir rapidement un service après-vente efficace, vous ne devez pas négliger la communication.

Certains vendeurs ont découvert qu'une petite note personnelle, écrite à l'intérieur d'une jolie carte, suffit à établir et à entretenir de bonnes relations avec les clients. Vous avez des difficultés à fixer un rendez-vous ? Envoyez à votre prospect un petit mot sur une belle carte. Vous êtes trop occupé pour remercier en personne un client pour sa commande ou vous excuser d'un retard de livraison ? Envoyez une carte signée de votre main. Cette forme de communication est à la fois rapide et personnalisée. Renseignez-vous auprès de votre imprimeur sur les différents types de cartes proposées aux professionnels.

N'alimentez pas votre processus de vente et de service avec des clients mal ciblés. Nourrissez-le de clients potentiels de qualité.

Identifier les clients potentiels

Pour identifier vos clients potentiels, procédez comme suit : consultez les listes de clients (consommateurs ou entreprises) disponibles et sélectionnez ceux qui correspondent au profil ciblé.

Ensuite, faites appel à une société de télémarketing et chargez-la de contacter chacun de vos clients potentiels, d'identifier le responsable et de réaliser une brève enquête dans le secteur.

Enfin, analysez les réponses de l'enquête pour identifier les clients potentiels intéressés par le genre de services ou de produits que vous fournissez. Ces clients potentiels, désormais qualifiés par les télémarketeurs, peuvent être confiés aux vendeurs, qui n'auront plus qu'à fixer un rendez-vous avec les responsables.

Je dois dire, néanmoins, que le système utilisé par la plupart des sociétés pour identifier et qualifier les clients potentiels me semble inadéquat. En effet, les télémarketeurs utilisent des questions types pour qualifier les clients potentiels, car ceux-ci répondent plus volontiers à une enquête qu'ils ne parlent à un vendeur. Mais cette pratique est irrégulière, car elle utilise la recherche à des fins commerciales. De plus, certaines personnes sont irritées par ce genre d'enquêtes et refusent ensuite de participer à des recherches en marketing légitimes.

Je vous conseille donc d'utiliser le processus de sélection en trois étapes que j'ai décrit précédemment pour identifier vos clients potentiels. Mais, lors de l'étape de la qualification, dites clairement votre objectif. Ne faites pas comme si vous réalisiez simplement une étude. Vous pouvez poser des questions types, à condition qu'elles soient honnêtes, courtes, concises et claires. Dans ce cas, la majorité de vos clients potentiels prendront le temps de vous répondre. Vous pouvez obtenir de bons résultats sans être malhonnête.

Et n'oubliez pas que les télémarketeurs sont les premières personnes de votre société à parler aux responsables de vos clients potentiels. Par conséquent, veillez à ce qu'ils s'expriment correctement et avec courtoisie. Mieux encore, demandez à vos vendeurs de sélectionner et de former vos télémarketeurs afin qu'ils exercent un certain contrôle sur cette première impression.

Oubliez le porte-à-porte

Le représentant de commerce traditionnel entrait dans un immeuble et appuyait sur toutes les sonnettes pour vendre des balais, des encyclopédies, des revêtements extérieurs et autres produits ménagers.

Cette époque est révolue. Le porte-à-porte ne fonctionne plus dans la plupart des pays occidentaux. Quasiment personne n'est à la maison pendant la journée et ceux qui s'y trouvent refusent de laisser entrer un inconnu portant une valise – ou devraient refuser ! Non, cette méthode ne s'utilise plus, du moins dans le cadre de la vente.

Comment appliquer le principe de la vente directe aux particuliers ? L'Encyclopédie Britannica, qui a éliminé sa force de vente traditionnelle il y a plus de dix ans, utilise la publicité et les références. Un suivi est ensuite effectué par télémarketing ou en personne, si nécessaire. Pour supprimer le porte-à-porte à froid, la société a mis l'accent sur l'identification de clients potentiels et utilise beaucoup d'autres éléments du plan marketing dans ce but.

Vous pouvez aussi utiliser une page Web ou une lettre d'information en ligne pour entrer en contact avec vos prospects et générer des demandes de renseignements et des visites. Pour en savoir plus sur l'application de cette méthode, reportez-vous au chapitre 7.

Deux sociétés américaines de cosmétiques ont utilisé une stratégie efficace. Pour entrer en contact avec les particuliers, Avon s'est créé un réseau par l'intermédiaire de contacts personnels et professionnels pour fixer des rendez-vous – généralement après les heures de travail. Cette stratégie lui a permis d'éviter les problèmes de suspicion et de dérangement. Avon a 445 000 vendeurs en Amérique du Nord seulement – preuve que la vente au porte-à-porte peut survivre à condition qu'elle soit effectuée différemment, avec davantage de finesse. Mary Kay utilise le même genre de stratégie, avec succès également. Ses vendeurs font des démonstrations dans les quartiers où ils ont un réseau de contact et vendent ainsi directement au consommateur.

Des présentations efficaces

La présentation est l'étape cruciale au cours de laquelle le vendeur doit convaincre le prospect de devenir client. Seule une bonne présentation peut avoir un grand potentiel de persuasion.

Quelle est la recette du succès ? Toute présentation peut être un succès, à condition que vous vous prépariez bien à cette tâche. Faites plusieurs essais et, surtout, soyez créatif.

DANS LA PRATIQUE

Une approche consultative

Dans un rapport annuel récent, la société de services et de conseil en informatique Wallace décrit son activité de la manière suivante :

> ***Wallace fabrique et distribue toute une gamme de produits et de services destinés à la gestion de l'information pour aider les entreprises à réduire les coûts, à améliorer l'efficacité du traitement de l'information et à accélérer les transactions commerciales.***

Cette société aide aussi ses clients à sous-traiter la distribution, à supprimer les problèmes de stock et à éliminer la paperasserie. Ses atouts : une exécution des commandes et un service clients rapides – de vraies solutions aux vrais problèmes d'entreprise. Les clients sont pleinement satisfaits. Le chiffre d'affaires et les bénéfices de la société ne cessent d'augmenter et l'attrition de la clientèle est faible. Cette approche, qui consiste à offrir un savoir-faire aux clients dans le but de leur simplifier la vie et d'augmenter leurs bénéfices, convient peut-être à votre société – surtout si votre produit peut répondre à beaucoup de besoins et de problèmes. Pensez-y.

Faites une présentation différente pour chaque marché et chaque société. Ne vous sentez pas obligé d'adopter une approche consultative, qui vous conduise à faire des recherches approfondies sur votre client, à identifier les besoins de celui-ci et à lui montrer, des semaines ou des mois plus tard, comment votre produit peut satisfaire ces besoins de façon créative. Bien sûr, cette approche fonctionne dans certains cas (voir encadré « Une approche consultative »).

DANS LA PRATIQUE

Une présentation en 60 secondes

Le président de la société américaine Key Medical, Matt Hession, souhaitait que son équipement médical soit vendu à ses clients par des pharmacies.

Fauteuils roulants, lits d'hôpital et tout le matériel dont les particuliers recevant des soins à la maison pouvaient avoir besoin étaient livrés et montés sur place. Les clients bénéficiaient, en outre, d'une démonstration de l'utilisation du matériel. Mais la société avait des difficultés à entrer en contact avec ses clients potentiels. Hession a donc décidé de faire appel aux pharmacies locales pour la distribution de ses services. Mais il savait que les pharmaciens n'avaient pas beaucoup de temps ni d'argent à consacrer à toute une gamme d'accessoires médicaux.

Il a donc cherché un moyen de faciliter la tâche aux pharmaciens. Leur seul rôle consiste à afficher des informations sur le matériel et les services de Key Medical. Si un client demande des renseignements, ils composent le numéro vert de la société, et celle-ci reprend les choses en main dès ce stade – et verse aux pharmaciens une commission généreuse pour avoir trouvé le client.

Comment Hession a-t-il pu convaincre les pharmaciens, trop occupés pour discuter avec les vendeurs, de collaborer avec Key Medical ? Il a élaboré une présentation qui ne dure qu'une minute. Le vendeur s'adresse à l'employé le plus proche du comptoir, pendant que le pharmacien travaille dans l'arrière-boutique. Et il dit (suffisamment fort pour que le pharmacien entende) : « Je sais que le pharmacien est occupé mais, lorsqu'il aura un moment, j'aimerais lui faire une présentation d'une minute (il défait sa montre pour montrer qu'il parle sérieusement). Et il pourra garder son porte-monnaie dans sa poche. »

Avec cette ouverture, le vendeur éveille l'intérêt du pharmacien, amusé par cette approche originale. Quelques minutes plus tard, il est invité à faire sa présentation d'une minute derrière le comptoir. Il se présente, tient sa montre en main pour chronométrer la présentation, et se lance. La présentation est soigneusement conçue pour montrer au pharmacien qu'il a l'opportunité d'offrir à ses clients un service que ses concurrents ne proposent pas, sans y consacrer beaucoup de temps. Une fois la minute écoulée, la vendeur laisse au pharmacien une copie de « l'accord de partenariat » (qui stipule toutes les modalités concernant les commissions) et s'en va en disant qu'il téléphonera la semaine prochaine pour obtenir une réponse.

Des centaines de pharmacies proposent aujourd'hui les produits de Key Medical grâce à une présentation qui a transformé le porte-à-porte à froid en une présentation chaleureuse en 60 secondes !

Mais, MAIS, elle ne convient peut-être pas à votre société. Peut-être vous est-il difficile de vendre un service valable en plus de votre produit. Vous souhaitez simplement fournir un excellent produit et laisser le client décider de ce qu'il va en faire. Dans ce cas, vos vendeurs ne doivent pas se comporter comme des consultants.

Ou peut-être pourriez résoudre les problèmes de vos clients, mais ceux-ci ne vous en laissent pas le temps. En effet, il faut beaucoup de temps pour qu'un vendeur identifie et règle les problèmes de toute une entreprise. Dans de nombreux marchés, les acheteurs ne souhaitent pas aller aussi loin et l'approche consultative est inappropriée. Dans ce cas, optez pour une *approche clés en main*. Suivez l'exemple de la société américaine Key Medical : une présentation en 60 secondes (voir encadré page précédente). À vous de voir si cette méthode peut s'appliquer dans votre société.

Une approche clés en main peut être tout aussi efficace qu'une approche consultative plus sophistiquée, car tout dépend du contexte. Adaptez votre style de vente aux besoins de vos clients.

Constituer une force de vente

Qui fait quoi, où et quand ? Voilà une question déterminante pour la productivité de la force de vente. Les vendeurs doivent-ils faire partie d'un bureau local, régional ou national ? Doivent-ils rester au bureau pour que le personnel puisse leur apporter un soutien logistique quotidien et que leur patron puisse superviser leurs activités ? Ou bien doivent-ils être libres de faire des déplacements à leur guise – pour optimiser le nombre de visites – et communiquer avec l'entreprise par ordinateur sans passer par leur bureau régional ? Ou encore – dans le cas d'une petite entreprise – le chef d'entreprise doit-il se charger de la vente ou faire appel à des vendeurs sur commission ? Honnêtement, je n'en sais rien. Cette décision dépend du contexte. Mais je peux vous aider à la prendre en vous donnant une idée des options possibles – il en existe plusieurs – et en vous assistant dans l'évaluation de votre propre situation.

Combien de vendeurs vous faut-il ?

Si vous avez déjà une force de vente, vous pouvez évaluer les performances de chaque région pour déterminer si vous devez augmenter ou réduire votre personnel. Certaines régions sont-elles riches en prospects que vos vendeurs ne peuvent pas tous contacter ? Si c'est le cas, décomposez-les en plusieurs zones géographiques et ajoutez des vendeurs. Si l'attrition de la clientèle est élevée, c'est sans doute en raison d'un manque de service et de suivi dans les visites. D'autres régions, au contraire, ont un faible potentiel (pour estimer un potentiel de vente, reportez-vous au chapitre 6). Dans ce cas, vous pouvez les fusionner avec d'autres régions. (De même, le chef d'entreprise d'une petite société peut faire appel à des vendeurs sur commission s'il ne peut pas entrer en contact lui-même avec tous ses prospects en raison de contraintes de temps ou de voyage.)

Vous pouvez aussi opter pour une approche plus systématique – cette approche est conseillée lorsque vous constituez une force de vente pour la première fois. Évaluez votre marché pour savoir combien de visites devront être effectuées en un an. Ce processus, relativement simple, est décrit en détail dans l'encadré intitulé « Combien de vendeurs faut-il pour vendre une ampoule ? ».

Faut-il recruter des vendeurs ou faire appel aux VRP ?

Allez-vous tout faire vous-même ou sous-traiter ? Dans la plupart des secteurs, il existe de nombreuses sociétés qui se chargent de recruter et de gérer des vendeurs à votre place. Ces vendeurs (ou VRP) travaillent généralement pour une commission de 10 à 20 % selon le secteur et la structure des prix. Dans les domaines qui demandent davantage de travail – service clients personnalisé avec approche consultative –, les VRP reçoivent, et méritent, une commission plus élevée.

Si vous travaillez dans une petite société ou si vous avez une petite gamme de produits, je vous recommande de faire appel aux VRP. Ils constituent la meilleure solution si le coût du recrutement de vos propres vendeurs est trop élevé pour votre société. Si votre gamme de produits est restreinte, vous ne pouvez pas réaliser d'*économies d'échelle*. Autrement dit, les vendeurs n'ont pas beaucoup de produits à proposer aux clients et chaque visite génère trop peu de commandes pour que le coût en soit couvert. En général, les VRP gèrent les gammes de produits de plusieurs sociétés à la fois pour avoir un plus grand portefeuille de produits à présenter lors de leurs visites. Le coût de la visite est donc réparti sur davantage de produits, ce qui rend la visite plus rentable aussi bien pour vous que pour l'acheteur. De plus, si vous vendez trop peu de produits, un acheteur débordé ne souhaitera peut-être pas prendre le temps d'écouter la présentation de votre vendeur – le recours aux VRP est donc particulièrement conseillé.

Si vous pouvez justifier le recrutement et la gestion de vos propres vendeurs, n'hésitez pas à le faire ! Vous exercerez davantage de contrôle, vous aurez un meilleur feed-back sur votre marché, et vous découvrirez qu'un vendeur dévoué est deux à dix fois plus efficace qu'un VRP. Pourquoi ? Parce que l'avenir du vendeur dépend du succès de votre produit. En revanche, le VRP ne s'intéresse pas nécessairement à ce qu'il vend, à partir du moment où il parvient à vendre quelque chose. De plus, il a tendance à vendre les produits qui partent le plus facilement, et ce ne sont pas forcément les vôtres !

DÉTAIL TECHNIQUE

Combien de vendeurs faut-il pour vendre une ampoule ?

Un pour la tenir et dix pour la convaincre de tourner ? Je ne suis pas sûr de connaître la réponse à cette question, mais je peux vous aider à déterminer le nombre de vendeurs qu'il vous faut pour vendre votre produit ou votre service. Pour obtenir une réponse personnalisée, procédez de la manière suivante :

1. **Comptez le nombre de clients potentiels que vous avez dans l'ensemble de votre marché.**
2. **Fixez le nombre de clients potentiels auxquels vous souhaitez rendre visite.**
3. **Fixez le nombre de visites que vous voulez effectuer dans l'année pour chaque client en moyenne (par exemple, deux par mois, soit vingt-quatre par an).**
4. **Multipliez le chiffre de l'étape n° 2 par celui de l'étape n° 3.**

   Vous obtenez la totalité des visites à effectuer dans l'année.
5. **Fixez le nombre de visites pouvant être raisonnablement effectuées par un vendeur en une journée.**

   Ce chiffre dépend de la nature de la visite et du temps de trajet entre les clients.
6. **Multipliez le chiffre de l'étape n° 5 par le nombre de jours ouvrables dans l'année.**
7. **Divisez le nombre de visites à effectuer dans l'année (étape n° 4) par le nombre de visites pouvant être effectuées par un vendeur en un an (étape n° 6).**

   Vous obtenez le nombre de vendeurs nécessaire pour effectuer toutes ces visites.

Par exemple, si vous souhaitez faire 10 000 visites l'année prochaine, à raison de 1 000 visites par vendeur et par an, il vous faut une force de vente de 10 personnes pour mener à bien votre plan. Si vous ne disposez que de cinq vendeurs, vous avez tout intérêt à en recruter cinq de plus ou à faire appel à des VRP externes – si vous n'en avez pas les moyens, réduisez vos objectifs de vente de moitié.

Trouvez de bons VRP

Comment trouver de bons VRP ? Malheureusement, probablement pas en consultant l'annuaire téléphonique. Pour quelque obscure raison, les VRP préfèrent qu'on les trouve par le biais d'un réseau de contacts. Peut-être cette stratégie leur évite-t-elle d'être sollicités par des sociétés qui connaissent mal leur rôle ou ne proposent que des produits médiocres. Par conséquent, vous ne pouvez compter que sur le bouche à oreille ou les rencontres dans le cadre de conférences ou de salons professionnels.

Pour ce qui est du bouche à oreille, je vous recommande de vous renseigner auprès de sociétés clientes. Après tout, ce sont à ces sociétés que les VRP vont vendre votre produit. Leur opinion est donc essentielle. Vous pouvez aussi demander des informations à des sociétés non concurrentes qui vendent par l'intermédiaire de VRP. Et si vous avez déjà des VRP, ceux-ci peuvent vous indiquer des sociétés qui couvrent d'autres régions.

En outre, je conseille vivement d'établir des relations avec les VRP dans les salons de votre secteur. De nombreux VRP ont un stand, où ils présentent leurs produits. Vous en trouverez facilement en vous promenant dans les allées ou en vous renseignant à l'accueil.

Gérez vos VPR avec une main de fer !

Une fois que vous avez trouvé de bons VRP, votre tâche ne fait que commencer. Vous devez absolument contrôler leur activité de façon régulière. En général, 10 à 15 % des VRP vendent quasiment tous vos produits. Votre objectif est d'en informer les autres pour qu'ils rattrapent leur retard. Et s'ils ne le font pas rapidement, remplacez-les. Avec un contrôle étroit et régulier, les chiffres peuvent passer de 10 à 75 % ou plus, ce qui correspond au moins au seuil de l'échelle des performances d'une force de vente interne.

Vendeurs intérimaires

Pourquoi ne pas faire appel à des vendeurs intérimaires ? Les agences d'intérim fournissent des télémarketeurs intérimaires depuis des années. Ceux-ci effectuent une mission de quelques semaines dans le cadre d'un projet précis, tel que la recherche de clients potentiels pour un nouveau produit.

Les principales agences d'intérim peuvent vous fournir des télémarketeurs expérimentés. Consultez les Pages Jaunes. Vous trouverez probablement une agence de VediorBis, Kelly ou Manpower dans votre quartier.

Les vendeurs intérimaires sont moins courants mais encore plus efficaces. Vous pouvez trouver de véritables pros, qui vous aideront à vous implanter dans de nouvelles zones géographiques, à lancer un nouveau produit ou à rendre visite à tous les clients potentiels que vous avez rencontrés lors de votre dernier salon. Prévoyez des missions d'au moins un mois pour observer une certaine continuité. Envisagez également de mettre les vendeurs intérimaires en équipe avec vos vendeurs internes (si vous en avez) pour faciliter la transition avec les nouveaux clients à l'issue de la mission.

Un bureau virtuel

De nombreux vendeurs ne jurent que par leur ordinateur portable, car celui-ci est devenu un véritable bureau virtuel dans lequel ils ont tous les outils dont ils ont besoin pour travailler efficacement : agenda, bases de données détaillées sur les clients, rapports, correspondance, prévisions et projections, information sur le Web, et accès à la boîte aux lettres électronique du bureau. Avec un portable, vos vendeurs peuvent donc être pleinement informés et très bien organisés partout où ils vont.

Il existe plusieurs logiciels conçus spécialement pour les vendeurs. Je vous recommande ACT! de Symantec, qui, d'après mon expérience, est le plus performant.

Le centre d'affaires remplace le bureau interne

Si vos vendeurs passent leurs journées dans une voiture et travaillent avec un ordinateur portable, ils n'ont pas besoin de venir au bureau le matin avant de partir sur les routes. Alors pourquoi louer un bureau pour eux ?

Les centres d'affaires tiennent lieu de bureau pour les vendeurs qui sont souvent en déplacement. Lorsque ceux-ci ont besoin d'outils dont ils ne disposent pas sur leur ordinateur portable, ils peuvent s'y rendre et avoir accès à tout ce qu'il leur faut.

Des salles de réunion, des espaces de formation vidéo et des salles informatiques sont disponibles pour les projets de grande ampleur. Mais les vendeurs peuvent aussi se rendre dans un centre d'affaires uniquement pour rencontrer d'autres vendeurs. Ils sont libres d'y passer quand ils veulent, sans avoir à faire acte de présence tous les matins. Par conséquent, vous n'avez pas besoin de louer autant d'espace dans un centre d'affaires que vous devriez en louer si chacun de vos vendeurs avait un bureau personnel dans votre société.

Rémunérer la force de vente

La rémunération des vendeurs constitue l'une des décisions les plus importantes du marketing. Elle a un impact évident sur la motivation et les performances des vendeurs. Et bien sûr, les performances des vendeurs ont un impact considérable sur les ventes. C'est une question difficile, car la motivation est un aspect subtil et l'influence de la rémunération n'est pas toujours évidente.

IDÉE LUCRATIVE

Pour attirer des vendeurs compétents, élaborez un programme de rémunération attrayant. Faites une proposition différente de celles de vos concurrents pour que votre offre sorte du lot. Par exemple, imaginez que vous attendiez de vos vendeurs qu'ils aient une approche consultative, axée autour du service et du maintien de relations personnelles sur le long terme. Il vous faut des personnes ayant de la patience et du dévouement, qui recherchent une situation stable et souhaitent s'investir pour le long terme. Par conséquent, offrez des commissions inférieures à celles de vos concurrents mais augmentez le salaire de base. Si vous voulez offrir des primes à la vente, rattachez-les à la fidélisation des clients ou au renouvellement des ventes. Ainsi, votre programme de rémunération se distinguera de ceux de vos concurrents et indiquera clairement le genre de comportement que vous attendez.

Si, au contraire, vous voulez des vendeurs dynamiques et très motivés, offrez des commissions plus importantes que celles de vos concurrents. C'est précisément ce que fait Realty Executives, une agence immobilière americaine. Dans un secteur où les commissions sont traditionnellement réparties entre les agents et la société, Realty Executives offre 100 % des commissions aux agents. Et au lieu d'offrir un salaire de base, elle prélève des droits pour l'utilisation du nom et des bureaux de la société. Cette approche inhabituelle attire les vendeurs les plus performants, qui peuvent gagner plus de 15 000 dollars de plus qu'un agent moyen. En outre, elle élimine les moins performants, qui ont tendance à se reposer sur leur salaire de base.

Chapitre 18

Marketing direct : publicité, télémarketing et publipostage

Dans ce chapitre :

- Découvrir les avantages du marketing direct
- Opter pour la publicité directe
- Utiliser le publipostage
- Utiliser le télémarketing
- Créer un centre d'appels pour assurer un service clients direct
- Obtenir un taux de réponse élevé tout en conservant votre intégrité

La chaîne de télévision américaine Continental Cablevision a 4,5 millions d'abonnés aux États-Unis. Tous ces abonnement ont demandé un gros effort de marketing. Mais combien de clients resteront fidèles à Continental alors que la concurrence arrive sur le marché et leur fait de nouvelles propositions ? Difficile à dire… En tous cas, pour faire face à la concurrence, la société a décidé d'avoir recours massivement au marketing direct (le marketing direct consiste à utiliser différents médias pour communiquer directement avec les clients et établir des relations avec eux au lieu de passer par des intermédiaires tels que les détaillants). Elle a donc recruté un responsable du publipostage pour envoyer des offres spéciales à ses clients et créer une base d'informations sur ceux-ci.

L'initiative de Continental repose en partie sur le programme Inner Circle, destiné aux « clients préférés », qui offre différents avantages et services à ses membres. L'objectif du programme est d'établir des relations avec les clients pour donner à chacun de bonnes raisons de continuer à utiliser Continental et donc accroître sa fidélité. Cette stratégie, qui consiste à offrir aux membres d'un programme des avantages particuliers, permet d'être en relation directe avec eux.

Peut-être votre société a-t-elle une approche indirecte ou impersonnelle du marketing. Dans ce cas, si vous lisez ce chapitre, c'est probablement parce que vous pensez devoir compléter vos efforts par une relation directe,

Utiliser une base données

Tous les adeptes du marketing direct utilisent des bases de données informatisées. Cela dit, l'informatisation n'est pas nécessaire, à moins que vous ayez des milliers de clients. Si vous ne jugez pas utile d'avoir recours à l'informatique, utilisez des fiches bristol. C'est ce qu'ont fait tous les marketeurs pendant des années, avant que l'ordinateur ne fasse le travail à leur place. Voici un tableau indiquant les principaux logiciels de gestion de base de données pouvant être utilisés dans le cadre du marketing direct.

Logiciels de gestion de base de données

Logiciel	***Éditeur***
SQL Server	Microsoft
dBase et Paradox	Borland International
Access	Microsoft
4D/4D First	ACI Inc.
FileMaker	FileMaker, Inc.
Oracle	Oracle Corp.

Si vous ne connaissez pas bien ces logiciels, suivez une formation sur la gestion de base de données dans le cadre du marketing ou consultez les multiples ouvrages de référence de la collection *Pour les Nuls.*

Si vous souhaitez créer ou modifier un système de gestion de base de données, faites la liste des tâches qu'il devra effectuer. Rédigez cette liste sans utiliser de termes techniques. Ne vous occupez pas des fonctions utilisées par le logiciel pour effectuer ces tâches. Les logiciels utilisent différentes techniques de gestion des fichiers clients. Mais tout ce qui vous importe, c'est, par exemple, de connaître la fréquence des achats ou bien d'avoir un historique des achats de chaque client. Certains logiciels permettent d'effectuer ce genre d'analyses, d'autres non. Il faut donc que vous ayez une idée précise des tâches que devra effectuer le logiciel avant de faire votre achat.

Voici les principales tâches devant être effectuées par une base de données de marketing :

- Tri par date d'achat.
- Tri pas fréquence d'achat.
- Tri par montant total des achats sur une période déterminée.
- Gestion fonctionnelle de la base (fusion et croisements).
- Intégration de nouveaux champs (y compris d'informations issues d'autres bases ou de recherche en marketing).
- Requêtes par type de clients (*segmentation* – division de la liste en sous-groupes, *profilage* – description des types de clients en fonction de leurs caractéristiques, *modelage* – développement de modèles statistiques pour anticiper ou expliquer les taux de réponses).
- Tri, mise à jour et correction des données faciles.
- Suivi et analyse des réponses individuelles aux communications pour tester l'efficacité d'une lettre ou d'une annonce.
- Sortie et saisie de profils par les opérateurs de *centres d'appels* (au moins pour les clients désignés comme membres d'un club ou d'un programme de fidélisation). Les centres d'appels sont des bureaux chargés de la gestion des appels téléphoniques passés par les clients – pour en savoir plus sur la création d'un centre d'appels, reportez-vous à la section Télémarketing de ce chapitre.

Cette liste est plus longue que je ne l'imaginais mais, quand on y pense, on attend beaucoup d'une base de données. Alors réfléchissez bien et demandez au fabricant, au distributeur, au consultant ou au programmeur de votre société de vous trouver un logiciel qui corresponde à votre liste des tâches à effectuer. Sinon, vous passerez beaucoup de temps à apprendre ce que votre logiciel ne peut pas faire, et ce n'est pas très amusant !

garante d'une certaine fidélité, basée sur le publipostage, le télémarketing, l'e-mail ou le Web. Vous avez raison. Poursuivez votre lecture. Le marketing direct doit faire partie de votre plan marketing.

Mais peut-être utilisez-vous déjà le marketing direct. De plus en plus de sociétés contournent les circuits de distribution indirects. Cette stratégie efficace est de plus en plus facile à appliquer grâce à l'avènement de nouveaux médias et de nouvelles technologies de gestion de l'information en ligne.

Le marketing direct peut vous permettre d'augmenter considérablement vos taux de réponse. Il se compose de diverses pratiques, dont nous verrons les plus classiques dans ce chapitre : annonces imprimées, courrier et téléphone. N'oubliez pas que ces pratiques traditionnelles peuvent être complétées, voire remplacées, par une campagne de marketing sur Internet (voir chapitre 7).

Souvenez-vous également que l'efficacité d'un programme de marketing direct (ou de vente directe) repose sur la création et la gestion d'une bonne base de données de clients et de prospects. Si vous avez besoin d'aide à ce propos, reportez-vous à l'encadré « Utiliser une base de données ».

Qu'est-ce que le marketing direct ?

Marketing direct. Marketing relationnel. Marketing personnalisé. Marketing interactif. Tout cela revient au même, peu importe le terme que vous utilisez.

Le marketing direct consiste, pour le marketeur, à créer et à gérer lui-même les transactions avec ses clients, à distance, par l'intermédiaire d'un ou plusieurs médias.

Dans une multitude de secteurs, les clients sont trop nombreux et trop éloignés de la société pour que le producteur puisse faire des affaires avec eux directement, et vice versa. Je ne peux pas aller à San Francisco, siège de Levi Strauss & Co., à chaque fois que je veux m'acheter un jean, et Levi Strauss ne peut pas non plus m'envoyer un vendeur avec un camion rempli de jeans. Nous ne pouvons pas traiter de personne à personne. Nous devons passer par un ensemble d'intermédiaires – distributeurs et détaillants. Levi Strauss & Co. envoie des vêtements dans des magasins situés près de chez moi et je me rends dans ces magasins. Les circuits de distribution tels que celui qu'utilise Levi Strauss & Co. constitue une des solutions au problème du nombre et de l'éloignement des clients.

Mais il en existe une autre : le marketing direct, qui évite le recours aux intermédiaires. Le catalogue de vente par correspondance a été le premier outil de marketing à remplacer le magasin. Et aujourd'hui, le marketeur direct est aussi une sorte de détaillant virtuel, capable d'entrer en contact avec ses clients grâce à l'utilisation intelligente de nouveaux médias.

On peut aussi définir le marketing direct comme un système de marketing interactif qui utilise un ou plusieurs supports publicitaires pour produire une réaction mesurable et/ou une transaction à n'importe quelle distance. Cette définition comporte deux autres concepts importants :

- **L'interactivité** : ne vous emballez pas ! Certaines personnes prêchent l'interactivité comme si une interaction avec le client par téléphone, courrier ou Internet constituait une expérience transformationnelle unique. Balivernes ! Bien sûr, pour que vous puissiez conclure la vente, il faut que le client joue un rôle actif. Vous faites quelque chose. Le client fait quelque chose. C'est la base de tout échange marketing. Votre marketing direct doit donc, bien évidemment, créer une interaction entre le client et vous. Sinon, ce n'est pas du marketing. Toutefois, il est difficile de stimuler l'action du client à distance. Le but du marketing direct est donc davantage de favoriser cette action.
- **Réaction mesurable** : cette idée implique que vous gardiez une trace de tout ce que vous faites. Calculer le coût d'une visite à un client potentiel et le résultat de vos efforts est une tâche relativement simple. Le marketing direct se base sur des informations claires concernant ce que vous avez fait et ce qui s'est passé. Une fois que vous avez ces informations, vous pouvez rapidement apprendre de votre expérience. Toute opération de marketing doit être mesurée et contrôlée afin d'en connaître les résultats.

Même si vous n'avez aucune expérience du marketing direct, sachez que la moindre initiative vous fournira suffisamment d'informations pour vous améliorer. Pour devenir efficace, lancez-vous. Familiarisez-vous avec le marketing direct en élaborant un programme modeste pour minimiser les risques. Que vous fassiez partie d'une grande société ou d'une PME, à but lucratif ou non lucratif, que vous soyez détaillant ou grossiste, le principe est le même. Constituez-vous une base de données de clients et utilisez-la pour vous lancer dans le marketing direct.

Plusieurs supports et plusieurs stratégies sont à la disposition du marketeur direct. Vous en trouverez un panorama dans les sections suivantes.

Publicité directe

Pensez-vous que vous avez beaucoup de clients potentiels qui aimeraient acheter votre produit directement mais ne savent pas qu'ils le peuvent ? Ces clients potentiels connaissent-ils au moins votre existence ? Pensent-ils à vous en ce moment ? Si non, vous devez essayer d'entrer en contact avec eux au moyen de la publicité directe – avec des annonces qui incitent les consommateurs à réagir par une demande de renseignements ou un achat. Ce type d'annonces, qui comporte généralement un coupon-réponse, est diffusé dans la presse – journaux et magazines – et sur Internet.

Les personnes qui répondent à la publicité directe s'auto-désignent comme clients potentiels de votre produit. Vous avez deux objectifs les concernant :

- Conclure la vente en les incitant à acheter votre produit.
- Obtenir un maximum d'informations sur eux et intégrer ces informations dans votre base de données pour de futures opérations de marketing direct.

De nombreuses sociétés développent une capacité de marketing direct grâce à ce processus. Elles placent des annonces dans un marché qu'elles espèrent approprié et attendent de voir qui va répondre. Ensuite, elles tentent d'établir des relations sur le long terme avec les personnes qui ont répondu (en leur envoyant des catalogues ou des courriers, par exemple). Avec le temps, ces personnes sont intégrées dans la base de données de marketing direct, les informations les concernant se multiplient et beaucoup d'entre elles deviennent des clients directs réguliers.

La publicité directe n'est pas le seul moyen de stimuler les réponses. Nous verrons dans les sections suivantes que le publipostage et le télémarketing peuvent aboutir aux mêmes résultats (sans parler d'Internet !). En outre, la télévision et la radio peuvent servir de supports à la publicité directe mais demandent une bonne dose d'innovation. En effet, les consommateurs ne sont pas très attentifs à ce qu'ils entendent, surtout à la radio (la radio n'incite pas beaucoup à l'action).

Créer une annonce meilleure que la moyenne

Votre objectif, dans le cadre de la publicité directe, est d'inciter les consommateurs à vous répondre – une tâche difficile à accomplir. Vous devez savoir que la plupart des interactions qui ont lieu entre votre annonce et vos prospects n'aboutissent pas à ce résultat. L'échec est l'aboutissement le plus courant de la publicité directe ! Par conséquent, vous devez simplement minimiser l'échec.

Vous ne me croyez pas ? Regardez plutôt les chiffres :

- Une annonce d'une page dans un magazine génère un taux de réponse de 0,05 à 0,20 % du tirage (le *taux de réponse* est le pourcentage de lecteurs qui répondent à l'annonce en suivant les instructions de celle-ci). Par conséquent, une bonne annonce génère au maximum deux réponses pour mille. Pas terrible, hein ?

- Un courrier personnalisé génère un taux de réponse 0,5 à 5 % de la liste de publipostage. Une bonne lettre obtient donc au mieux 50 réponses pour mille. Mieux, mais toujours pas terrible. (Au fait, le coût pour mille d'une lettre est également plus élevé ; l'opération n'est donc pas nécessairement plus rentable.)
- Un courrier vantant votre produit parmi d'autres, comme un catalogue, génère un taux de réponse beaucoup plus bas. Divisez le chiffre précédent (50 pour mille) par le nombre de produits concurrents et vous obtiendrez une vague idée du taux de réponse maximal (notez qu'un bon emplacement et la tendance des clients à faire plusieurs achats à partir d'un même catalogue peut augmenter ce taux de réponse). Par exemple, si votre produit fait partie d'un catalogue comportant au total 50 produits, le taux de réponse sera de 1 %. Encore décevant.
- Un centre de télémarketing passant des appels téléphoniques à une liste de prospects qualifiés peut s'en sortir un peu mieux. Les chiffres se situent entre 0,75 et 5 % pour un produit de consommation, mais vont jusqu'à 15 % dans le cadre de la vente interentreprises. Cela dit, le taux d'échec est toujours très important et le coût pour mille est généralement plus élevé que celui du publipostage.

Bref, le marketing direct ne fonctionne pas dans la majorité des cas. Du moins, il ne permet pas de trouver facilement le bon client au moment où celui-ci est disponible pour répondre (nous nous plaignons tous de trouver de la publicité dans nos boîtes aux lettres lorsque nous relevons notre courrier et d'être dérangés par des appels de télémarketing), C'est un terrible secret, que les marketeurs ne veulent pas révéler au monde ! Mais il faut que vous le sachiez avant de vous lancer dans un programme de marketing direct. Cela dit, ne désespérez pas, il suffit que vous fassiez mieux que la moyenne.

Soyez créatif et attentif aux détails pour que vos annonces publicitaires soient meilleures que les autres. Si vous obtenez un taux de réponse équivalent ou supérieur à la fourchette haute que nous avons mentionnée précédemment, votre publicité directe sera rentable. Mais si votre taux de réponse équivaut à la fourchette basse, vous aurez des difficultés à dégager des bénéfices.

Les objectifs de la publicité directe

Étant donné le fort taux d'échec, vous ne devez négliger aucun aspect de votre annonce. Celle-ci a beaucoup de tâches à remplir : attirer l'attention, impliquer le consommateur, communiquer un message attrayant et, ainsi, laisser une impression positive concernant votre produit afin de sensibiliser le client potentiel aux autres éléments de votre plan marketing. De plus, il n'existe pas de circuit de distribution. Par conséquent, la publicité directe doit susciter un enthousiasme qui incite le client potentiel à acheter de sa propre initiative et immédiatement.

Comment atteindre tous ces objectifs ? Pour découvrir le secret de la réussite, prenons un exemple de publicité directe efficace. Il s'agit d'une annonce d'une page, parue dans le magazine du Conservatoire national de musique des États-Unis.

Cette annonce se compose d'un texte et d'un dessin à l'encre d'un groupe de personnes dans un salon, dont l'une est en train de s'asseoir au piano pour jouer quelque chose aux autres. Mais l'essentiel de l'annonce se trouve dans le texte, qui commence par un titre en grosses lettres et se poursuit avec l'histoire du protagoniste, racontée à la première personne :

Ils ont ri lorsque je me suis assis au piano
Mais quand j'ai commencé à jouer…

À la stupéfaction de tous mes amis, je m'avançai d'un pas assuré vers le piano et je m'assis.

« Jack va encore nous jouer un tour à sa façon », gloussa quelqu'un.
La foule se mit à rire. Ils étaient tous certains que je ne pouvais pas jouer une seule note.

« Sait-il vraiment jouer ? », murmura une jeune fille à l'oreille d'Arthur.

« Certainement pas !, s'exclama Arthur. Il n'a jamais joué une note de sa vie, mais regardez-le. Nous allons bien rire. »

Je décidai de profiter au maximum de la situation. Avec un faux air de dignité, je sortis un mouchoir en soie pour dépoussiérer légèrement les touches du piano. Puis je me levai pour tourner d'un quart de tour le tabouret, comme je l'avais vu faire par un imitateur de Paderewski dans un vaudeville.

« Que pensez-vous de sa prestation ? », cria une voix du fond du salon.

« Nous sommes conquis ! » répondit quelqu'un, et la foule éclata de rire.

Et je commençai à jouer

Un silence tendu s'abattit immédiatement sur les invités. Le rire s'effaça de leurs lèvres comme par magie.

L'annonce se poursuit avec Arthur, « lui-même pianiste accompli », l'ami du protagoniste, qui se dit que celui-ci doit jouer depuis des années. Mais il se trompe, car le Conservatoire national de musique a « une nouvelle méthode simplifiée, qui permet d'apprendre à jouer de n'importe quel instrument par courrier en seulement quelques mois ». Voilà le message de l'annonce, que la plupart d'entre nous auraient probablement mis en titre. Or, ce message apparaît au milieu de trois colonnes de texte. Mais les lecteurs le reçoivent, en très grand nombre, car l'histoire rend l'annonce agréable à lire et plausible.

Je ne sais pas si Jack a jamais existé, mais l'annonce fonctionne car les lecteurs s'identifient au personnage et s'imaginent ce qu'il ressent. Jack est aussi réel que peut l'être le protagoniste d'une nouvelle. Par conséquent, l'annonce se lit aussi attentivement que s'il s'agissait d'une nouvelle. Elle se termine avec un coupon-réponse et de nombreux lecteurs l'ont rempli et renvoyé pour « une brochure gratuite avec leçon de démonstration » par courrier.

TÊTE PENSANTE

Si le lieu et le langage utilisés sont volontairement désuets, cette annonce comporte tous les ingrédients de la publicité directe, telle qu'elle doit être pratiquée aujourd'hui :

- **Elle plaît aux lecteurs ciblés**. Une bonne histoire, un personnage auquel ils peuvent s'identifier et auquel ils aimeraient ressembler – les ingrédients classiques d'une bonne accroche.
- **Elle véhicule bien le message concernant le produit**. L'annonce doit non seulement éveiller l'intérêt mais aussi conclure la vente. Elle doit donc apporter suffisamment de preuves pour réfuter les principales objections du lecteur. Si les vertus de votre produit sont évidentes, montrez-les avec une photo en gros plan du produit. Sinon, comme dans le cas des services, utilisez des témoignages, une histoire attrayante, des statistiques issues d'un test. Bref, apportez des preuves logiquement ou émotionnellement convaincantes – ou les deux.
- **Elle parle aux lecteurs sur le mode de la conversation**. Le langage est volontairement désuet mais, en même temps, naturel, plausible et facile à lire. Votre annonce doit dégager la même impression d'aisance et de naturel. N'en faites pas trop ! Écrivez bien, polissez, condensez. Cherchez des expressions plus claires et plus percutantes. Mais ne soyez pas empesé ou formel. Vous ne rédigez pas un rapport pour votre patron, vous écrivez une annonce publicitaire.
- **Elle cible les lecteurs potentiels**. Le taux de réponse dépend en grande partie du lectorat de l'annonce. La même annonce, diffusée dans deux magazines différents, peut générer des taux de réponse radicalement opposés. Par conséquent, mieux vous définissez votre cible et plus le lectorat correspond à cette cible, plus votre annonce est efficace.

IDÉE LUCRATIVE

Pour la publicité directe, choisissez des magazines très spécialisés. Ceux-ci offrent un lectorat beaucoup plus riche en clients ciblés que les magazines d'information générale ou les journaux. Si vous ciblez les femmes, faites votre choix dans la presse féminine. Vous augmenterez votre taux de réponse de 50 % dès le départ !

- **Elle facilite la réponse**. Elle se termine sur l'offre d'une brochure gratuite avec leçon de démonstration. Elle ne réclame pas d'argent – seulement le nom et l'adresse des personnes intéressées. L'objectif consiste simplement à générer des prospects qualifiés, qui pourront ensuite se transformer en acheteurs. Pourquoi ? Je suis sûr que les annonceurs étaient aussi impatients que vous d'obtenir de nouveaux clients, mais cela aurait été difficile avec une seule annonce. Pas pour les annonceurs – encaisser des chèques lorsqu'ils arrivent au courrier ne pose aucun problème – mais pour les clients potentiels. Dans ce cas précis, attendre du lecteur qu'il s'engage à suivre des cours de musique sans aucun complément d'information serait irréaliste. L'annonce favorise la prise d'initiative en proposant une étape intermédiaire sans risque.

DANS LA PRATIQUE

Quand la publicité directe marche, elle marche vraiment !

Certaines annonces permettent de conclure la vente sans aucune étape intermédiaire. On trouve encore, dans le *New York Times Sunday Magazine*, une petite annonce très simple, en noir et blanc, pour un chapeau traditionnel australien. L'annonce, diffusée par David Morgan, se compose essentiellement d'une photo du feutre et d'une description donnant des informations sur la qualité, la doublure et la taille. Elle fournit également un numéro de référence et le prix (livraison comprise). Enfin, elle indique que David Morgan propose une large gamme de produits, des « bijoux celtiques » aux « cartes de Grande-Bretagne ». Pour passer une commande, les personnes intéressées disposent d'un numéro vert, d'une adresse postale ou d'une adresse électronique.

J'ai vu cette annonce, toujours la même, dans des dizaines de magazines au cours de ces dernières années. Autrement dit, elle marche. Et marche toujours. Pourquoi ? Eh bien, elle concerne un produit qui a manifestement un marché aux États-Unis. Personnellement, je ne porte pas ce genre de chapeaux, mais ceux qui en portent ont, grâce à cette annonce, un moyen très simple d'en trouver. L'annonce est simple et dépouillée – pas d'histoire, cette fois. Et elle fournit juste assez d'informations sur les autres produits de la société pour donner aux lecteurs l'impression qu'il y a quelque part un magasin recelant des trésors que l'on ne trouve nulle part ailleurs.

Enfin, cette annonce facilite la prise de contact. Trois différentes options sont proposées : le téléphone, le courrier et le courrier électronique. Elle précise que les personnes intéressées peuvent prendre contact pour demander un catalogue et pas uniquement pour commander le chapeau. Deux options de suivi ont donc été prévues. Tout cela avec une petite annonce discrète et peu onéreuse. Peut-être aurais-je dû écrire en titre : la publicité directe ne marche pas très souvent mais, quand elle marche, elle marche vraiment !

Parfois, cette étape intermédiaire n'est pas nécessaire. En cas de doute, créez deux versions de votre annonce – une avec une étape intermédiaire et une qui vise directement la conclusion de la vente. Voyez ensuite laquelle des deux génère le plus de ventes sur le long terme.

Cahners, éditeur américain de revues professionnelles, utilise la publicité directe pour favoriser des demandes de renseignements de la part des annonceurs susceptibles d'acheter un espace publicitaire dans ses magazines. Récemment, l'éditeur a diffusé une annonce de quatre pages, destinée aux personnes influençant les décisions d'achat de médias. La stratégie consistait à donner le choix aux lecteurs. Ceux-ci pouvaient demander plusieurs formules et contacter différentes personnes. Les multiples options leur donnaient la possibilité de prendre une initiative en fonction de leurs préférences.

Publipostage

Le *publipostage* est la forme la plus classique de marketing direct – en réalité, les deux notions étaient synonymes avant qu'apparaissent de nouvelles formes de marketing direct. Le publipostage consiste à envoyer des lettres personnalisées aux clients potentiels. En réalité, ces lettres ne sont ni plus ni moins que des annonces imprimées. Par conséquent, pour créer un courrier publicitaire, appliquez les principes de l'annonce imprimée (voir chapitres 4 et 5).

En réalité, un courrier publicitaire ne correspond pas à une annonce imprimée mais à deux annonces imprimées.

- Le première annonce est celle que la cible voit lorsque le courrier arrive. Il s'agit généralement d'une enveloppe. Cette annonce a un objectif difficile à atteindre : inciter le client potentiel à ouvrir l'enveloppe au lieu de la mettre au recyclage. La plupart des courriers publicitaires finissent à la corbeille sans avoir été lus ni même ouverts ! Ne l'oubliez pas. Par conséquent, votre enveloppe doit (a) sortir du lot en attirant l'attention par sa différence et (b) donner au client potentiel une bonne raison de l'ouvrir (indiquez les avantages offerts, éveillez la curiosité ou, mieux encore, promettez une récompense !).
- La seconde annonce n'intervient que si la première a atteint son objectif. Il s'agit de ce qui se trouve à l'intérieur de l'enveloppe. Son objectif est d'inciter le client potentiel à répondre par une demande de renseignements ou une commande. À cet égard, elle ressemble aux annonces utilisées dans le cadre de la publicité directe. D'ailleurs, les mêmes règles de communication persuasive s'appliquent – ainsi que quelques autres.

Les secrets d'un bon publipostage

Il existe beaucoup de soi-disant formules pour un publipostage réussi, mais aucune ne fonctionne. Du reste, votre courrier ne doit justement correspondre à aucune formule classique. Il doit être créatif dans le texte comme dans l'image. Autrement dit, il doit respecter les principes du marketing créatif et de la communication efficace, énoncés aux chapitres 4 et 5.

Certaines stratégies peuvent vous aider à appliquer ces principes. Nous allons voir ensemble plusieurs approches possibles.

Tout d'abord, une lettre efficace comporte généralement plusieurs éléments, dont chacun joue un rôle bien défini :

- **Appât** : la lettre doit comporter un appât susceptible d'attirer le regard et l'attention du lecteur afin d'inciter celui-ci à la lecture.
- **Argument** : la lettre doit fournir un argument valable – logique ou émotionnel, ou les deux à la fois – concernant l'intérêt de votre offre. Beaucoup de lettres sont axées autour d'une argumentation aussi persuasive que possible, ce qui est une bonne chose.
- **Incitation à l'action** : la lettre se termine sur une incitation à l'action immédiate, une sorte d'hameçon qui conduit le lecteur à vous téléphoner, à demander un échantillon, à participer à un concours, à passer une commande, etc. Dès lors qu'il y a action, la lettre est un succès. Par conséquent, cet hameçon est l'élément le plus important de la lettre et tout doit être conçu de façon à ce que le lecteur y morde.

Certains rédacteurs publicitaires donnent à ces trois éléments fondamentaux les noms suivants : *étoile, chaîne* et *hameçon*. Si vous ne trouvez pas ces trois éléments dans votre lettre, celle-ci ne sera pas efficace :

- **Étoile** : entrée en matière vivante de votre lettre elle attire l'attention et éveille l'intérêt.
- **Chaîne** : cette partie contient votre argument – les avantages de votre produit et ce qu'il peut faire pour faciliter la vie du lecteur.
- **Hameçon** : cette partie conclut votre lettre en incitant le lecteur à prendre une initiative immédiate. Si la lettre ne contient pas de bon de commande, elle doit inciter le lecteur à demander des renseignements.

Ces trois éléments concernent uniquement le texte de votre lettre, mais votre courrier ne se compose sans doute pas uniquement d'une lettre. Pensez à tout ce que vous allez mettre dans l'enveloppe. L'extérieur de l'enveloppe doit, en outre, inciter le destinataire à ouvrir le courrier. Voici quelques types d'enveloppes susceptibles d'atteindre cet objectif :

- **L'enveloppe furtive** : vous déguisez votre lettre de façon à ce qu'elle ressemble à une facture ou à un courrier personnel – ou de sorte qu'elle ne puisse pas être identifiée du tout. Avec un peu de chance, le destinataire l'ouvrira pour savoir ce qu'elle contient.
- **L'enveloppe « avantages »** : vous écrivez un titre, suivi éventuellement d'un petit texte, voire d'une image, pour indiquer au destinataire la nature du courrier et résumer l'intérêt de votre offre. Je préfère cette approche, car elle est honnête et directe – il s'agit de marketing direct, après tout ! De plus, elle présente un avantage non négligeable : les personnes qui ouvrent l'enveloppe se sélectionnent elles-mêmes en fonction de l'intérêt qu'elles portent à votre offre. Mais cette technique ne fonctionne que si vous avez un avantage certain à mettre en avant sur votre enveloppe. Si vous ne pouvez pas écrire « Ouvrez immédiatement pour bénéficier du plus bas prix sur le produit XYZ classé en tête de sa catégorie », elle ne donnera peut-être pas de bons résultats.
- **L'enveloppe « offre spéciale »** : cette enveloppe constitue une accroche attrayante. quelque que soit le type d'offre. Si vous dites aux consommateurs qu'ils peuvent participer à un concours pour gagner des millions d'euros, obtenir des échantillons gratuits ou trouver des bons de réduction à l'intérieur de l'enveloppe, ils auront une bonne raison d'ouvrir celle-ci. Contrairement à la précédente, cette enveloppe ne vend pas le produit – c'est la lettre qui assume ce rôle.
- **L'enveloppe créative** : si votre courrier est original, tout le monde aura envie de le lire pour savoir qui vous êtes et ce que vous proposez. Un courrier volumineux ou d'une couleur inhabituelle, une enveloppe avec des personnages de dessin animé ou une citation intéressante, une enveloppe à fenêtre laissant voir quelque chose d'intriguant à l'intérieur sont autant d'options créatives qui feront la différence dans la boîte aux lettres du destinataire. Cette stratégie est pourtant la moins courante, sans doute parce qu'elle est la plus coûteuse. Mais ne soyez pas avare en la matière. Si vous dépensez 25 % de plus pour doubler ou tripler le taux de réponse, vous permettez à votre société de réaliser de grandes économies tout en ayant dépensé plus sur l'enveloppe !

Qu'ajouter à votre courrier ? En général, une lettre accompagnée d'un prospectus – une simple description de votre produit – a davantage d'impact qu'une lettre seule. Les prospectus ne sont pas efficaces pour tous les produits, mais ils le sont pour les produits et services relativement chers ou complexes. Autrement dit, vous devez les utiliser lorsque l'achat demande un engagement important. Et plus l'engagement est important, plus ils doivent être élaborés, colorés, grands et brillants. À grand article, grand prospectus et à petit article, petit prospectus.

Ajoutez également un formulaire de réponse. Donnez au lecteur la possibilité de prendre contact avec vous de différentes façons. Si possible, permettez-lui de choisir les offres auxquelles il souhaite répondre. En général, les enveloppes pré-affranchies garantissent un taux de réponse plus élevé et justifient donc pleinement leur coût. Ne lésinez pas sur le formulaire car, après tout, cette réponse est l'objectif de votre courrier.

Dernière question : comment envoyer votre courrier ? Allez-vous avoir recours aux services postaux classiques ? Utiliser un service aérien express dans le cadre de la vente interentreprises ? Ou envoyer votre courrier par e-mail ou par fax ? Le fax est très utilisé dans le marketing interentreprises, pour des raisons de rapidité, notamment pour l'annonce du lancement d'un nouveau produit. Néanmoins, les services postaux permettent un envoi de meilleure qualité.

Si vous utilisez les services postaux, vous pouvez, de temps à autre, envoyer un courrier à toute votre liste de publipostage pour vérifier que vos adresses sont encore valides. Dans le cas contraire, les courriers vous seront retournés et vous pourrez mettre à jour votre base de données facilement.

Cette méthode s'applique-t-elle au courrier électronique ? Oui, mais avec deux adaptations. D'abord, lorsque vous rédigez votre lettre, raisonnez en termes d'écran et non de page. Il n'est pas plus difficile de cliquer sur « Suivant » que de tourner la page, mais un écran contient moins de texte qu'une page. Soyez donc plus précis et plus concis ou votre lettre n'aura pas autant d'impact que si elle était envoyée par courrier. Ensuite, réfléchissez bien à l'enveloppe virtuelle de votre lettre. La plupart des messages électroniques commencent par des informations inintéressantes indiquées par défaut par le logiciel. Pouvez-vous supprimer ces informations ? Si non, pouvez-vous y glisser un élément plus accrocheur ? Il n'est pas difficile de créer une adresse unique avec un nom intéressant ou intrigant pour toute la liste de publipostage. Cette technique peut accroître les chances de lecture, tout comme une bonne enveloppe.

Comment créer un mailing

Les débutants se demandent souvent comment faire imprimer, plier, garnir et envoyer leur courrier. Si vous n'avez jamais créé de mailing, faites appel à un spécialiste. Certaines sociétés sont spécialisées dans cette activité. Certains imprimeurs proposent également ce service. Ils se chargent de tout, qu'il s'agisse d'une petite enveloppe ou d'un grand catalogue. Renseignez-vous auprès de plusieurs imprimeurs pour connaître l'éventail des services et des prix.

Si vous prévoyez un mailing de taille réduite – disons, de moins de deux mille courriers –, il sera plus rapide et moins coûteux de le faire vous-même. De nombreuses PME et associations à but non lucratif gèrent leurs mailings, car elles n'ont pas les moyens de faire appel à un imprimeur. Si vous voulez prendre en charge la gestion de votre mailing, renseignez-vous auprès de votre bureau de poste sur les démarches à effectuer. Achetez tout le matériel nécessaire : balance, affranchisseur automatique, etc. Adressez-vous à votre boutique de photocopie locale pour la reproduction, le pliage et le garnissage du courrier. Et voilà : vous avez un centre de publipostage interne efficace !

Télémarketing

Le télémarketing s'est imposé au cours des quinze dernières années comme le principal support de marketing direct (il est également très utilisé dans la vente directe, notamment dans le cadre du marketing interentreprises – pour en savoir plus, reportez-vous au chapitre 17).

Si le télémarketing ne requiert rien d'autre qu'un téléphone, il est souvent plus efficace avec la mise en place d'un numéro vert. L'objectif, pour le marketeur, est d'endosser le coût des appels téléphoniques pour supprimer toute objection éventuelle de la part des clients. Contrairement aux numéros de téléphone locaux, le numéro vert permet, en outre, de centraliser tous les appels dans un *centre d'appels* (bureau chargé de la gestion des appels entrants).

Vous pouvez aussi fournir un numéro local dans chaque marché local et faire transférer les appels vers un bureau central à vos frais. Ainsi, les clients paient une communication locale et ont l'impression d'être en contact avec un interlocuteur local et non avec une entreprise nationale impersonnelle. Indiquez chaque numéro local dans les Pages Jaunes de la région correspondante pour faire une publicité locale. Cette technique est moins connue que celle du numéro vert mais peut s'avérer plus appropriée.

Le numéro vert concerne uniquement le *télémarketing entrant*, dans lequel les clients vous appellent en réponse à une publicité directe. Chaque campagne de publicité directe doit comporter un numéro de téléphone à contacter – une force de vente bien formée ou un chef d'entreprise empressé devra être prêt à répondre à l'autre bout du fil.

En réalité, je dois nuancer mes propos car, récemment, les ordinateurs ont pris la place des vendeurs dans certains centres d'appels. Grâce aux technologies de réponse vocale interactive (IVR), les ordinateurs peuvent solliciter des informations de la part des clients, diriger les appels en fonction de ces informations, et même enregistrer des commandes ou des demandes de renseignements. Si votre centre d'appels est saturé par un grand nombre d'appels, envisagez le recours à cette technologie pour réduire la durée et le coût de chaque appel. Mais n'oubliez pas que beaucoup de clients préfèrent encore avoir un véritable interlocuteur au bout du fil. Aussi, ne supprimez pas complètement cette option.

Dans le *télémarketing sortant*, ce sont les vendeurs qui passent des appels téléphoniques aux prospects pour leur vanter le produit (pour créer une bonne présentation, reportez-vous au chapitre 17). Comme la vente directe, le télémarketing sortant génère un taux d'échec élevé.

ATTENTION !

Si le taux d'échec du télémarketing sortant est élevé, c'est souvent parce que le téléphone coûte tellement moins cher qu'une visite que les marketeurs ne prennent pas la peine d'élaborer une liste de clients à cibler. Ils font appel à des étudiants qu'ils paient à l'heure pour passer sans arrêt des coups de fil dans l'espoir de trouver une poignée de prospects par centaine d'appels. Ce type de marketing est une perte de temps. N'abusez pas de la patience des consommateurs en composant tous les numéros de l'annuaire !

Vous pouvez réduire considérablement le taux d'échec du télémarketing sortant en élaborant une liste de clients à cibler. Demandez à une équipe de vendeurs compétents de se charger de passer les appels afin que votre société ne soit pas représentée par des inconnus. Je ne sais pas pourquoi la plupart des télémarketeurs ne comprennent pas que le premier contact entre leur société et un client potentiel ne doit pas être laissé entre les mains d'un intérimaire qui ne sait pas prononcer le nom du produit correctement. Pour éviter ce genre de problème, préparez des listes de clients à appeler (voir chapitre 20) et un texte suffisamment percutant pour obtenir un taux de réussite d'au moins 15 % (chiffre dix fois plus élevé que la moyenne).

ATTENTION !

Je ne parlerai même pas de ces satanés ordinateurs qui passent des appels de télémarketing sortant. Quelle idée épouvantable ! Si vous décidez d'y avoir recours, veillez simplement à ne pas leur donner mon numéro !

« Bonjour, monsieur ; je représente la société X, qui a été choisie par (magazine prestigieux de la presse économique) pour déterminer si vous recevez vos numéros de (nom du magazine) à temps et dans de bonnes conditions. » Voilà ce que j'ai entendu l'autre jour lorsque j'ai décroché le téléphone dans mon bureau. Et mes « antennes de marketing abusif » m'ont immédiatement mis en garde.

Lorsque j'ai dit à la jeune femme que je pensais qu'elle m'appelait dans un autre but, elle a admis qu'elle voulait m'offrir « l'opportunité » de prolonger mon abonnement car « le prix allait augmenter », mais elle pouvait me proposer un abonnement de plusieurs années au prix actuel.

Lorsque je lui ai fait remarquer que son entrée en matière était illégale – celle-ci consistait à me faire croire que le but de l'appel était de réaliser une étude et non de vendre – elle a raccroché immédiatement. Je n'ai donc pas pu mettre le doigt sur un autre aspect potentiellement illégal de l'appel. Vous avez trouvé ? Oui, l'augmentation du prix n'était peut-être pas réelle. Après vérification, il s'est avéré que le prix de l'abonnement avait légèrement diminué au cours des années précédentes et non augmenté. Et depuis que j'ai reçu cet appel, le prix a diminué.

DANS LA PRATIQUE

Analyse de deux programmes de télémarketing

Voici deux exemples de programmes de télémarketing qui illustrent bien l'utilisation du télémarketing sortant.

Le premier est celui d'une société (je n'ose pas la nommer) qui vend des aspirateurs haut de gamme. Le prix du produit se situe également en haut de la gamme et permet de dégager une marge bénéficiaire particulièrement élevée pour cette catégorie de produits. Les aspirateurs ne sont disponibles que par vente directe.

Le plan marketing de la société est axé autour d'un télémarketing sortant qui utilise l'annuaire local pour générer des prospects intéressés par le produit. Un vendeur rend ensuite visite aux prospects pour leur faire une présentation complète et essayer de conclure la vente.

Les télémarketeurs sont, en grande partie, de jeunes femmes ayant un contact téléphonique agréable. Celles-ci sont payées en liquide et passent deux cents appels par période de cinq heures. La plupart des personnes contactées raccrochent immédiatement, mais environ vingt-cinq sur deux cents sont suffisamment intéressées pour écouter l'argumentaire. Sur ces vingt-cinq personnes, environ cinq sont financièrement qualifiées (elles doivent avoir un travail à temps plein, une carte de crédit et être propriétaires de leur maison).

Plusieurs d'entre elles demandent une démonstration sur place, et une ou deux finissent par acheter un aspirateur. Par conséquent, le taux de réussite est de 1 %. Mais le recours (illégal) à une main-d'œuvre qui travaille au noir réduit considérablement les coûts et rend l'opération rentable malgré tout – du moins tant que le fisc ne s'en mêlera pas.

Le deuxième exemple me plaît davantage, car il illustre une approche plus responsable et plus durable. Il s'agit du théâtre Steppenwolf, de Chicago, qui a décidé de mettre l'accent sur les abonnements. Cette pratique garantit un public et une recette à chaque spectacle de la saison.

Les marketeurs ont découvert qu'une campagne téléphonique de seize semaines à partir d'une liste de clients actuels, d'anciens clients et de prospects qualifiés, permettait de vendre de nombreux abonnements. Cet effort de télémarketing est effectué en interne par un personnel qualifié et bien formé. Le taux de succès est relativement élevé.

Notez que ce programme de télémarketing est efficace en termes de vente et ne comporte aucun risque du point de vue fiscal. En outre, il évite d'exposer les prospects à des télémarketeurs incompétents voire parfois grossiers.

Enfin, ce programme conclut directement la vente et ne nécessite aucune visite de suivi. Cette approche est donc bien meilleure que la première. L'efficacité du télémarketing sortant dépend de l'usage que l'on en fait. À vous de choisir !

ATTENTION !

Le texte utilisé pour cette campagne de télémarketing est malhonnête et comporte au moins deux aspects illégaux. Mais c'est le cas de la plupart des textes. Pourquoi ? À cause de la pression. Il est beaucoup plus difficile de vendre par téléphone qu'il y a quelques années – quel que soit le produit. Les consommateurs en ont assez d'être sollicités par téléphone. Par conséquent, les marketeurs expérimentent des techniques furtives (ce genre de techniques est décrit dans la section « Les secrets d'un bon publipostage ») et sortent des limites juridiques et éthiques.

Ce qui était autrefois un circuit de distribution nouveau est arrivé à maturation. Il y a déjà longtemps que les consommateurs ne font plus vraiment attention aux courriers publicitaires, aux prospectus, aux affiches et même aux spots télévisés. Alors, dans les années 1980, les marketeurs ont tenté leur chance avec le télémarketing. Ce nouvel outil a bien marché – pendant un certain temps. Mais aujourd'hui, la plupart des prospects ne s'intéressent plus aux appels qu'ils reçoivent. Attirer leur attention par téléphone est tout aussi difficile que par courrier ou n'importe quel autre support.

TÊTE PENSANTE

Cela signifie que les télémarketeurs d'aujourd'hui n'ont que deux possibilités. Soit ils continuent à faire ce qu'ils ont toujours fait, ce qui conduira à des pratiques de plus en plus douteuses et acharnées. Soit ils se réveilleront un jour en constatant que leur bulle a éclaté. Dans ce cas, ils devront trouver de nouvelles stratégies. En voici quelques-unes :

- **N'abusez pas du téléphone** : gardez les appels téléphoniques pour les occasions qui méritent vraiment un contact personnel du point de vue du prospect. Et si vous avez vraiment quelque chose d'important à dire, vous n'aurez pas besoin d'une entrée en matière trompeuse pour empêcher vos interlocuteurs de raccrocher. Et n'oubliez pas que, même lorsqu'un appel téléphonique se justifie, vos clients et prospects n'ont pas envie de vous parler à tout bout de champ. Laissez-les respirer.
- **Soyez respectueux** : vous interrompez forcément la personne que vous contactez par téléphone.
- **Rémunérez les télémarketeurs en fonction des relations qu'ils créent** : si vous payez uniquement vos télémarketeurs à la commission, ils finiront par harceler vos clients et prospects pour conclure le plus de ventes possibles. Par conséquent, ne faites pas appel aux sociétés de télémarketing qui paient à la commission – la plupart le font !
- **Conservez vos clients actuels** : après l'appel que j'ai reçu du magazine auquel j'étais abonné, j'ai écrit pour me plaindre et j'ai annulé mon abonnement. Les stratégies trompeuses, irritantes ou pressantes entravent la fidélisation de la clientèle. En effet, certains prospects mordent à l'hameçon mais seront éliminés par le prochain télémarketeur. De plus, ces manœuvres irritent les clients fidèles. Au pire, utilisez deux stratégies différentes : une pour les clients actuels et une autre pour les prospects. Et au mieux, concentrez-vous sur le renforcement de la fidélisation des clients actuels en essayant de voir, par exemple, si vous pouvez vraiment améliorer la qualité du produit ou du service.
- **Appliquez les principes des autres médias** : retenir l'attention d'une personne suffisamment longtemps pour communiquer un message de marketing est un problème épineux avec n'importe quel support. Des solutions efficaces ont été mises au point pour certains supports, alors pourquoi ne pas les appliquer dans le cadre du télémarketing ?

Vous pouvez écrire un texte comportant une petite histoire, une blague ou toute autre entrée en matière éveillant l'intérêt – cette technique est de loin préférable à une description trompeuse de l'objectif de l'appel. De même, une approche promotionnelle peut retenir l'attention. Par exemple, votre texte peut commencer par l'offre d'un échantillon ou la proposition de participer à un concours avant de vanter le produit.

IDÉE LUCRATIVE

En théorie, toute pratique qui fonctionne dans d'autres médias peut être adaptée au téléphone. Mais personne n'y a encore pensé. C'est le moment d'être créatif !

Créer et gérer un centre d'appels

Un *centre d'appels* est un endroit où sont centralisés tous les appels téléphoniques de vos clients. Il peut s'agir d'un bureau rempli de téléphones ou d'un lieu virtuel – un numéro de téléphone qui sonne chez un sous-traitant auquel vous avez fait appel pour vos opérations de télémarketing.

Qu'il soit interne ou externe, votre centre d'appels doit remplir plusieurs fonctions, décrites dans les sections suivantes :

Être accessible aux clients qui souhaitent vous téléphoner

Si vous faites de la vente interentreprises, vous serez probablement contacté pendant les heures ouvrables. En revanche, si vous vous adressez aux consommateurs, préparez-vous à répondre aux appels à n'importe quelle heure. Certains clients qui achètent des vêtements sur catalogue font leur shopping tard le soir, juste avant de se coucher, par exemple.

N'oubliez pas qu'être accessible ne signifie pas seulement mettre un employé sur chaque poste téléphonique. Veillez à ce que le téléphone ne sonne pas occupé (votre société de télécommunications vous proposera différents services pour contourner ce problème – renseignez-vous).

Vous devez également évaluer et réduire le temps d'attente. Ne laissez pas vos clients en attente trop longtemps. Selon le client et la nature du produit, la durée limite correspond probablement à moins de deux minutes perçues. Une *minute perçue* est la période de temps qu'un client perçoit comme une minute d'attente – en réalité, montre en main, cette période dure en moyenne quarante secondes. Pour vous placer du point de vue du client, vous devez convertir les temps d'attente réels et temps d'attente perçus.

Si vous avez un centre d'appels interne, vous avez l'avantage de pouvoir contrôler la question de l'accessibilité et ajouter des lignes et du personnel rapidement si un problème se pose.

Obtenir des informations utiles sur chaque interlocuteur

L'une des plus importantes fonctions de votre centre d'appels consiste à obtenir des informations sur les clients potentiels qui répondent à vos opérations de publicité directe (annonces imprimées, courriers publicitaires et pages Web). De ces clients potentiels, vous n'attendez pas tant une commande que leurs coordonnées. Veillez à ce que vos opérateurs demandent à chaque client potentiel son nom, son adresse, comment il a entendu parler de la société, et éventuellement d'autres renseignements permettant une qualification.

Pour une efficacité optimale, chaque opérateur doit avoir un ordinateur afin de pouvoir saisir les informations directement dans la base de données, au fur et à mesure qu'il les obtient.

Reconnaître et accueillir les clients réguliers

En fournissant un ordinateur à chaque opérateur, vous réglez le problème de l'identification des clients réguliers. En effet, le nom du client qui appelle peut apparaître rapidement sur l'écran. Ainsi, l'opérateur évite de poser des questions stupides et parvient même à surprendre par ses connaissances.

Rassembler des informations sur l'efficacité de la publicité directe

Les marketeurs rassemblent malheureusement peu d'informations sur l'efficacité de leur propre travail. Or, ce que vous ne savez pas peut vous nuire ! Il est pourtant facile de déterminer laquelle de vos annonces a le plus d'impact et laquelle fonctionne le moins bien. Une fois que vous avez ces informations, vous pouvez améliorer votre programme de marketing direct. Pour atteindre cet objectif, dites à vos opérateurs de demander à chaque client potentiel où il a entendu parler de votre société (s'il s'agit de clients réguliers, ils pourront simplement leur demander ce qui a motivé leur appel).

De nombreux marketeurs utilisant le publipostage indiquent un numéro de référence sur chaque courrier pour en assurer la traçabilité. Cette technique peut être étendue à toutes les promotions écrites – même sur Internet. Le numéro de référence permet de faire le lien entre l'appel et le courrier, ce qui facilite l'analyse de l'efficacité de celui-ci.

Vous pouvez également utiliser un numéro de référence pour personnaliser une promotion. Par exemple, un courrier, adressé uniquement à certains clients, peut offrir deux produits pour le prix d'un pendant une période de deux mois. Avec le numéro de référence, l'opérateur peut facilement retrouver les conditions de cette offre sur son ordinateur.

L'importance de la courtoisie dans le marketing direct

De nombreux marketeurs se lancent dans le marketing direct en croyant qu'ils auront un meilleur contact avec leurs clients que les intermédiaires. La plupart du temps, ils se trompent. Si vous n'avez pas l'habitude de traiter directement avec vos clients, vous prenez des risques – notamment celui d'être trop direct.

Lorsque vous vous trouvez face à vos clients, vous êtes probablement nerveux. L'objectif du marketing direct consiste à jeter un pont entre vos clients et vous. Mais à voir la façon dont s'y prennent certaines sociétés, on dirait plutôt qu'il s'agit de frapper les clients à la tête et de traîner leur corps sous un pont pour consommation ultérieure (c'est ce que j'appelle la *stratégie du troll*).

Où se situe la limite entre l'assurance et l'envahissement irritant ? La réponse est difficile à trouver dans le domaine du marketing direct, car le marketing n'est jamais vraiment direct. Autrement dit, vous ne traitez pas avec des individus sur un plan personnel. Au contraire, vous prenez contact avec eux par l'intermédiaire de supports impersonnels. Mais étant donné que vous essayez de créer une sorte de contact personnel artificiel à travers ces supports, vous devez respecter les règles de la communication sociale.

En bref, ne faites rien qui serait grossier si vous le faisiez en personne. C'est aussi simple que cela. Si vous respectez cette règle élémentaire, vous vous aliénerez moins de clients (ce qui signifie moins de défections et beaucoup moins de bouche à oreille négatif). En outre, vous aurez plus de chances d'établir les relations à long terme dont vous avez vraiment besoin.

Pour évaluer votre approche, réalisez une enquête sur un petit échantillon de clients ciblés (entre 25 et 50 clients). Ce type d'enquête ne donnera pas de résultats statistiquement précis, mais suffira à déceler d'éventuels *problèmes de perception* (vos clients ne doivent pas percevoir d'attitudes négatives chez vos télémarketeurs, par exemple). Demandez aux clients ciblés ce qu'ils pensent de vos contacts (courriers publicitaires, appels téléphoniques et autres). Posez-leur des questions leur permettant d'exprimer d'éventuelles impressions négatives.

Une question ouverte telle que « Souhaitez-vous que nous apportions des modifications à notre façon de vous contacter ? » peut être très efficace. Si vous obtenez plusieurs commentaires du genre « Demandez à ces opérateurs grossiers d'arrêter de m'interrompre pendant le dîner » ou « Pourquoi n'orthographiez-vous pas correctement mon nom dans les courriers publicitaires que vous m'envoyez ? », vous savez que vous avez quelques problèmes à régler.

Quatrième partie

La Partie des Dix

Dans cette partie...

Je vous donnerais bien dix bonnes raisons de lire cette partie, mais à quoi bon ? Elle en contient déjà plus de vingt ! Vous y trouverez des mises en garde pour éviter de nombreuses erreurs courantes qui mènent à l'échec. J'ai l'intention de lire cette partie une fois par mois pour m'assurer que le vaccin est toujours actif.

Ah, encore une chose : je parie que vous voulez réduire vos dépenses le plus possible. Croyez-moi, c'est le souhait de pratiquement tous les marketeurs, mais rares sont ceux qui sont exaucés – du moins sans perdre de clients en colère ni ruiner les recettes et les bénéfices de l'année suivante. Alors lisez cette partie et vous saurez ce qu'il faut faire – et ne pas faire – pour réduire vos dépenses !

Chapitre 19

(Plus de) dix moyens de réduire vos dépenses

Dans ce chapitre :

- Ne voyez pas trop grand
- Réduisez vos coûts fixes
- Planifiez votre programme de marketing
- Ciblez votre audience
- Soyez créatif
- Concentrez vos ressources
- Lancez votre produit région après région
- Intégrez vos efforts
- Concentrez-vous sur le bon objectif
- Dépensez avec discernement
- Utilisez de nouveaux circuits et médias
- Réduisez les coûts
- Investissez

Tout le monde veut faire du marketing en dépensant le moins possible. En général, les recommandations qui sont faites à ce sujet sont inutiles. Bien sûr, cela ne coûte pas cher de mettre des prospectus photocopiés sous les essuie-glaces des voitures. Cela dit, si vous comparez l'impact de ce genre de prospectus à celui d'un spot publicitaire bien réalisé, vous pouvez justifier facilement la différence de prix. En général, en marketing, la qualité est proportionnelle au coût. Les consultants, les designers et les chercheurs les moins chers peuvent être de brillants professionnels, mais c'est rarement le cas. Et les opérations gratuites n'atteignent généralement pas votre marché cible ou seulement pour faire mauvaise impression. Bref, il est difficile de faire un bon marketing en étant économe.

Toutefois, il existe des moyens de réduire les dépenses. Ils ne sont ni évidents ni faciles à appliquer, comme certains voudraient nous le faire croire, mais ils peuvent fonctionner. En général, ils nécessitent un véritable marketing et non un ersatz de marketing bon marché. Pour réduire vos dépenses, ne faites pas moins, faites mieux. Les sections suivantes décrivent quelques méthodes efficaces, qui ne réduiront pas l'impact de votre marketing et vous éviteront de vous rendre ridicule.

Ne voyez pas trop grand !

Je suis sûr que ce titre attire davantage l'attention que les autres – simplement parce qu'il est beaucoup plus petit. Parfois, vous pouvez produire un impact important en faisant plus petit que tout le monde. Une petite annonce imprimée peut attirer davantage l'attention qu'une grosse. Pas en moyenne, bien sûr, mais parfois. Si vous y travaillez, vous pouvez créer une petite annonce très efficace.

C'est également vrai dans les autres médias, notamment ceux dans lesquels la taille d'une annonce se mesure par la durée. La plupart des annonces radiophoniques durent trente secondes. Et en général, les publicitaires font de gros efforts pour retenir l'attention des auditeurs pendant tout ce temps. Pourquoi ne pas renoncer à cette bataille et créer une annonce de simplement dix secondes ?

DANS LA PRATIQUE

La même stratégie s'applique à la télévision. Début 1997, la chaîne américaine ABC Sports a diffusé une série de spots publicitaires de dix secondes pour encourager les téléspectateurs à faire monter l'audimat pendant le prochain championnat de patinage artistique. Ces spots étaient incroyablement simples et percutants. Ils avaient été tournés depuis le sommet de la patinoire et chacun d'eux montrait un patineur gravant un chiffre dans la glace – pour réaliser un compte à rebours jusqu'à l'ouverture du championnat. Cette campagne publicitaire a particulièrement bien réussi à attirer l'attention et communiquer son message de rappel. Et étant donné que ces spots ne duraient que dix secondes, ils ont coûté beaucoup moins cher que les spots télévisés classiques.

En 2000, cette stratégie a fait son apparition sur Internet avec une série de « micro-sites », qui n'étaient ni plus ni moins que des annonces publicitaires animées. L'accès à ces micro-sites était assuré par des bannières.

Cette stratégie peut également consister à viser des médias moins chers que ceux que vous avez utilisés les années précédentes ou qu'utilisent actuellement vos concurrents. Voici quelques idées :

- Si les sociétés de votre secteur font beaucoup de publicité à la télévision, lancez une campagne publicitaire dans la presse. Même si vous ne dépensez qu'un tiers ou un quart de ce que vous auriez dépensé à la télévision, vous produirez un impact important dans les magazines nationaux.

- Si vos concurrents diffusent de grandes affiches dans toute la ville, démarquez-vous en utilisant la radio ou Internet.
- Rédigez une lettre d'informations intéressante et envoyez-la à une liste de prospects par courrier.
- Abandonnez la publicité à la radio pour la sponsorisation d'émissions de radio. Cette pratique coûte moins cher et peut avoir davantage d'impact et donner une meilleure image de votre société.
- Renoncez à la publicité nationale et consacrez toutes vos ressources au conditionnement de votre produit et à la publicité sur le lieu de vente.
- DANS LA PRATIQUE — Ne jetez pas votre argent par les fenêtres en offrant des bons de réduction. Organisez plutôt un concours. La plupart des consommateurs sont plus motivés par l'opportunité d'aller aux Baléares pendant dix jours l'hiver prochain que par une remise de 20 centimes sur leur prochain achat – alors que la remise de 20 centimes coûte généralement beaucoup plus cher au marketeur !
- Sponsorisez un événement spécial en rapport avec votre produit.
- Éliminez les annonces imprimées dans les revues professionnelles, afin de vous offrir un stand plus grand à votre prochain salon et d'effectuer un suivi par téléphone et courrier auprès des personnes qui se seront rendues à votre stand (comme le font déjà certaines sociétés spécialisées dans la vente interentreprises).
- Offrez davantage d'échantillons gratuits que vos concurrents. Si votre produit est vraiment supérieur aux autres, les échantillons constituent le moyen le plus sûr et le moins cher de le faire savoir.

Il existe *toujours* un moyen de réduire les dépenses de marketing. Il suffit d'un peu de créativité et d'audace pour le trouver.

Enfin, vous pouvez vous adresser à un marché plus petit pour concentrer vos ressources. Dans un environnement plus petit, vous aurez l'air plus gros. De nombreux chefs d'entreprise utilisent cette technique avec succès, en limitant la distribution à une région, par exemple. Une fois qu'ils ont une part de marché importante dans la région, ils peuvent ensuite se permettre d'étendre leur portée. L'objectif de cette stratégie consiste à réaliser des économies d'échelle. Dans la plupart des secteurs, il existe une taille de marché minimale pour que celui-ci soit rentable. Cette taille varie considérablement. Aussi, vous devez faire vos calculs : une part de marché de 10 ou 20 % dans une seule région suffira-t-elle à couvrir vos coûts et à dégager une marge bénéficiaire ? Oui, si vos coûts fixes ne sont pas trop élevés dans ce marché. En général, les sociétés ayant des coûts fixes élevés – les usines, par exemple – doivent choisir un marché relativement vaste.

Réduisez vos coûts fixes

Essayez de réduire vos *coûts fixes*. Cette stratégie, bien qu'elle semble relever davantage de la comptabilité ou du management des opérations que du marketing, est d'une aide considérable pour le marketeur.

Utilisez l'imagination dont vous faites preuve en marketing dans le cadre de la gestion des coûts et voyez s'il existe un moyen de fabriquer votre produit ou de fournir votre service à moindre coût. Si c'est le cas, mettez en place des activités de marketing dont vos concurrents ne pourront pas bénéficier. Par exemple, si vous envisagez de lancer un nouveau produit avec un budget restreint, cherchez un fournisseur local bon marché. Même si le coût global est légèrement plus élevé, vos coûts fixes seront beaucoup plus bas. Vous pourrez donc augmenter votre marge bénéficiaire et réinvestir vos bénéfices dans un second marché, etc.

Planifiez votre programme de marketing

Dans une entreprise, le marketing est probablement l'activité la moins bien planifiée. Je dirais que la moitié des dépenses de marketing ne sont pas planifiées, au sens où l'argent est dépensé sans être remis dans la perspective du plan marketing. De nombreuses sociétés font réimprimer leur brochure en quadrichromie, renouvellent les contrats de leurs vendeurs, achètent des espaces publicitaires très cher dans les annuaires et les revues économiques, font l'inventaire de grandes quantités de produits qui ne se vendent pas, ou dépensent beaucoup d'argent pour un conditionnement fantaisiste sans se demander s'il s'agit de bons investissements. Si votre société et vous vous engagez à n'effectuer aucune dépense sans vous être assurés de son utilité – et avoir pris en compte toutes les autres possibilités – vous éviterez de gaspiller de l'argent pour des activités qui n'ont pas beaucoup d'impact sur les ventes. Plus vous passez de temps à élaborer votre stratégie et votre programme, plus votre marketing sera rentable et économique.

Ciblez votre audience

La plupart des plans marketing sont inefficaces parce qu'ils s'adressent à des consommateurs ou à des sociétés qui ne deviendront jamais de bons clients parce qu'ils ne font pas partie – ou ne devraient pas faire partie – du marché ciblé. Pensez au gaspillage que représente une annonce publicitaire vue par des milliers ou des millions de personnes, dont seule une petite partie correspond à votre audience. Et songez au gaspillage que représente une opération de marketing direct générant un taux de réponse de 1 %.

Soyez créatif

Toutes choses égales par ailleurs, plus vous investissez dans le marketing, plus vous vendez. Les sociétés qui ont un plan marketing ambitieux obtiennent davantage d'attention et vendent plus. Bien sûr, la victoire a un prix, mais vous pouvez y échapper en étant plus créatif que vos concurrents. Parmi les campagnes publicitaires les plus efficaces, il y en a toujours une ou deux dont le budget est restreint. Leur secret ? Un concept créatif.

DANS LA PRATIQUE

Un nouveau produit ou conditionnement basé sur un concept créatif, une approche originale de la publicité sur le lieu de vente, une nouvelle façon de distribuer un produit ou toute sorte d'innovation peuvent vous permettre de faire beaucoup de bénéfices à partir d'un investissement limité. Obtenir de bons résultats avec un budget restreint, c'est possible, à condition d'être créatif !

Concentrez vos ressources

Ne vous dispersez pas. Concentrez vos vendeurs, vos magasins, votre marketing direct et tout ce qui fait partie de votre plan dans une zone et une période déterminées pour bénéficier d'économies d'échelle (pour que le coût par annonce ou autre activité de marketing diminue au fur et à mesure que vous augmentez les quantités). Réalisez chaque activité à grande échelle pour qu'elle soit économique. Profitez des réductions offertes par les imprimeurs et les médias qui vendent des espaces publicitaires.

Procédez par étapes

La procédure par étapes est un bon moyen de concentrer vos ressources. Même les grandes sociétés utilisent régulièrement cette stratégie. L'idée est de lancer un nouveau produit région après région, plutôt que de le sortir partout à la fois. Cette stratégie est une variante de la stratégie de concentration. Utilisez-la en vous adressant à un marché à la fois et attendant d'y avoir produit un impact maximal avant de passer au suivant. Cette technique ne fonctionne pas uniquement pour le lancement de nouveaux produits. Par exemple, vous pouvez lancer une campagne publicitaire dans un ou deux marchés, puis attendre les bénéfices de cet investissement pour financer le programme dans d'autres marchés. Si vous êtes patient, vous pourrez financer une campagne beaucoup plus coûteuse (et avoir beaucoup plus d'impact) que votre budget annuel ne vous l'aurait permis.

Intégrez vos efforts

La plupart des marketeurs utilisent de nombreux circuits de communication pour atteindre leurs clients – ils visent de nombreux points d'influence (voir chapitre 1). De plus, ils ont tendance à ne pas utiliser ces circuits multiples de façon coordonnée. Leurs messages ne sont pas cohérents en termes de contenu et de style, si bien que leurs communications sont relativement peu efficaces.

D'une façon générale, les marketeurs courent plusieurs lièvres à la fois alors que ce qu'il leur faut, en réalité, c'est un très gros lièvre – voire un taureau qui tire toute la société derrière lui ! Pour éviter ce problème de dispersion, vous devez intégrer vos communications de marketing de la manière suivante :

1. **Identifiez tous les circuits de communication avec votre marché dont vous disposez (y compris ceux que vous n'utilisez pas actuellement – voir chapitre 1).**
2. **Fixez une stratégie globale déterminant le message à communiquer et tous les circuits dont le style correspond à ce type de message.**

Vous communiquerez bien mieux en utilisant des communications de marketing intégrées. De plus, vous pourrez peut-être même réduire votre budget tout en faisant passer votre message efficacement.

Concentrez-vous sur le bon objectif

De nombreux marketeurs dépensent beaucoup d'argent pour faire connaître leur marque alors que ce n'est pas leur problème. Si les consommateurs connaissent déjà votre marque, ce n'est pas en les y exposant plus souvent que vous augmenterez les ventes. Travaillez plutôt sur l'image de marque, de sorte que ceux qui connaissent votre produit aient envie de l'essayer. Peut-être que beaucoup de consommateurs l'ont déjà essayé mais ne sont pas devenus des clients réguliers. Dans ce cas, le problème provient peut-être du produit lui-même. Investissez dans une amélioration de la qualité plutôt que dans la publicité. Si vous ne savez pas ce qui limite vos ventes, vous ne pouvez pas dépenser votre argent avec discernement. Concentrez-vous sur un objectif à la fois et veillez à ce que cet objectif soit pertinent ! (Pour en savoir plus sur les objectifs de marketing, reportez-vous aux chapitres 2 et 3.)

Ne jetez pas votre argent par les fenêtres

Je n'arrive pas à croire que les marketeurs soient si impatients de donner leur argent. Beaucoup d'entre eux consacrent au moins la moitié de leur budget à des promotions basées sur les prix. Je ne saurais vous dire combien de fois j'ai entendu des réflexions telles que « Les ventes semblent diminuer ce mois-ci. Réduisons les prix et voyons si les choses s'arrangent. » Les remises et les réductions de prix jouent un rôle important, c'est sûr, mais ne doivent jamais être utilisées sans la certitude qu'elles seront rentables. Or, en général, elles ne le sont pas, comme nous l'avons vu au chapitre 13. Parfois, lorsque les clients sont très sensibles au prix, si vos concurrents baissent leurs prix, vous êtes obligé de suivre. Mais la concurrence ne doit pas jouer au niveau des prix. Il est bien plus facile de dégager des bénéfices en faisant jouer la concurrence au niveau de la qualité du produit. Et pourtant, de nombreux marketeurs jouent délibérément sur les prix en offrant des remises et des bons de réduction à leurs clients. Résultat, ceux-ci finissent par chercher ce qu'il y a de moins cher au lieu de s'attacher à une marque. Cette stratégie coûte cher. Elle réduit les marges bénéficiaires au maximum et épuise les ressources au point qu'il ne reste plus grand-chose pour la différenciation de la marque.

Utilisez de nouveaux circuits et médias

Le marketing direct sur Internet coûte moins cher que par téléphone, notamment parce qu'Internet est un support relativement nouveau et inexploré. Profitez-en pour devenir l'un des pionniers du Web. Ou bien passez du courrier postal au fax pour annoncer le lancement d'un nouveau produit. Ou encore, remplacez vos intermédiaires par des opérations de marketing direct. Dans la presse, préférez les nouveaux magazines bénéficiant d'un lectorat grandissant pour obtenir une exposition maximale.

Tenez-vous au courant des nouveautés et investissez malin. Nouveau signifie moins cher. Et aussi plus petit – souvenez-vous que plus l'environnement est petit, plus vous paraissez gros. Il vous sera beaucoup plus facile de vous faire remarquer sur un nouveau support que sur un support saturé.

Aidez votre société à réduire les coûts

Les marketeurs sont les seuls à avoir accès à un élément essentiel de la vente : le point de vue du client. Pour le client, la plupart des postes budgétaires de la société n'ont aucun intérêt. Pourtant, personne ne lui demande – à lui ou aux marketeurs dont le rôle est de représenter son point de vue – ce qu'il pense du budget. Si c'était le cas, il réduirait peut-être de nombreuses dépenses qui n'ont aucune répercussion sur la qualité et la disponibilité du produit, telles qu'il les perçoit. Pour le client (et pour beaucoup d'employés), les aménagements paysagers autour du siège social de la société n'ont aucune importance. Même certaines dépenses effectuées dans le service du marketing semblent inutiles au client, à qui il importe peu que le papier à en-tête du service soit imprimé en une ou deux couleurs, ou que les vendeurs conduisent de vieilles ou de nouvelles voitures.

Le journal du campus de l'université dans laquelle j'enseigne a réalisé une enquête pour connaître l'opinion de ses lecteurs. Les lecteurs étaient invités à évaluer l'importance de différents éléments du journal comme « la couverture de l'actualité nationale » et « la fiabilité des informations sur les actions administratives ». En fonction des réponses, les responsables pourraient prendre des décisions éclairées en matière d'investissement. Mais cette enquête a négligé un point important : elle n'a pas demandé aux lecteurs d'évaluer l'importance du divertissement apporté par le journal. Pourtant, c'est probablement pour se distraire et faire une pause de dix minutes que la plupart des étudiants lisent ce journal et non pour suivre l'actualité nationale. Votre société fait-elle des erreurs de ce genre ? Investissez-vous dans des aspects relativement peu importants de votre produit au lieu d'améliorer ses principaux atouts ? Réfléchissez bien…

Investissez

Ce conseil peut vous sembler étrange dans un chapitre sur la réduction des dépenses, mais souvenez-vous qu'un plan marketing bien conçu est un investissement pour les ventes à venir. La façon la plus simple de diminuer les dépenses consiste à réduire le budget marketing. Toutefois, ce genre de méthode expéditive permet de faire des économies sur l'année, mais nuit de façon disproportionnée aux ventes et aux bénéfices de l'année suivante. Si vous ne faites pas l'effort de communiquer avec vos clients, ceux-ci ne feront pas appel à vous. Par conséquent, vous devez considérer le marketing comme un investissement dans les recettes et les bénéficies à venir. Pour réduire vos dépenses, investissez mieux, pas moins.

Chapitre 20

Dix erreurs de marketing courantes

Dans ce chapitre :

- Ne pas écouter
- Trop écouter
- Ne pas faire de recherche en marketing
- Vous fier uniquement aux chiffres
- Faire de mauvais choix
- Faire trop de choses à la fois
- Ne pas proposer la vente
- Compter sur des différences mineures
- Essayer de vendre un concept que vous ne pouvez pas expliquer simplement
- Ignorer le monde qui vous entoure

En marketing, de nombreuses personnes perdent leur temps à réinventer la roue. J'espère que vous éviterez cette erreur en utilisant ce livre pour trouver de nouvelles solutions à vos problèmes. Cela dit, réinventer la roue est encore moins grave que de tomber dans les mêmes pièges que les autres. Vous ne devriez jamais faire les mêmes erreurs que les autres – et pourtant, vous le ferez ! Nous le faisons tous, à un moment ou à un autre, car il est impossible de connaître les expériences de tout le monde et d'en tirer les leçons.

Néanmoins, vous avez la possibilité de réduire vos erreurs. Vous pouvez vous tromper occasionnellement sans en faire une spécialité ! Ce chapitre énumère les erreurs les plus courantes. Lisez-le attentivement pour éviter les principaux pièges du marketing.

Ne pas écouter vos clients

Je demande souvent aux cadres : « Alors, qu'est-ce que vos clients pensent de cette idée ? » Et, très souvent, ils me regardent fixement sans trouver de réponse. La plupart des idées de marketing (et des *business plans* en général) viennent de l'intérieur de l'entreprise. Certains cadres ou employés lancent une idée et c'est très bien. Qui d'autre s'intéresse suffisamment au succès de votre société pour y consacrer toute son attention ? Mais le problème, c'est que cette idée ne plaira peut-être pas à vos clients. Pour éviter de faire des efforts en vain, testez vos idées auprès de vos clients avant de les mettre en œuvre.

Trop écouter vos clients

Ne pas écouter vos clients est une grave erreur, mais trop les *écouter* est encore pire. Parfois, vous devez savoir vous fier à votre instinct. N'hésitez pas à le faire lorsque vous pensez que votre idée conduira vos clients à effectuer un changement positif.

Par exemple, vous pensez peut-être que si les conseillers juridiques donnaient des conseils en temps réel à leurs clients, par l'intermédiaire de groupes de discussion sur Internet, ils éviteraient de nombreuses erreurs. Cette idée a l'air ingénieuse – pour un visionnaire. Mais pour le conseiller juridique moyen, habitué à recoller les morceaux et non à faire de la médecine préventive, travailler sur Internet semble complètement saugrenu. De plus, la plupart des clients partagent probablement cet avis. Ils n'ont pas l'habitude d'utiliser un service de ce genre et devraient modifier non seulement leur attitude envers les conseillers juridiques mais aussi leur processus de prise de décision. Par conséquent, toutes les personnes auprès desquelles vous allez tester votre idée vous riront au nez. Et pourtant, c'est peut-être une excellente idée. Un jour, les cadres utiliseront peut-être un service juridique en ligne avant de prendre des décisions importantes. Et vous auriez tort d'abandonner cette idée uniquement parce que vos clients se sont moqués de vous.

Parfois, vous devez avoir confiance en votre vision et suivre votre instinct. N'hésitez pas à tenter votre chance de temps à autre.

Ne pas faire de recherche en marketing

C'est une variante de l'erreur qui consiste à « ne pas écouter vos clients ». C'est incroyable de voir le nombre de marketeurs qui créent leur plan marketing sans faire aucune recherche. À moins que vous n'ayez des pouvoirs surnaturels, vous n'avez pas suffisamment d'informations pour prendre des décisions sans faire de recherches.

La recherche en marketing comporte beaucoup d'activités vous permettant d'être à l'écoute de vos clients (voir chapitre 6), mais l'approche la plus simple est souvent la meilleure. Demandez à quelques-uns de vos clients ce qu'ils pensent de votre idée. Ensuite, écoutez attentivement ce qu'ils disent en essayant de ne pas les interrompre avec des phrases comme « Mais vous ne comprenez pas » ou « Mais le bureau d'études affirme que… » Vous savez déjà que votre société approuve votre idée. Laissez vos clients réagir librement car, si votre idée ne remporte par leur adhésion, ce n'est pas une bonne idée.

Vous fier uniquement aux chiffres

Lorsque vous effectuez une recherche en marketing formelle ou même lorsque vous lisez des rapports concernant votre secteur, vous êtes rapidement submergé de chiffres. « X % des consommateurs ne sont pas satisfaits de leur marque actuelle et souhaitent en changer. » « Y % des consommateurs affirment qu'ils choisiraient votre marque si le prix était moins élevé. » Etc. Chaque pourcentage raconte sa propre histoire. Alors, vous prenez des mesures en vous basant sur les chiffres dont vous disposez. Et pourtant, je suis sûr que si je réalisais ma propre étude, je trouverais des chiffres contradictoires. Tout dépend de la façon dont vous formulez vos questions, analysez les réponses et interprétez les résultats. Vous ne pouvez faire l'impasse sur la recherche en marketing mais, d'un autre côté, vous ne devez pas la prendre trop au sérieux !

Avant de tirer des conclusions ou de prendre des mesures, remettez les résultats en question pour essayer de les interpréter différemment. Tant que vous n'avez pas effectué d'analyse personnelle, ne vous fiez pas aveuglément aux chiffres. Même si votre première interprétation semble la plus plausible, essayez d'en avoir la certitude. Vérifiez-la de deux façons différentes, en utilisant d'autres sources. Cherchez d'autres informations confirmant vos conclusions. Si votre interprétation tient toujours la route après toutes ces vérifications, alors peut-être pouvez-vous croire les chiffres. Mais soyez prudent – ils mentent souvent !

Faire de mauvais choix

C'est certainement l'erreur la plus courante que j'aie rencontrée en tant que consultant (en réalité, elle survient dans tous les aspects du management et pas uniquement dans le marketing). L'origine de cette erreur se trouve dans une philosophie du management, selon laquelle les employés doivent *faire* leur travail et ne pas gaspiller trop de temps à y *réfléchir*. En théorie, seul le patron a besoin de savoir le *pourquoi*. Tous les autres sont censés se concentrer sur le *comment*.

Or, dans la pratique, notamment dans le domaine du marketing, beaucoup d'employés doivent prendre des décisions sur le terrain. Les cadres supérieurs ne sont généralement pas au courant des trois quarts des décisions qui sont prises dans la société (et gâchent parfois le dernier quart, mais c'est une autre histoire). Par conséquent, de nombreuses personnes font de leur mieux sans savoir si elles ont raison de faire ce qu'elles font.

Beaucoup de marketeurs font leur travail d'une certaine façon parce qu'il a toujours été fait ainsi. Stop ! Ne vous contentez jamais de reproduire ce qui a été fait avant vous ni ce que les autres font. Repensez vos principes et votre pratique du marketing régulièrement. Ainsi, vous ne vous ennuierez pas dans votre travail et vous éviterez à votre société de gâcher ses précieuses ressources dans des activités inutiles voir franchement destructrices.

Faire trop de choses à la fois

Même le budget marketing le plus important est trop restreint pour financer plus d'une ou deux grandes initiatives à la fois. Les grandes sociétés peuvent peut-être gérer deux projets, mais votre budget est probablement beaucoup plus petit que celui de Microsoft, alors ne faites pas cette erreur.

N'assumez pas plus d'un projet de marketing à la fois si vous pouvez l'éviter (si vous ne pouvez pas l'éviter, diffusez votre CV discrètement, au cas où). Peu importent les raisons – elles *semblent* toujours bonnes, mais vous devez y résister. Si votre société a inventé un nouveau produit et vient de faire l'acquisition d'une autre société, vous avez une bonne excuse pour assumer deux grands projets à la fois. Mais croyez-moi, vous ne parviendrez pas à intégrer votre force de vente dans la société acquise et à lancer votre nouveau produit à la fois. Vous ne pouvez pas tout faire en même temps. Identifiez le projet le plus important et donnez-lui la priorité. (Je vous suggère de lancer le produit d'abord et de fusionner les forces de vente ensuite.)

Ne pas proposer la vente

Nous avons déjà vu l'importance de conclure la vente dans les chapitres 16 et 17. Cet aspect est souvent un point faible aussi bien chez les vendeurs que chez les détaillants. Mais cette erreur peut s'étendre à toutes les facettes du marketing. Par exemple, beaucoup d'annonces publicitaires ne comprennent pas d'*incitation à l'action* – la version publicitaire de la conclusion de la vente. Elles n'encouragent pas les consommateurs à téléphoner à un numéro vert ou à se rendre dans un certain magasin.

La publicité groupée, conçue et financée conjointement par le marketeur et le détaillant, est généralement plus efficace que la publicité générale, orientée vers le renforcement de l'image de marque, car elle incite les consommateurs à se rendre dans un magasin ou une chaîne pour acheter le produit.

Les marketeurs ont parfois des difficultés à intégrer une incitation à l'action, car ils n'ont pas réfléchi à la façon dont ils allaient gérer les demandes de renseignements et les achats. C'est souvent le cas lorsque le circuit de marketing est long et la vente réalisée par quelqu'un d'autre. Mais même si ce n'est pas vous qui gérez directement la vente, vous devez essayer de la conclure dans tous vos efforts de marketing. Envoyez les consommateurs chez le bon détaillant ou établissez une relation de marketing direct.

Formez *tous* vos employés, au moins une fois par mois, concernant la façon dont ils doivent gérer les clients. Ainsi, s'ils se trouvent en contact avec un client, ils sauront ce qu'ils doivent dire et ne vous le feront pas perdre. Si vous ne croyez pas qu'un employé puisse vous faire perdre un client, téléphonez à une grande société spécialisée dans un produit de consommation quelconque. Si vous parvenez à dépasser le stade de la boîte vocale pour communiquer avec une véritable personne, vous verrez cette personne faire de son mieux pour se débarrasser de vous. Beaucoup de grandes sociétés semblent ne pas comprendre que tout le but de leur travail est de conclure la vente.

Donner trop d'importance à des différences mineures

Vous vous souvenez de la mode des boissons transparentes ? Il y a quelques années, on aurait pu croire que les sodas transparents allaient remporter définitivement le marché. Des plans marketing très élaborés ont été mis au point en faveur de ces produits novateurs. Les consommateurs étaient accros ; puis la mode a passé.

Cet engouement a disparu parce que tout était basé sur un détail mineur. Qu'est-ce que cela vous apporte de savoir fabriquer un soda qui ressemble à de l'eau ? Qu'est-ce que cela a à voir avec les principaux avantages du produit ? Pas grand-chose, comme les consommateurs s'en sont rapidement rendu compte. N'attendez pas trop de votre stratégie de différenciation si votre produit ne se distingue pas *sensiblement* de ceux de la concurrence, dans un domaine pertinent pour les consommateurs. Le produit est plus important en lui-même que les éléments périphériques comme la couleur ou le conditionnement. Les consommateurs ne sont pas stupides ; ne le soyez pas non plus.

Essayer de vendre quelque chose que vous ne pouvez pas expliquer en cinq mots au maximum

Bon, je vous donne quinze mots, parce que c'est ce qu'il m'a fallu pour le titre de cette section, mais pas plus ! Même les produits les plus élaborés doivent pouvoir être décrits facilement pour s'imposer sur le marché. Ce principe s'applique également à vos messages de marketing. Le slogan d'une annonce doit être concis et percutant. Sinon, votre raisonnement ne sera pas limpide dans l'esprit des consommateurs. En marketing, soyez toujours le plus simple possible.

Ignorer le monde au-delà de votre secteur ou de votre marché

Voilà encore une erreur courante. Et la plupart des marketeurs ne sont pas conscients de la commettre. Spontanément, vous vous concentrez sur ce que font vos concurrents et vous vous comparez à eux. Mais la plupart de vos activités (marketing ou autres) sont également effectuées dans beaucoup d'autres secteurs. Si vous raisonnez en termes de processus, aussi bien dans votre service que dans l'ensemble de la société, vous vous en rendrez compte facilement.

Vous rendez visite à vos clients et leur fournissez un service et une assistance. Vous faites l'inventaire de vos produits et vous les livrez. Vous gérez les appels téléphoniques de vos clients. Vous effectuez des opérations de marketing en utilisant une base de données de clients. Vous recrutez des vendeurs et vous les motivez. Vous participez à divers salons pour trouver des prospects. Vous élaborez des plans marketing. Bref, des milliers d'autres sociétés, dans d'autres secteurs et même d'autres pays, font la même chose que vous. Qui est le meilleur dans l'un ou l'autre de ces processus ? Pas nécessairement un chef d'entreprise de votre secteur. Au lieu de comparer vos performances à celles de vos concurrents, pourquoi ne pas vous baser sur le meilleur, tout simplement ?

Il est temps d'élargir votre horizon et de faire des recherches sur des sociétés d'autres secteurs pour tirer des leçons de leur réussite. Ainsi, vous serez bientôt en tête de votre propre secteur au lieu d'être limité par celui-ci.

Appendice

Rédiger un plan marketing

Le *plan marketing* peut être considéré plus simplement comme un résumé de vos objectifs et stratégies de marketing – traités dans la première partie de ce livre – et des éléments de votre plan marketing – traités dans la troisième partie. Si vous avez déjà travaillé sur vos stratégies et sur vos outils, vous avez fait toute la préparation nécessaire à la rédaction de votre plan marketing.

Si vous avez encore des doutes sur l'élaboration de votre plan, reportez-vous aux modèles du chapitre 1.

Les plans marketing varient considérablement d'une société à l'autre, en termes de présentation, mais comportent tous les éléments fondamentaux décrits dans les sections suivantes.

Résumé

Bien qu'elle se place en tête du plan marketing, rédigez cette partie en dernier. Résumez les principaux points de votre plan et précisez l'orientation de celui-ci. S'il est orienté vers la rentabilité, indiquez qu'il prévoit un grand nombre d'améliorations spécifiques dans votre pratique du marketing. S'il est orienté vers l'efficacité, indiquez qu'il décrit une opportunité ou un problème et propose une nouvelle stratégie pour y répondre. Pensez à résumer les résultats escomptés – prévisions des recettes (par produit ou gamme de produits à moins que la liste dépasse une page) et des coûts. Indiquez en quoi ces chiffres se distinguent de ceux de l'année précédente. L'ensemble de votre résumé ne doit pas faire plus d'une page.

Si vous avez trop de produits pour faire un résumé d'une page au maximum, vous pouvez les énumérer par gamme de produits. Mais il serait encore plus judicieux de rédiger plusieurs plans marketing. Un plan qui ne peut être résumé en une page est trop complexe pour être appréhendé correctement. Décomposez-le.

Objectifs

Les *objectifs* constituent ce que votre plan est censé accomplir. Par exemple, celui-ci peut viser une augmentation des ventes de 25 %, le repositionnement d'un produit pour le rendre plus attrayant aux yeux de certains clients potentiels, la mise en œuvre d'une opération de marketing direct par Internet et l'élimination consécutive du publipostage, ou le lancement d'un nouveau produit. Il peut également associer plusieurs produits sous une même marque et essayer de faire connaître cette marque, grâce à une campagne publicitaire dans la presse ou à la radio, afin d'élargir la part de marché de la société. Ou il peut encore viser une réduction des coûts en supprimant des activités inefficaces dans le traitement des bons de réduction, l'achat de médias ou la gestion de la force de vente. Voilà les informations que vous pouvez indiquer dans la section Objectifs de votre plan. Elles donneront à celui-ci une orientation précise.

Si vous rédigez des objectifs clairs et motivants, vous ne serez jamais bloqué dans la rédaction des autres sections de votre plan. En cas de doute, vous pourrez toujours vous reporter à ces objectifs et vous rappeler ce que vous essayez d'accomplir et pourquoi.

TÊTE PENSANTE

Personnellement, j'essaie de rédiger cette partie en premier, tout en sachant que je la reverrai au fur et à mesure que j'obtiendrai des informations et approfondirai mon analyse. Et je la retravaille toujours à la fin. Les objectifs sont si importants pour le reste du plan qu'on ne peut pas s'arrêter d'y penser. Cependant, malgré toute leur importance, ils ne nécessitent pas beaucoup de mots – une demi-page à deux pages au maximum.

Analyse de la situation

Que se passe-t-il ? Quelle est la question à laquelle l'*analyse de la situation* doit répondre. La réponse peut prendre de nombreuses formes. Par conséquent, je ne peux pas vous donner de formule pour préparer cette partie. Analysez les principaux changements qui ont eu lieu dans votre marché, car ce sont des sources de problèmes ou d'opportunités (pour en savoir plus sur les techniques de recherche formelles, reportez-vous au chapitre 5).

Quels sont les principaux changements qui ont eu lieu depuis votre dernière analyse de la situation ? La réponse dépend de la situation. Vous voyez la difficulté ? À vous de vous faire une idée suffisamment précise de ce qui se passe pour identifier clairement les problèmes et les opportunités.

En réalité, votre objectif est de voir ces changements *plus clairement que la concurrence*. Pourquoi ? Parce que si votre analyse de la situation est moins bonne que celle de vos concurrents, vous perdrez des parts de marché. Si elle est à peu près identique, vous stagnerez à la même place. Mais si elle est meilleure, vous gagnerez des parts de marché.

L'analyse de la situation vise les deux objectifs suivants :

- La *parité informationnelle*, ce qui signifie que vous en savez autant que vos concurrents. Si vous ne faites pas suffisamment de recherches ou d'analyses, vos concurrents auront un avantage informationnel sur vous. Par conséquent, votre premier objectif est d'être sur un pied d'égalité avec vos concurrents.
- L'*avantage informationnel*, que je définis comme une vision de votre marché que vos concurrents n'ont pas. Le but de l'avantage informationnel est d'avoir une position de leader pour créer et lancer un plan marketing ou une campagne publicitaire innovants.

La plupart des marketeurs ne pensent pas à leurs objectifs en ces termes. Si je vous ai révélé l'un des mes plus précieux secrets, c'est pour vous éviter de perdre votre temps sur une analyse de situation classique, dans laquelle les marketeurs mettent en avant des informations que tout le monde devrait connaître avant de lire le plan. Si vous vouliez vous contenter du minimum, vous n'auriez pas acheté ce livre, n'est-ce pas ?

Stratégie marketing

Dans de nombreux plans, cette section est utilisée pour décrire la façon dont les objectifs seront atteints. Certains marketeurs trouvent cette tâche facile, tandis que d'autres ont du mal à faire la distinction entre un objectif et une stratégie. Voici un objectif :

Renforcer notre leadership sur le marché intérieur des PC.

Et voici une stratégie :

Lancer de tout nouveaux produits et promouvoir notre marque afin de renforcer notre leadership sur le marché intérieur des PC.

Notez que la stratégie met l'accent sur l'approche utilisée pour atteindre l'objectif. Elle indique la route à prendre. Mais, pour certaines personnes, la frontière entre un objectif et une stratégie est mince. Si la distinction est claire dans votre esprit, rédigez une section consacrée uniquement à vos objectifs, sinon associez cette section à celle des objectifs et intitulez le tout

Objectifs et Stratégies. Peu importe le nom des rubriques, c'est le contenu qui compte.

Pour en savoir plus sur la définition et l'élaboration de stratégies marketing, reportez-vous aux chapitres 2 et 3.

Aperçu d'un plan marketing

Un *plan marketing* est un ensemble d'activités destinées à inciter un groupe ciblé de clients à acheter un produit ou une gamme de produits spécifique. La création et l'analyse d'un plan marketing sont décrites au chapitre 1. Votre plan marketing doit, à mon avis, commencer par une analyse de vos *points d'influence* – autrement dit, des moyens dont votre société dispose pour influencer les achats des consommateurs. Et il se termine par un ensemble de décisions concernant la façon dont vous pouvez utiliser ces points d'influence.

Au chapitre 1, je vous suggère d'identifier vos principaux points d'influence – ceux qui domineront votre plan pour la période à venir – et de leur donner la priorité. Cette méthode a l'avantage de concentrer vos ressources et de vous donner ainsi plus de poids sur ces points d'influence par rapport à d'habitude (et par rapport à certains concurrents qui se dispersent). Faites une sélection attentive pour ne garder qu'un à trois piliers de votre plan marketing. Utilisez ensuite vos autres points d'influence (ils sont généralement nombreux) pour soutenir les premiers. Ne croyez pas que plus votre plan a de piliers, plus il sera solide. Il sera simplement moins élevé.

Si vous avez suivi les conseils que je vous ai donnés au chapitre 1 (et il n'est pas trop tard pour bien faire), vous avez déjà identifié vos points d'influence et les ressources qui y ont été consacrées l'année dernière. Sélectionnez-en quelques-uns (si vous ne parvenez pas à choisir, revoyez la troisième partie de ce livre sur les outils du plan marketing pour identifier les points d'influence qui correspondent le mieux à vos besoins et à votre marché). Ensuite, toujours en consultant les chapitres de la troisième partie si nécessaire pour revoir l'utilisation des divers outils du plan marketing, commencez à élaborer un programme pour chaque point d'influence.

Par exemple, imaginons que vous envisagiez de lancer une campagne publicitaire dans la presse économique pour faire connaître aux détaillants votre nouvelle gamme de produits et votre matériel de publicité sur le lieu de vente. Comment allez-vous procéder ? Vous devez sélectionner certains magazines (renseignez-vous auprès de leur service publicité pour connaître les tarifs – voir chapitre 8). Et vous devez également déterminer le genre et le nombre d'annonces que vous allez diffuser, puis évaluer le coût de cette campagne publicitaire.

Faites la même analyse pour chaque élément de votre plan marketing. N'hésitez pas à entrer dans les détails pour obtenir une première estimation précise du coût de chaque élément. Faites la somme de ces coûts et voyez si le résultat final est réaliste. Le coût total représente-t-il une part trop importante de vos prévisions de vente ? Est-il plus élevé que le budget annoncé par votre patron ? Si c'est le cas, faites les ajustements nécessaires et réessayez. Au bout du compte, vous obtiendrez un budget à la fois acceptable et ambitieux.

TÊTE PENSANTE

Pour effectuer cette tâche, je vous recommande d'utiliser un tableur. La figure A-1 donne un exemple très simple de plan marketing sur tableur. Les formules préenregistrées permettent d'ajouter les coûts, pour obtenir les sous-totaux et le total, et de soustraire ce total du chiffre des prévisions de vente pour obtenir le résultat final. Cette figure illustre le plan marketing d'un grossiste qui vend ses produits à des boutiques de cadeaux. Les principaux éléments de ce plan marketing sont la vente directe, le télémarketing et la publicité-presse. Un budget est également prévu pour la conception et le lancement d'une nouvelle gamme de produits.

Les éléments secondaires du plan marketing ne consomment pas une grande partie du budget par rapport aux éléments principaux (qui représentent 87 % du budget total). Mais ils ont leur importance. Une nouvelle page Web sera créée pour gérer la plupart des demandes de renseignements des clients et servir de catalogue virtuel. Ainsi, la société pourra réduire les coûts relatifs à l'impression de son catalogue et à l'envoi de courriers postaux. Un nouveau matériel de publicité sur le lieu de vente, destiné à un ensemble ciblé de détaillants, sera également créé. Ce matériel, associé à un conditionnement transparent amélioré, a pour but d'augmenter les ventes chez les détaillants.

Si votre plan marketing s'adresse à plusieurs groupes de clients, utilisez plusieurs feuilles de calcul (comme celle de la figure A-1), car chaque groupe nécessite un plan marketing particulier.

Par exemple, la société dont le plan marketing est illustré à la figure A-1 vend ses produits à des boutiques de cadeaux. Mais elle traite également avec des papeteries. Et même si ce sont les mêmes vendeurs qui s'adressent aux deux types de clients, les produits et les promotions sont différents. Les catalogues et le matériel de publicité sur le lieu de vente sont différents également. Et les deux groupes de clients ne lisent pas les mêmes revues professionnelles. Par conséquent, la société doit créer deux plans marketing distincts, en budgétant les dépenses communes au prorata des activités à réaliser (par exemple, si les vendeurs doivent effectuer les deux tiers de leurs visites dans les boutiques de cadeaux, le budget des visites concernant le plan destiné aux boutiques de cadeaux équivaudra aux deux tiers du budget total).

Aperçu du plan marketing ciblant les détaillants		
Éléments du plan		***Coûts du marketing direct (€)***
Principaux points d'influence		
- Vente directe		450 700
- Télémarketing		276 000
- Annonces publicitaires dans la presse économique		1 255 000
- Conception d'une nouvelle gamme de produits		171 500
	Sous-total	**2 153 200**
Points d'influence secondaires		
- Remises sur quantité		70 000
- Matériel de publicité sur le lieu de vente		125 000
- Nouvelle page Web avec catalogue en ligne		12 600
- Catalogue sur papier		52 000
- Gestion de la publicité des tiers		18 700
- Stand du salon annuel		22 250
- Amélioration du conditionnement		9 275
	Sous-total	**309 825**
Prévisions des ventes		23 250 000
Moins coût total du plan marketing		- 2 463 025
Ventes nettes réalisables avec ce plan marketing		**20 786 975**

Figure A-1 : Ce budget réalisé sur un tableur donne un aperçu rapide et précis du plan marketing d'un des fournisseurs de nos boutiques de cadeaux.

Ainsi, si vous ne vendez pas tous vos produits de la même façon, élaborez un plan marketing pour chacun d'eux. Et même si vous pouvez utiliser un seul plan pour tous vos produits et gammes de produits, décomposez-le comme illustré à la figure A-1.

Détails du plan marketing

Dans cette partie, expliquez en détail comment vous allez utiliser chaque élément de votre plan marketing. Rédigez une section par élément (cette partie sera relativement longue ; utilisez toutes les pages dont vous avez besoin pour présenter les principaux points de votre plan). Étant donné que vous devrez réfléchir en détail à ces éléments, vous ne perdrez pas de temps en les mettant noir sur blanc. Plus la rédaction de votre plan est précise, plus celui-ci sera facile à mettre en œuvre – et à réécrire l'année prochaine.

Bien que cette rubrique soit la plus longue, je ne vais pas l'analyser en profondeur pour la simple raison que je l'ai déjà fait dans la troisième partie de ce livre. Chaque chapitre explique comment utiliser les différents éléments d'un plan marketing. Revoyez les chapitres qui vous intéressent au fur et à mesure que vous rédigez cette rubrique.

Cette partie du plan doit traiter au minimum les 4 P – produit, prix, placement (ou distribution) et promotion (communication avec les clients et persuasion). Mais vous devrez probablement décomposer ces catégories en rubriques plus précises – comme je l'ai fait dans les chapitres de la troisième partie.

TÊTE PENSANTE

Ne prenez pas la peine d'inclure dans votre plan marketing des rubriques sur des éléments que vous ne pouvez pas changer. En général, la personne qui rédige le plan marketing ne peut pas modifier la politique de prix, lancer une nouvelle gamme de produits, ni imposer un changement de stratégie en matière de distribution. Cherchez vos limites, essayez de les repousser, puis admettez-les, sans quoi votre plan sera inapplicable. Si vous ne contrôlez que la promotion, cette partie de votre plan ne concernera que les différents moyens de promouvoir votre produit. Dans ce cas, ne vous occupez pas des trois autres P. Faites ce que vous pouvez.

Gestion du plan marketing

Cette partie du plan n'est pas obligatoire mais peut être utile. Elle résume les principales activités à réaliser pour mettre le plan marketing en œuvre. C'est ici que vous pouvez attribuer un responsable à chaque activité (en justifiant votre choix en fonction des compétences de chacun et des mesures de supervision et de contrôle que vous comptez prendre). Cette partie a simplement pour objectif de veiller à ce que suffisamment de personnes se trouvent au bon endroit au bon moment pour que le travail soit accompli. Vous pouvez aussi y inclure des questions plus précises concernant, par exemple, l'augmentation de la productivité de la force de vente ou la décentralisation de la fonction de marketing.

À ce stade, vous devez vous mettre dans la peau d'un comptable et d'un chef de projet (je sais, ce n'est pas facile, mais cela ne durera qu'un jour ou deux). Vous devez :

- Faire une estimation des ventes, en unités et en euros, pour chaque produit de votre plan.
- Justifier cette estimation et, si elle est difficile à justifier, envisager le pire scénario.
- Établir un calendrier des dépenses et des activités (ce calendrier vous aidera à attribuer les tâches et à dresser un budget marketing mensuel).
- Dresser un budget marketing mensuel détaillant tous les coûts de votre plan pour chaque mois de l'année à venir et décomposant les ventes par produit ou zone géographique et par mois.

Déléguer une part des responsabilités

Je dois nuancer mes propos précédents concernant toutes ces tâches déplaisantes à effectuer. Certains plans marketing sont axés autour de la *stratégie*, ce qui laisse à leur auteur la possibilité de se débarrasser de tous ces détails ! Dans ce cas, vous vous concentrez simplement sur les objectifs et les stratégies, et suggérez des moyens d'appliquer votre plan. Ensuite, celui-ci est transmis aux services des ventes, de la publicité et autres, qui se chargent d'élaborer des plans de mise en œuvre détaillés. Mais même si vous déléguez une partie des activités, supervisez le travail attentivement. C'est votre plan, et les chiffres ont intérêt à être justes !

Vous pouvez augmenter l'adhésion à votre plan (et même protéger vos arrières) en invitant vos collègues à participer à l'estimation des recettes et des bénéfices. Mais il est parfois difficile d'obtenir de l'aide de la part des autres services, surtout dans une grande société. Vous pouvez toujours dire à vos collègues que je recommande au personnel de la publicité de dresser le budget de la publicité et au personnel des ventes de dresser le budget des ventes. Précisez-leur également qu'ils ont tout intérêt à vérifier que ces parties de votre plan soient applicables de leur point de vue – leur participation sera bénéfique à tout le monde.

Assumer toutes les responsabilités

Imaginons le pire scénario : vous devez rédiger l'intégralité du plan marketing sans l'aide des services concernés. Dans ce cas, ce seront les prévisions des ventes qui vous poseront le plus de problèmes. Je pense que vous vous débrouillerez pour le reste – les coûts – car il n'est pas très difficile de décider de la façon dont l'argent sera dépensé. Vous sélectionnerez quelques activités de marketing pertinentes – publicité, relations publiques, brochures, etc. – et ajouterez les dépenses pour obtenir un total. Cette partie mathématique est triviale et, étant donné que vous êtes dans le marketing (et armé de ce livre), vous ferez preuve de bon sens dans ce domaine. Mais comment réaliser les prévisions des ventes ? À moins que vous n'ayez une boule de cristal, je vous recommande de faire une étude avant de coucher des chiffres sur le papier.

Pour faire des prévisions, d'une manière générale, vous devez réfléchir en termes de retour sur investissements. Ce qui compte, ce n'est pas le montant de vos dépenses, mais ce que celles-ci vont rapporter à votre société.

Une réduction des coûts de 50 % peut aboutir à un meilleur retour sur investissements. À moins qu'il ne faille une augmentation de 200 %. Le même budget, réparti différemment, peut générer une augmentation de 25 % du retour sur investissements. Si vous faites une étude approfondie, vous obtiendrez des chiffres relativement précis (voir figure A-1). Vous saurez à quoi serviront vos dépenses et pourrez estimer (et prouver) votre retour sur investissements.

Estimation des ventes

Il existe plusieurs techniques de prévisions des ventes. À vous de choisir celle qui vous convient le mieux. Si vous n'êtes pas sûr de vous, utilisez la technique qui vous donne le résultat le plus proche de celui des années précédentes. Pour assurer vos arrières, vous pouvez aussi utiliser plusieurs techniques et faire une moyenne des résultats.

- **Prévisions par addition** : cette technique consiste à généraliser à partir des détails ou à procéder de bas en haut. Si vous avez des vendeurs, demandez à chacun de faire une prévision des ventes pour sa zone géographique et de justifier cette prévision en fonction des changements qu'il anticipe. Ensuite, ajoutez toutes les prévisions de votre force de vente pour obtenir le total.

  Si vous avez suffisamment de clients pour pouvoir prévoir les achats par client, procédez de la même façon. Travaillez à partir d'estimations des ventes dans chaque magasin commercialisant votre produit ou à partir de lots de mille catalogues envoyés. Quelles que soient les briques de votre construction, commencez pas les estimer l'une après l'autre et ajoutez-les pour obtenir l'édifice final.

- **Prévisions par indicateur** : cette méthode consiste à effectuer vos prévisions en fonction d'indicateurs économiques susceptibles d'avoir des répercussions sur les ventes. Par exemple, si vous travaillez dans le bâtiment, vous savez sans doute que les ventes de votre secteur ont un lien direct avec la croissance du PIB (produit intérieur brut). Vous pouvez donc revoir vos prévisions des ventes à la hausse ou à la baisse en fonction de l'accélération ou du ralentissement de la croissance économique.

- **Prévisions à scénarios multiples** : ces prévisions sont fondées sur plusieurs hypothèses. Elles commencent par un postulat de base, selon lequel vos ventes suivront la courbe de l'année précédente. Ensuite, vous émettez des hypothèses et estimez leur impact sur les ventes pour réaliser diverses prévisions.

Par exemple, vous pouvez imaginer les scénarios suivants :

- Que se passera-t-il si un concurrent lance une innovation technologique ?
- Que se passera-t-il si notre société fait l'acquisition d'un concurrent ?

Estimation des ventes *(suite)*

- Que se passera-t-il si le gouvernement réglemente/déréglemente notre secteur ?
- Que se passera-t-il si un concurrent important dépose son bilan ?
- Que se passera-t-il si notre société a des problèmes financiers et doit licencier une partie du personnel des ventes et du marketing ?
- Que se passera-t-il si notre société double ses dépenses publicitaires ?

Pour chaque scénario, essayez d'anticiper les modifications de la demande. Pensez aussi à la façon dont vous pouvez modifier votre plan marketing pour mieux vous adapter à la situation. Enfin, effectuez une prévision des ventes réaliste. Par exemple, si un concurrent lance une innovation technologique, vos ventes risquent de diminuer de 25 % par rapport à votre postulat de base.

Malheureusement, une analyse à scénarios multiples risque de ne pas plaire à votre patron. Celui-ci attend de vous une prévision des ventes unique, qui tienne sur une seule ligne en haut de votre budget marketing. Si vous ne devez présenter qu'un seul chiffre, choisissez l'hypothèse qui vous semble la plus probable. Mais cette méthode ne sera pas très satisfaisante si vous avez des doutes quant à la réalisation de l'une ou l'autre de vos hypothèses. Dans ce cas, prenez en compte toutes les options possibles, attribuez à chacune un taux de probabilité, multipliez chaque chiffre par son taux de probabilité, et calculez la moyenne des résultats pour obtenir un chiffre fiable.

Exemple : prévision du scénario A = 5 millions d'euros ; prévision du scénario B = 10 millions d'euros. Probabilité de A = 15 % ; probabilité de B = 85 %. Prévision des ventes = [(5 000 000 x 0,15) + (10 000 000 x 0,85)]/2 = 4 630 000.

- **Prévisions par période** : cette méthode consiste à estimer les ventes par semaine ou par mois et à ajouter les estimations pour obtenir les prévisions de l'année. Elle est particulièrement appropriée dans les cas où le marché n'est pas constant tout au long de l'année. Les stations de ski, par exemple, ont tout intérêt à l'utiliser, car leurs revenus varient d'une période de l'année à l'autre. Les marketeurs qui envisagent de lancer de nouveaux produits ou de faire une ou deux grandes campagnes publicitaires dans l'année utilisent aussi cette méthode, car leurs ventes augmenteront sensiblement pendant ces périodes. Enfin, les PME et autres sociétés ayant un cash-flow réduit ont besoin de cette méthode pour se faire une idée des liquidités dont elles disposeront chaque semaine ou chaque mois. Un chiffre concernant l'année entière ne les renseignerait pas sur les périodes de rentrées d'argent.

Suivi

Cette section, la dernière du plan marketing, est la plus courte mais l'une des plus importantes. Son objectif est de vous permettre d'effectuer un suivi des performances.

Fixez des critères d'évaluation des performances et énoncez-les clairement dans votre plan. Par exemple :

- Les vendeurs de toutes les zones géographiques devront utiliser les nouveaux catalogues et le nouvel argumentaire de vente à partir du 1er juin.
- Les revenus devraient atteindre XXX euros à la fin du premier trimestre, si la campagne promotionnelle fonctionne comme prévu.

Ces critères vous permettront d'évaluer les performances au fur et à mesure de l'application de votre plan marketing. Sans ces critères, vous n'auriez aucun contrôle sur le plan. Personne ne pourrait dire s'il fonctionne bien. Mais avec ces critères, tout retard ou résultat inattendu peut être identifié rapidement – de façon à ce que vous puissiez réagir à temps.

©RICH TENNANT
Vous dites dans votre CV que, grâce à vous, de nombreux clients ont poussé la porte de votre société.
POUSSE
POUSSER

Index alphabétique

Disponibles dans la collection Pour les Nuls

Pour être informé en permanence sur notre catalogue et les dernières nouveautés publiées dans cette collection, consultez notre site Internet à www.efirst.com

Pour les Nuls **Business**

Code Article	ISBN	Titre	Auteur
2-87691-644-4	65 3210 5	CV pour les Nuls (Le)	J. Kennedy, A. Dusmenil
2-87691-652-5	65 3261 8	Lettres d'accompagnement pour les Nuls (Les)	JL. Kennedy, A. Dumesnil
2-87691-651-7	65 3260 0	Entretiens de Recrutement pour les Nuls (Les)	JL. Kennedy, A. Dumesnil
2-87691-670-3	65 3280 8	Vente pour les Nuls (La)	T. Hopkins
2-87691-712-2	65 3439 0	Business Plans pour les Nuls	P. Tifany
2-87691-729-7	65 3486 1	Management pour les Nuls (Le)	B. Nelson

Pour les Nuls **Pratique**

Code Article	ISBN	Titre	Auteur
2-87691-597-9	65 3059 6	Astrologie pour les Nuls (L')	
2-87691-610-X	65 3104 0	Maigrir pour les Nuls	J. Kirby
2-87691-604-5	65 3066 1	Asthme et allergies pour les Nuls	W. E. Berger
2-87691-615-0	65 3116 4	Sexe pour les Nuls (Le)	Dr Ruth
2-87691-616-9	65 3117 2	Relancez votre couple pour les Nuls	Dr Ruth
2-87691-617-7	65 3118 0	Santé au féminin pour les Nuls (La)	Dr P. Maraldo
2-87691-618-5	65 3119 8	Se soigner par les plantes pour les Nuls	C. Hobbs
2-87691-640-1	65 3188 3	Français correct pour les Nuls (Le)	J.-J. Julaud
2-87691-634-7	65 3180 0	Astronomie pour les Nuls (L')	S. Maran
2-87691-637-1	65 3185 9	Vin pour les Nuls (Le)	Y.-P. Cassetari
2-87691-641-X	65 3189 1	Rêves pour les Nuls (Les)	P. Pierce
2-87691-661-4	65 3279 0	Gérez votre stress pour les Nuls	Dr A. Elking
2-87691-657-6	65 3267 5	Zen ! La méditation pour les Nuls	S. Bodian
2-87691-646-0	65 3226 1	Anglais correct pour les Nuls (L')	C. Raimond
2-87691-681-9	65 3348 3	Jardinage pour les Nuls (Le)	M. MacCaskey
2-87691-683-5	65 3364 0	Cuisine pour les Nuls (La)	B. Miller, A. Le Courtois
2-87691-687-8	65 3367 3	Feng Shui pour les Nuls (Le)	D. Kennedy
2-87691-702-5	65 3428 3	Bricolage pour les Nuls (Le)	G. Hamilton
2-87691-705-X	65 3431 7	Tricot pour les Nuls (Le)	P. Allen
2-87691-769-6	65 3582 7	Sagesse et Spiritualité pour les Nuls	S. Janis